VIS à VIS

PRAG

Hauptautor: VLADIMÍR SOUKOP

DORLING KINDERSLEY
LONDON • NEW YORK • MÜNCHEN
MELBOURNE • DELHI
www.dk.com

EIN DORLING KINDERSLEY BUCH

www.travel.dk.com

TEXTE
Vladimír Soukup, Petr David, Vladimír Dobrovodský,
Nicholas Lowry, Polly Phillimore, Joy Turner-Kadečková

FOTOGRAFIEN
Jiří Doležal, Jiří Kopřiva, Vladimír Kozlík, František Přeučil,
Milan Posselt, Stanislav Tereba, Peter Wilson

ILLUSTRATIONEN
Gillie Newman, Chris Orr, Otakar Pok, Jaroslav Staněk

KARTOGRAFIE
Dorling Kindersley Cartography

REDAKTION UND GESTALTUNG
Dorling Kindersley Ltd., London: Heather Jones, Lisa Kosky, Ferdie
McDonald, Carey Combe, Louise Parsons, Nicki Rawson, Carolyn
Ryden, Steve Knowlden, Georgina Matthews, David Lamb

•

© 1994 Dorling Kindersley Ltd., London
Titel der englischen Originalausgabe:
Eyewitness Travel Guide *Prague*
Zuerst erschienen 1994 in Großbritannien
bei Dorling Kindersley Ltd.
A Penguin Company

•

Für die deutsche Ausgabe:
© 1995, 2000 Dorling Kindersley Verlag GmbH, München

Aktualisierte Neuauflage 2010/2011

•

PROGRAMMLEITUNG Dr. Jörg Theilacker, Dorling Kindersley Verlag
ÜBERSETZUNG Verlagsbüro Simon & Magiera
REDAKTION Dr. Elfi Ledig, München
REDAKTIONSASSISTENZ Stefanie Franz, Dorling Kindersley Verlag
SCHLUSSREDAKTION Philip Anton, Köln
SATZ UND PRODUKTION Dorling Kindersley Verlag, München
LITHOGRAFIE Colourscan, Singapur
DRUCK South China Printing Co. Ltd., China

ISBN 978-3-8310-1537-5
12 13 14 15   12 11 10 09

Dieser Reiseführer wird regelmäßig aktualisiert. Angaben wie
Telefonnummern, Öffnungszeiten, Adressen, Preise und Fahrpläne
können sich jedoch ändern. Der Verlag kann für fehlerhafte
oder veraltete Angaben nicht haftbar gemacht werden.
Für Hinweise, Verbesserungsvorschläge und Korrekturen ist der
Verlag dankbar. Bitte richten Sie Ihr Schreiben an:

Dorling Kindersley Verlag GmbH
Redaktion Reiseführer
Arnulfstraße 124 • 80636 München

◁ **Blick auf den Hradschin und die Prager Burg mit Veitsdom** *(siehe S. 94–121)*
◁◁ **Umschlag: Teynkirche** *(siehe S. 70),* im Hintergrund der Hradschin

INHALT

Rudolf II. (1576–1612)

Straßencafé

Palais Waldstein *(siehe S. 126)* auf der Kleinseite

Straßencafés vor der Teynkirche

Tschechischer Bierdeckel

Kutsche am Altstädter Ring

Barockfassaden am südlichen Ende des Altstädter Rings *(siehe S. 66–69)*

BENUTZERHINWEISE

Dieser Reiseführer beleuchtet Prag in all seinen Facetten – zur Einstimmung auf Ihre Reise, als Wegbegleiter vor Ort und zum Schmökern nach der Rückkehr. Das Kapitel *Prag stellt sich vor* zeigt die geografische Lage, spannt den historischen Bogen von den Ursprüngen Prags bis zur heutigen Weltstadt und präsentiert die architektonischen und kulturellen Höhepunkte der »Goldenen Stadt«. *Die*

Planung einer Tagestour durch Prag

Stadtteile Prags beschreibt die interessantesten Sehenswürdigkeiten der Stadt mit Texten, Karten, Fotos und Illustrationen. Auch Attraktionen der Umgebung werden vorgestellt. Hotels, Restaurants, Shopping und Unterhaltung sind die Themen von *Zu Gast in Prag*. Die *Grundinformationen* bieten Tipps für Ihren Aufenthalt und zur Anreise. Mit dem *Stadtplan* auf den Seiten 246–257 finden Sie sich in Prag bestens zurecht.

ORIENTIERUNG IN PRAG

Prag ist in diesem Reiseführer in fünf Stadtteile gegliedert. Zur besseren Orientierung ist jedem eine eigene Farbe zugeordnet. Jedes Kapitel beginnt mit einem Kurzporträt, das auf den Charakter des Viertels eingeht, gefolgt von einer Detailkarte, die das Zentrum des Viertels zeigt. Die Nummerierung der Sehenswürdigkeiten erleichtert Ihnen die Orientierung. Die wichtigsten Attraktionen werden detailliert beschrieben.

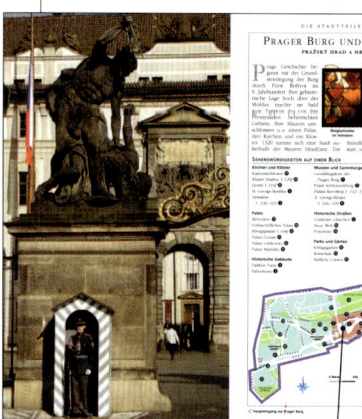

Die Farbcodierung erleichtert das Auffinden von Stadtteilen.

Orientierungskarte

Eine Orientierungskarte zeigt die Lage des Stadtteils, in dem Sie sich befinden.

Die Routenempfehlung leitet Sie durch die interessantesten Straßen eines Stadtteils.

1 Stadtteilkarte
Die Hauptsehenswürdigkeiten sind nach Kategorien (Kirchen, Museen und Sammlungen, Palais, Parks und Gärten etc.) aufgelistet und nummeriert. Der auf der folgenden Detailkarte dargestellte Bereich ist rosa markiert.

Die Straßenzüge, die auf der folgenden *Detailkarte* dargestellt werden, sind auf der *Stadtteilkarte* rosa eingefärbt.

2 Detailkarte
Auf der Detailkarte ist der farblich hervorgehobene Teil der Stadtteilkarte aus der Vogelperspektive zu sehen. Eine rot gestrichelte Routenempfehlung führt Sie zu den Attraktionen.

Sterne markieren Sehenswürdigkeiten, die Sie keinesfalls versäumen sollten.

DIE STADTTEILE PRAGS

Die farbigen Bereiche auf dieser Karte *(siehe vordere Umschlaginnenseiten)* zeigen die fünf wichtigsten Stadtteile von Prag – alle werden im Kapitel *Die Stadtteile Prags (S. 58–157)* ausführlich vorgestellt. Im Kapitel *Prag im Überblick (S. 36–49)* finden Sie alle Hauptsehenswürdigkeiten auf einen Blick. Die Farbcodierung aller Kapitel hilft Ihnen auch bei der Orientierung in den Abschnitten *Flusspanorama (S. 54–57)* und *Vier Spaziergänge (S. 172–181).*

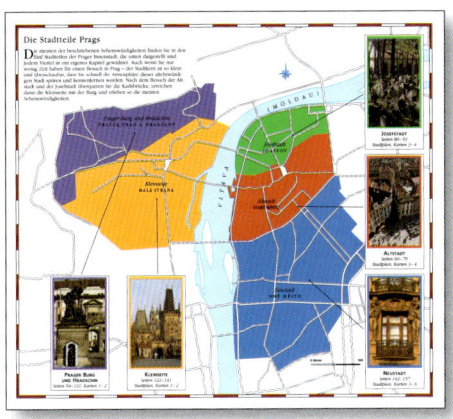

Die Stadtteile Prags

Die Nummern beziehen sich auf die Position der Sehenswürdigkeit auf der Stadtteil- und Detailkarte.

Der Infoblock bietet praktische Informationen auf einen Blick, samt Verweis auf den *Stadtplan (S. 248–257).*

Fassaden bedeutender Gebäude sind abgebildet, um Ihnen das Wiedererkennen zu erleichtern.

Die Infobox bietet praktische Informationen auf einen Blick.

3 Detaillierte Informationen
Alle wichtigen Sehenswürdigkeiten Prags werden einzeln beschrieben. Sie sind fortlaufend nummeriert. Die Reihenfolge entspricht der Nummerierung auf den Stadtteil- und Detailkarten. Die Zeichenerklärung der verwendeten Symbole finden Sie auf der hinteren Umschlagklappe.

4 Hauptsehenswürdigkeiten
Die Highlights von Prag werden auf Doppelseiten präsentiert – mit Grundrissen, Schnittzeichnungen und Detailfotos.

Sterne verweisen auf herausragende Sehenswürdigkeiten.

Die Zeitskala hebt wichtige Ereignisse der Geschichte einer Sehenswürdigkeit hervor.

Prag stellt sich vor

VIER TAGE IN PRAG

Astronomische Uhr

Kaum eine andere Stadt hat so viel zu bieten – die Wahl fällt da nicht leicht. Allein die schönen Häuser der Prager Altstadt könnte man tagelang bewundern. Mit ein bisschen Planung sieht man allerdings mehr von dem, was die »Goldene Stadt« so beson-

ders macht. In vier Tagen kann man Prags Hauptattraktionen besuchen. Die folgenden Vorschläge können Sie natürlich abändern – ein Museum mehr oder weniger ändert nichts am Gesamtbild: Die angegebenen Preise beinhalten Anfahrt, Essen und Eintritt.

NATIONALSCHÄTZE

- **Hradschiner Platz**
- **Lunch auf der Kleinseite**
- **Weltberühmte Karlsbrücke**
- **Rathausuhr**
- **Kunst und Kirchen**

ZWEI ERWACHSENE etwa 2400 Kč

Vormittags
Bewundern Sie zunächst am **Hradschiner Platz** die Burgwachen in ihren schönen Uniformen. Gehen Sie via První nádvoří zum **Veitsdom** *(siehe S. 100–103)*. Nach einer Besichtigung des Doms besuchen Sie das **St.-Georgs-Kloster** *(siehe S. 106f)* mit seiner Sammlung barocker Kunst. Im **Goldenen Gässchen** *(siehe S. 99)* mit seinen Handwerkshäuschen kann man Souvenirs kaufen. Oder Sie gehen weiter zum **Palais Lobkowitz** und besichtigen die dortige Ausstellung *(siehe*

Der Innenraum der Spanischen Synagoge

S. 99). Auf der Nerudova kommen Sie zum **Kleinseitner Ring**. Hier können Sie zu Mittag essen und die architektonischen Juwele der **Kleinseite** *(siehe S. 124f)* bewundern.

Nachmittags
Karlsbrücke *(siehe S. 136–139)* und Altstädter Ring liegen in der Nähe. Jeweils zur vollen Stunde tritt die **Astronomische Uhr am Rathaus** *(siehe S. 72–74)* in Aktion. Vom **Rathausturm** *(siehe S. 73)* hat man eine herrliche Sicht über Burg und Kleinseite. Danach wählen Sie zwischen Kunstwerken im **Palais Kinský** *(siehe S. 70)* und der prächtigen **Nikolauskirche** *(siehe S. 70f)*. Abschließend erwarten Sie die engen Straßen und Läden im Teynhof (Týn). Zu Abend essen Sie z. B. im **Staroměstská**, wo es traditionelle tschechische Küche in elegantem Ambiente gibt *(siehe S. 203)*.

LITERATUR, KUNST UND RELIGION

- **Praha – Kafkas »Café«**
- **Jüdisches Prag**
- **Dekorative und mittel-alterliche Kunst**
- **Shopping-Bummel**

ZWEI ERWACHSENE etwa 4600 Kč

Vormittags
Das jüdische Prag und Franz Kafka sind eng verbunden. Trinken Sie einen Kaffee im **Grand Café Praha** *(siehe S. 209)* am Altstädter Ring. Kafka wohnte darüber. Das Café selbst trug einst den Namen seiner Freundin Milena. Gehen Sie via Pařížská weiter zur **Josefstadt** *(siehe S. 80–93)*. Machen Sie an der **Maisel-Synagoge** *(siehe S. 90)* halt. Überqueren Sie dann die Straße zum **Alten jüdischen Friedhof** *(siehe S. 86f)*. Nach dem Spaziergang und der Besichtigung der **Klausensynagoge** *(siehe S. 85)* haben Sie sicher Hunger. Essen Sie in einem der jüdischen Restaurants oder im **Les Moules** *(siehe S. 204)*.

Besucher erholen sich in einem Straßencafé am Altstädter Ring

◁ Das Ministerium für Regionalentwicklung *(siehe S. 67)*, ein prachtvoller Jugendstil-Bau am Altstädter Ring

Nachmittags

Bestaunen Sie die Gobelins im **Kunstgewerbemuseum** *(siehe S. 84)*. Weiter geht es zum **Jüdischen Rathaus** *(siehe S. 85)* und zur **Altneusynagoge** *(siehe S. 88f)*. Die Highlights im Osten der Josefstadt sind die herrliche **Spanische Synagoge** *(siehe S. 90f)* und die Sammlung mittelalterlicher Kunst im **Kloster St. Agnes von Böhmen** *(siehe S. 92f)*. Nach so viel Kultur wird es Zeit für einen Shopping-Bummel auf der Pařížská. Das Abendessen nehmen Sie im **King Solomon**, einem der besten jüdischen Restaurants der Stadt *(siehe S. 204)*, ein.

FAMILIENTAG

- **Standseilbahn und Sternwarte**
- **Spiegellabyrinth**
- **Pfaue und Kalksteinhöhle**
- **St.-Jakobs-Kirche**

FAMILIE (4 PERS.) etwa 2900 Kč

Vormittags

Fahren Sie mit der Standseilbahn auf den **Petřín** *(siehe S. 141)* zu Prags **Sternwarte** und zum Aussichtsturm *(siehe S. 140)*. Auf der Wendeltreppe kommen Sie nach oben. Das **Spiegellabyrinth** *(siehe S. 140)* liegt ein paar Minuten entfernt – Kinder lieben es. Auf halber Strecke nach unten befindet sich das Restaurant **Nebozizek** *(siehe S. 205)* mit schöner Terrasse, wo Sie ein Mittagessen mit Panoramablick genießen.

Im Spiegellabyrinth haben Jung und Alt viel Spaß

Wenzelsplatz und -denkmal vor dem Nationalmuseum

Nachmittags

Bummeln Sie über die Střelecký Ostrov, wo sich die Schwäne auf Brotkrümel freuen. Noch mehr Tiere, darunter Pfaue, gibt es beim **Palais Waldstein** *(siehe S. 126)* zu sehen, in dessen Garten sich die seltsame Nachbildung einer Kalksteinhöhle befindet. Überqueren Sie zu Fuß oder mit der U-Bahn die Moldau zum Altstädter Ring mit seiner **Astronomischen Uhr** *(siehe S. 72– 74)*. Essen Sie in einem der Cafés, und gehen Sie dann zur **St.-Jakobs-Kirche** *(siehe S. 65)*. Kinder sind von dem mumifizierten Arm fasziniert, der seit mehr als 400 Jahren über dem Eingang der Kirche hängt.

GESCHICHTE UND HELDEN

- **Wenzelsplatz – Aufstieg und Fall des Kommunismus**
- **Essen im Jugendstil-Dekor**
- **Kriegsgeschichte**
- **Antiquitäten**

ZWEI ERWACHSENE etwa 3100 Kč

Vormittags

Beginnen Sie den Tag mit einem Bummel über den **Wenzelsplatz** *(siehe S. 144f)*. 1989 nahm von hier aus die Samtene Revolution ihren Lauf. Zollen Sie dem **Denkmal der Opfer des Kommunismus** *(siehe S. 145)* Respekt, und gedenken Sie Jan Palachs, der sich hier 1969 aus Protest gegen den Einmarsch der Truppen des Warschauer Pakts verbrannte. Hinter dem Platz steht an der Politických vězňů die einstige Gestapo-Zentrale (heute Handelsministerium), wo im Zweiten Weltkrieg Tausende Tschechen inhaftiert waren. Essen Sie im Jugendstil-Ambiente des **Hotel Evropa** *(siehe S. 206)* am Wenzelsplatz zu Mittag.

Nachmittags

Gehen Sie zur Barockkirche **St. Kyrill und St. Method** *(siehe S. 152)*, in der sich 1942 Widerstandskämpfer das Leben nahmen, als Nazis die Kirche umstellt hatten. In der Mauer der Krypta sieht man noch immer Einschusslöcher. Ein Museum dokumentiert das Ereignis. Der Antiquitätenladen **Military Antiques**, Charvátova 11 *(siehe S. 215)*, ist eine Fundgrube für Andenken, etwa aus der Zeit der deutschen und russischen Besatzung.

Prag auf der Karte

Die Hauptstadt der Tschechischen Republik zählt rund 1,2 Millionen Einwohner. Das Stadtgebiet erstreckt sich in einem Talkessel entlang der Vltava (Moldau) bis auf die umliegenden Hügel. Seine Lage macht Prag zum idealen Ausgangspunkt für Ausflüge ins ländliche Böhmen mit seinen Heilbädern und Mittelgebirgen.

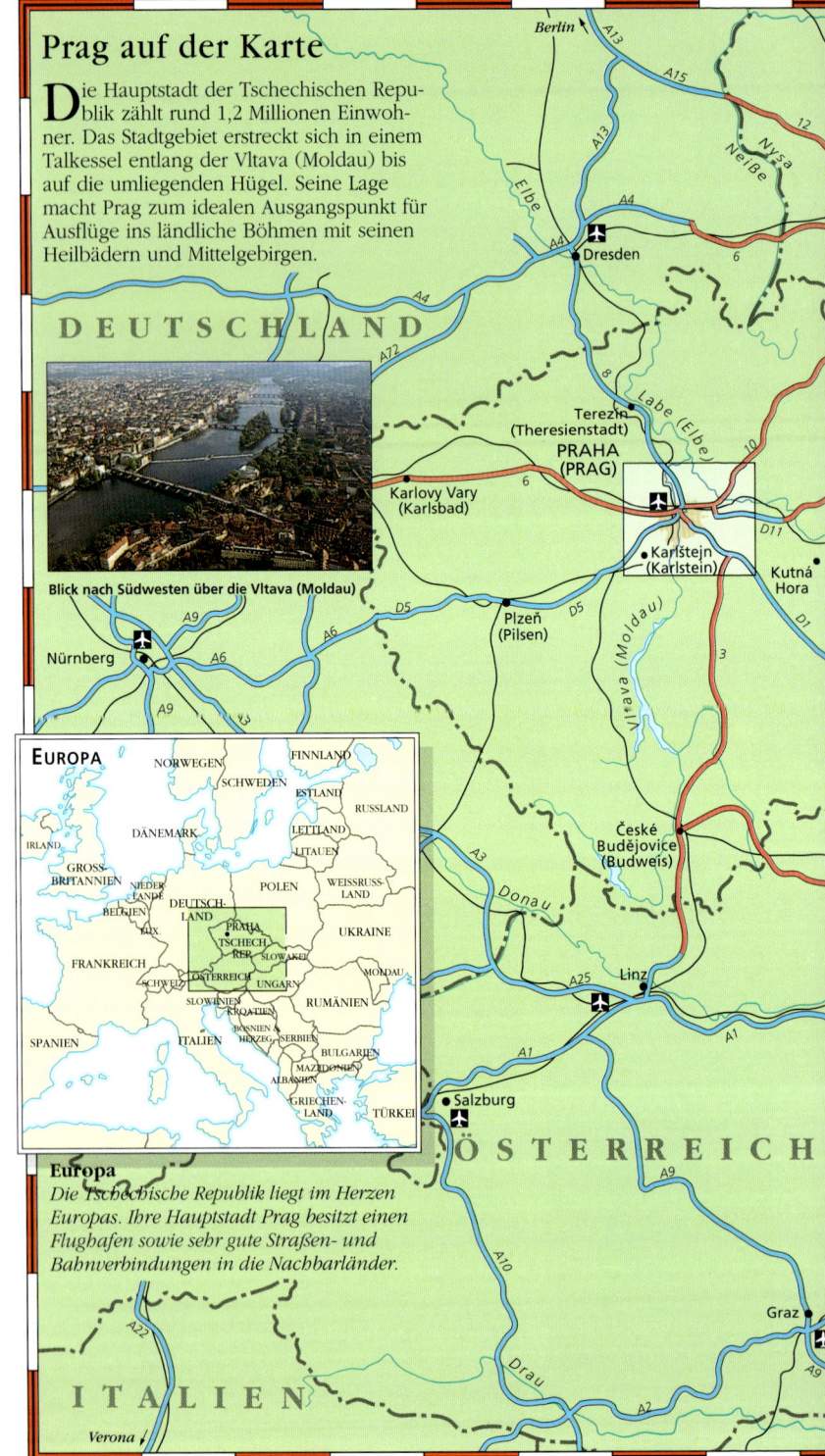

Berlin

A13

A15

12

Nysa

Neiße

A13

Elbe

A4

Dresden

6

DEUTSCHLAND

A72

A4

A4

8

Labe (Elbe)

Terezín
(Theresienstadt)

PRAHA
(PRAG)

10

Blick nach Südwesten über die Vltava (Moldau)

Karlovy Vary
(Karlsbad)

6

D11

Karlštejn
(Karlstein)

Kutná
Hora

A9

A6

D5

D5

Plzeň
(Pilsen)

Vltava (Moldau)

3

D1

Nürnberg

A6

A9

A3

EUROPA

NORWEGEN

FINNLAND

SCHWEDEN

ESTLAND

RUSSLAND

DÄNEMARK

LETTLAND

IRLAND

LITAUEN

GROSS-
BRITANNIEN

NIEDER-
LANDE

POLEN

WEISSRUSS-
LAND

DEUTSCH-
LAND

BELGIEN

LUX.

PRAHA

TSCHECH.
REP.

UKRAINE

FRANKREICH

SLOWAKEI

SCHWEIZ

ÖSTERREICH

UNGARN

MOLDAU

SLOWENIEN

KROATIEN

RUMÄNIEN

SPANIEN

ITALIEN

BOSNIEN-
HERZEG.

SERBIEN

BULGARIEN

MAZEDONIEN

ALBANIEN

GRIECHEN-
LAND

TÜRKEI

A3

Donau

České
Budějovice
(Budweis)

A25

Linz

A1

Salzburg

A1

ÖSTERREICH

Europa

Die Tschechische Republik liegt im Herzen Europas. Ihre Hauptstadt Prag besitzt einen Flughafen sowie sehr gute Straßen- und Bahnverbindungen in die Nachbarländer.

A9

A22

A10

Graz

A9

ITALIEN

Drau

A2

Verona

GROSSRAUM PRAG

Veltrusy · Neratovice

Slaný · · Kralupy n. Vltavou · Brandýs n. Labem · Stará Boleslav · Lysá n. Labem

Švermov · Roztoky · · Čelákovice · Horní Počernice

Kladno · Ruzyně · Úvaly · Český Brod

Unhošt · · Říčany

· Rudná

Beroun · · Zbraslav

Karlštejn · Jílové u Prahy

Řevnice ·

Prag siehe S. 14f

0 km — 10

Großraum Prag
Prager Innenstadt: Seiten 58–157,
Abstecher: Seiten 158–171,
Verkehrsverbindungen: Seiten 238f.

POLEN

Warszawa (Warschau)

Wrocław (Breslau)

Kraków (Krakau)

TSCHECHISCHE REPUBLIK

Ostrava (Ostrau)

Brno (Brünn)

Satellitenaufnahme des Großraums Prag

WIEN

BRATISLAVA (PRESSBURG)

SLOWAKEI

BUDAPEST

UNGARN

Balaton (Plattensee)

0 Kilometer — 50

Zagreb

LEGENDE

□ Großraum Prag
✈ Internationaler Flughafen
— Autobahn
— Hauptstraße
— Eisenbahn
–·– Staatsgrenze

Prager Innenstadt

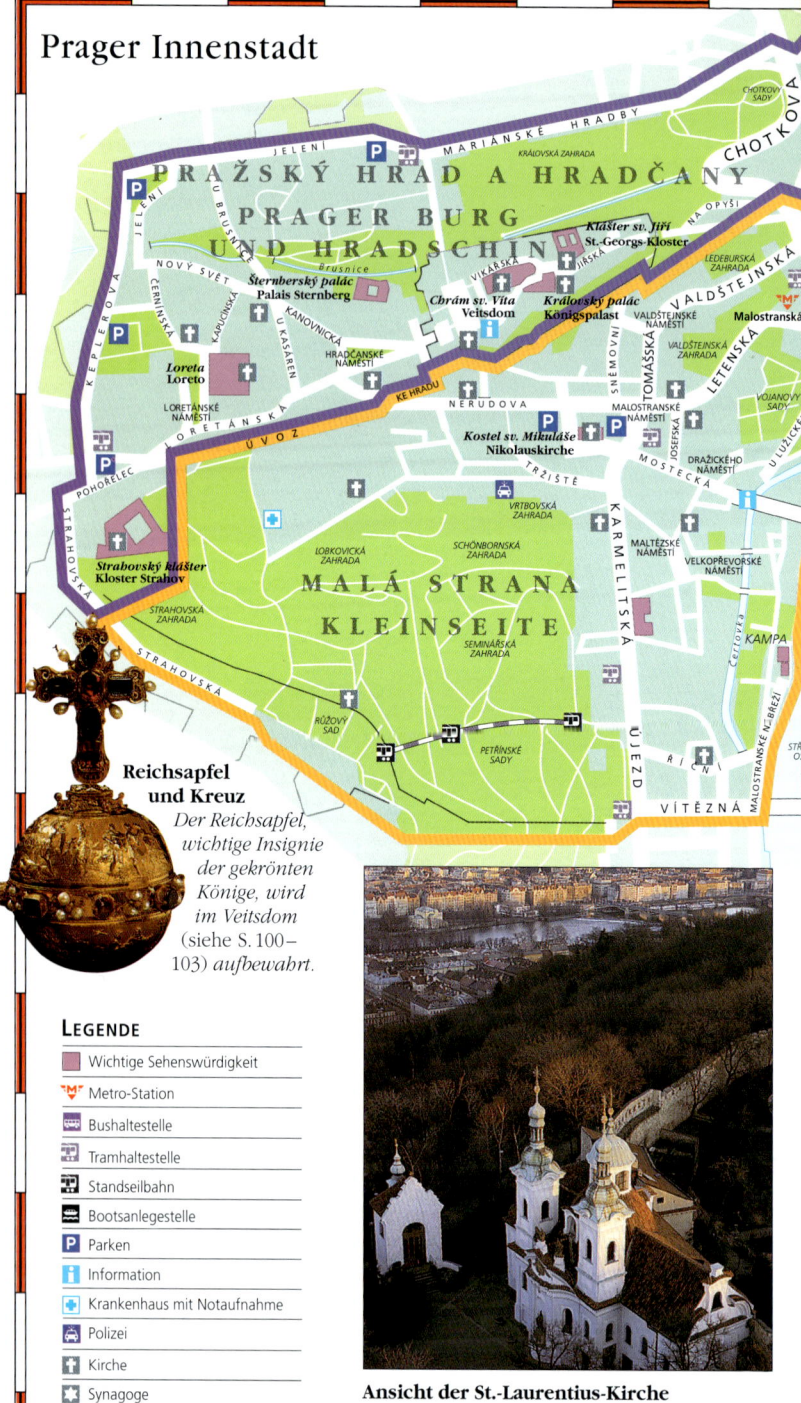

PRAŽSKÝ HRAD A HRADČANY
PRAGER BURG UND HRADSCHIN

JELENÍ
MARIÁNSKÉ HRADBY
KRÁLOVSKÁ ZAHRADA
CHOTKOVY SADY
CHOTKOVA
POD BRUSKOU
U BRUSNICE
NOVÝ SVĚT
Brusnice
ČERNÍNSKÁ
KEPLEROVA
KAPUCÍNSKÁ
U KASÁREN
KANOVNICKÁ
VIKÁŘSKÁ
JIŘSKÁ
NA OPYŠI

Klášter sv. Jiří
St-Georgs-Kloster
LEDEBURSKÁ ZAHRADA
KLÁROV

Šternberský palác
Palais Sternberg
Chrám sv. Víta
Veitsdom
Královský palác
Königspalast
VALDŠTEJNSKÉ NÁMĚSTÍ
Malostranská
VALDŠTEJNSKÁ ZAHRADA
VALDŠTEJNSKÁ
LETENSKÁ

HRADČANSKÉ NÁMĚSTÍ
KE HRADU
NERUDOVA
MALOSTRANSKÉ NÁMĚSTÍ
VOJANOVY SADY
U LUŽICKÉHO SEMINÁŘE

Loreta
Loreto
LORETÁNSKÉ NÁMĚSTÍ
LORETÁNSKÁ
ÚVOZ

Kostel sv. Mikuláše
Nikolauskirche
JOSEFSKÁ
DRAŽICKÉHO NÁMĚSTÍ
MOSTECKÁ

POHOŘELEC
STRAHOVSKÁ
TRŽIŠTĚ
VRTBOVSKÁ ZAHRADA
MALTÉZSKÉ NÁMĚSTÍ
VELKOPŘEVORSKÉ NÁMĚSTÍ

Strahovský klášter
Kloster Strahov
LOBKOVICKÁ ZAHRADA
SCHÖNBORNSKÁ ZAHRADA
KARMELITSKÁ

STRAHOVSKÁ ZAHRADA
MALÁ STRANA
KLEINSEITE
SEMINÁŘSKÁ ZAHRADA
ÚJEZD
CIHELNÁ
KAMPA
MALOSTRANSKÉ NÁBŘEŽÍ

STRAHOVSKÁ
RŮŽOVÝ SAD
PETŘÍNSKÉ SADY
ŘÍČNÍ
VÍTĚZNÁ
STŘELECKÝ OSTROV

Reichsapfel und Kreuz

Der Reichsapfel, wichtige Insignie der gekrönten Könige, wird im Veitsdom (siehe S. 100–103) aufbewahrt.

LEGENDE

	Wichtige Sehenswürdigkeit
"M"	Metro-Station
	Bushaltestelle
	Tramhaltestelle
	Standseilbahn
	Bootsanlegestelle
P	Parken
i	Information
	Krankenhaus mit Notaufnahme
	Polizei
	Kirche
	Synagoge
—	Stadtmauer

Ansicht der St.-Laurentius-Kirche
Der Petřín (Laurenziberg) bietet eine imposante Aussicht über die Stadt (siehe S. 141 u. S. 176f).

Fassadenmalerei
An den vielen Renaissance- und Barockfassaden der Altstadt fallen mitunter bunte Wandmalereien wie diese am Altstädter Ring auf (siehe S. 66–69).

Jugendstil-Statue
In der Neustadt sieht man besonders viel Jugendstil (siehe S. 148f).

DIE GESCHICHTE DER STADT

Prags Lage an einem Knotenpunkt von europäischen Handelswegen hat die Händler anderer Nationen schon immer magnetisch angezogen. Im frühen 10. Jahrhundert besaß die blühende Stadt einen weitläufigen

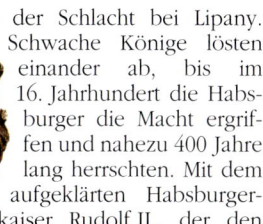

Prager Wappen

Marktplatz (Altstädter Ring) und zwei Zitadellen (Prager Burg und Vyšehrad), von denen die ersten Herrscher, die Přemysliden, ihre Familienfehden ausfochten. Diese endeten oft blutig: Fürst Wenzel fiel 935 einem Attentat seines Bruders Boleslav zum Opfer. Als hl. Wenzel stieg er zu Böhmens meistverehrtem Schutzpatron auf.

Das Mittelalter bescherte Prag goldene Zeiten, vor allem während der Regentschaft von Karl IV. Unter dem Schutz dieses klugen, gebildeten Kaisers des Heiligen Römischen Reichs gedieh Prag zu einer prachtvollen Stadt, größer als seinerzeit Paris oder London. Ihm verdankt es viele Bauten, darunter Mitteleuropas älteste Universität: das Karolinum. Als einer der ersten tschechischen Rektoren amtierte Jan Hus, jener als Ketzer verurteilte Kirchenreformer, dessen Hinrichtung 1415 zu den Hussiten-Kriegen führte. Die Taboriten, der radikale Flügel der Hussiten, unterlagen 1434

in der Schlacht bei Lipany. Schwache Könige lösten einander ab, bis im 16. Jahrhundert die Habsburger die Macht ergriffen und nahezu 400 Jahre lang herrschten. Mit dem aufgeklärten Habsburgerkaiser Rudolf II., der den Künsten und Wissenschaften zugetan war, kam der Geist der Renaissance nach Prag. Wenige Jahre nach seinem Tod war Prag Schauplatz jenes protestantischen Aufstands, der 1618 den Dreißigjährigen Krieg einleitete. Dieser ließ den Glücksstern der Stadt verlöschen, der erst im 18. Jahrhundert erneut aufgehen und Prag wunderschöne Barockpalais und -kirchen schenken sollte.

Im 19. Jahrhundert erwachte das nationale und bürgerliche Selbstbewusstsein, was sich in vielen öffentlichen Großbauten wie Nationalmuseum, Nationaltheater und Rudolfinum zeigte. Noch aber regierten die Habsburger die Stadt – erst 1918 wurde Prag Hauptstadt einer unabhängigen Republik. Der deutschen Besatzung im Zweiten Weltkrieg folgten vier Jahrzehnte eines kommunistischen Regimes. Mit der Samtenen Revolution von 1989 begann für Prag schließlich eine neue Ära.

Prager Burg und Kleinseite, Ansicht aus dem Jahr 1493

◁ *Hl. Wenzel und hl. Veit* von Bartholomäus Spranger (um 1600)

Die Herrscher Prags

Drei Dynastien formten Prags Geschichte: die Přemysliden, die Luxemburger und die Habsburger. Nach slawischer Überlieferung gilt Fürstin Libuše als Urahnin der Přemysliden *(siehe S. 21)*. Aus diesem Geschlecht ragten der hl. Wenzel und Přemysl Ottokar II. heraus, dessen Tod in der Schlacht auf dem Marchfeld den Luxemburgern den Weg ebnete. Sie brachten einen der wichtigsten Herrscher Prags hervor, Karl IV., König von Böhmen und Kaiser des Heiligen Römischen Reichs *(siehe S. 24f)*. 1526 geriet Prag unter etwa 400-jährige Habsburgerherrschaft. Diese endete nach dem Ersten Weltkrieg 1918 mit der Unabhängigkeit der Tschechoslowakei. Seither leiten Präsidenten die Geschicke des Landes.

Eine mythische Figur: Fürstin Libuše

1346–78 Karl IV.

1453–57 Ladislaus Postumus

1310–46 Johann von Luxemburg

1140–72 Vladislav I.

1305–06 Wenzel III.

935–72 Boleslav I.

1230–53 Wenzel I.

1278–1305 Wenzel II.

1034–55 Břetislav I.

900	1000	1100	1200	1300	1400

PŘEMYSLIDEN   LUXEMBURGER

900	1000	1100	1200	1300	1400

967–99 Boleslav II.

1061–92 Vratislav II.

921–35 Hl. Wenzel

1173–79 Soběslav II.

1197–1230 Přemysl Ottokar I.

1378–1419 Wenzel IV.

1253–78 Přemysl Ottokar II.

1419–37 Sigismund

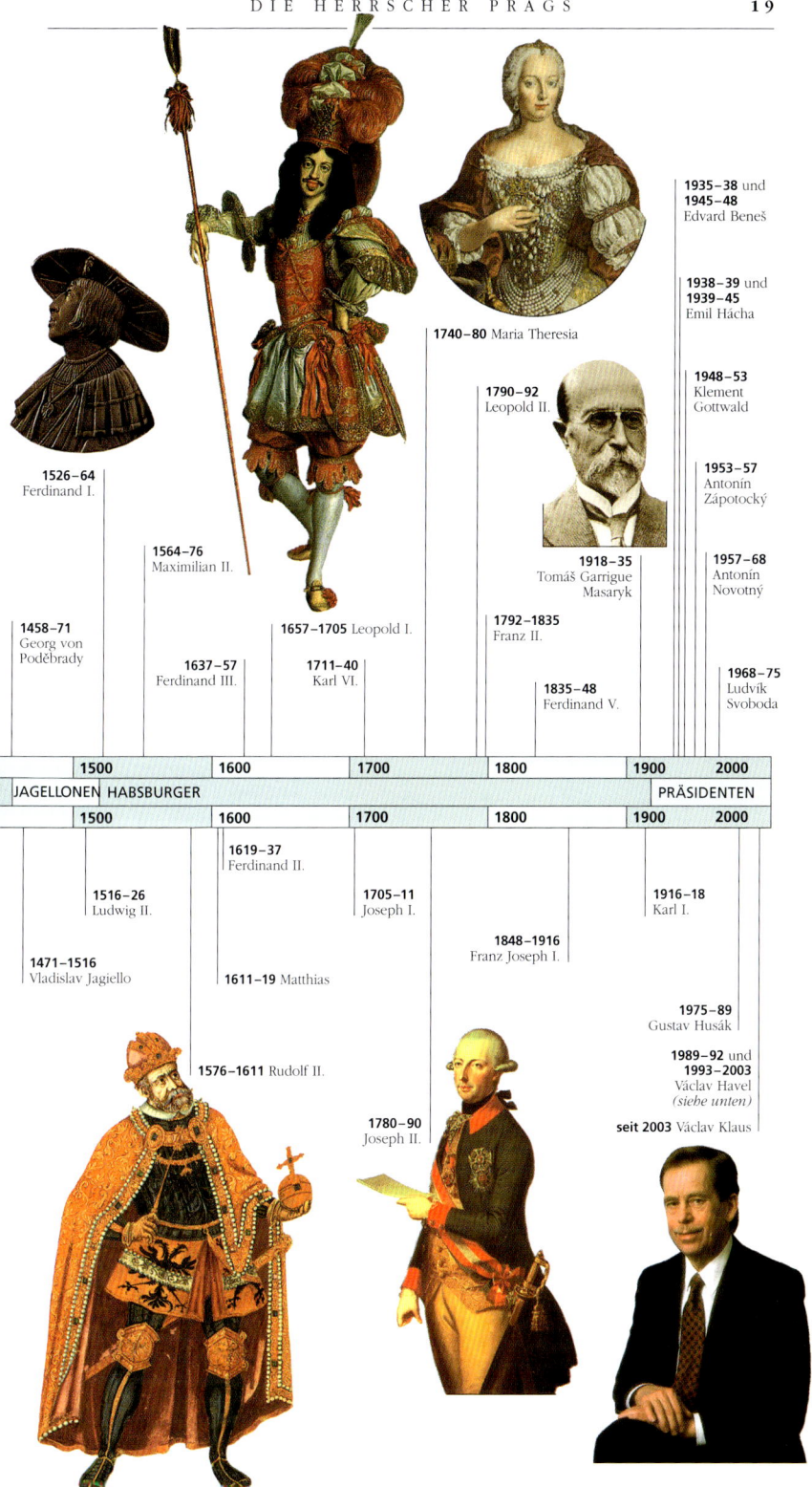

1935–38 und **1945–48** Edvard Beneš

1938–39 und **1939–45** Emil Hácha

1740–80 Maria Theresia

1790–92 Leopold II.

1948–53 Klement Gottwald

1953–57 Antonín Zápotocký

1526–64 Ferdinand I.

1564–76 Maximilian II.

1918–35 Tomáš Garrigue Masaryk

1957–68 Antonín Novotný

1458–71 Georg von Poděbrady

1657–1705 Leopold I.

1792–1835 Franz II.

1637–57 Ferdinand III.

1711–40 Karl VI.

1835–48 Ferdinand V.

1968–75 Ludvík Svoboda

1500	1600	1700	1800	1900	2000

JAGELLONEN HABSBURGER   PRÄSIDENTEN

1500	1600	1700	1800	1900	2000

1619–37 Ferdinand II.

1516–26 Ludwig II.

1705–11 Joseph I.

1916–18 Karl I.

1848–1916 Franz Joseph I.

1471–1516 Vladislav Jagiello

1611–19 Matthias

1975–89 Gustav Husák

1989–92 und **1993–2003** Václav Havel *(siehe unten)*

1576–1611 Rudolf II.

seit 2003 Václav Klaus

1780–90 Joseph II.

Prag unter den Přemysliden

Keltische Stämme siedelten ab 500 v.Chr. im Tal der Vltava (Moldau). Sie wurden allmählich verdrängt, als 9 bis 6 v.Chr. germanische Markomannen auftauchten. Die ersten slawischen Stämme gelangten um 500 n.Chr. nach Böhmen. Um 800 n.Chr. ging die Dynastie der Přemysliden aus den Machtkämpfen hervor. Sie legte zwei befestigte Siedlungen an: die erste bei der Prager Burg *(siehe S. 94–111)*, die zweite auf dem Vyšehrad, einem Felsen am rechten Ufer der Moldau *(siehe S. 180f)*. Diese dienten den tschechischen Herrschern jahrhundertelang als Residenz, u.a. dem hl. Wenzel. In seiner Regierungszeit entstand die Veitsrotunde, Vorläuferin des Veitsdoms *(siehe S. 102)*.

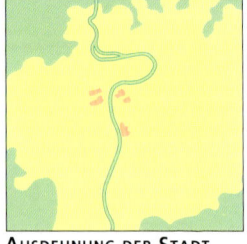

Ohrring (9. Jh.)

AUSDEHNUNG DER STADT

☐ *1000 n.Chr.*   ☐ *Heute*

Boleslavs Helfershelfer holt zum tödlichen Schwerthieb aus.

Hl. Kyrill und hl. Method
Das Brüderpaar aus dem griechischen Saloniki brachte um 863 das Christentum nach Mähren. Es taufte den Přemysliden-Herrscher Bořivoj und seine Gemahlin Ludmilla, die Großmutter des hl. Wenzel.

Der Gehilfe des Meuchelmörders ringt mit dem Begleiter des hl. Wenzel.

Alte Münze
Silbermünzen wie dieser Dinar wurden unter Boleslav II. (Regierungszeit 967–99) in der Königlichen Münze des Vyšehrad geprägt.

Wildschweinfigurine
Keltische Stämme fertigten kleine Talismane der wilden Tiere an, die sie in den Wäldern um Prag jagten.

ZEITSKALA

Bronzekopf einer keltischen Göttin

623–58 Böhmen ist Teil des Herrschaftsgebiets von Samo, einem fränkischen Kaufmann und Slawenfürsten

600 n.Chr.   **700**

500 v.Chr.
Kelten in Böhmen; im 1. Jh. n.Chr. folgen Markomannen

6. Jahrhundert n.Chr.
Neben germanischen Stämmen besiedeln Slawen Böhmen

8. Jahrhundert
Tschechen siedeln in Mittelböhmen

Vyšehrad – erste Burg und Siedlung der Tschechen am rechten Ufer der Moldau

Schwert und Helm

Der hl. Wenzel wurde in der südlichen Apsis der Veits- rotunde beigesetzt. Sein Schwert und sein Helm werden als Reliquien im Domschatz aufbewahrt.

FÜRSTIN LIBUŠE

Als mythische Ahnherrin der Přemysliden gilt Fürstin Libuše (Libussa), Führerin eines westslawischen Stam- mes. Sie folgte ihrem Vater nach. Mit einem einfachen Pflüger *(Přemysl-Oráč)* als Gatten und Regenten be- gründete sie eine 400 Jahre lang währende Dynastie.

In einer Vision erahnte Fürstin Libuše den Glanz Prags

Wenzel sucht Schutz.

Ein Mönch verschließt vor Wenzel die Tür.

Veitsrotunde

Wenzel legte Anfang des 10. Jahr- hunderts den Grundstein zu die- ser Rundkirche, die nach seinem Tod 935 Wallfahrtsstätte wurde. Sie stand an der Stelle der heuti- gen Wenzelskapelle.

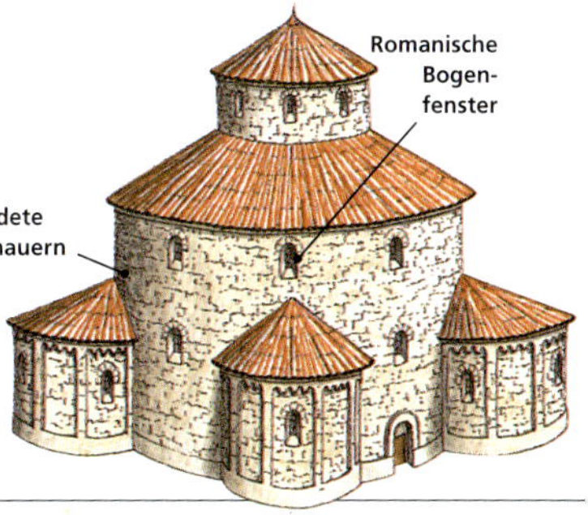

Romanische Bogen- fenster

Gerundete Steinmauern

ERMORDUNG DES HL. WENZEL

935 fiel Wenzel einem von seinem Bruder Boleslav eingefädelten Attentat zum Opfer. Auf dieser Illustration einer Handschrift (1006) holen die mordlustigen Häscher den damaligen Herzog ein, als er die Kirche zur Frühmesse betreten will.

800 Begrün- dung der Přemysliden- Dynastie

Altes christliches Brustkreuz

870 Bau der Prager Burg

921 Wenzel wird Herzog von Böhmen

993 Bischof Adalbert Vojtěch gründet in Břevnov ein Kloster

| 800 | 900 | 1000 |

863 Hl. Kyrill und hl. Method bringen das Christentum nach Mähren

935 Wenzel stirbt

920 Errichtung der St.-Georgs- Basilika, Prager Burg

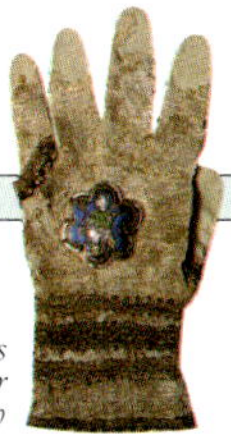

Bischof Adalberts juwelenbesetzter Handschuh

Prag im frühen Mittelalter

Mit Beginn des 9. Jahrhunderts gewann die Prager Burg zunehmend an Bedeutung. Steinbauten ersetzten allmählich die brandgefährdeten Holzgebäude. Mit der Zeit entstand eine wuchtige romanische Festung mit Palas und Sakralbauten. Außerhalb ihrer Außenmauer ließen sich, ermuntert von Vladislav II. und später von Přemysl Ottokar II., Handwerker und Händler aus anderen Regionen Mitteleuropas nieder. Das Viertel wurde später als Kleinseite bekannt und erhielt 1257 Stadtrecht. Die Judithbrücke verband es mit der Altstadt.

Die Initiale D im Vyšehrad-Kodex

AUSDEHNUNG DER STADT
🔲 *1230*   🔲 *Heute*

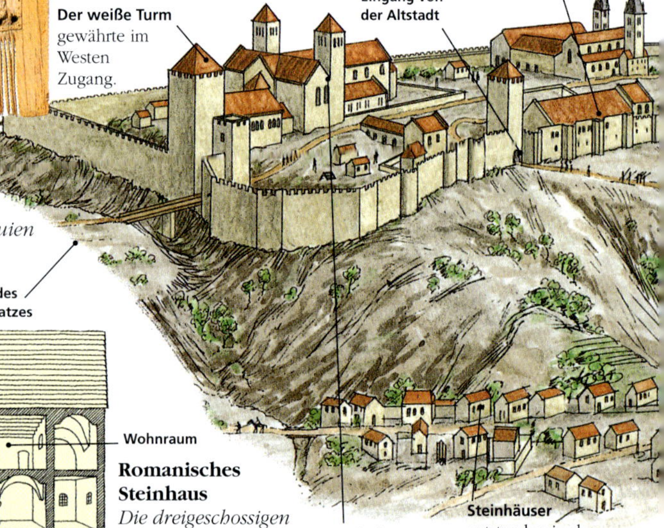

Kloster und Basilika St. Georg
(siehe S. 106–109 und S. 98f)

DIE PRAGER BURG ANNO 1230

Die auf einem hohen Felsrücken gelegene romanische Festung schützten steinerne Mauern und leicht zu bewachende Tore.

Das Fürstenpalais
entwickelte sich zum Königspalast *(siehe S. 104f).*

Eingang von der Altstadt

Der weiße Turm
gewährte im Westen Zugang.

Kamm
Dieser feinzahnige Knochenkamm zählt zu den Reliquien des hl. Adalbert.

Heutige Lage des Hradschiner Platzes

Äußerer Treppenaufgang

Wohnraum

Gewölbedecke

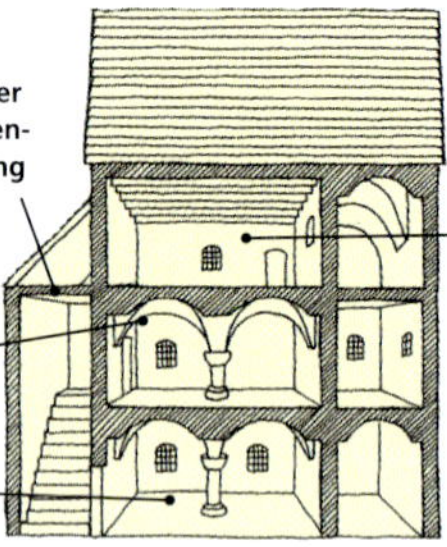

Romanisches Steinhaus
Die dreigeschossigen Häuser erhoben sich über einem einfachen Grundriss.

Erdgeschoss

Veitsdom und Domkapitel *(siehe S. 100–103)*.

Steinhäuser
entstanden in der heutigen Kleinseitner Nerudagasse (siehe S. 130).

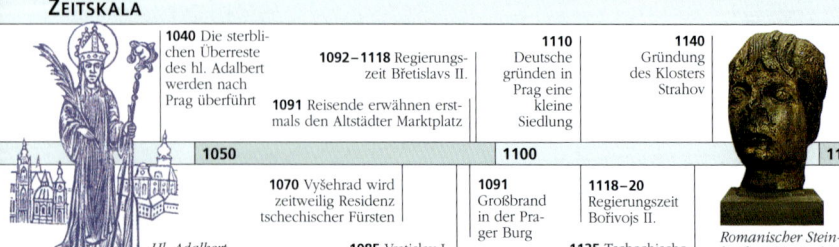

ZEITSKALA

1040 Die sterblichen Überreste des hl. Adalbert werden nach Prag überführt

1092–1118 Regierungszeit Břetislavs II.

1091 Reisende erwähnen erstmals den Altstädter Marktplatz

1110 Deutsche gründen in Prag eine kleine Siedlung

1140 Gründung des Klosters Strahov

1050   **1100**   **1150**

Hl. Adalbert mit Märtyrer-Palmwedel

1070 Vyšehrad wird zeitweilig Residenz tschechischer Fürsten

1085 Vratislav I. wird erster König Böhmens

1091 Großbrand in der Prager Burg

1118–20 Regierungszeit Bořivojs II.

1135 Tschechische Fürsten verlegen ihren Sitz vom Vyšehrad zur Prager Burg

Romanischer Steinkopf am Turm der Judithbrücke

Hl. Agnes von Böhmen
Die fromme Schwester Wenzels I. errichtete ein Kloster für den franziskanischen Schwesternorden der Klarissen (siehe S. 92f). Erst 1989 wurde Agnes heiliggesprochen.

Der schwarze Turm bewachte den Ausgang nach Kutná Hora, Böhmens zweitwichtigster Stadt (siehe S. 170).

Vratislav II.
Der Vyšehrad-Kodex, eine illuminierte Handschrift, stammt von 1061, dem Krönungsjahr von Vratislav.

Kleinseitner Ring

ROMANISCHES PRAG
Überreste sind sowohl in der Krypta des Veitsdoms (S. 100–103) als auch in den Kellern des Palais der Herren von Kunštát (S. 78f) und im Königspalast (S. 104f) zu bewundern.

St.-Georgs-Basilika
Das Gewölbe der Krypta stammt aus dem 12. Jahrhundert

St.-Martins-Rotunde
Der gut erhaltene Bau steht auf dem Vyšehrad (S. 181).

Přemysl Ottokar II.
Der letzte große Přemysliden-König, Herrscher eines mächtigen Reichs, fiel in der Schlacht.

Kleinseitner Wappen
Diese Miniaturmalerei aus dem 16. Jahrhundert zeigt das Porträt von Vladislav II.

1233 Gründung des St.-Agnes-Klosters

1182 Vollendung der romanischen Bauten der Prager Burg

1257 Die Kleinseite erhält Stadtrecht

1258–68 Wiederaufbau des abgebrannten Klosters Strahov im gotischen Stil

| **1200** | **1250** | **1290** |

1212 Přemysl Ottokar I. erhält von Friedrich II. die Goldene Bulle, die den böhmischen Königen Souveränität gewährt

Goldene Bulle

1278 Přemysl Ottokar II. fällt auf dem Marchfeld

1158 Bau der Judithbrücke (siehe S. 136–139)

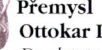

Prags Goldenes Zeitalter

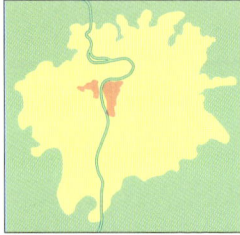

Ausdehnung der Stadt
🟧 1350   ⬜ Heute

Den Gipfel seines Ruhms erlangte Prag im späten Mittelalter. Karl IV., Kaiser des Heiligen Römischen Reichs, erkor Prag zur Residenz und verwandelte es in Europas glanzvollste Stadt. Er veranlasste den Bau einer Universität (Karolinum), zahlreicher gotischer Kirchen und Klöster sowie umfangreiche städtebauliche Veränderungen: Die Prager Burg wurde wiederauf- und ausgebaut und die Judithbrücke durch eine Steinbrücke ersetzt. Auch die Neustadt wurde gegründet. Als gottesfürchtiger Katholik hatte der Kaiser einen Reliquienschatz zusammengetragen, der mit den Kronjuwelen in der Burg Karlstein gehütet wurde *(siehe S. 168f).*

Geschenk (1368) Papst Urbans V.

Karl IV. trägt die mit Saphiren, Rubinen und Perlen besetzte Kaiserkrone.

Wenzelskapelle
Den Stolz auf seine direkte Přemysliden-Abstammung belegte Karl durch den Bau der Wenzelskapelle im Veitsdom (siehe S. 100–103).

Der Kaiser legt das Kreuz in den Reliquienschrein.

Wenzelskrone
Die böhmische Krone – Karl IV. trug sie bei seiner Krönung 1347 – geht auf die frühen Přemysliden-Herrscher zurück.

Zeitskala

1280 Abschluss der gotischen Bauten der Altneusynagoge

Altstädter Rathaus (Detail)

1344 Das Bistum Prag erhält den Rang eines Erzbistums

1333 Karl IV. wählt Prag zur Residenz

1305   **1320**   **1335**

1306 Ende der Přemysliden-Dynastie

1310 Johann von Luxemburg nimmt Prag ein

Portal der Altneusynagoge

1338 Johann von Luxemburg bewilligt den Bau des Altstädter Rathauses

Votivtafel mit Karl, dem Erzbischof Jan Očko und Böhmens Schutzheiligen

Meister Theoderichs Hl. Veit

Mit Heiligenbildern wie diesem (um 1365) malte der große böhmische Künstler die Kreuzkapelle von Burg Karlstein aus.

Ein juwelenbesetztes Kreuz diente als Schrein für die neue Reliquie.

Universitätssiegel, 1348

Auf dem Siegel überreicht der Kaiser dem hl. Wenzel die Stiftungsurkunde.

Bau der Neustadt

Dieses Dokument berichtet über den Bau der Neustadt unter Karl IV. im 14. Jahrhundert.

DIE RELIQUIEN KARLS IV.

Karl trug aus allen Reichsgebieten Reliquien zusammen. Um 1357 übergab ihm der französische Thronfolger einen Teil des Heiligen Kreuzes. Dieses Wandgemälde in der Burg Karlstein zeigt den Kaiser.

GOTISCHES PRAG

Drei der berühmtesten Sehenswürdigkeiten Prags bezeugen das reiche gotische Erbe der Stadt: der Veitsdom (S. 100–103), die Karlsbrücke (S. 136–139) und die Altneusynagoge (S. 88f). Auch das Karolinum (S. 65) zählt zu den bedeutenden Hinterlassenschaften von Kaiser Karl IV. Einige Kirchen – darunter die Teynkirche (S. 70) – konnten ihren gotischen Charakter weitgehend bewahren.

Karolinum
Der anmutige Erker ziert das Karolinum (S. 65).

Altstädter Brückenturm
Das Skulpturendekor gestaltete Peter Parler (S. 139).

Bethlehemskapelle

Hussitisches Prag

Anfang des 15. Jahrhunderts ging in Europa die Furcht vor den kriegerischen Anhängern des Kirchenreformers Jan Hus um. Die Hussiten errangen beachtliche militärische Siege über die kaiserlichen katholischen Kreuzritter. Religiöser Eifer und die Disziplin ihres Heerführers Jan Žižka, der die mobile Artillerie ersann, machten ihre mangelhafte Bewaffnung wett. Die Hussiten spalteten sich in die gemäßigten Utraquisten *(siehe S. 75)* und die radikalen Taboriten, deren Niederlage in der Schlacht bei Lipany 1434 den Weg für den gemäßigten König Georg von Poděbrady ebnete.

Georg von Poděbrady

AUSDEHNUNG DER STADT

☐ 1500   ☐ Heute

Protestbrief der Adligen

Zahlreiche Siegel des böhmischen Adels befanden sich auf einem Brief gegen die Hinrichtung von Jan Hus.

GOTTESKRIEGER

Der Kodex von Jena (frühes 16. Jh.) schildert die Erfolge der Hussiten. Angeführt vom blinden Jan Žižka, singen hier die Hussiten, denen sich sowohl Handwerker als auch Barone anschlossen, ihre Hymne.

Jan Žižka

Der Priester trägt eine vergoldete Monstranz.

Kriegsgeräte

Zusammengebundene Bauernkarren gewährten wirksamen Schutz. Zum bizarr-bedrohlichen Waffenarsenal zählten Armbrust, Dreschflegel und frühe Haubitzenformen.

ZEITSKALA

1402–13 Jan Hus predigt in der Bethlehemskapelle *(siehe S. 75)*	**1419** Erster Prager Fenstersturz: Ratsherren werden aus dem Neustädter Rathaus geworfen	*Die Taboriten verwandelten einfache landwirtschaftliche Werkzeuge in tödliche Waffen*
1415 Jan Hus wird in Konstanz auf dem Scheiterhaufen verbrannt	**1434** Schlacht bei Lipany	
1400	**1420**	**1440**
1410 Jan Hus wird exkommuniziert; Fertigung der Uhr des Altstädter Rathauses	**1424** Jan Žižka stirbt	**1448** Georg von Poděbradys Truppen erobern Prag

Jan Hus predigt

Der Laienkelch, Symbol der Utraquisten

1420 Hussiten siegen unter Jan Žižka auf dem Veitsberg und dem Vyšehrad

Satan im Papstgewand
Plakate, deren schaurige Karikaturen den korrupten Klerus anprangerten, wurden durch die Straßen getragen.

Auf dem Banner prangte der Hussiten-Kelch.

DER REFORMATOR JAN HUS

Jan Hus, der als Sohn armer Eltern in Böhmen geboren wurde, stieg zu einem der bedeutendsten Kirchengelehrten seiner Zeit auf. Seine Kritik an Korruption, Verschwendungssucht und materiellem Besitz des katholischen Klerus fand bei vielen Tschechen Gehör. Seine reformerischen Predigten in Prags Bethlehemskapelle trugen ihm eine große Gefolgschaft ein – und die Exkommunikation durch den Papst. 1412 verwies Wenzel IV. Jan Hus aus der Stadt. Im Oktober 1414 beschloss Hus, sich vor dem Konstanzer Konzil zu verteidigen. Trotz kaiserlichen Geleits wurde er verhaftet und im Jahr darauf wegen Ketzerei zum Tod verurteilt.

Landwirtschaftliche Geräte wurden von den Bauern als Waffen verwendet.

Hussiten-Schild
Holzschilde – diesen schmückt das Prager Stadtwappen – füllten Lücken in den dicht an dicht formierten Wagenburgen.

Die Bauern-armee marschierte hinter Jan Žižka.

Auf dem Scheiterhaufen
Nach seiner Hinrichtung durch die Kirche (6. Juli 1415) wurde Jan Hus zum Märtyrer der Tschechen.

1458 Krönung Georg von Poděbradys *(siehe S. 19)*

1483 Hussiten-Aufstand in Prag

1492–1502 Bau des Vladislav-Saals

1460   **1480**   **1500**

An der Fassade der Teynkirche erinnert ein Kelch an die Hussiten

1487 Erster Buchdruck in Prag

1485 König Vladislav Jagiello veranlasst den Umbau des Königspalasts der Prager Burg

Vladislav Jagiello

Die Renaissance und Rudolf II.

Mit den Habsburgern erreichte die Renaissance Prag. Kunst und Architektur trugen die Handschrift italienischer Künstler, die, vor allem unter Rudolf II., kaiserliche Gunst genossen. Wegen seiner Leidenschaft für Kunst und Wissenschaften vernachlässigte Rudolf II. die Politik. Sein Hof wurde Sammelbecken von Künstlern, Astrologen und Alchimisten. Sein zielloses Regieren hatte Aufstände zur Folge und einen Entmachtungsversuch seines Bruders Matthias. Im Dreißigjährigen Krieg *(siehe S. 30f)* wurde Rudolfs reiche Kunstsammlung geplündert.

Renaissance-Krug

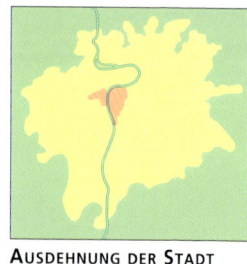

AUSDEHNUNG DER STADT

| 1550 | Heute |

Fischteich

Dalibor-Turm (Daliborka)

Lustschloss Belvedere

Laubengang

Rudolf II.
Rudolf bewies Sinn für das Bizarre: Sein von Giuseppe Arcimboldo 1590 gefertigtes «Gemüseporträt» begeisterte ihn.

Obsthain

Blumenbeete

Löwenhof

Tischplattenmosaik
Am Hof stellte man mit florentinischen Gartenmotiven und Halbedelsteinen verzierte Renaissance-Tischplatten her.

Rabbi Löw
Der jüdische Gelehrte soll den Golem erschaffen haben (siehe S. 88f).

ZEITSKALA

1502 Bau des Vladislav-Saals

1526 Mit Ferdinand I. beginnt die Herrschaft der Habsburger

1541 Ein Großbrand beschädigt Kleinseite, Prager Burg und Hradschin

1556 Ferdinand I. holt die Jesuiten nach Prag

| 1520 | 1540 | 1560 |

Ferdinand I.

1538–63 Errichtung des Belvederes

1547 Ein Aufstand der Prager Städte gegen Ferdinand I. scheitert

Vladislav-Saal

Freibrief für Mangler und Färber

Bildersprache
Jan Brueghels Gemälde versinnbildlicht die Vielfalt der riesigen Sammlung Rudolfs II., darunter Globen, Bilder, Juwelen und wissenschaftliche Instrumente.

Ballhaus

Tycho Brahe
Der dänische Astronom verbrachte seine letzten Jahre in Prag.

Eine überdachte Brücke
verband Palast und Garten.

KÖNIGSGARTEN
Die einstige mittelalterliche Festung diente nun mit ihren Gartenanlagen der Zerstreuung des Kaisers. Hier erfreute sich Rudolf an Ballspielen, exotischen Pflanzen und seiner Menagerie.

PRAG DER RENAISSANCE
Den Geist der Renaissance kann man im Königsgarten (*S. 111*) spüren. Bilder und andere Schätze aus der Sammlung Rudolfs zeigen das Palais Sternberg (*S. 112 – 115*), die Gemäldegalerie der Prager Burg (*S. 98*) sowie das Kunstgewerbemuseum (*S. 84*).

»Zu den zwei goldenen Bären«
Das Portal des 1590 erbauten Hauses (des Geburtshauses von Egon Erwin Kisch) ist eines der elegantesten Prags (S. 71).

Belvedere
Steinreliefs des italienischen Architekten Paolo della Stella zieren das Lustschloss (S. 110 f).

Ballhaus
Beeindruckende Renaissance-Sgraffiti verzieren die Fassade des grundlegend restaurierten Gebäudes (S. 111).

Zehn-Dukaten-Münze (1603)

Barockes Prag

Der tschechische Adel setzte 1619 den Habsburger Ferdinand II. ab und wählte stattdessen den protestantischen Kurfürsten Friedrich von der Pfalz zum König. Dies wurde ein Jahr später in der Schlacht am Weißen Berg bitter vergolten. Sie förderte den 1618 ausgebrochenen Dreißigjährigen Krieg, der die Verfolgung aller Nichtkatholiken und die Germanisierung der Landesinstitutionen nach sich zog. Den Kampf gegen die Protestanten führten die Jesuiten an. Als wirksame »Waffe« erwies sich dabei auch die Restaurierung von Prager Kirchen im Barockstil, der für viele Kirchenneubauten übernommen wurde.

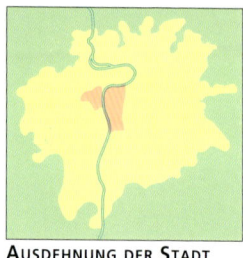

AUSDEHNUNG DER STADT

| ☐ *1750* | ☐ *Heute* |

Eine Atlas-Statue (1722) thront auf dem Turm.

Spiegelkapelle

Nikolauskirche
Mit dieser Kleinseitner Kirche gelang den Baumeistern Dientzenhofer ein hochbarockes Meisterwerk (siehe S. 128f).

Traubenhof

Vermessung der Welt
Klöster waren Bildungsstätten. Die Bibliotheken des Klosters Strahov (siehe S. 120f) *zieren Barockmalereien wie dieser Freskenausschnitt im Philosophischen Saal.*

St.-Salvator-Kirche

ZEITSKALA

1620 Schlacht am Weißen Berg	*Altstädter Wappen – geschmückt mit Kaiseradler und zwölf Flaggen zum Dank für die Verteidigung der Stadt gegen die Schweden*	**1706–14** Ausschmückung der Karlsbrücke mit Statuen
1627 Durchgreifen der Gegenreformation in Prag		

1625	**1645**	**1665**	**1685**	**1705**

| **1621** Hinrichtung von 27 protestantischen Aufständischen | **1634** Irische Söldner ermorden Wallenstein | **1648** Schweden nehmen die Prager Burg ein; der Westfälische Friede beendet den Dreißigjährigen Krieg | **1676–78** Befestigung des Vyšehrad mit neuen Bastionen | **1704–53** Bau der Kleinseitner Nikolauskirche |
| | **1631** Sachsen besetzen Prag | | | |

Schlacht am Weißen Berg
1620 schlugen Habsburger Truppen die tschechische Armee am Weißen Berg (Bílá Hora), einem Hügel nordwestlich von Prag (siehe S. 163). In der Folge wurde Böhmen zur österreichischen Provinz.

Turm der Sternwarte

BAROCKES PRAG

Der Barock begleitet Sie in der gesamten Stadt. Fast alle Kirchen wurden entweder im Barockstil erbaut oder umgebaut – vor allem die prächtige Nikolauskirche *(S. 128f)*. Auch die großen Palais und kleineren Wohnhäuser der Kleinseite *(S. 122–141)*, die Fassaden der Altstadt *(S. 60–79)* sowie die Statuen an Kirchen, Straßenecken und den Brüstungen der Karlsbrücke sind barock.

Die St.-Klemens-Kirche war Namensgeberin für den ganzen Komplex.

Welsche Kapelle

Nerudagasse
Das Haus »Zum goldenen Kelch« (Nr. 15) besitzt ein typisches barockes Hauszeichen (S. 130).

Monstranz
Monstranzen – zur sichtbaren Darbietung der geweihten Hostie – zeigten sich im Barock zunehmend prunkvoll (siehe S. 116f).

KLEMENTINUM

Die im Bildungswesen einflussreichen Jesuiten ließen das Kolleg zwischen 1653 und 1723 erbauen. Der nach der Prager Burg größte Gebäudekomplex vereinte u. a. drei Kirchen, kleinere Kapellen, Bibliotheken, Hörsäle und eine Sternwarte.

Karlsbrücke
Ferdinand Brokoffs Statue des hl. Franz von Borgia kam 1710 auf die Brücke (S. 136–139).

1740 Kaiserin Maria Theresia besteigt den Thron

1748 Böhmische Fürsten verlieren die letzten Bastionen ihrer Macht

1784 Zusammenschluss der vier Prager Städte

Mozart in Bertramka (S. 160)

Maria Theresia

1773 Verbot der Jesuiten

1725	1745	1765	1785

1757 Die Preußen belagern Prag

1782 Schließung von Klöstern

1787 Der in Bertramka weilende Mozart bereitet die Premiere von *Don Giovanni* im Ständetheater vor *(siehe S. 65)*

Prags Nationale Wiedergeburt

Kaiser Franz Joseph

Seine glorreichste Zeit erlebte Prag im 19. Jahrhundert. Da Österreich die Zügel lockerte, konnte sich die tschechische Nation auf ihre Geschichte und Kultur besinnen. Die tschechische Sprache, lange zum Schweigen verdammt, fand wieder offiziell Anerkennung. Der Bürgerstolz äußerte sich in Prachtbauten wie dem Nationaltheater, die das Können tschechischer Architekten und Künstler zeigten. Die Josefstadt und die Neustadt wurden saniert. Die Einführung öffentlicher Verkehrsmittel ließ Prag über seine bisherigen Grenzen hinauswachsen.

AUSDEHNUNG DER STADT
- 1890
- Heute

Die Tage des Jahres

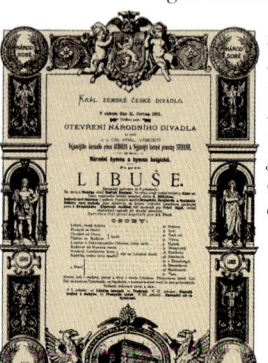

Smetanas *Libuše*
Smetanas Oper, komponiert für die geplante Eröffnung des Nationaltheaters 1881, griff frühe tschechische Sagen auf (siehe S. 20f).

Monate und Tierkreiszeichen kreisen um den Mittelpunkt.

Altstädter Wappen

Rudolfinum
Das reiche Dekor des Konzerthauses am Ufer der Moldau zeigt, dass dieser Bau der Musik gewidmet ist (siehe S. 84).

KALENDARIUM AM ALTSTÄDTER RATHAUS

1866 ersetzte der namhafte Künstler Josef Mánes die Drehscheibe der Turmuhr, eines der Wahrzeichen Prags, durch eine neue. In die Monatsbilder flossen seine Beobachtungen des böhmischen Landlebens ein.

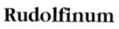

ZEITSKALA

1805 Napoléon schlägt in der Schlacht von Austerlitz (Slavkov) Tschechen, Österreicher und Russen

1833 Edward Thomas nimmt die Produktion von Dampfmaschinen auf

1818 Gründung des Nationalmuseums

Restaurierte Uhr auf der Ostseite des Rathausturms

1848 Aufstand der Prager gegen österreichische Truppen

1800	1820	1840	1860

1815 Erste öffentliche Vorführung eines von einer Dampfmaschine betriebenen Fahrzeugs

1838–45 Umbau des Altstädter Rathauses

1845 Die erste Eisenbahn trifft in Prag ein

Schlacht von Austerlitz (Slavkov)

Ausstellungsplakat 1895

Vojtěch Hynais entwarf dieses Jugendstil-Poster, das die neue Wertschätzung regionaler Traditionen widerspiegelt, für die VolkskulturAusstellung 1895.

Dezember Schütze

Gemeindehaus

Beim JugendstilInterieur setzte Alfons Mucha bürgerliche Tugenden ins Bild.

Jüdisches Viertel

Ab 1897 ersetzten neue Wohnblocks die engen Behausungen des Gettos.

NATIONALE WIEDERGEBURT

Viele Prunkbauten Prags, etwa das Nationalmuseum, entstanden zur Zeit aufkommenden Nationalbewusstseins. Ein bekanntes Werk des Jugendstils ist das Gemeindehaus (S. 64) mit Wandmalereien Muchas. An die prachtvollen Innenräume im Rudolfinum (S. 84) sowie im Nationaltheater (S. 156f) legten viele große Künstler Hand an. Das Prager Museum zeigt Werke des späten 19. und frühen 20. Jahrhunderts, auch das Original von Mánes' Kalenderblatt am Altstädter Rathausturm.

Nationalmuseum
Die Neorenaissance-Fassade prägt seine Silhouette (S. 147).

Nationaltheater
Die Wandmalereien (S. 156f) schufen tschechische Künstler.

Nationaltheater

1883 Eröffnung des Nationaltheaters

1896 Elektrische Trams nehmen den Dienst auf

1914 Ausbruch des Ersten Weltkriegs

1891 Jubiläumsausstellung

1912 Einweihung des Gemeindehauses

1916 Tod von Kaiser Franz Joseph

1880 **1900**

1884–91 Bau des Nationalmuseums

1897–1917 Sanierung des jüdischen Gettos

1883 Erste elektrische Straßenbeleuchtung

1881 Ein Brand vernichtet das gerade eröffnete Nationaltheater, das wiederaufgebaut wird

Frühe elektrische Tram

Der satirische Roman Die Abenteuer des braven Soldaten Švejk (siehe S. 154) nimmt die Sinnlosigkeit des Kriegs aufs Korn

Prag nach der Unabhängigkeit

Nur 20 Jahre nach ihrer Gründung 1918 wurde die Tschechoslowakei Opfer der politischen Manöver, die den Siegeszug der Nationalsozialisten in Europa einleiteten. Aus dem Zweiten Weltkrieg ging Prag, von Bomben nahezu unversehrt, vom Joch des Deutschen Reichs befreit, als Hauptstadt einer sozialistischen, jeglichen Widerstand unterdrückenden Republik hervor. Der Ruf der Intellektuellen nach Wahrung der Menschenrechte erscholl immer lauter. Die Unnachgiebigkeit der Regierung ebnete den Dissidenten und zuletzt der Samtenen Revolution den Weg. Der Schriftsteller und Bürgerrechtler Václav Havel führte das Land schließlich in die Demokratie.

Metronom im Letná-Park

1968 Wahl Alexander Dubčeks zum Ersten Parteisekretär

1966 Jiří Menzels *Liebe nach Fahrplan*, ausgezeichnet mit einem Oscar, lenkt die Augen der Welt auf das tschechoslowakische Kino

1935 Edvard Beneš wird Präsident Masaryks Nachfolger. Die von Nazis gegründete Sudetendeutsche Partei erzielt unter Konrad Henlein Wahlerfolge

1945 Nach viertägigem Aufstand empfangen die Prager am 9. Mai begeistert die Rote Armee. Im Oktober beruft Beneš eine provisorische Nationalversammlung

1920 Linke Avantgarde-Künstler gründen im Prager Café Union die Devětsil-Gruppe

1938 Das Münchner Abkommen spricht Hitler Landesteile zu. Beneš geht ins Exil

1952 In Gottwalds berüchtigtstem Schauprozess werden Slánský und zehn hohe Funktionäre wegen trotzkistisch-zionistischer Umtriebe zum Tod verurteilt

1962 Abriss der Stalin-Statue im Letná-Park (dort steht seit 1991 ein riesiges Metronom)

Edvard Beneš

| 1918 | 1930 | 1945 | 1960 |

| 1918 | 1930 | 1945 | 1960 |

1942 Ein Attentat der Widerstandsbewegung beendet das achtmonatige skrupellose Regiment von Reichsprotektor Reinhard Heydrich

1960 Gründung der Tschechoslowakischen Sozialistischen Republik (ČSSR)

1924 Tod von Franz Kafka

1955 Im Letná-Park wird die weltweit größte Stalin-Statue enthüllt

1967 Antonín Novotný, Erster Parteisekretär und Präsident, lässt regimekritische Schriftsteller verhaften

1932 Traditionelles Turnertreffen *(slet)* im Strahov-Stadion

1948 Die KP gelangt unter Klement Gottwald an die Macht; bei den Maiwahlen erreicht sie 89 Prozent der Stimmen

1918 Ausrufung der Tschechoslowakischen Republik. Als erster demokratisch gewählter Präsident amtiert Tomáš Masaryk

1968 Alexander Dubček führt das liberale Reformprogramm des »Prager Frühlings« ein. Am 21. August besetzen Truppen des Warschauer Pakts die Tschechoslowakei; über 100 Prager Demonstranten sterben

1958 Premiere des neue Akzente setzenden Trickfilms *Die Erfindung der Vernichtung* von Karel Zeman

Willkommensplakat für den am 21. Dezember 1918 aus dem Exil heimkehrenden Präsidenten

1939 Deutsche Truppen marschieren in Prag ein, das Hauptstadt des Protektorats Böhmen und Mähren (dem Deutschen Reich eingegliedert) wird. Emil Hácha wird Präsident

1969 Selbstverbrennung Jan Palachs aus Protest gegen die Besatzung

1989 Jahr der Samtenen Revolution: Bürgerunmut macht sich in Demonstrationen und Streiks Luft. Havel eint die Oppositionsgruppen im Bürgerforum. Die Übergangsregierung der Nationalen Verständigung verspricht freie Wahlen; Václav Havel wird auf Wunsch des Volks Nachfolger des zurückgetretenen Staatspräsidenten Husák

1977 Gründung der Bürgerrechtsgruppe Charta 77 nach Verhaftung der Band »Plastic People«

1990 Im Juni finden erstmals seit 60 Jahren demokratische Wahlen statt. Bei 99 Prozent Wahlbeteiligung entfallen 60 Prozent der Stimmen auf das Bündnis von Bürgerforum und Öffentlichkeit gegen Gewalt

Das Wappen des Präsidenten der Tschechischen Republik enthält die Inschrift »Wahrheit siegt« sowie die Wappen Böhmens (links oben, rechts unten)*, Mährens* (rechts oben) *und Schlesiens* (links unten)

1993 Nach der Teilung der ČSSR wird Prag Hauptstadt der Tschechischen Republik

1979 Der Schriftsteller Václav Havel ruft das Komitee zur Verteidigung der unrechtmäßig Verfolgten ins Leben und wird verhaftet

1999 Tschechien wird NATO-Mitglied

2002 Prag erlebt die schlimmsten Überschwemmungen seit 150 Jahren

2004 Tschechien wird EU-Mitglied

1975	1990	2005	2020

1975	1990	2005	2020

1989 Anlässlich der Heiligsprechung von Agnes von Böhmen *(siehe S. 92f)* am 4. November fertigt der gebürtige Prager Dissident Gustav Makarius Tauc im Auftrag des Vatikans ein Gemälde an. Die tschechische Legende, die für Agnes' Heiligsprechung wunderbare Ereignisse vorhersagte, wird am 17. November mit der Samtenen Revolution wahr

2001 Die größten Demonstrationen seit der Wende zwingen Jiří Hodač, als Direktor des staatlichen Fernsehens zurückzutreten

2009 Am 1. Januar übernimmt die Tschechische Republik zum ersten Mal die Präsidentschaft im Rat der Europäischen Union.

2008 Václav Klaus wird für seine zweite (fünfjährige) Amtszeit als Präsident vereidigt

1984 Jaroslav Seifert, Unterzeichner der Charta 77, erhält den Literatur-Nobelpreis, ohne ihn persönlich entgegennehmen zu können

PRAG IM ÜBERBLICK

Das Kapitel *Die Stadtteile Prags* stellt Ihnen rund 150 Sehenswürdigkeiten vor – vom Königspalast, dem Schauplatz des Fenstersturzes von 1618 *(siehe S. 105)*, zu den Gebäuden aus den 1920er Jahren in der Josefstadt *(siehe S. 91)*, vom beschaulichen Petřín-Park *(siehe S. 141)* zum belebten Wenzelsplatz *(siehe S. 144f)*. Um Ihnen die Planung Ihres Aufenthalts zu erleichtern, erhalten Sie auf den folgenden zwölf Seiten einen Überblick über Prags Highlights. Er ist thematisch nach Museen und Sammlungen, Kirchen und Synagogen, Palais und Gärten gegliedert und verweist auf die Haupteinträge der genannten Sehenswürdigkeiten. Unten sehen Sie die Attraktionen, die man nicht versäumen sollte.

ZEHN HIGHLIGHTS VON PRAG

Altstädter Ring
Siehe S. 66 – 69

Nationaltheater
Siehe S. 156f

Nikolauskirche (Kleinseite)
Siehe S. 128f

Karlsbrücke
Siehe S. 136 – 139

Altstädter Rathaus
Siehe S. 72 – 74

Palais Waldstein und Garten *Siehe S. 126*

Alter jüdischer Friedhof
Siehe S. 86f

Veitsdom
Siehe S. 100 – 103

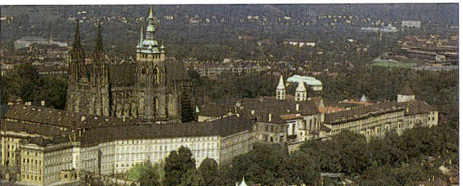

Prager Burg
Siehe S. 96f

Kloster St. Agnes von Böhmen
Siehe S. 92f

◁ Muchas Allegorie der Wachsamkeit im Bürgermeistersaal des Gemeindehauses *(siehe S. 64)*

Highlights: Museen und Sammlungen

Die mehr als 20 Museen und nahezu 100 Sammlungen und Ausstellungsräume in Prag überraschen mit raren Kunstgenüssen. Religiöse Kostbarkeiten des Mittelalters wetteifern mit Schätzen des Jugendstils und Meisterwerken moderner Kunst. Nach 1989 eröffnete Museen erweitern das Ausstellungsangebot an zeitgenössischer Kunst. Auch der Geschichte von Stadt, Land und Leuten widmen sich Museen, oft in kunsthistorisch bedeutenden Gebäuden. Dieser Lageplan zeigt einige der berühmtesten Museen, ergänzt von ausführlicheren Informationen auf den beiden folgenden Seiten.

St.-Georgs-Kloster
Unter den Gemälden aus dem 19. Jahrhundert finden sich historisierende Darstellungen von Georg von Poděbrady und Matthias Corvinus des tschechischen Künstlers Mikoláš Aleš.

Palais Sternberg
In der herausragenden Sammlung europäischer Kunst finden sich Werke wie das Rosenkranzfest *von Albrecht Dürer.*

Prager Burg und Hradschin

Loreto
Gaben frommer einheimischer Adliger bilden den Grundstock der Sammlung dekorativer religiöser Kunst. Diese juwelenbesetzte baumförmige Monstranz schenkte die Gräfin von Wallenstein der Schatzkammer im Jahr 1721.

Kleinseite

Smetana-Museum
Das Museum an der Moldau ist dem Leben und Werk des tschechischen Komponisten gewidmet. Der Fluss inspirierte ihn zu seinem berühmtesten Stück: der Moldau.

Palais Schwarzenberg
Das elegante Renaissance-Palais, ehemals Kulisse für das Militärmuseum, beherbergt nun eine Sammlung der Nationalgalerie mit Barock- und Renaissance-Kunst.

VLTAVA

Kunstgewerbemuseum

Hier beeindruckt Kunsthandwerk aus fünf Jahrhunderten, darunter erlesene böhmische Glas-, Grafik- und Möbelarbeiten wie diese bemalte Truhe mit Schnitzereien aus dem Jahr 1612.

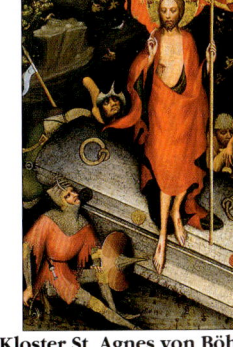

Kloster St. Agnes von Böhmen

Zur Sammlung gehört die Auferstehung Christi vom Meister des Třeboň-Altars (14. Jh.).

(MOLDAU)

Maisel-Synagoge

Die Maisel-Synagoge und andere Gebäude des Staatlichen Jüdischen Museums hüten eine der bedeutendsten Judaikasammlungen mit religiösen Exponaten (Bücher, Kunst- und Einrichtungsgegenstände u. a.). Die abgebildete Seite stammt von einem illuminierten Manuskript der Liturgie Pessach Haggada von 1728.

Josefstadt

Altstadt

0 Meter   500

Nationalmuseum

Ein riesiges Walskelett bildet den Blickfang eines der sieben zoologischen Säle dieses Museums, das u. a. eine ausgezeichnete mineralogische Abteilung besitzt.

Neustadt

Dvořák-Museum

Partituren und persönliche Hinterlassenschaften wie diese Bratsche erinnern im anmutigen Palais Michna an den bedeutenden tschechischen Komponisten des 19. Jahrhunderts.

Überblick: Museen und Sammlungen

Skulptur an der
Fassade des Kunst-
gewerbemuseums

Prags Museen gewähren einen faszinie-
renden Einblick in die Geschichte der
überaus vielschichtigen Stadtbevölkerung.
Aufschluss über die Landeskultur geben
Kunstwerke aus Gotik und Barock sowie
aus der Zeit der Nationalen Wiedergeburt
im 19. Jahrhundert. Da die großen Museen
und Sammlungen inzwischen längst
unter Platzmangel leiden, entstehen
derzeit vielerlei neue Ausstellungs-
flächen.

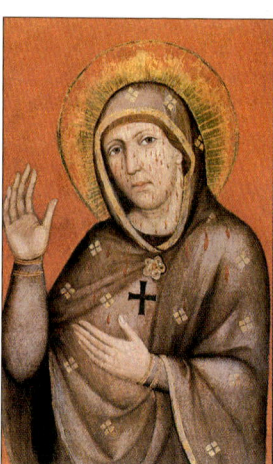

Madonna Aracoeli (14. Jh.), Domschatz des Veitsdoms, Prager Burg

TSCHECHISCHE MALEREI UND BILDHAUEREI

Die Nationalgalerie zeigt
Prags bedeutendste und
umfassendste Sammlung
tschechischer Künstler an verschiedenen Orten: mittelalterliche Kunst im **St.-Agnes-
Kloster**, Barockkunst im Palais
Schwarzenberg, Arbeiten des
19. Jahrhunderts im **St.-
Georgs-Kloster** und wichtige
Kunstwerke des 20. und
21. Jahrhunderts im Messepalast.

Die **Gemäldegalerie der Prager Burg** beherbergt die kul-
turhistorisch

herausragenden Reste der
Sammlung Kaiser Rudolfs II.
Meisterwerke böhmischer
Kunst und Arbeiten von Karel
Škréta und Petr Brandl zählen
zu den Highlights der Barock-
sammlung im **Palais Schwar-
zenberg**, das sich gleich au-
ßerhalb des Haupttors zur
Burg befindet.

Dem Veitsdom fehlt derzeit
leider der Platz, um seine
sakrale Sammlung, darunter
eine Madonna der böhmi-
schen Malerschule um Meister
Theoderich, auszustellen.

Das Lapidarium auf dem
Ausstellungsgelände präsen-
tiert Skulpturen aus mehreren
Jahrhunderten, unter ihnen
Statuen der Karlsbrücke und
die Mariensäule des Altstädter
Rings.

Die Sammlung des **Klosters
St. Agnes von Böhmen** umfasst böhmische und mitteleuropäische gotische Gemälde
und Skulpturen. Darunter befinden sich auch Tafelmalerei-
en von Meister Theoderich für
Karl IV. Werke Prager Künstler des 19. und 20. Jahrhunderts zeigt die Prager Galerie.
Eine ihrer Filialen, das barocke **Schloss Troja**, bildet
eine malerische Kulisse
für die Ausstellungen,
die auf die rund 3000 Ge-
mälde, 1000 Statuen und
4000 Drucke der Galerie
zurückgreifen. Das **St.-
Georgs-Kloster** zeigt
nun einen Großteil der
Kunst aus dem 19. Jahr-
hundert, die zuvor
im **Messepalast** befand,
einem Zentrum für mo-
derne und zeitgenössi-
sche Kunst. Hier ist jede
Kunstrichtung des 20.
und 21. Jahrhunderts
vertreten, u.a. Jugendstil
und Kubismus, ebenso

wie Werke von Otto Gut-
freund aus den 1920er Jahren.
Gleiches gilt für bahnbre-
chende Gruppen wie Osma,
Skupina 42 oder Devětsil.

EUROPÄISCHE MALEREI UND BILDHAUEREI

Im **Palais Sternberg** können
Sie Werke alter und moderner europäischer Meister bewundern. Zu den Kostbarkeiten dieser breit gefächerten
Sammlung zählen Albrecht
Dürers *Rosenkranzfest* sowie
die zahlreichen Arbeiten der
niederländischen Meister des
17. Jahrhunderts wie Rubens
und Rembrandt.

Das Zentrum für moderne
und zeitgenössische Kunst im
Messepalast bietet eine hervorragende Picasso-Samm-
lung, Bronzen von Rodin und
viele Beispiele der fast komplett vertretenen Impressionisten, Postimpressionisten und
Fauvisten. Hier hängen Selbst-
porträts von Paul Gauguin
(*Bonjour Monsieur Gauguin*,
1889), Henri Rousseau (1890)
und Pablo Picasso (1907).
Deutsche und österreichische
Maler, darunter Gustav Klimt
und Egon Schiele, sind ebenfalls ausgestellt. Die Künstler
der tschechischen Avantgarde
inspirierte der *Tanz des Lebens* des Norwegers Edvard
Munch. (Durch den Umzug
einiger Sammlungen der Nationalgalerie ist auch der

Der Handel von
Otto Gutfreund (1923), Messepalast

Messepalast betroffen. Infos unter www.ngprague.cz über die aktuelle Ausstellung.)

Auch die **Gemäldegalerie der Prager Burg** widmet sich europäischer Malerei (vor allem 16.–18. Jh.). Neben Tizians *Junge Frau bei der Toilette* begeistern Werke von Rubens und Tintoretto.

MUSIK

Drei große Musiker – zwei tschechische Komponisten und den geliebten Gast Mozart – ehrt Prag mit Museen. An alle drei erinnern persönliche Hinterlassenschaften, Partituren und Briefe im **Smetana-Museum**, im **Dvořák-Museum** (im Sommerpalais Michna) und im **Mozart-Museum**, einer hübschen Villa (17. Jh.), auf deren Terrasse im Sommer auch Konzerte stattfinden.

Das **Museum der Musik** beherbergt seltene historische Instrumente und Partituren berühmter Komponisten.

GESCHICHTE

Die historischen Sammlungen des **Nationalmuseums** sind im Hauptgebäude am Wenzelsplatz untergebracht.

Die Geschichte der Stadt wird in den Räumen des **Museums der Stadt Prag** wieder lebendig, etwa anhand historischer Drucke und eines Modells von Prag (19. Jh.), das

Kelchglas des böhmischen Barock (1730), Kunstgewerbemuseum

vom Lithografen Antonín Langweil aus Papier und Holz angefertigt wurde. Eine Filiale des Museums in Výtoň an der Moldau zeigt das Leben in einer früheren Siedlung, ein weiteres Zweigmuseum in Vyšehrad die Geschichte der Königsresidenz.

Das **Militärmuseum**, das sich seit 1945 im Palais Schwarzenberg befand, ist nun in U Památníku zu finden. Es zeigt Karten, Uniformen, Waffen und Abzeichen. Die Lobkowitz-Sammlung im **Palais Lobkowitz** (16. Jh.) verfügt über seltene Bücher und Manuskripte.

Das Jüdische Museum verteilt sich in der Josefstadt auf **Hohe Synagoge**, **Maisel-Synagoge**, **Alten jüdischen Friedhof** und andere Stätten. Zynischerweise waren es die Nazis, die für ein Museum »einer ausgestorbenen Rasse« diverse Kultgegenstände aus jüdischen Gemeinden hierherbrachten. Besonders ergreifend sind die Bilder von Kindern, die im Konzentrationslager Terezín (Theresienstadt) inhaftiert waren.

KUNSTGEWERBE

Glaskunst vom Mittelalter bis zur Moderne, Möbel, Textilien, Bücher, Plakate, Porzellan- und Zinnwaren machen das **Kunstgewerbemuseum** in der Josefstadt zu einer der reichsten Schatzkammern Prags. Doch nur ein kleiner Ausschnitt ist zu sehen. Halten Sie Ausschau nach Wechselausstellungen, die in den Museumsräumen oder an anderen Orten der Stadt Schwerpunktthemen illustrieren.

Kunsthandwerk gibt es in vielen weiteren Museen. Prächtige Monstranzen, eine davon mit 6222 Diamanten besetzt, zeigt die **Loreto-Schatzkammer**. Alltagsmöbel kann man im Museum der Stadt Prag bewundern. Im **Náprstek-Museum** fasziniert u. a. eine Sammlung präkolumbischer Kunst.

Astrolabium (16. Jh.) im Technischen Nationalmuseum

WISSENSCHAFT UND TECHNIK

Fahrzeuge füllen eine große Halle des **Technischen Nationalmuseums**: Oldtimer – Autos, Motorräder und Dampflokomotiven – stehen Spalier. Über ihnen schweben historische Luftgleiter und Flugmaschinen. Andere Abteilungen erläutern die Entwicklung moderner Techniken. Das Museum wird derzeit umfassend renoviert. Es soll 2010 wiedereröffnet werden (Infos gibt es auf der Website www. ntm.cz/en).

MUSEEN UND SAMMLUNGEN

Highlights: Kirchen und Synagogen

D ie religiösen Bauten zeugen vom Wandel der
Architektur, aber auch von Zeiten religiösen
und politischen Zwistes, dem Leben der
Prager, den Rückschlägen und Blüte-
zeiten der Stadt. Viele hüten sakrale
Kunstschätze. Dieser Lageplan zeigt
die architektonischen und künstlerischen Höhepunkte. Eine Einführung
geben die beiden folgenden Seiten.

St.-Georgs-Basilika
*Auf dem spätgotischen Relief über dem
Torbogen des im Stil der Frührenaissance
gehaltenen Südportals zückt der hl. Georg
sein Schwert, um den Drachen zu töten.*

Veitsdom
*Das Juwel der Kathedrale ist die
Wenzelskapelle. Halbedelsteine,
Blattgold und Fresken zieren die
Wände. Das Fresko über dem go-
tischen Altar zeigt Elisabeth von
Pommern, die vierte Ehefrau
Karls IV., beim Gebet.*

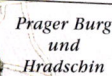

*Prager Burg
und
Hradschin*

Loreto
*Seit 1626 pilgern
Gläubige zu die-
ser der Jung-
frau Maria
geweihten
Stätte.
Stündlich
spielen die
27 Glocken
des barocken
Uhrturms ein
Kirchenlied.*

Kleinseite

VLTAVA

St.-Thomas-Kirche
*Das Skelett des hl. Justin ruht in
einem Glassarg unter
Antonín Stevens'
Kreuzigung,
einem der
glanzvollen
Kunstwerke
dieser Kirche.*

Nikolauskirche
*Im Herzen der
Kleinseite erhebt
sich Prags schönstes
Beispiel für Hoch-
barock. Die Kuppel
schwingt sich so
hoch hinauf, dass
Gläubige früher
ihren Einsturz
befürchteten.*

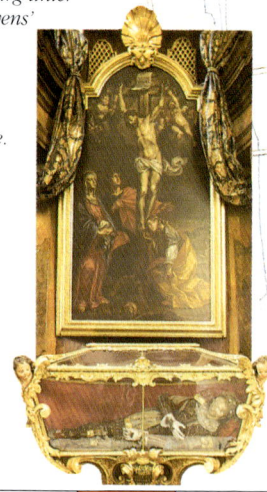

Teynkirche

Hinter einer Zeile von arkadenüberspannten Bauten überragen die Zwillingstürme der Kirche mit ihren Türmchen die Ostseite des Altstädter Rings. Im Inneren setzen Gotik, Renaissance und Barock kontrastreiche Akzente.

Altneusynagoge

Prags älteste Synagoge stammt aus dem 13. Jahrhundert. In ihr gotisches Hauptportal ist ein Rebstock geschnitzt, dessen zwölf Trauben die Stämme Israels symbolisieren.

(MOLDAU)

Josefstadt

St.-Jakobs-Kirche

Die 1374 eingeweihte Kirche erhielt nach dem Brand von 1689 barocken Glanz, wie dieses Grabmal des Kanzlers Jan Vratislav von Mitrovice (18. Jh.) zeigt. Wegen ihrer hervorragenden Akustik und ihrer Orgel ist die Kirche auch für Konzerte beliebt.

Altstadt

Emmauskloster

Wertvolle Fresken dreier gotischer Meister mit Szenen aus dem Alten und Neuen Testament schmücken die Kreuzgänge.

Neustadt

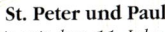

0 Meter	500

St. Peter und Paul

Die seit dem 11. Jahrhundert oft umgestaltete Kirche besitzt nun ein neogotisches Aussehen, das aus den 1890er Jahren stammt. Am Eingang warnt das abgebildete Relief vor dem Jüngsten Gericht.

Überblick: Kirchen und Synagogen

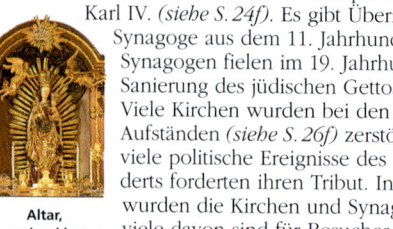

Die sakrale Baukunst setzte in Prag im 9. Jahrhundert ein und erreichte ihren Höhepunkt unter Karl IV. *(siehe S. 24f)*. Es gibt Überreste einer Synagoge aus dem 11. Jahrhundert. Drei Synagogen fielen im 19. Jahrhundert der Sanierung des jüdischen Gettos zum Opfer. Viele Kirchen wurden bei den Hussiten-Aufständen *(siehe S. 26f)* zerstört. Auch viele politische Ereignisse des 20. Jahrhunderts forderten ihren Tribut. Inzwischen wurden die Kirchen und Synagogen – viele davon sind für Besucher geöffnet – restauriert.

Altar, Kapuzinerkloster

ROMANIK

Drei romanische Rundbauten aus dem 11. und 12. Jahrhundert sind bis heute gut erhalten: Die **St.-Martins-Rotunde** (die älteste) sowie die Rundkapellen Heilig Kreuz und St. Longinus sind winzige Bauten mit nur sechs Meter Durchmesser.

Zur **St.-Georgs-Basilika**, der weitaus besterhaltenen und bedeutendsten romanischen Kirche, legte Fürst Vratislav I. 920 den Grundstein. Trotz des

Romanische St.-Martins-Rotunde (11. Jh.), Vyšehrad

umfangreichen Umbaus nach einem Brand im Jahr 1142 zeigt sich der Chor mit seinen erlesenen Gewölbefresken immer noch als spätromanische Kostbarkeit.

Das von Fürst Vladislav II. *(siehe S. 22f)* 1142 gegründete **Kloster Strahov** hat seinen romanischen Kern gegen Brände, Kriege und gründliche Renovierung behauptet.

GOTIK

Die gotische Bauweise mit Rippengewölben, luftigem Strebewerk sowie Spitzbogen und Fialen gelangte um 1230 nach Böhmen und wurde recht schnell für sakrale Architektur eingesetzt.

Das **Kloster St. Agnes von Böhmen**, das 1233 von Agnes, der Schwester Wenzels I., gestiftet wurde, legte als erster Sakralbau gotisches Gewand an. Frühgotik, obgleich vom vertrauten Kirchenstil abweichend, sieht man bei der **Alt-neusynagoge**.

Feines Maßwerk und das hochstrebende Kirchenschiff des **Veitsdoms** sind ein Lehr-

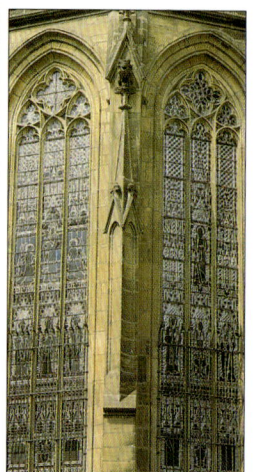

Hohe gotische Fenster an der Ostseite des Doms

stück der Prager Gotik, die auch die **Teynkirche (Maria vor dem Týn)** und die Kirche **Maria Schnee** prägt.

Historische Bedeutung kommt der wiederaufgebauten gotischen **Bethlehems-kapelle** zu, in der Jan Hus *(siehe S. 27)* zehn Jahre lang predigte.

Restauriert wurden die im Zweiten Weltkrieg stark beschädigten gotischen Fresken des **Emmausklosters**.

RENAISSANCE

In Prag lebende italienische Künstler förderten die Renaissance, die allerdings die säkulare Architektur stärker beeinflusste als die Sakralbauten. Aus der Zeit Rudolfs II. (1576–1611), der Spätrenaissance, blieben die schönsten Beispiele bewahrt.

KUPPELN UND TURMSPITZEN

Das Panorama der Stadt prägen die vielen Spitzen, Türme und Kuppeln der Prager Kirchen – egal, aus welcher Perspektive: Gotik und Neogotik ließen sie himmelwärts streben. Der Barock setzte Kirchen oft Rundkuppeln und Zwiebeltürme auf. Aus dem Rahmen fällt die moderne Dachkonstruktion des Emmausklosters (14. Jh.). Sie wurde hinzugefügt, nachdem die Kirche im Zweiten Weltkrieg durch einen Luftangriff schwer beschädigt wurde. Die geschwungenen, sich überschneidenden Zwillingstürme bereichern als kühne Neuinterpretation gotischer Luftigkeit apart die Skyline.

Gotik

Teynkirche (1350–1511)

Barock

Kleinseitner Nikolauskirche (1750)

Typische Stilelemente prägen die 1586 angelegte Fassade der **Hohen Synagoge** sowie die umgestaltete, ursprünglich gotische **Pinkas-Synagoge**.

Den »Manierismus« der Spätrenaissance belegt anschaulich die St.-Rochus-Kirche des **Klosters Strahov**.

Von der Renaissance inspiriertes Gewölbe, Pinkas-Synagoge (1535)

BAROCK

Die Gegenreformation *(siehe S. 30f)* gab den Anstoß zu einem prunkvollen, 150 Jahre währenden Neu- und Umbau von Kirchen. Prags älteste Barockkirche ist

St. Maria de Victoria (1611–13). Rund 60 Jahre lang baute man an der Kleinseitner **Nikolauskirche**. Innendekor und Freskengewölbe machen sie zu Prags herausragendster Barockkirche, gefolgt von der Marienwallfahrtsstätte **Loreto** (1626–1750) beim **Kapuzinerkloster**. Beide sind wie auch **St. Johannes von Nepomuk auf dem Felsen** und **Nikolauskirche** (Altstadt) Werke des Vater-Sohn-Gespanns Christoph und Kilian Ignaz Dientzenhofer.

Für die Geschichte der Stadt bedeutsam war die Jesuitenhochschule **Klementinum** mit **St. Salvator**. Hier, wo Kilian Ignaz Dientzenhofer ausgebildet wurde, gingen Barock und jesuitische Lehre eine enge Verbindung ein.

Die **Klausensynagoge** (heute Teil des Jüdischen Museums) wurde 1689 mit Stuck verziert.

Eine ganze Reihe von frühen Gebäuden erhielt später ein barockes Aussehen, darunter das gotische Schiff von **St. Thomas** und nach einem Brand 1689 **St. Jakob**.

Neogotisches Kirchenportal von St. Peter und Paul (19. Jh.)

NEOGOTIK

Auf dem Gipfel der Nationalen Wiedergeburt im 19. Jahrhundert *(siehe S. 32f)* wurde der **Veitsdom** in Anlehnung an den ursprünglichen Bauplan vollendet. Der Architekt Josef Mocker wurde dafür kritisiert. Sein Kirchenbau **St. Peter und Paul** entwickelte sich dagegen zum Wahrzeichen am Vyšehrad. Auch die Basilika **St. Ludmilla** in Náměstí Míru stammt von Mocker.

KIRCHEN UND SYNAGOGEN

Decke des Kirchenschiffs der Nikolauskirche (Kleinseite)

Barock   *Neogotik*   *Moderne*

Loreto (1725)   St. Peter und Paul (1903)

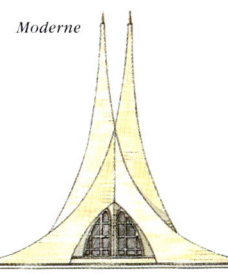

Emmauskloster (1967)

Highlights: Palais und Gärten

Zu Prags historisch und architektonisch bedeutendsten Anlagen zählen seine Palais und Gärten. Viele Palais beherbergen Museen oder Sammlungen *(siehe S. 38–41)*, manche sind Schauplatz von Konzerten. Mit Brunnen und Statuen verzierte Gärten laden zum Verweilen ein. Die schönsten Anwesen erkennen Sie auf diesem Plan, ergänzt von weiteren Informationen auf den beiden folgenden Seiten.

Belvedere
Vor dem Renaissance-Sommerschloss plätschert der Singende Brunnen (1568).

Königsgarten
Obwohl der Garten im 19. Jahrhundert umgestaltet wurde, hat er seinen Renaissance-Charakter bewahrt. Unter den Statuen findet sich auch ein barockes Löwenpaar (1730) am Eingang.

Prager Burg und Hradschin

0 Meter   500

Kleinseite

Südliche Gärten
Die Gärten gewähren einen herrlichen Blick über Prag. Einst waren sie Teil der Burgbastionen. 1891 wurden sie in einen Park umgewandelt, dem Josip Plečnik 40 Jahre später sein heutiges Aussehen verlieh.

Palais Waldstein
Die Barockresidenz wurde 1624–30 für Herzog Albrecht von Waldstein (Wallenstein) erbaut und sollte die Prager Burg in den Schatten stellen. Über 20 Häuser und ein Stadttor mussten Palais und Garten weichen. Der Venusbrunnen (1599) sprudelt vor den Arkaden der Sala terrena.

Waldstein-Garten
Heute sind hier Kopien der Bronzestatuen (17. Jh.) zu sehen, die die Schweden 1648 raubten.

Palastgärten
Im Barock wurden am Hang unterhalb der Burg eindrucksvolle Gärten mit Terrassen angelegt.

Palais Kinský
Das Wappen der Kinskýs, ein Entwurf von Kilian Ignaz Dientzenhofer, ziert die rosa-weiße Stuckfassade. Das Rokoko-Palais ist heute Teil der Nationalgalerie.

(M O L D A U)

Josefstadt

V L T A V A

Altstadt

Palais Clam-Gallas
Matthias Bernard Braun schuf vier gigantische Statuen des Herkules (ca. 1715), der die schweren barocken Frontportale des Palais zu stützen versucht.

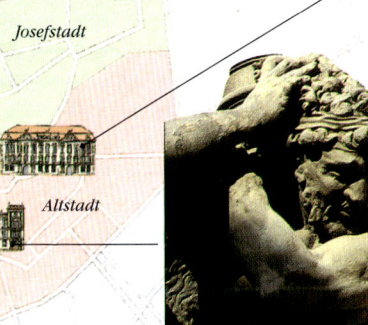

Sommerpalais Michna
Kilian Ignaz Dientzenhofer gestaltete 1712 das bezaubernde Schlösschen, in dem heute das Dvořák-Museum untergebracht ist. Die Gartenskulpturen stammen von Antonín Braun.

Neustadt

Insel Kampa
Nachdem die alten Gärten im Zweiten Weltkrieg zerstört worden waren, wurde hier ein ruhiger Inselpark geschaffen.

Überblick: Palais und Gärten

Die erstaunliche Vielzahl von Palais und Gärten entstand im Lauf von Jahrhunderten – und nur wenige Palais fielen Kriegen zum Opfer. Die Mehrzahl ging aus Restaurierungen und Vergrößerungen noch prächtiger hervor. Die Gärten von Palais kamen im 17. Jahrhundert in Mode, doch sie konnten nur angelegt werden, wo genügend Platz war, etwa am Hang der Prager Burg. Die meisten erfuhren mehrfache Umgestaltungen. Im 19. Jahrhundert (und auch wieder nach 1989) wurden viele größere Parks öffentlich zugänglich.

Statue auf der Insel Kampa

Bronzeplastik des Singenden Brunnens im Königsgarten

MITTELALTERLICHE PALAIS

Um das Jahr 1135 begannen die Arbeiten am romanischen Erdgeschoss des **Königspalasts** der Prager Burg. Er ist das älteste Stadtpalais und wurde immer wieder umgebaut, vor allem zwischen dem 14. und dem 16. Jahrhundert. Der spätgotische Vladislav-Saal stammt aus den 1490er Jahren. Im etwas weniger bekannten **Palais der Herren von Kunštát** wurde das überwölbte Erdgeschoss aus dem 13. Jahrhundert zum Fundament der späteren gotischen Konstruktion.

RENAISSANCE-PALAIS

Eines der schönsten Renaissance-Gebäude, das **Palais Schwarzenberg** (16. Jh.), entwarfen italienische Architekten. Geometrische, zweifarbige Sgraffiti zieren seine Fassade. Auch an das **Belvedere** legten Italiener Hand an.

Grazile Arkaden und Säulen, reich geschmückt mit Reliefs, machen es zu einem der elegantesten Renaissance-Schlösser nördlich der Alpen. Den ersten Beleg für die Spätrenaissance in Prag bietet das **Palais Martinitz** von 1563. Ihm folgte nur wenig später das **Palais Lobkowicz**, dessen mit Terrakottareliefs verzierte Fenster und Gips-Sgraffiti die Barockisierungen überlebt haben. Der Renaissance-Bau des mächtigen **Erzbischöflichen Palais** erhielt später eine Rokoko-Fassade.

BAROCKPALAIS

Zahlreiche Prager Palais spiegeln alle Phasen des Barock. Vom Frühbarock zeugt großspurig, doch ansehnlich das **Palais Waldstein**.

Schloss Troja und sein formal angelegter Garten, Südansicht

SCHMUCKPORTALE UND -TORE

Die kunstvollen Portale und Tore der Prager Palais gehören zu den eindrucksvollsten architektonischen Meisterwerken der Stadt. Aus Gotik und Renaissance sind noch viele Portale erhalten, selbst wenn die dazugehörigen Gebäude zerstört oder in späteren Stilen renoviert worden sind. Typische Portale des Barock, der fruchtbarsten Bauphase, rahmen viele Eingänge großer Bauwerke ein. Die Torbogen werden oft von Statuen getragen: Riesen, Helden und mythologischen Figuren. Diese dienen nicht allein der Zierde, sondern sind ein wesentlicher Bestandteil der stützenden Gebäudestruktur.

Tor zum Ehrenhof der Prager Burg (1768)

An Prunk steht ihm das **Palais Černín** kaum nach. Der Hochbarock verschaffte zwei Stilvarianten Ausdruck, die eine verspielter und italienisch, die andere hingegen klassizistischer und französisch-wienerisch beeinflusst. Im italienischen Villenstil präsentieren sich **Schloss Troja** und **Sommerpalais Michna**. Wienerischer wirkt dagegen das **Palais Sternberg** am Hradčanské náměstí. Troja (1679) ist ein Werk von Jean-Baptiste Mathey – wie die Dientzenhofers *(siehe S. 129)* ein Meister des Barock. An den Portalen des **Palais Clam-Gallas** und des **Palais Morzin** in der Nerudagasse fallen die Atlantenpaare, ein überaus beliebtes Barockmotiv, ins Auge. Den hervorragenden Rokoko-Bau des **Palais Kinský** schuf Kilian Ignaz Dientzenhofer.

Frühlingsblumen im Königsgarten der Prager Burg

GÄRTEN

Die Kleinseite beherbergt Prags schönste Gärten, so den **Waldstein-Garten**, der, anders als sein frühbarockes Palais, die geometrische Strenge der Renaissance einhält. Diese zeigt sich auch im **Königsgarten** hinter der Prager Burg. Umgestaltet wurden in den 1920er Jahren die **Südlichen Gärten** an den alten Burgwällen.

Viele Gärten kamen im 17. und 18. Jahrhundert hinzu, als Adelsfamilien bei der Anlage von Kleinseitner Winterresidenzen zu Füßen der Burg einander zu übertreffen versuchten. Einige gehören heute zu Botschaftssitzen, andere sind öffentlich zugänglich. Dem Ledebour-Garten wurden z. B. zwei Nachbargärten eingegliedert. Die **Palastgärten** am steilen Hang der Prager Burg spielen raffiniert mit Pavillons, Stufen und Terrassen, die reizvolle Blicke über die Stadt erlauben. Eine ähnliche barocke Schöpfung mit Statuen und imposanten Aussichten zeigt der **Vrtba-Garten** auf dem Gelände eines ehemaligen Weinguts. Aus solchen Gärten entstand auch die Parkanlage der Insel **Kampa**.

Am Petřín (Laurenziberg) verwandelte man aus Gärten und Obsthaine in den weitläufigen, öffentli-

Alter Baumbestand im Stromovka

chen **Petřín-Park**. Auf einen Obstgarten geht auch der **Vojan-Park** zurück, der im 13. Jahrhundert von Erzbischöfen angelegt wurde. Zu den wenigen öffentlichen Grünflächen der Neustadt zählt der **Botanische Garten**.

Die größeren Parks liegen meist außerhalb des Zentrums. **Stromovka** diente als königlicher Hirschpark, während der **Letná-Park** 1858 auf einem freien Gelände der Letná-Ebene entstand.

PALAIS UND GÄRTEN

Schloss Troja (um 1703)

Palais Clam-Gallas (um 1714)

DAS JAHR IN PRAG

Prag erstrahlt in allen Farben der Natur, wenn im Frühling die Gärten erblühen. Das Musikfestival »Prager Frühling« läutet die Saison ein. Im Sommer unterhalten Straßenkünstler. Die Gärten zeigen sich dann von ihrer schönsten Seite. Wenn die Tage kühler werden, heizt das Internationale Jazzfestival ein. Zum Jahresende bedeckt oft Schnee

Bemaltes Osterei

die Straßen. Die Ballsaison beginnt im Dezember. In den kalten Monaten finden Veranstaltungen in vielen architektonisch schönen Räumen statt. Das ganz Jahr über pilgern Besucher zur mittäglichen Wachablösung vor der Burg. Magazine *(siehe S. 218)* und der Prager Informationsdienst *(siehe S. 219)* kündigen Veranstaltungen an.

Konzert beim Musikfestival »Prager Frühling«, Palais Waldstein

FRÜHLING

Die ersten Strahlen der Frühlingssonne kitzeln Prag aus dem Winterschlaf. Im Frühjahr, der anregendsten Reisezeit, feiern Farben, Blumen und Kultur Feste. Die ergrünenden Parks und Gärten öffnen nach der Winterpause wieder ihre Pforten. Wenn im April das Thermometer steigt, bildet das Musikfestival »Prager Frühling« den Auftakt zu einem reichhaltigen Unterhaltungsprogramm.

OSTERN

Ostermontag ist ein gesetzlicher Feiertag. Ein skurriles Ritual aus alten Zeiten begleitet das Osterfest: Männer »schlagen« ihre Frauen mit Weidenruten – es sind »Prügel« zum Erhalt der weiblichen Fruchtbarkeit. Doch die Opfer rächen sich, indem sie ihre Peiniger mit Wasser überschütten. Waffenstillstand tritt erst ein, wenn die Frauen den Männern ein bemaltes Ei überreichen. Gottesdienste finden an allen Ostertagen statt *(siehe S. 235)*.

MÄRZ

Prag-Prčice-Marsch *(3. Sa im März)*. Tausende von Menschen wandern zur Kleinstadt Prčice, um den Frühling zu feiern.

APRIL

Bootsausflüge *(1. Apr)*. Die Saison für Bootsausflüge auf der Moldau beginnt.
Hexenverbrennung *(30. Apr)*, Ausstellungsgelände *(siehe S. 162)*. Konzerte untermalen

das 500-jährige Ritual, bei dem alte Besen in Freudenfeuern verbrannt werden, um böse Geister zu vertreiben.

MAI

Tag der Arbeit *(1. Mai)*. An diesem Feiertag finden zahlreiche Veranstaltungen statt.
Eröffnung der Prager Gärten *(1. Mai)*. Sommerkonzerte in vielen Parks und Gärten.
Jahrestag des Prager Aufstands *(5. Mai)*. Mittags heulen eine Minute lang Sirenen. Die Tafeln zum Gedenken an die Opfer *(siehe S. 34)* werden mit Blumen geschmückt.
Tag der Befreiung vom Faschismus *(8. Mai)*. Tag des Siegs der Alliierten im Zweiten Weltkrieg. Kranzniederlegung an den Soldatengräbern des Olšany-Friedhofs.
Prager Internationale Buchmesse *(2. Woche im Mai)*, Industriepalast *(siehe S. 178)*. Vorstellung tschechischer und internationaler Autoren.
Prager Internationaler Marathon *(3. Woche im Mai)*.

MUSIKFESTIVAL »PRAGER FRÜHLING«

Das internationale Festival (12. Mai – 3. Juni) lockt mit abwechslungsreichem Konzert-, Ballett- und Opernprogramm, dargeboten von den weltbesten Interpreten – ein Hochgenuss für Musikliebhaber. Hauptschauplatz ist das Rudolfinum *(siehe S. 84)*, aber auch Kirchen und Palais öffnen – manche nur zu diesem Anlass – dem Publikum ihre Pforten. Das Festival beginnt am Todestag von Bedřich Smetana *(siehe S. 79)*. An seinem Grab auf dem Vyšehrad *(siehe S. 181)* findet ein Gottesdienst statt. Abends gibt es ein Konzert im Gemeindehaus *(siehe S. 64)*, bei dem seine berühmteste Komposition, *Má vlast (Mein Vaterland)*, aufgeführt wird. Im Gemeindehaus endet das Festival dann auch.

Bedřich Smetana

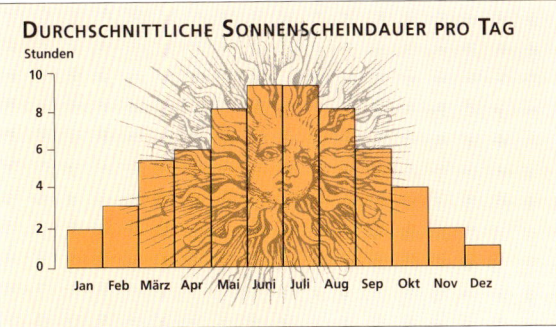

Durchschnittliche Sonnenscheindauer pro Tag

Stunden

| 10 | 8 | 6 | 4 | 2 | 0 |
| Jan | Feb | März | Apr | Mai | Juni | Juli | Aug | Sep | Okt | Nov | Dez |

Sonnenschein

Prag erlebt seine heißen Tage zwischen Mai und August. Im Hochsommer kann es schwül werden. Reizvoll wirkt die Stadt auch an sonnigen Wintertagen. Dichter Smog (siehe S. 53) kann die Sonnentage trüben.

Einheimische und Besucher an einem sonnigen Nachmittag im Vyšehrad-Park

SOMMER

D er Sommer bedeutet hohe Temperaturen, häufige, teilweise heftige Schauer und Besuchermassen – eine schöne, wenngleich umtriebige Reisezeit. Die Tschechen flüchten am Wochenende aufs Land, um in den Hügeln der Umgebung zu wandern oder in einer »Datscha« zu entspannen. Wer daheim bleibt, sucht Erfrischung in den vielen Bädern und Seen *(siehe S. 223)* vor den Toren der Stadt. Jetzt, wenn die Kultur ins Freie zieht, sorgen Schauspieler, Musiker und klassische Orchester für Kurzweil. Cafés rücken Tische ins Freie, sodass Sie dem Treiben auch bei einem Getränk in aller Ruhe zusehen können.

JUNI

Bürgermeister-Bootsrennen *(1. Wochenende im Juni).* Ruderer liefern sich auf der Moldau am Fuß des Vyšehrad gut besuchte Wettkämpfe.

Sommerkonzerte *(den ganzen Sommer über).* In den Prager Gärten *(siehe S. 46 – 49)* finden kostenlose Konzerte von Orchestern und Blaskapellen statt. Auf dem Ausstellungsgelände *(siehe S. 162)* beim Křižík-Brunnen gibt es eines der beliebtesten Open-Air-Konzerte. Farbige Licht- und Wasserspiele begleiten Orchester mit großer Besetzung.

Jahrestag der Ermordung der Attentäter Reinhard Heydrichs *(18. Juni).* In der Kirche St. Kyrill und St. Method *(siehe S. 152)* gedenkt eine Messe der Verstorbenen.

Goldenes Prag *(1. Woche im Juni),* Palais Kaiserstein. Internationales Festival preisgekrönter TV-Produktionen.

Aufführungen historischer Schlachten *(den ganzen Sommer über)* in mehreren Prager Palais und Gärten.

Mozarts Prag *(Mitte Juni – 1. Woche im Juli).* Internationale Orchester spielen in der Villa Bertramka *(siehe S. 160)* und im Palais Liechtenstein Werke von Mozart.

Tanzendes Prag *(letzte Woche im Juni).* Internationales Festival für zeitgenössischen Tanz im Nationaltheater *(siehe S. 156f).*

JULI

Tag der Slawenapostel *(5. Juli).* Gesetzlicher Feiertag zu Ehren des hl. Kyrill und des hl. Method *(siehe S. 152),* die das Christentum ins Land brachten.

Todestag von Jan Hus *(6. Juli).* Das Hus-Denkmal *(siehe S. 26f)* wird festlich mit Blumen geschmückt.

AUGUST

Theaterinsel *(gesamter Aug).* Tschechisches Theater- und Puppentheaterfestival auf der Střelecký-Insel.

Wachablösung an der Prager Burg

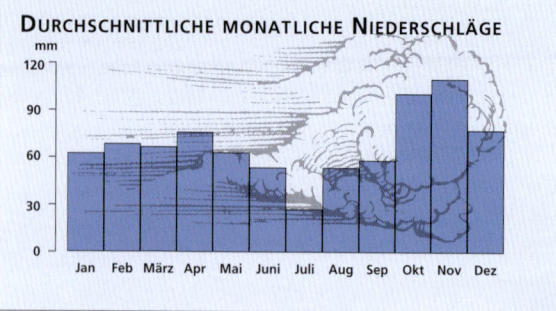

Durchschnittliche monatliche Niederschläge

mm

120
90
60
30
0

Jan Feb März Apr Mai Juni Juli Aug Sep Okt Nov Dez

Niederschläge

Das gesamte Jahr über fällt in Prag reichlich Regen, vor allem im Oktober und November. Auch in den Sommermonaten gehen häufig leichte Schauer nieder. Der Winter kann heftige, selten aber schwere Schneefälle bringen.

Herbst

Wenn sich das Laub in den Gärten unterhalb der Prager Burg rotgold verfärbt und die Besucherströme langsam versiegen, bereitet sich die Stadt auf die kalten Wintermonate vor. Jetzt begegnet man vielen Pilzsammlern mit Körben frischer Pilze. Die Marktstände quellen über von Obst und Gemüse. Die baumbestandenen Hänge oberhalb der Moldau leuchten in den schönsten Herbstfarben. Im September und Oktober gibt es noch einige warme Sonnentage. Im November fällt oft schon der erste Schnee. Fußballfans pilgern in die Stadien. Das Ereignis für Reitsportfans ist das alljährlich stattfindende große Hindernisrennen von Pardubice.

September

Prager Herbst *(Anfang Sep)*, Rudolfinum *(siehe S. 84)*. Internationales Festival für klassische Musik.
Herbstmesse *(wechselnde Termine)*, Ausstellungsgelände *(siehe S. 162)*. Jahrmarkt, Imbissstände, Theater, Puppenspiel und Musik.
Drachenwettbewerbe *(3. So im Sep)*, Letná-Ebene vor dem Sparta-Stadion. Bei Kindern beliebtes Event, doch jeder kann hier seinen Drachen steigen lassen.
Hl. Wenzel *(28. Sep)*. Musikfestival zu Ehren des Nationalheiligen.
Böhmische Meisterschaft *(letzter Som im Sep)*. Seit 1887 führt dieser Straßenlauf über zehn Kilometer vom Vorort Běchovice nach Žižkov. Jeder kann teilnehmen.

Jazzmusiker beim Internationalen Jazzfestival

Oktober

Großes Hindernisrennen von Pardubice *(2. So im Okt)*. Seit 1874 findet in Pardubice östlich von Prag Europas schwierigstes Hindernis-Pferderennen statt.
Schließung der Moldau *(Anfang Okt)*. Ende der Wassersportsaison, bei dem die Moldau bis zum nächsten Frühling symbolisch mit einem Schlüssel abgeriegelt wird.
Internationales Jazzfestival *(wechselnde Termine)*, Palais Lucerna. Das berühmte Jazzfestival präsentiert seit 1964 Musiker aus aller Welt.
Tag der Republik *(28. Okt)*. Auch nach Auflösung der Tschechoslowakei in zwei unabhängige Staaten gedenkt ein Feiertag der Gründung der Republik im Jahr 1918.

November

Velká Kunratická *(2. So im Nov)*. Jeder kann an dem beliebten, haarsträubenden Querfeldeinrennen im Wald von Kunratice teilnehmen.
Feiertag der Samtenen Revolution *(17. Nov)*. Um den Wenzelsplatz *(siehe S. 144f)* finden friedliche Demonstrationen statt.

Blick auf den Veitsdom hinter herbstlich verfärbtem Laub

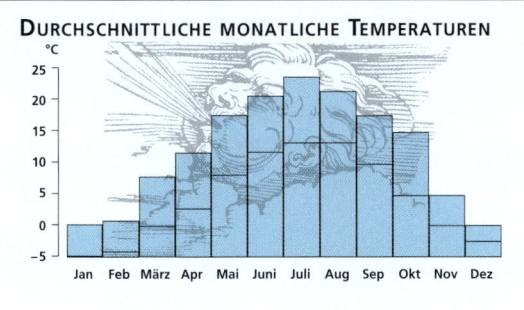

DURCHSCHNITTLICHE MONATLICHE TEMPERATUREN

°C

Jan Feb März Apr Mai Juni Juli Aug Sep Okt Nov Dez

Temperaturen

Die Tabelle zeigt die durchschnittlichen monatlichen Tiefst- und Höchsttemperaturen. Im Sommer bleibt es meist angenehm warm. Im Winter kann es hingegen bitterkalt werden. Die Temperaturen fallen dann oft unter den Gefrierpunkt.

WINTER

Vielleicht erwachen Sie in Prag an einem jener hinreißenden Morgen, an denen die von Neuschnee bedeckte Stadt in der Sonne glitzert. Der Blick über die weißen Dächer der Kleinseite ist einfach zauberhaft. Leider enthüllt Prag im Winter nur selten solche Schönheit. Das Wetter hat seine Launen. An trüben Tagen können die Temperaturen jäh auf −5 °C sinken. Wegen der hohen Luftverschmutzung und der Lage im Moldaubecken lastet oft dichter Smog über der Stadt.

Ein Lichtblick im trüben Winterwetter ist die Theatersaison, die in dieser Jahreszeit mit Premieren ihren Höhepunkt feiert. Bälle und Tanzveranstaltungen halten in den kalten Monaten warm. Kurz vor Weihnachten können Sie in den Straßen Fässer mit lebenden Karpfen, dem traditionellen Weihnachtsschmaus, erblicken. Christbäume schmücken die Stadt, Weihnachtslieder erklingen an den

Blick über die schneebedeckten Dächer der Kleinseite

Straßenecken. Christmetten finden in fast allen Kirchen statt. Silvester feiert man seit eh und je in der gesamten Stadt.

DEZEMBER

Weihnachtsmärkte *(gesamter Dez)*, Metro-Station Můstek, 28. října, Na příkopě, Altstädter Ring. In den Buden werden Weihnachtsschmuck in allen Farben und Geschenke in allen Preisklassen, aber auch Glühwein, Punsch, Gebäck und Karpfen feilgeboten *(siehe S. 213)*.

Heiligabend, erster und zweiter Weihnachtsfeiertag *(24., 25., 26. Dez)* werden als gesetzliche Feiertage in allen Kirchen der Hauptstadt mit Messen begangen.

Schwimmwettbewerbe in der Moldau *(26. Dez)*. Hunderte von abgehärteten Schwimmern tummeln sich in der 3 °C kalten Moldau.

Silvester *(31. Dez)*. Menschenmengen am Wenzelsplatz und in der Altstadt.

Karpfen – sie sind das traditionelle Weihnachtsessen

JANUAR

Neujahr *(1. Jan)*. Gesetzlicher Feiertag.

FEBRUAR

Tänze und Bälle *(Anfang Feb)*.
Matthäus-Messe *(Ende Feb–Anfang Apr)*, Ausstellungsgelände *(siehe S. 162)*. Die Messe bietet Rummelplatz, Essensstände und vielerlei Vergnügungen.

FEIERTAGE

Nový rok Neujahr *(1. Jan)*

Velikonoce Ostersonntag und Ostermontag *(variabel)*

Tag der Arbeit *(1. Mai)*

Tag der Befreiung vom Faschismus *(8. Mai)*.

Tag der Slawenapostel *(5. Juli)*

Todestag von Jan Hus *(6. Juli)*

Hl. Wenzel *(28. Sep)*

Tag der Republik *(28. Okt)*

Feiertag der Samtenen Revolution *(17. Nov)*

Vánoce Weihnachten *(24.–26. Dez)*

FLUSSPANORAMA

Die Vltava (Moldau) spielte schon immer eine bedeutsame Rolle in der Geschichte Prags *(siehe S. 16 – 35)* und hat Maler, Dichter und Musiker jahrhundertelang inspiriert. Der Lauf des Flusses war Vorlage für eines der bekanntesten Musikstücke: die sinfonische Dichtung *Die Moldau* aus dem Zyklus *Mein Vaterland* von Bedřich Smetana.

Bis zum 19. Jahrhundert waren einige Teile der Stadt oft heftigen Überschwemmungen ausgesetzt. Um die Fluten zu bannen, wurden die Flussdeiche stetig verstärkt und erhöht (heute ruhen sie auf Stein- oder Betonfundamenten). Wegen der regelmäßigen Überflutungen schüttete man im Mittelalter die betroffenen Areale mit einer zwei Meter dicken Erdschicht zu, um den Schaden zu mindern. Die Maßnahme schuf nur teilweise Abhilfe, bewahrte jedoch die Erdgeschosse zahlreicher, heute zu besichtigender romanischer und gotischer Bauwerke *(siehe S. 78f).* Dennoch richtete die Flut von 2002 derartige Zerstörungen an, dass der Notstand ausgerufen wurde.

Statuen an der schmiede-eisernen Čechův-Brücke

Die Moldau dient der Stadt seit Langem auch als Verkehrsweg und Einkommensquelle. Wehre, Wassermühlen und -türme entstanden. Ein Wasserkraftwerk auf der Insel Štvanice liefert seit 1912 fast ein Drittel des Prager Stroms. Für die Schifffahrt baute man acht Dämme, einen großen Kanal und Wehre entlang der Strecke Slapy–Prag–Mělník bis zur Mündung der Moldau in die Elbe. Ausflüge mit Booten, darunter Raddampfer und sogar eine chinesische Dschunke, bieten schöne Ansichten. Im Sommer werden täglich Fahrten angeboten, auch nach Troja *(siehe S. 166f)* oder zum Slapy-Stausee. Die Boote legen von den vielen Pieren Prags ab und bieten eine der schönsten Möglichkeiten zur Erkundung der Stadt und ihrer herrlichen Umgebung.

Ansicht der Dampferlandungsbrücke (Přistaviště parníků) an der Rašínovo nábřeží

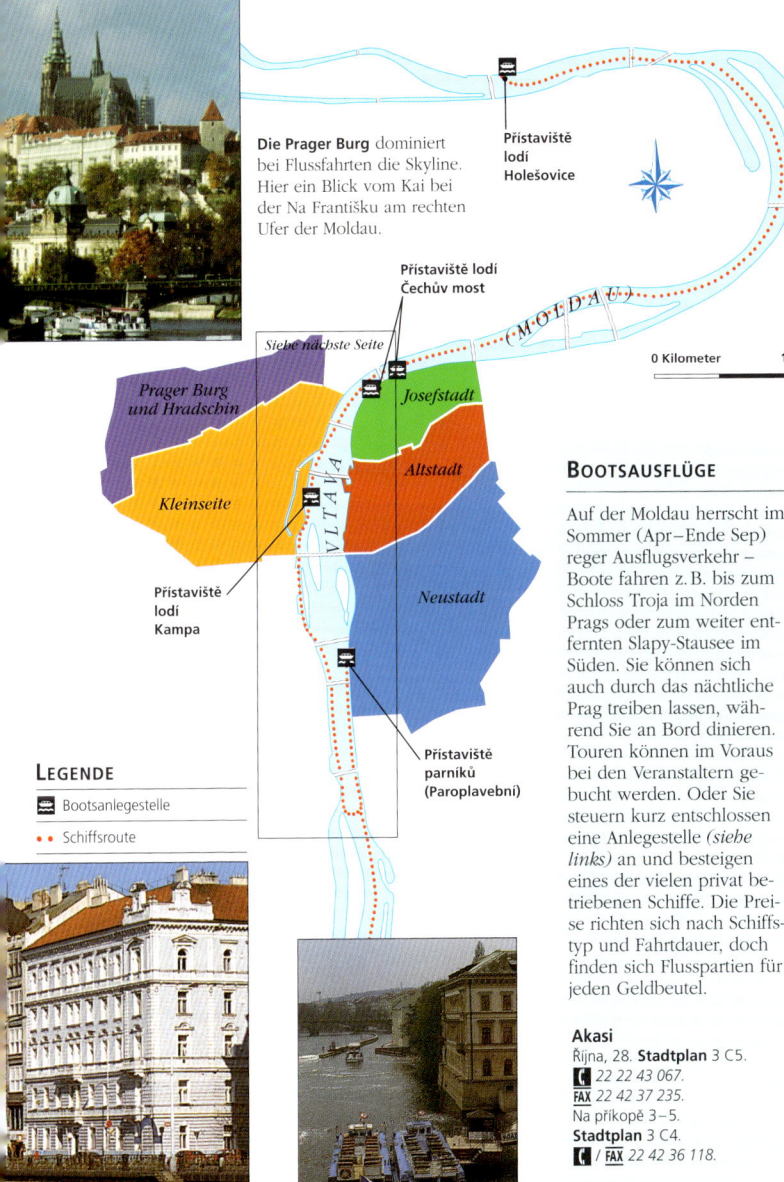

Die Prager Burg dominiert bei Flussfahrten die Skyline. Hier ein Blick vom Kai bei der Na Františku am rechten Ufer der Moldau.

Přístaviště lodí Holešovice

Přístaviště lodí Čechův most

Siehe nächste Seite

0 Kilometer 1

Prager Burg und Hradschin

Josefstadt

Altstadt

Kleinseite

Neustadt

Přístaviště lodí Kampa

Přístaviště parníků (Paroplavební)

BOOTSAUSFLÜGE

Auf der Moldau herrscht im Sommer (Apr–Ende Sep) reger Ausflugsverkehr – Boote fahren z. B. bis zum Schloss Troja im Norden Prags oder zum weiter entfernten Slapy-Stausee im Süden. Sie können sich auch durch das nächtliche Prag treiben lassen, während Sie an Bord dinieren. Touren können im Voraus bei den Veranstaltern gebucht werden. Oder Sie steuern kurz entschlossen eine Anlegestelle *(siehe links)* an und besteigen eines der vielen privat betriebenen Schiffe. Die Preise richten sich nach Schiffstyp und Fahrtdauer, doch finden sich Flusspartien für jeden Geldbeutel.

Akasi
Října, 28. **Stadtplan** 3 C5.
☎ 22 22 43 067.
FAX 22 42 37 235.
Na příkopě 3–5.
Stadtplan 3 C4.
☎ / FAX 22 42 36 118.

Evropská Vodní Doprava
Čechův most, Na Františku.
Stadtplan 3 B2.
☎ 22 48 10 030. FAX 22 48 10 003. **www**.evd.cz

Paroplavební (Pier)
Rašínovo nábřeží přístaviště.
Stadtplan 5 A2.
☎ 22 49 31 013. FAX 22 49 30 022. **www**.paroplavba.cz

LEGENDE

🚢 Bootsanlegestelle

• • Schiffsroute

Přístaviště lodí Kampa, eine Mole an der Kleinseite, ist Ausgangspunkt für einige Bootstouren auf der Moldau.

Flusspanorama

Eine Fahrt auf der Moldau eröffnet einzigartige Blicke auf Prags zahlreiche Baudenkmäler. Die erste slawische Siedlung befand sich am linken Ufer, doch es war das von Kaufleuten dicht bewohnte rechte Ufer, das zum geschäftigen Wirtschaftszentrum aufblühte. Daran hat sich bis heute nichts geändert. Weite Teile des weniger entwickelten linken Ufers zeigen sich immer noch als grüne Oasen. Schwäne haben den Fluss zu ihrer Heimat erkoren, so als wollten sie seine stolze Schönheit verstärken.

Hanau-Pavillon
Ein gusseiserner Treppenaufgang führt zum Pavillon (Zdeněk Fiala 1891).

Kleinseitner Brückentürme
Der niedrigere, 1158 errichtete Turm sollte den Zugang zur Judithbrücke bewachen, während der höhere 1464 einen romanischen Vorgänger ersetzte (siehe S. 136).

Moldauwehr
Mit Wehren wie diesem, das von den dicht bewaldeten Hängen des Laurenzibergs überragt wird, versuchte man im 19. Jahrhundert, diesen Abschnitt der Moldau schiffbar zu machen.

Vor der Moldau-Statue am nördlichen Zipfel der Kinderinsel werden jährlich Kränze zum Gedenken an die Ertrunkenen abgelegt.

Kleinseitner Wasserturm
Der Turm aus dem Jahr 1560 speiste 57 Kleinseitner Brunnen.

0 Meter — 500

Legende

- 🚊 Tramhaltestelle
- 🚢 Bootsanlegestelle
- •• Schiffsroute

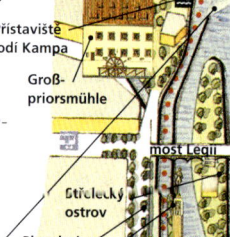

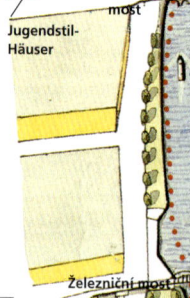

Karlův most
Kampa
Přístaviště lodi Kampa
Groß-priorsmühle
most Legií
Střelecký ostrov
Plavební kanál
Jugendstil-Häuser
Jiráskův most
Palackého most
Železniční most

Nach Troja

Čechův most

Přístaviště lodí

Přístaviště lodí

Mánesův most

Rudolfinum

Am imposanten Eingang dieser im Stil der Neorenaissance gehaltenen Konzerthalle verkörpern zwei Statuen, darunter die abgebildete von Antonín Wagner, die Musik (siehe S. 84).

Das Klementinum, einst ein Jesuitenkolleg, zählt zu den größten Bauten der Stadt *(siehe S. 79).*

Der Altstädter Brückenturm entstand im 14. Jahrhundert als Teil der Stadtbefestigung *(siehe S. 139).*

Smetana-Museum

Wehr

Der Šitka-Turm stammt von 1495 und wurde im späten 18. Jahrhundert mit Barockdach versehen. Er pumpte Wasser in die Neustadt.

Slovanský ostrov

Nationaltheater

Am rechten Ufer der Moldau leuchtet das verzierte Dach dieses Wahrzeichens der Nationalen Wiedergeburt (siehe S. 156f).

»Ginger-und-Fred«-Gebäude

Das charmante Bürogebäude von Frank Gehry ist ein Beispiel für moderne Architektur nach der Samtenen Revolution.

Das Denkmal für František Palacký ehrt seit 1905 den bedeutenden tschechischen Historiker des 19. Jahrhunderts.

Přístaviště parníků

Das Emmauskloster, 1347 unter Karl IV. gegründet, besitzt zwei moderne Spitztürme, die einen markanten Akzent setzen.

Výtoň-Zollamt

Das Neustädter Wappen von 1671 ziert das Amt aus dem 16. Jahrhundert, in dem die von Holzflößern eingetriebenen Zölle gesammelt wurden.

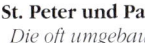

St. Peter und Paul

Die oft umgebaute Kirche erhielt 1903 zwei neogotische Türme nach einem Entwurf von František Mikeš. Sie sind Wahrzeichen des Vyšehrad-Felsens (siehe S. 180f).

Blick über die Moldau mit Karlsbrücke *(siehe S. 136–139)* **und Nationaltheater** *(siehe S. 156f)* ▷

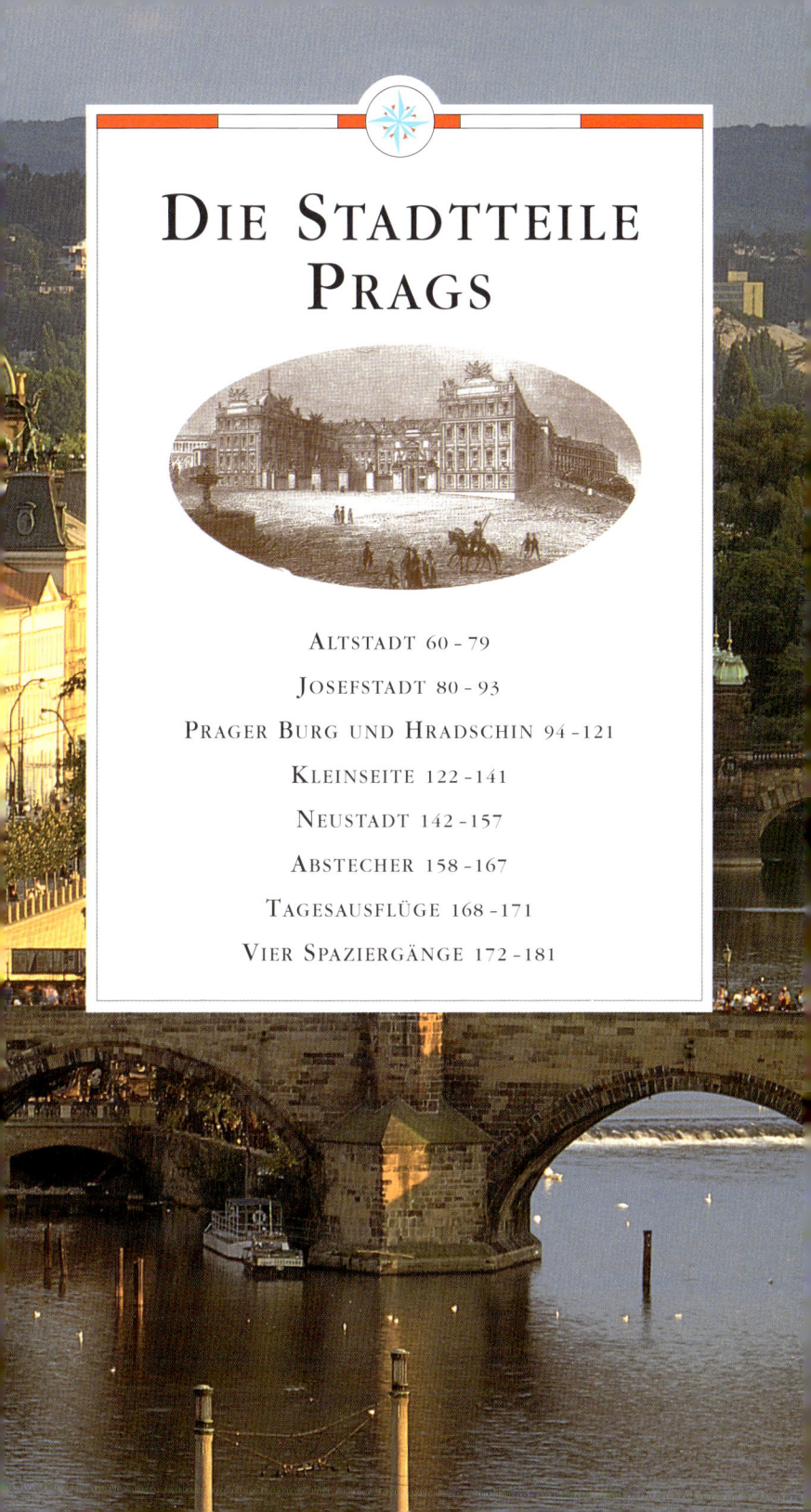

DIE STADTTEILE PRAGS

ALTSTADT

STARÉ MĚSTO

Die Altstadt und ihr Marktplatz bilden das Herz von Prag. Schon im 11. Jahrhundert dehnten sich Siedlungen um die Burg zum rechten Ufer der Vltava (Moldau) aus. Ein Marktplatz, der heutige Altstädter Ring (Staroměstské náměstí), wurde erstmals 1091 erwähnt. Um ihn schossen bald Häuser

Der Arzt Jan Marek (1595–1667)

und Kirchen aus dem Boden. Ein willkürliches Netz von Straßen, von denen viele bis heute überlebt haben, verband sie. Das Viertel erhielt im 13. Jahrhundert Stadtrecht und 1338 ein Rathaus. Prachtbauten wie das Palais Clam-Gallas oder das Gemeindehaus zeigen die Bedeutung der Altstadt.

SEHENSWÜRDIGKEITEN AUF EINEN BLICK

Kirchen
Bethlehemskapelle ⑱
Kirche St. Martin
  in der Mauer ⑮
Nikolauskirche ⑪
St.-Gallus-Kirche ⑭
St.-Jakobs-Kirche ④
St.-Julius-Kirche ⑰
Teynkirche ⑧

Museen und Sammlungen
Náprstek-Museum ⑯
Smetana-Museum ㉔

Historische Straßen und Plätze
Altstädter Ring S. 66–69 ⑦
Karlsgasse ㉑
Kreuzherrenplatz ㉕
Marienplatz ⑳
Zeltnergasse ③

Historische Denkmäler und Gebäude
Altstädter Rathaus
  S. 72–74 ⑫
Gemeindehaus ②
Haus »Zu den zwei
  goldenen Bären« ⑬
Jan-Hus-Denkmal ⑩
Karolinum ⑥
Klementinum ㉓
Pulvertor ①

Theater
Ständetheater ⑤

Palais
Palais Clam-Gallas ⑲
Palais der Herren
  von Kunštát ㉒
Palais Kinský ⑨

ANFAHRT
Metro-Stationen Můstek (Linien A und B) und Staroměstská (Linie A). Die Trams kreuzen nicht den Altstädter Ring. Man erreicht ihn und andere Sehenswürdigkeiten von der Karlsbrücke oder vom Náměstí Republiky aus nach kurzem Fußweg.

LEGENDE

Detailkarte *siehe S. 62f*

Detailkarte *siehe S. 76f*

Metro-Station

Tramhaltestelle

◁ **Kaffeehaustische und Spaziergänger auf dem Altstädter Ring** *(siehe S. 66–69)*

Im Detail: Altstadt (Osten)

Der von historischen Bauten gesäumte Altstädter Ring (Staroměstské náměstí) zählt zu den schönsten Plätzen der Welt. Der Motorverkehr wurde verbannt, stattdessen rollen Pferdekutschen vorbei. Auch umliegende Straßen wie die Celetná und Ovocný trh sind Fußgängerzonen. Im Sommer stehen Kaffeehaustische auf dem Pflaster. Obwohl Besucher hier in Scharen einfallen, blieb die einzigartige Atmosphäre erhalten.

Palais Kinský
Das prächtige Rokoko-Palais beherbergt heute eine Kunstsammlung. ❾

Nikolauskirche
Die stattliche Fassade der Barockkirche beherrscht eine Ecke des Altstädter Rings. ⓫

★ **Altstädter Ring**
Václav Jansas Aquarell aus dem späten 19. Jahrhundert beweist, dass sich der Platz in den letzten 100 Jahren kaum verändert hat. ❼

STAROMĚSTSKÉ NÁMĚSTÍ

MALÉ NÁMĚSTÍ

ŽELEZNÁ

Jan-Hus-Denkmal
Das Ehrenmal erinnert an den Kirchenreformer. Es ist Symbol der Standhaftigkeit und nationalen Identität. ❿

Haus »Zu den zwei goldenen Bären«
Sein kunstvolles Renaissance-Portal ist in Prag ohnegleichen. ⓭

U Rotta
Der einstige Eisenwarenladen ist mit Fassadenmalereien (19. Jh.) des tschechischen Künstlers Mikoláš Aleš verziert.

★ **Altstädter Rathaus**
Die Astronomische Uhr lockt zur vollen Stunde viele Besucher an. ⓬

Am Štorch-Haus zeigen Fassadenmalereien nach Entwürfen von Mikoláš Aleš den hl. Wenzel hoch zu Pferd.

LEGENDE

- - - Routenempfehlung

0 Meter   100

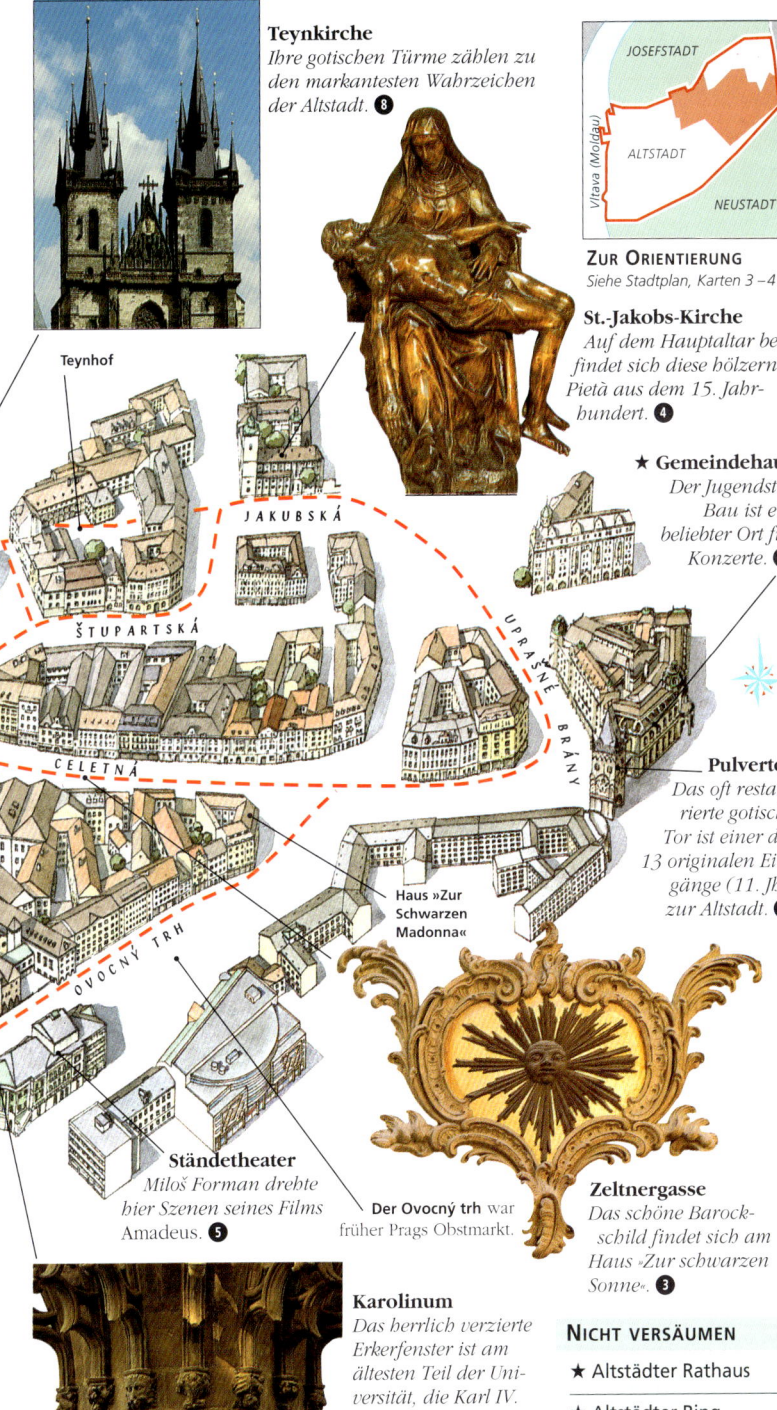

Teynkirche
Ihre gotischen Türme zählen zu den markantesten Wahrzeichen der Altstadt. ❽

JOSEFSTADT

Vltava (Moldau)

ALTSTADT

NEUSTADT

ZUR ORIENTIERUNG
Siehe Stadtplan, Karten 3–4

St.-Jakobs-Kirche
Auf dem Hauptaltar befindet sich diese hölzerne Pietà aus dem 15. Jahrhundert. ❹

Teynhof

★ **Gemeindehaus**
Der Jugendstil-Bau ist ein beliebter Ort für Konzerte. ❷

JAKUBSKÁ

ŠTUPARTSKÁ

CELETNÁ

PRAŠNÉ BRÁNY

Pulvertor
Das oft restaurierte gotische Tor ist einer der 13 originalen Eingänge (11. Jh.) zur Altstadt. ❶

Haus »Zur Schwarzen Madonna«

OVOCNÝ TRH

Ständetheater
Miloš Forman drehte hier Szenen seines Films Amadeus. ❺

Der Ovocný trh war früher Prags Obstmarkt.

Zeltnergasse
Das schöne Barock-schild findet sich am Haus »Zur schwarzen Sonne«. ❸

Karolinum
Das herrlich verzierte Erkerfenster ist am ältesten Teil der Universität, die Karl IV. im 14. Jahrhundert ins Leben rief, zu bewundern. ❻

NICHT VERSÄUMEN

★ Altstädter Rathaus

★ Altstädter Ring

★ Gemeindehaus

Stadtplan *siehe Seiten 246–257*

Pulvertor ❶

PRAŠNÁ BRÁNA

Náměstí Republiky. **Stadtplan** 4 D3.
📞 72 40 63 723. 🚇 Náměstí Republiky. 🚊 5, 8, 14. 🕐 Apr–Okt:
tägl. 10–18 Uhr. 🎫 📷 –

Hier bewachte ab dem 11. Jahrhundert eines von damals 13 Toren die Altstadt. 1475 legte König Vladislav II. den Grundstein zum sogenannten Neuen Turm, einem Krönungsgeschenk des Stadtrats. Die Gestaltung lehnte sich an den Altstädter Brückenturm an, den Peter Parler ein Jahrhundert zuvor entworfen hatte. Das Tor diente weniger zur Verteidigung, vielmehr sollte es mit üppigem Dekor die Würde des benachbarten Königshofs erhöhen. Die Bauarbeiten stockten acht Jahre später, als der König vor Aufständen aus der Stadt floh. Nach der Rückkehr 1485 machte er die sicherere Prager Burg zu seiner Residenz. Der einstige Königshof wurde 1903/1904 abgerissen.

Das Tor erhielt seinen heutigen Namen im 17. Jahrhundert, als man hier sein Schießpulver lagerte. Seinen während der preußischen Besetzung 1757 schwer zerstörten und anschließend weitgehend abgetragenen Fassadenschmuck brachte man 1876 wieder an.

Blick auf das Pulvertor in Richtung Altstadt

Karel Špillars Mosaik *Huldigung an Prag*, Fassade des Gemeindehauses

Gemeindehaus ❷

OBECNÍ DŮM

Náměstí Republiky 5. **Stadtplan** 4 D3. 📞 22 20 02 101. 🚇 Náměstí Republiky. 🚊 5, 8, 14. **Galerie** 🕐 bei Ausstellungen tägl. 10–18 Uhr. 🎫 nach Vereinbarung. ♿ **www.obecnidum.cz**

Prags berühmtester Jugendstil-Bau erhebt sich auf dem Gelände des ehemaligen Königshofs (1383–1485 Residenz der Könige). Er war jahrhundertelang verlassen. Später beherbergten die Überreste ein Priesterseminar, danach eine Militärakademie. Der Abriss zu Beginn des 20. Jahrhunderts schuf Platz für das heutige Kulturzentrum (1905–11) mit Ausstellungssälen und großem Auditorium, einem Entwurf Antonín Balšáneks unter Mitarbeit von Osvald Polívka.

Stuck und symbolträchtige Statuen zieren die Außenfassade. Über dem Haupteingang deckt Karel Špillars Mosaik *Huldigung an Prag* ein riesiges Halbrund ab. Im Inneren, gekrönt von einer Glaskuppel, liegt das Herzstück des Gebäudes: Prags bekanntester Konzertsaal, der auch für Bälle genutzte Smetana-Saal. Die Innenräume wurden von renommierten tschechischen Künstlern wie Alfons Mucha *(siehe S. 149)*, die zu Beginn des 20. Jahrhunderts zu Ruhm gelangten, gestaltet.

Das Gemeindehaus besitzt einige kleinere Säle sowie Konferenz- und Büroräume, die nur bei einer Führung zu besichtigen sind. Doch die Cafés und Restaurants im Haus eignen sich, um den aufwendigen Jugendstil zu bewundern. Am 28. Oktober 1918 wurde hier die Tschechoslowakische Republik ausgerufen.

Zierdetail von Alfons Mucha

Hollar-Saal

Foyer

Bürgermeistersaal mit Gemälden von Alfons Mucha

Eingangshalle

Eingang zum Jugendstil-Café

Restaurants

Zeltnergasse ❸

CELETNÁ ULICE

Stadtplan 3 C3. ⓂNäměstíRepu-
bliky, Můstek. **Haus »Zur Schwarzen Madonna«** ☎ 22 42 11 746.
◐ Di–Fr 10–18 Uhr. ♿ ▣
www.ngprague.cz

D ie Zeltnergasse, eine der
ältesten Straßen Prags,
folgt einer alten Handelsroute
aus Ostböhmen. Ihr Name
geht auf das Zopfbrot zurück,
das hier im Mittelalter ge-
backen wurde. Als Teil des
Königswegs *(siehe S. 174f)*,
den die Krönungsprozessionen nahmen, gewann die
Gasse im 14. Jahrhundert an
Ansehen. In manchen Kellern
kann man noch Fundamente
romanischer und gotischer
Bauten sehen. Die meisten,
mit pittoresken Hauszeichen
versehenen Gebäude wurden
allerdings barockisiert. In
Nr. 34, dem Haus »Zur Schwarzen Madonna«, gibt es eine
kleine Sammlung tschechi-
scher Kubisten mit Gemälden,
Skulpturen, Möbeln und Ar-
chitekturplänen.

St.-Jakobs-Kirche ❹

KOSTEL SV. JAKUBA

Malá Štupartská. **Stadtplan** 3 C3.
Ⓜ Můstek, Náměstí Republiky.
◐ Mo–Sa 9.30–12, 14–16 Uhr.
⬛ ⬛

V orläufer der schmucken
Barockkirche war das go-
tische Presbyterium des Mino-
ritenklosters. Wenzel I. hatte
den Orden, einen Zweig der
Franziskaner, 1232 nach Prag

Barocke Orgelempore in der St.-Jakobs-Kirche

geholt. Ein Brand, den angeblich die Agenten Louis' XIV
gelegt hatten, vernichtete
1689 das Anwesen. Maler wie
Petr Brandl, Jan Jiří Heinsch
und Václav Vavřinec Reiner
verzierten die beim barocken
Wiederaufbau hinzugefügten
über 20 Seitenaltäre. Die Ruhestätte von Graf Vratislav
von Mitrovice (1714–16)
schuf der Bildhauer Ferdinand
Brokoff nach einem Entwurf
von Johann Bernhard Fischer
von Erlach. Sie zählt zu Böhmens schönsten Barockgrab-
mälern. Der Graf soll aus Versehen lebendig bestattet worden sein – seine Leiche fand
man später sitzend im Grab.
Rechts vom Eingang hängt
seit 400 Jahren ein mumifi-
zierter Unterarm. Der Sage
nach wollte ein Dieb der Juwelen der Madonna stehlen,
doch diese soll seinen Arm
festgehalten haben, sodass
man ihn abhacken musste. In
der langschiffigen Kirche mit
hervorragender Akustik und
einer herrlichen Orgel (1702)
finden Konzerte und Lieder-
abende statt.

Ständetheater ❺

STAVOVSKÉ DIVADLO

Ovocný trh 1. **Stadtplan** 3 C4.
☎ 22 49 01 448 (Tickets), 22 49 02
231 (Führungen). Ⓜ Můstek.
◐ nur bei Vorstellungen und für
Führungen.
www.narodni-divadlo.cz

G raf Nostitz ließ 1783 Prags
elegantestes klassizisti-
sches Bauwerk und Mekka
für Mozart-Liebhaber *(siehe
S. 220)* errichten. Hier dirigier-
te Mozart am 29. Oktober
1787 die Uraufführung von
Don Giovanni vom Klavier
aus. Das Lied »Kde domov
můj« (»Wo ist meine Heimat?«)
aus dem Schauspiel *Fidlo-
vačka*, das 1834 Premiere
hatte, wurde später tschechische Nationalhymne.

Karolinum ❻

KAROLINUM

Ovocný trh 3. **Stadtplan** 3 C4.
☎ ⬛ 22 44 91 111. Ⓜ Můstek.
◐ nur zu Sonderausstellungen.

V om Karolinum, dem Kern-
stück der von Karl IV.
1348 gegründeten Universität,
sind Kapelle, Arkaden, Wände
und ein Erkerfenster erhalten.
Der Hof wurde 1945 im gotischen Stil rekonstruiert. Im
15. und 16. Jahrhundert spielte die Universität eine führende Rolle bei der Reformation.
Nach der Schlacht am Weißen
Berg *(siehe S. 30f)* wurde sie
von Jesuiten übernommen.

Altstädter Ring ❼

STAROMĚSTSKÉ NÁMĚSTÍ

Siehe S. 66 – 69.

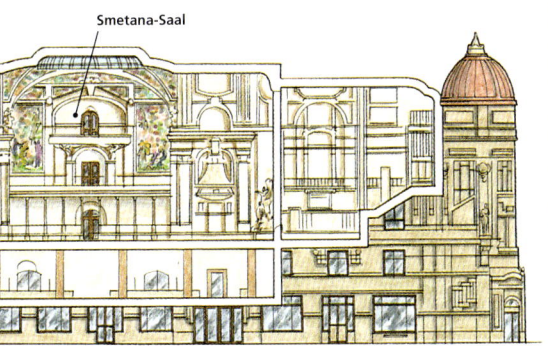

Smetana-Saal

Altstädter Ring: Nord- und Ostseite ➐

STAROMĚSTSKÉ NÁMĚSTÍ

Von Prags bewegter Geschichte erzählen die vielen prachtvollen Bauwerke um den Altstädter Ring. Den Platz prägen im Norden die weiße Barockfassade der Nikolauskirche, im Osten zwei überaus glanzvolle Vertreter der Baustile ihrer Zeit: das Haus »Zur steinernen Glocke«, eine restaurierte gotische Stadtvilla, und das Palais Kinský im Rokoko-Stil. Eine Reihe pastellfarbener Gebäude rundet das beeindruckende Gesamtbild des Platzes ab.

★ **»Zur steinernen Glocke«**
Die Glocke an der Ecke ist Erkennungszeichen der mittelalterlichen Stadtvilla.

Statuen von Ignaz Platzer von 1760–65

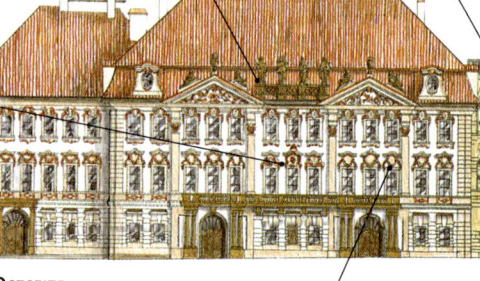

Palais Kinský
C. G. Bossi schuf die Fassade des Rokoko-Palais mit verspieltem Stuckwerk (siehe S. 70).

OSTSEITE

Rokoko-Stuckdekor

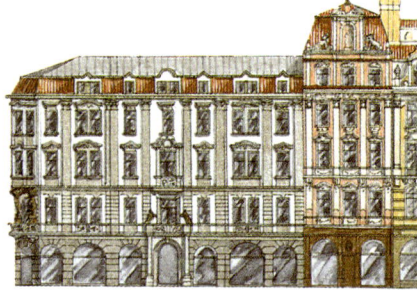

NORDSEITE

★ **Nikolauskirche**
Das Gotteshaus diente zunächst als Pfarrkirche, dann als Klosterkirche der Benediktiner, als Militärkirche, aber auch als Konzerthalle (siehe S. 70f).

NICHT VERSÄUMEN

★ Nikolauskirche

★ Teynkirche

★ »Zur steinernen Glocke«

Marien-
statue aus
massivem
Gold

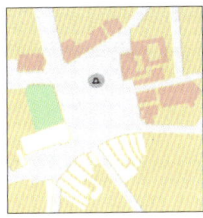

Nord- und Ostseite

Jan-Hus-Denkmal

★ Teynkirche

*In der Kirche der Jung-
frau Maria vor dem Týn
ruhen die Gebeine des
Astronomen und Astro-
logen Tycho Brahe
(siehe S. 70).*

Teynschule

*Gotische Rippengewölbe
prägen den Bau, der
vom 14. bis zur Mitte
des 19. Jahrhunderts
als Schule diente.*

Eingang zur
Teynkirche

Romanischer Arkadenbau
mit Fassade (18. Jh.)

1696 entstand die Fassade des
Restaurants U Sv. Salvatora

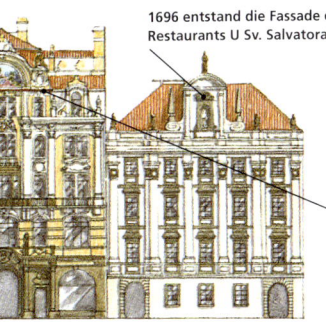

Ministerstvo pro místní rozvoj

*Oberhalb der Fassade des
Jugendstil-Baus, den der
Architekt Osvald Polívka 1898
entwarf, sieht man Statuen von
Feuerwehrmännern. Heute
residiert hier das Ministerium
für Regionalentwicklung.*

Staroměstské náměstí, 1793

*Der Stich von Filip und Fran-
tišek Heger zeigt den von Menschen und Kutschen belebten
Altstädter Ring. Links erkennt
man das Rathaus.*

Altstädter Ring: Südseite ❼

STAROMĚSTSKÉ NÁMĚSTÍ

Gebäude romanischen und gotischen Ursprungs mit ausgefallenen Hauszeichen säumen die Südseite des Altstädter Rings. Besonders stilvoll ist der Block zwischen den Straßen Celetná und Železná gestaltet. An dem Platz, der von jeher eine geschäftige Drehscheibe ist, finden sich eine Tourismusinformation sowie zahlreiche Restaurants, Cafés, Läden und Galerien.

U Lazara (»Beim Lazarus«)
Romanische Tonnengewölbe verweisen auf die Ursprünge des im Stil der Renaissance umgebauten Hauses. Im Parterre liegt das Lokal Staroměstská.

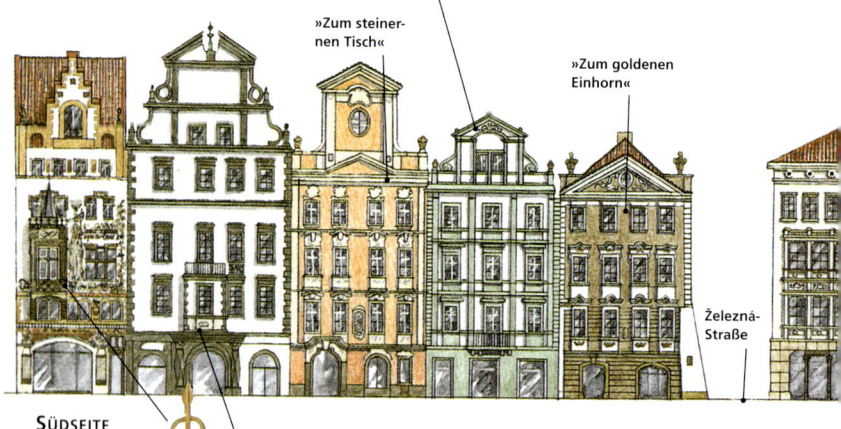

»Zum steinernen Tisch«

»Zum goldenen Einhorn«

Železná-Straße

SÜDSEITE

★ **»Zum steinernen Widder«**
Ein Mädchen und ein Widder sind auf dem Hauszeichen aus dem frühen 16. Jahrhundert abgebildet. Da der Widder nur ein Horn besitzt, spricht man auch vom Haus »Zum Einhorn«.

★ **Štorch-Haus**
An dem Neorenaissance-Bau, auch Haus »Zur steinernen Madonna« genannt, fällt der berittene hl. Wenzel auf, ein Werk von Mikoláš Aleš aus dem späten 19. Jahrhundert.

NICHT VERSÄUMEN

★ Štorch-Haus

★ »Zum steinernen Widder«

Melantrichova-Passage
*Václav Jansas Gemälde (1898)
zeigt den schmalen Durch-
gang zum Altstädter Ring.*

»Zum roten Fuchs«
*Eine goldene Madonna mit
dem Jesuskind blickt von der
Barockfassade des einstigen
Renaissance-Gebäudes herab.*

☐ Südseite

⬤ Jan-Hus-Denkmal

»Zum Ochsen«
*Sein bürgerlicher
Besitzer Ochs trug
dem von einer Statue
des hl. Antonius von
Padua (frühes 18. Jh.)
geschmückten Haus
diesen Namen ein.*

**»Zum
blauen
Stern«**

**»Zu den
Störchen«**

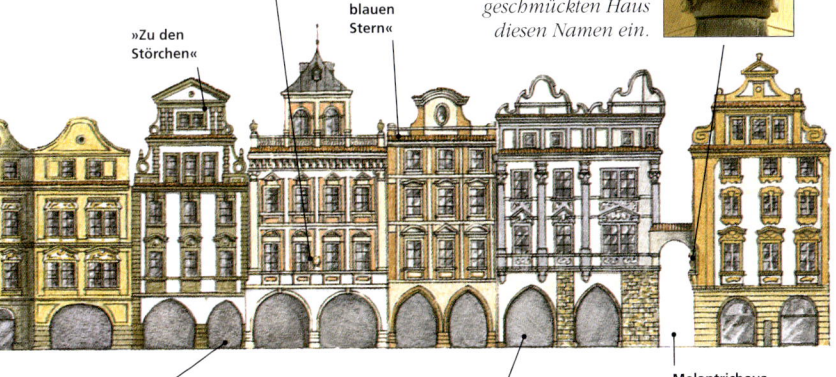

Der Laubengang
beherbergt das Grand
Café Praha.

**Restaurant
U Orloje**

**Melantrichova-
Passage**

ZEITSKALA

	1300	1450	1600	1750	1900

1338 Die Altstadt erhält einen eigenen Verwaltungssitz

Feierliche Parade Leopolds II. über den Altstädter Ring

1735 Vollendung der Nikolauskirche

1948 Klement Gottwald ruft vom Balkon des Palais Golz-Kinský den kommunistischen Staat aus

1200 Der Platz ist Knotenpunkt von Handelswegen und ein bedeutender Markt

1365 Bau der heutigen Teynkirche

1621 Hinrichtung von 27 antihabsburgischen Aufständischen

1689 Ein Brand zerstört weite Teile der Altstadt

1784 Bündnis der Prager Städte

1915 Enthüllung des Jan-Hus-Denkmals

Hus-Denkmal (Ausschnitt)

Statue der Jungfrau Maria an der Teynkirche

Teynkirche 8

**KOSTEL MATKY
BOŽÍ PŘED TÝNEM**

Týnská, Štupartská. **Stadtplan** 3 C3. ⚡ *60 22 04 213.* Ⓜ *Staroměstská, Můstek.* ◯ *Di–So 10–13, 15–17 Uhr.* ✝ *Di–Do 18, Sa 8, So 9.30, 21 Uhr.* ✆

Die herrlichen Spitztürmchen der historisch bedeutsamen Kirche überragen den Altstädter Ring. 1365 begannen die Bauarbeiten zur heute gotischen Teynkirche (wörtlich: Kirche der Jungfrau Maria vor dem Týn), die eine wichtige Rolle in der böhmischen Reformationsbewegung spielte. Der hussitische König Georg von Poděbrady nahm hier am Abendmahl der Utraquisten teil *(siehe Kirche St. Martin in der Mauer, S. 75).* Er ließ an der Fassade das Symbol der Utraquisten anbringen, einen goldenen Laienkelch, den man nach 1621 einschmolz und für die Marienstatue verwendete, die in der Folge seinen Platz einnahm.

Die Szenen aus der Passion Christi am Nordportal (1390) sind bewundernswert. Im Inneren beeindrucken gotische Skulpturen einer Kreuzigung, ein zinnerner Taufstein (1414) und eine gotische Kanzel aus dem 15. Jahrhundert. Den Innenhof hinter der Kirche prägen Fassaden in unterschiedlichsten Baustilen.

Palais Kinský 9

PALÁC KINSKÝCH

Staroměstské náměstí 12. **Stadtplan** 3 C3. ⚡ *22 48 10 758.* Ⓜ *Staroměstská.* ◯ *Di–So 10–18 Uhr.* ✆ ✉ 🍴 *www.ngprague.cz*

Kilian Ignaz Dientzenhofer entwarf das reizende Rokoko-Palais. Ignaz Franz Platzer verzierte die rosa-weiße Stuckfassade mit Statuen der vier Elemente. 1768 verkaufte die Familie Golz das gesamte Anwesen an Štěpán Kinský, einen Diplomaten in kaiserlichen Diensten. Vom Balkon aus informierte 1948 Ministerpräsident Klement Gottwald seine Genossen über den gelungenen kommunistischen Staatsstreich. Heute nutzt die Nationalgalerie das Palais für Wechselausstellungen.

Kinský-Wappen am Palais Kinský

Jan-Hus-Denkmal 10

POMNÍK JANA HUSA

Staroměstské náměstí. **Stadtplan** 3 B3. Ⓜ *Staroměstská.*

Auf einer Seite des Altstädter Rings erinnert Ladislav Šalouns mächtiges Denkmal an Jan Hus *(siehe S. 26f).* Das Konstanzer Konzil ließ 1415 den Kirchenreformer und tschechischen Nationalhelden als Ketzer auf dem Scheiterhaufen verbrennen. Das zu seinem 500. Todestag 1915 enthüllte Ehrenmal zeigt zwei Menschengruppen, die siegreichen Hussiten-Kämpfer und die 200 Jahre später ins Exil getriebenen Protestanten. Eine junge Mutter symbolisiert die Nationale Wiedergeburt, der alle überragende Jan Hus die moralische Stärke eines Mannes, der sein Leben seiner Überzeugung opferte.

Nikolauskirche 11

KOSTEL SV. MIKULÁŠE

Staroměstské náměstí. **Stadtplan** 3 B3. ⚡ *22 41 90 991.* Ⓜ *Staroměstská.* ◯ *tägl. 10–16 Uhr und bei Abendveranstaltungen.* ✝ *So 10.30 Uhr.* 📷 *www.svmikulas.cz*

Die seit dem 12. Jahrhundert an dieser Stelle bestehende Kirche diente – bis zur Fertigstellung der Teynkirche – als Pfarrkirche der Altstädter. Nach der Schlacht am Weißen Berg 1620 *(siehe S. 30f)* wurde sie einem Benediktinerkloster eingegliedert. An ihre heutige Gestalt legte Kilian Ignaz Dientzenhofer 1735 letzte Hand an. Die weiße Fassade der Kirche versah Antonín Braun mit Statuen. Als Kaiser Joseph II. im Jahr 1781 alle

Trotzige Hussiten am Jan-Hus-Denkmal auf dem Altstädter Ring

Die Altstädter Nikolauskirche

nicht gemeinnützigen Klöster schließen ließ, wurde die Kirche geplündert.

Im Ersten Weltkrieg nutzten Prager Garnisonstruppen die Kirche. Ihr Oberst ließ sie von Künstlern, die so der Frontverschickung entgingen, restaurieren. Herrliche Kuppelfresken von Kosmas Damian Asam illustrieren das Leben des hl. Nikolaus und des hl. Benedikt. Im Kirchenschiff prangt ein kronenförmiger Lüster. Am Kriegsende wurde St. Nikolaus der Tschechoslowakischen Kirche (seit 1971 Tschechoslowakisch-Hussitische Kirche) vermacht. Heute ist die Kirche ein beliebter Ort für Konzerte.

Altstädter Rathaus ⑫
STAROMĚSTSKÁ RADNICE

Siehe S. 72–74.

Haus »Zu den zwei goldenen Bären« ⑬
DŮM U DVOU ZLATÝCH MEDVĚDŮ

Kožná 1. **Stadtplan** 3 B4. ⓂⓌ *Můstek.* ⚫ *für die Öffentlichkeit.*

Wenn Sie den Altstädter Ring über die Melantrichova-Passage verlassen und links in die erste Gasse biegen, sehen Sie das Portal des Hauses »Zu den zwei goldenen Bären«, das man 1567 aus zwei Anwesen zum heutigen Renaissance-Bau vereinte. Das mit zwei Bärenreliefs verzierte Renaissance-Portal – eines der schönsten in Prag – ließ der reiche Kaufmann Lorenc Štork 1590 vom Hofarchitekten Bonifaz Wohlmut hinzufügen, der die Turmspitze des Veitsdoms *(siehe S. 100–103)* entworfen hatte. Herrliche Arkaden aus dem 16. Jahrhundert haben sich im Innenhof erhalten. Hier erblickte Egon Erwin Kisch (1885–1948) als Sohn eines jüdischen Tuchhändlers das Licht der Welt – jener »rasende Reporter«, aus dessen spitzer sozialkritischer Feder politische Artikel und faszinierende Reportagen über Alltag und über die »Unterwelt« seiner Heimatstadt stammen.

St.-Gallus-Kirche ⑭
KOSTEL SV. HAVLA

Havelská. **Stadtplan** 3 C4. ⓂⓌ *Můstek.* 📞 22 42 13 475. ☐ *nur zu Gottesdiensten.* ✝ *Mo–Fr 12.15, So 8 Uhr.* 🚫

Die Kirche wurde um 1280 als Gotteshaus der Gallus-Stadt (Havelské Město) errichtet, einer eigenständigen deutschen Gemeinde. Im 14. Jahrhundert wurde diese Gemeinde der Altstadt eingegliedert. Giovanni Santini-Aichel verlieh der Kirche im 18. Jahrhundert die schwungvoll-kühne Barockfassade, der Ferdinand Brokoff Heiligenstatuen hinzufügte. Zum verschwenderischen Interieur trug der Barockmaler Karel Škréta bei, der hier seine letzte Ruhestätte fand. Seit dem Mittelalter war in der Havelská-Straße der größte Markt der Stadt ansässig – u. a. mit Blumen, Gemüse und Kleidung.

Eine der neun Fassadenskulpturen von St. Gallus

Renaissance-Portal am Haus »Zu den zwei goldenen Bären«

Altstädter Rathaus ⑫

STAROMĚSTSKÁ RADNICE

Das Altstädter Rathaus, eines der herausragendsten Baudenkmäler Prags, entstand 1338, nachdem König Johann von Luxemburg der Altstadt einen Stadtrat bewilligt hatte. Im Lauf der Jahrhunderte erweiterte man es durch die Angliederung bestehender Gebäude. Nach den schweren Beschädigungen durch die Nazis (anlässlich des Prager Aufstands 1945) wurde es sorgfältig restauriert. Heute zeigt es sich als Häuserzeile mit einem Mix aus Gotik und Renaissance. Der 69,5 Meter hohe Turm bietet eine herrliche Aussicht auf Prag.

Alter Ratssaal
Der Stich (19. Jh.) zeigt die gut erhaltene Decke aus dem 15. Jahrhundert.

Altstädter Wappen
Über der Inschrift »Prag, Hauptstadt des Königreichs« erkennt man das Altstädter Wappen, das 1784 als Prager Stadtwappen übernommen wurde.

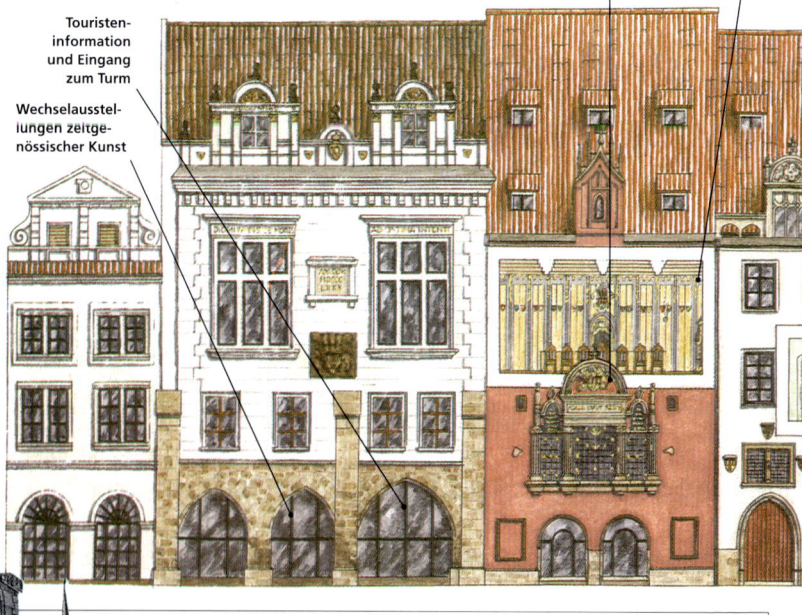

Touristeninformation und Eingang zum Turm

Wechselausstellungen zeitgenössischer Kunst

HINRICHTUNGEN AUF DEM ALTSTÄDTER RING

Eine Bronzetafel unter der Altstädter Rathauskapelle nennt die Namen der 27 protestantischen Anführer, die der katholische Kaiser Ferdinand II. am 21. Juni 1621 hier hinrichten ließ – eine Folge der demütigenden Niederlage in der Schlacht am Weißen Berg *(siehe S. 30f).* Glaubensstarke Protestanten flohen ins Exil. Gegenreformation und Germanisierung nahmen anschließend ihren Lauf.

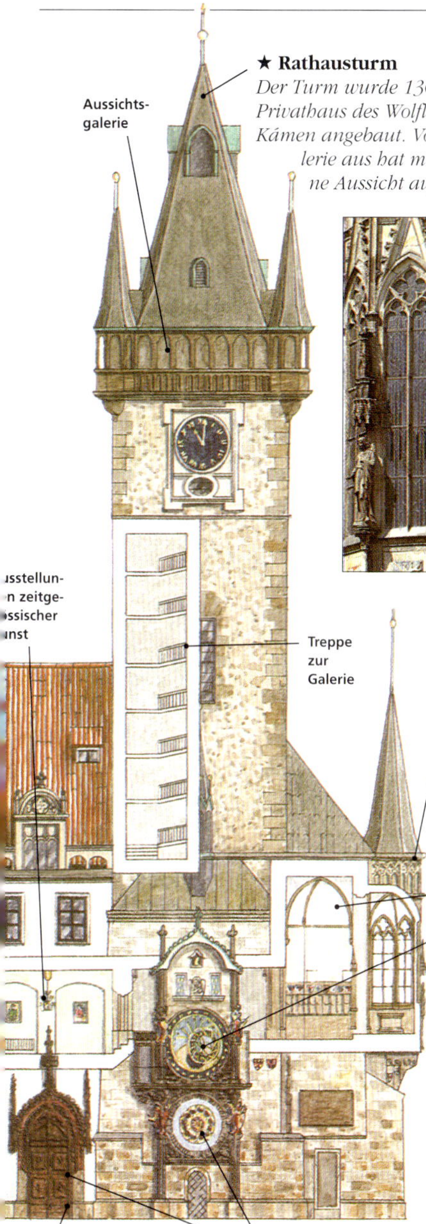

Aussichts-
galerie

★ Rathausturm

Der Turm wurde 1364 an das Privathaus des Wolflin von Kámen angebaut. Von seiner Galerie aus hat man eine schöne Aussicht auf die Stadt.

INFOBOX

Staroměstské náměstí 1/3.
Stadtplan 3 C3. 📞 *72 45 08 584.* 🚇 *Staroměstská (Linie A), Můstek (Linien A und B).*
🚊 *17, 18.* ◯ *tägl. 9–18 Uhr (Mo ab 11 Uhr).* 📷 🔲 ♿ 🔳
www.pis.cz

Erkerkapelle

Die Bleiglasfenster der fünfeckigen Kapelle wurden in den letzten Tagen des Zweiten Weltkriegs zerstört. 1987 wurden sie ersetzt.

usstellun-
n zeitge-
ssischer
unst

Treppe
zur
Galerie

Decke der Erkerkapelle

Die kunstvoll verzierte Decke der 1381 im ersten Stock des Turms eingerichteten Kapelle wurde erst kürzlich restauriert.

★ Astronomische Uhr

Über den Tierkreiszeichen der oberen Scheibe bewegen sich mechanisch betriebene Figuren (siehe S. 74). *Die untere Scheibe ist ein Monatskalender.*

Kalender *(siehe S. 32f)*

Eingangshalle
mit Mosaik-
dekor

Gotisches Tor

Matthias Rejsek gestaltete das spätgotische Portal, Haupteingang zu Rathaus und Turm. Die Eingangshalle zieren Mosaike nach Entwürfen des tschechischen Malers Mikoláš Aleš.

NICHT VERSÄUMEN

★ Astronomische Uhr

★ Rathausturm

Rathausuhr

ORLOJ

Jan Táborský

Seine erste Uhr erhielt das Rathaus zu Beginn des 15. Jahrhunderts. Nachdem der Uhrmachermeister Hanuš (bürgerlich: Jan Z Růže) sie 1490 umgebaut hatte, zerstörten die Ratsherren, so erzählt man, sein Augenlicht: Hanuš sollte keinem anderen Ort ein vergleichbares Meisterwerk schenken. Den mehrfach reparierten, heute noch funktionierenden Mechanismus vervollkommnete Jan Táborský zwischen 1552 und 1572.

APOSTEL

Höhepunkt des Schauspiels, das zu jeder vollen Stunde Scharen von Zuschauern anzieht, ist die Parade der zwölf Apostel

Die Apostel von Vojtěch Sucharda wurden nach 1945 neu geschnitzt

Die Apostel

Eitelkeit und Geiz

Arabische Ziffern 1–24

Astronomische Uhr mit der Sonne im Zeichen des Widders

Der Tod

Blau als Symbol der Tagesstunden

Kalenderblatt von Josef Mánes (siehe S. 32f)

Der Türke, Symbol der Begierde

(genauer: elf Apostel und Paulus). Den Auftakt macht der Tod, ein Skelett zur Rechten der Uhr. Er zieht am Seil in seiner rechten Hand, hebt das Stundenglas in seiner linken und dreht es um. Dann öffnen sich zwei Fenster: Die vom Uhrwerk betriebenen Apostel defilieren, angeführt von Petrus, vorbei.

Nach diesem Akt kräht ein Hahn, und die Uhr schlägt die Stunde. Unter den anderen beweglichen Figuren erkennt man einen kopfschüttelnden Türken, die sich in einem Spiegel bewundernde Eitelkeit sowie den Geiz, der den mittelalterlichen Klischees entsprechend als jüdischer Geldverleiher dargestellt ist.

ASTRONOMISCHE UHR

Die Erde, den fixen Punkt des Universums, rückte der Uhrmacher ins Zentrum. Die Uhr sollte weniger die genaue Zeit messen, vielmehr die Bahnen von Sonne und Mond nachvollziehen. Die auf die Stunde weisende Hand mit der Sonne gibt drei verschiedene Zeiten an. Der äußere Ring mittelalterlicher arabischer Ziffern misst die altböhmische Zeit, die aus dem Sonnenuntergang einen 24-stündigen Tag ermittelte. Der Kreis römischer Zahlen nennt die uns vertraute Zeit. Der blaue Teil des Uhrenblatts steht für die Stunden des Tageslichts und ist in zwölf Abschnitte unterteilt. Sie gliederten die Tageslichtphase in zwölf Stunden von jahreszeitlich unterschiedlicher Länge.

Die Uhr zeigt auch die Bewegungen von Sonne und Mond durch den Tierkreis, dessen zwölf Sternbilder im Prag des 16. Jahrhunderts hohe Bedeutung hatten.

Der Tod und der Türke

Kirche St. Martin in der Mauer ⑮

KOSTEL SV. MARTINA VE ZDI

Martinská. **Stadtplan** 3 B5.
Národní třída, Můstek. 6,
9, 17, 18, 22. bei Konzerten.

Die Kirche (12. Jh.) erhielt ihren Namen, als sie im 13. Jahrhundert in die neue Stadtmauer der Altstadt einbezogen wurde. Hier empfing die Gemeinde erstmals neben Brot auch bislang den Priestern vorbehaltenen Wein. Diese Form des Abendmahls verfochten die gemäßigten Hussiten *(siehe S. 26f)*, die Utraquisten, deren Name sich aus dem lateinischen *sub utraque specie* («in beiderlei Gestalt») ableitet. 1787 wurden hier Werkstätten eingerichtet. Anfang des 20. Jahrhunderts erhielt die Kirche ihr einstiges Aussehen zurück.

Náprstek-Museum ⑯

NÁPRSTKOVO MUZEUM

Betlémské náměstí 1. **Stadtplan** 3 B4. 22 44 97 511. Národní třída, Staroměstská. 6, 9, 17, 18, 22. Di–So 10–18 Uhr. **www.nm.cz**

Vojta Náprstek, Kunstmäzen und Menschenfreund, widmete dieses Museum der modernen Industrie. Der Aufstand von 1848 *(siehe S. 32f)* verschlug ihn nach Amerika. 1862 kehrte er zurück und baute, vom Londoner Viktoria-Museum inspiriert, seine Sammlung auf. Er schuf aus fünf älteren Gebäuden das Tschechische Industriemuseum und richtete dabei Brauerei und Heim seiner Familie zugrunde – ein Haus aus dem 18. Jahrhundert namens Zu den Haláneks (U Halánků). Später verschrieb er sich der Völkerkunde, das Museum zeigt nun Kunsthandwerk der Ureinwohner Asiens, Afrikas und Amerikas, etwa Waffen, und Ritualobjekte der Azteken und Maya. Das Museum ist dem Nationalmuseum eingegliedert. Es gibt hier auch häufig Wechselausstellungen zu verschiedenen Themen.

Deckenfresko von Václav Vavřinec Reiner in der St.-Julius-Kirche

St.-Julius-Kirche ⑰

KOSTEL SV. JILJÍ

Husova. **Stadtplan** 3 B4. 22 42 20 235. Národní třída. 6, 9, 17, 18, 22. nur für Gottesdienste. Mo–Fr 7, 18.30, Sa 18.30, So 9.30, 18.30 Uhr. **www**.jilji.op.cz

Hinter dem herrlichen gotischen Südportal überrascht das ganz und gar barocke Innere der Kirche. 1371 wurde sie über einer romanischen Vorgängerin erbaut, 1420 zur Pfarrkirche der Hussiten. Nach der Niederlage der Protestanten 1620 *(siehe S. 30f)* übergab Ferdinand II. sie den Dominikanern, die an der Südseite ein gewaltiges Kloster errichteten. Nachdem die Kommunisten religiöse Orden verboten hatten, ist die Kirche heute wieder im Besitz der Dominikaner.

Die Gewölbe der Kirche malte Václav Vavřinec Reiner – er liegt im Schiff vor dem St.-Vinzenz-Altar begraben – mit Fresken aus. Dem Ruhm der Dominikaner dient ein Fresko, auf dem der hl. Dominikus und seine Anhänger dem Papst im Kampf gegen die Ketzer beistehen.

Bethlehems-kapelle ⑱

BETLÉMSKÁ KAPLE

Betlémské náměstí 4. **Stadtplan** 3 B4. Národní třída, Staroměstská. 6, 9, 17, 18, 22. Di–So 10–18 Uhr. durch den PIS (siehe S. 227).

Die heutige »Kapelle« ist die getreue Nachbildung einer Halle, die Anhänger des radikalen Reformers Jan Milíč z Kroměříže 1391–94 erbauten, um hier seinen tschechischen Predigten zu lauschen. Zwischen 1402 und 1413 strömten Scharen zu Jan Hus' Predigten *(siehe S. 26f)* hierher. Hus, der vom englischen Kirchenreformer John Wycliffe beeinflusst war, wetterte gegen die Korruption des Klerus und verteidigte die Bibel als einzige Quelle der christlichen Lehre. Als nach der Schlacht am Weißen Berg *(siehe S. 30f)* protestantische Gottesdienste verboten wurden, gaben die neuen Besitzer, die Jesuiten, der Kapelle eine andere Gestalt. 1786 wurde sie fast völlig zerstört. Nach dem Zweiten Weltkrieg baute man sie anhand alter Zeichnungen wieder auf.

Predigt des Jan Hus in der Bethlehemskapelle (Illustration aus dem 16. Jh.)

Im Detail: Altstadt (Westen)

Die schmalen Gassen nahe der Karlsbrücke folgen dem mittelalterlichen Wegenetz. Jahrhundertelang war die Karlsgasse (Karlova) die Hauptverkehrsader der Altstadt, gesäumt von malerischen Geschäften und Wohnhäusern mit Renaissance- und Barockfassaden. Im 17. Jahrhundert erstanden die Jesuiten ein weitläufiges Gelände auf der Nordseite und errichteten dort ihre Hochschule, das Klementinum.

★ Klementinum
Die Tafel kündet von der Gründung einer staatlichen Bildungsstätte, die 1783 die jesuitische Akademie ablöste. ❷❸

St.-Franziskus-Kirche

Kreuzherrenplatz
Geschwärzte Statuen blicken von der Fassade der St.-Salvator-Kirche über den kleinen Platz. ❷❺

★ Smetana-Museum
Das dem Leben und Werk des Komponisten Bedřich Smetana gewidmete Museum befindet sich am Ufer der Moldau. Der Neorenaissance-Bau beherbergte einst die Wasserwerke. ❷❹

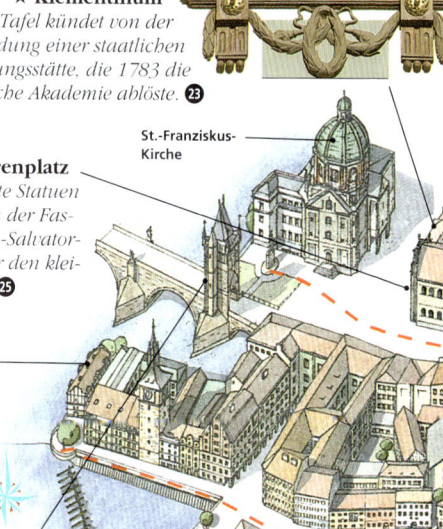

ANENSKÁ

Das St.-Anna-Kloster wurde 1782 aufgelöst. Teile des Anwesens werden heute vom Nationaltheater genutzt (siehe S. 156f).

Altstädter Brückenturm
Der Turm von 1380 zeigt an der Ostfassade diese gotische Arbeit von Peter Parler. Der abgebildete Eisvogel war das Wappentier von Wenzel IV. (Sohn Karls IV.), unter dem der Turm vollendet wurde (siehe S. 139).

Karlsgasse
Halten Sie beim Bummeln durch die von reich verzierten Häusern gesäumte Gasse bei der Nr. 22/24 inne, um die rosenumrankte Jugendstil-Statue der sagenhaften Fürstin Libuše (siehe S. 21) zu bewundern. ❷❶

Marienplatz
*Die häufigen Über-
flutungen trugen
dem Platz den
Beinamen «Pfütze»
ein. Die Jugendstil-
Statuen am Balkon
des 1911 errichteten
Neuen Rathauses
schuf Stanislav
Sucharda.*

ZUR ORIENTIERUNG
Siehe Stadtplan, Karte 3

**Turm der Sternwarte
des Klementinums**

M A R I Á N S K É
N Á M Ě S T Í

Palais Clam-Gallas
*Der mit Plastiken reich
ausgestattete Bau, eines
der großartigsten Barock-
palais Prags, wurde reno-
viert und ist nun bei Konzerten zugänglich.* ⑲

K A R L O V A

L I L I O V Á

H U S O V A

Ř E T Ě Z O V Á

**Zum Alt-
städter
Ring**

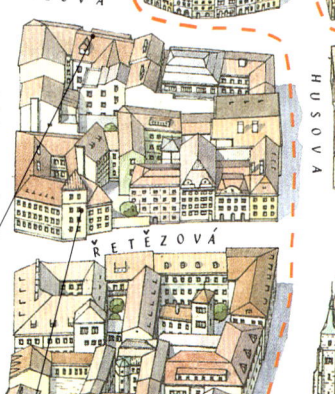

St.-Julius-Kirche
*Viele der Barockskulpturen,
auch diesen Altarengel (1738),
gestaltete František Weiss.* ⑰

Palais der
Herren von Kunštát
*Georg von Poděbrady lebte
hier, bevor er 1458 zum
König gekrönt wurde.* ㉒

Bethlehemskapelle
*In der großen, in den 1950er
Jahren wiederaufgebauten
Kapelle predigten Kirchen-
reformer wie Jan Hus vor
unzähligen Zuhörern.* ⑱

0 Meter　　　　100

LEGENDE

– – – Routenempfehlung

NICHT VERSÄUMEN

★ Klementinum

★ Smetana-Museum

Stadtplan *siehe Seiten 246 – 257*

Palais Clam-Gallas ⑲

CLAM-GALLASŮV PALÁC

Husova 20. **Stadtplan** 3 B4.
ᵀᴹᵀ *Staroměstská.* ▢ *nur bei Konzerten und Ausstellungen.*
www.ahmp.cz

Das Interieur des prächtigen Barockpalais hatte durch die Nutzung als Stadtarchiv gelitten, wurde jedoch sorgsam restauriert. Man kann es bei Konzerten bewundern. 1713–30 wurde es für Jan Gallas de Campo, Generalmarschall von Böhmen, erbaut. Die mächtigen Portale, jedes flankiert von muskulösen Herkulespaaren von Matthias Braun, lassen die Grandeur im Inneren ahnen. Statuen von Braun finden sich auch im Treppenhaus, dessen Weite Carlo Carlones illusionistisches Deckenfresko *Der Triumph des Apoll* verstärkt. Im Privattheater des Palais gab Beethoven Konzerte.

Marienplatz ⑳

MARIÁNSKÉ NÁMĚSTÍ

Stadtplan 3 B3. ᵀᴹᵀ *Staroměstská, Můstek.*

Vom strengen, 1912 erbauten Rathaus aus betrachtet, beherrschen zwei Skulpturen den Platz. Eine erzählt vom langlebigen Rabbi Löw *(siehe S. 88)*, den der Todesengel einholt, die andere vom Eisernen Mann, der als ruheloser Geist durch die Altstadt streift und so den Mord an seiner Frau büßt. In einer Nische der Gartenmauer des Palais Clam-Gallas verkörpert die Statue einer Nymphe, die aus einem Krug Wasser gießt, die Moldau. Es heißt, dass ein alter Soldat die Nymphe zu seiner Alleinerbin machte.

Statuen von Matthias Braun am Palais Clam-Gallas (um 1714)

Karlsgasse ㉑

KARLOVA ULICE

Stadtplan 3 A4. ᵀᴹᵀ *Staroměstská.*

Hauszeichen am Haus »Zur goldenen Schlange« (19. Jh.)

Die auf das 12. Jahrhundert zurückgehende, gewundene Gasse war Teil des Königswegs *(siehe S. 174f)*, über den die Krönungsprozessionen zur Prager Burg zogen. Viele Häuser aus Gotik und Renaissance blieben erhalten. Die meisten beherbergen heute (Souvenir-)Läden.
   Im Haus »Zur goldenen Schlange« (Nr. 18) eröffnete der Armenier Deodatus Damajan 1714 Prags erstes Café und verteilte dort Pamphlete. Heute ist es ein Restaurant. Das Haus »Zum goldenen Brunnen« (Nr. 3) zieren eine prächtige Barockfassade und Stuckreliefs von Heiligen, darunter der hl. Rochus und der hl. Sebastian – beide galten als Beschützer vor der Pest.

Palais der Herren von Kunštát ㉒

DŮM PÁNŮ Z KUNŠTÁTU

Řetězová 3. **Stadtplan** 3 B4.
🕿 *22 22 21 240.* ᵀᴹᵀ *Národní třída, Staroměstská.* 🚃 *6, 9, 17, 18, 22.*
▢ *Apr–Okt: tägl. 11–21 Uhr.*
🖼📷

Unter dem um 1200 erbauten Palais ruhen drei der besterhaltenen romanischen Räume Prags. Als man im Lauf der Zeit die Oberfläche zum Schutz vor Überflutungen drei Meter anhob, verschwanden sie im Untergrund. Im 15. Jahrhundert vergrößerten die Herren von Kunštát und Poděbrady das Anwesen im gotischen Stil. Eine Ausstellung erzählt von

Böhmens einzigem Hussiten-König, Georg von Poděbrady *(siehe S. 26f)*, der hier zeitweise wohnte.

Klementinum ㉓
KLEMENTINUM

Křižovnické náměstí 4, Mariánské náměstí 5, Seminářská 1. **Stadtplan** 3 A4. ☎ 22 22 20 879 *(Führungen).* 🚇 Staroměstská. 🚊 17, 18. **Bibliothek** ☐ Mo–Sa 9–19 Uhr *(Lesesäle teils bis 22 Uhr).* **St. Salvator** ☐ Gottesdienste. ☐ Di 19, So 14, 20 Uhr. ☒ ♿ 🎫 März–Okt: tägl. 10–18 Uhr *(stündl.).* **www.**klementinum.cz

**Ehemalige Jesuitenkirche
St. Salvator, Klementinum**

Um die abtrünnigen »Schafe« zur katholischen »Herde« zurückzutreiben, holte Kaiser Ferdinand I. 1556 die Jesuiten nach Prag. Sie schlugen ihr Hauptquartier im ehemaligen Dominikanerkloster St. Klemens auf, das als Klementinum der Utraquisten-Universität, dem Karolinum *(siehe S. 65)*, rasch den Rang ablief. Hier entstand 1601 Prags erste Jesuitenkirche St. Salvator (Kostel sv. Salvátora). Nachts wirkt ihre angestrahlte Fassade mit den großen Heiligenstatuen von Jan Bendl (1659) besonders eindrucksvoll.

1618 wurden die Jesuiten vertrieben, kehrten aber zwei Jahre später zurück – grimmiger denn je gegen Ketzer ankämpfend. Mit der Vereinigung der beiden Universitäten 1622 besaßen die Jesuiten das Bildungsmonopol. Sie fahndeten nach tschechischen Bü-chern und verbrannten sie zu Tausenden. 1653–1723 wurden bei der Erweiterung des Klementinums nach Osten 30 Häuser und drei Kirchen abgerissen.

Nachdem der Papst 1773 den Orden verboten hatte, verließen die Jesuiten Prag. Schulbildung wurde staatlich. Das Klementinum wurde zur Universitätsbibliothek, heute ist es Nationalbibliothek. Lassen Sie sich ein klassisches Konzert in der bezaubernden Spiegelkapelle (Zrcadlová kaple) nicht entgehen. Führungen gibt es für Bibliothek und Spiegelkapelle.

Smetana-Museum ㉔
MUZEUM BEDŘICHA SMETANY

Novotného lávka 1. **Stadtplan** 3 A4. ☎ 22 22 20 082. 🚇 Staroměstská. 🚊 17, 18. ☐ Mi–Mo 10–12, 12.30–17 Uhr. 🎫 ☒ **www.**nm.cz

Der Neorenaissance-Bau der Wasserwerke auf einer Landzunge an der Moldau dient nun dem Gedenken an Bedřich Smetana. Dokumente, Briefe, Partituren und Musikinstrumente veranschaulichen Leben und Werk des Komponisten. Die Musik des glühenden Patrioten beflügelte die Nationale Wiedergeburt. Am Ende seines Lebens war Smetana taub. Er hörte nie eine Aufführung seines berühmten Zyklus sinfonischer Dichtungen: *Má vlast (Mein Vaterland).*

**Statue Karls IV. (1848) am
Kreuzherrenplatz**

Kreuzherren-platz ㉕
KŘIŽOVNICKÉ NÁMĚSTÍ

Stadtplan 3 A4. ☎ 23 60 33 680. 🚇 Staroměstská. 🚊 17, 18. 🚌 135, 207. **St.-Franziskus-Kirche** ☐ nur zu Gottesdiensten und bei Konzerten. ☐ Mo–Fr 7, So 10 Uhr. ☒ ♿

Der kleine Platz vor dem Altstädter Brückenturm gewährt einen einzigartigen Blick über die Moldau. An seiner Nordseite ragt die Kuppel der St.-Franziskus-Kirche (kostel sv. Františka) auf, einst Teil des Klosters der Kreuzherren mit dem roten Stern. Im Sommer finden in der hübschen Barockkirche oft Klassikkonzerte statt (meist um 20 Uhr). Die Ostseite beherrscht die Fassade der St.-Salvator-Kirche des weitläufigen Klementinums. Auf dem Platz erhebt sich die Bronzestatue Karls IV.

Sgraffiti an der Fassade des Smetana-Museums

JOSEFSTADT

JOSEFOV

Zwei jüdische Gemeinden lebten im Mittelalter in der Prager Altstadt: westeuropäische Juden um die Altneusynagoge und Juden aus dem Byzantinischen Reich um die Alte Shul (Alte Schule) auf dem Areal der heutigen Spanischen Synagoge. Die Siedlungen wuchsen und bildeten später das von einer Mauer umschlossene Getto. Jahrhundertelang wurden die Juden erniedrigt – im 16. Jahrhundert mussten sie einen gelben Kreis auf der Kleidung tragen.

Jugendstil-Detail an einem Haus in der Kaprova

Während der toleranteren Regierungszeit Rudolfs II. wurde Mordechai Maisel *(siehe S. 90)*, Vorsteher der jüdischen Gemeinde, Hofbankier. Joseph II. erließ schließlich ein Toleranzedikt. Nach ihm wurde die »Judenstadt« in Josefstadt (Josefov) umbenannt. In den 1890er Jahren waren die hygienischen Verhältnisse so katastrophal, dass fast das gesamte Getto abgerissen wurde. Nur das Rathaus, einige Synagogen und der Friedhof entgingen der »Sanierung«.

SEHENSWÜRDIGKEITEN AUF EINEN BLICK

Synagogen und Kirchen
Altneusynagoge S. 88f **6**
Heilig-Geist-Kirche **10**
Hohe Synagoge **7**
Kirche St. Simon
  und Judas **13**
Klausensynagoge **5**
Maisel-Synagoge **9**
Pinkas-Synagoge **4**
Spanische Synagoge **11**
St.-Kastullus-Kirche **14**

Konzerthalle
Rudolfinum **1**

Museen und Sammlungen
*Kloster St. Agnes von Böhmen
  S. 92f* **15**
Kunstgewerbemuseum **2**

Historische Gebäude
Jüdisches Rathaus **8**
Kubistische Häuser **12**

Friedhof
Alter jüdischer Friedhof S. 86f **3**

ANFAHRT
Die Metro-Station Staroměstská der Linie A liegt in der Nähe der Hauptsehenswürdigkeiten des jüdischen Viertels. Oder Sie fahren mit Tram 17 oder 18 zum Náměstí Jana Palacha. Zum Kloster St. Agnes von Böhmen bringt Sie der Bus 133.

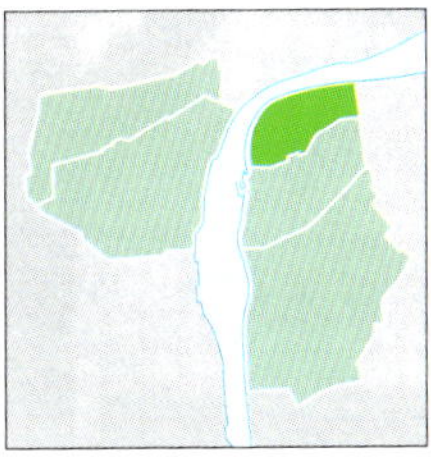

0 Meter   250

Vltava (Moldau)

NA FRANTIŠKU

NÁMĚSTÍ
CURIEOVYCH

15
13
U MILOSRDNÝCH
12
BÍLKOVA
11
14
DLOUHÁ
6
10
1
2 **3** **5** **8** **7**
4
NÁMĚSTÍ JANA
PALACHA
9

Náměstí
Republiky
350 m

Staroměstská

KAPROVA

LEGENDE

Detailkarte
siehe S. 82f

Metro-Station

Tramhaltestelle

Bootsanlegestelle

◁ Dicht an dicht: Grabsteine auf dem Alten jüdischen Friedhof *(siehe S. 86f)*

Im Detail: Josefstadt

Das alte Getto existiert nicht mehr. Von der Geschichte der »Judenstadt« erzählen noch die Synagogen um den Alten jüdischen Friedhof, während geschmackvolle Jugendstil-Bauten die neueren Straßen säumen. Die alten Gassen im Osten des ehemaligen Gettos führen zum liebevoll restaurierten St.-Agnes-Kloster, heute eine Niederlassung der Nationalgalerie.

Kubistische Häuser
Neben anderen Stilen inspirierte der Kubismus die am Wiederaufbau der Josefstadt beteiligten Architekten. ⓬

★ **Alter jüdischer Friedhof**
Hier stehen mehrere Tausend Grabsteine dicht gedrängt beieinander. ❸

★ **Altneusynagoge**
Der gotische Bau dient seit über 700 Jahren als Andachtsstätte. ❻

Klausensynagoge
Zu den Exponaten des Jüdischen Museums gehört dieses Almosenkästchen (um 1800). ❺

Hohe Synagoge
Ihr Inneres besitzt ein Renaissance-Gewölbe. ❼

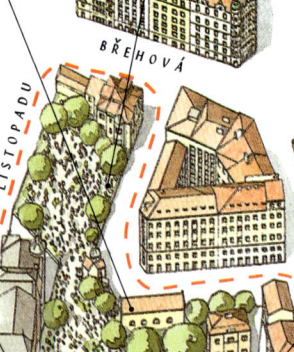

★ **Kunstgewerbemuseum**
Die Bleiglasexponate im Treppenhaus stellen die Handwerkskünste dar, denen sich diese Sammlung verschrieben hat. ❷

B Ř E H O V Á

1 7 .   L I S T O P A D U

E L I Š K Y

K R A S N O H O R S K É

P A Ř Í Ž S K Á

Pinkas-Synagoge
Ihre Wände nennen die Namen der tschechischen Juden, die dem Holocaust zum Opfer fielen. ❹

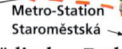
Metro-Station
Staroměstská

Jüdisches Rathaus
Der Bau (16. Jh.) ist Treffpunkt der jüdischen Gemeinde. ❽

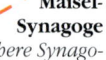
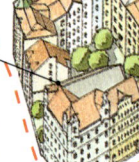

Maisel-Synagoge
Die frühere Synagoge wurde 1591 für Mordechai Maisel erbaut. ❾

★ **Kloster St. Agnes von Böhmen**
Christus auf Wolken *ist eines der mittelalterlichen, gotischen Werke, die
in dem einstigen Kloster ausgestellt
sind.* ⑮

Krankenhaus
Na Františku

Ehemaliges
Beinhaus

**St.-Kastullus-
Kirche**
*Das Gewölbe
der restaurier-
ten Kirche ist
ein Meisterwerk
gotischer Bau-
kunst (Mitte
14. Jh.).* ⑭

ZUR ORIENTIERUNG
Siehe Stadtplan, Karte 3

Pfarrhaus von
St. Kastullus

**Kirche St. Simon
und Judas**
*Die Kirche wurde im
17. Jahrhundert dem
Krankenhaus Na
Františku angegliedert.
Heute dient sie als
Konzertsaal.* ⑬

**Spanische
Synagoge**
*Die jüngste Synagoge
des Stadtteils wurde
1868 im maurischen
Stil errichtet.* ⑪

Heilig-Geist-Kirche
*Vor der Kirche fällt Ferdinand
Brokoffs barocke Statue des
hl. Johannes von Nepomuk
(1727) auf.* ⑩

0 Meter   50

NICHT VERSÄUMEN

★ Alter jüd. Friedhof

★ Altneusynagoge

★ Kloster St. Agnes
von Böhmen

★ Kunstgewerbe-
museum

LEGENDE

▬ ▬ ▬ Routenempfehlung

Stadtplan siehe Seiten 246 – 257

Bühne des Dvořák-Saals im Rudolfinum

Rudolfinum ❶

Alšovo nábřeží 12. **Stadtplan** 3 A3.
🚇 *Staroměstská.* 🚊 *17, 18.*
🚌 *133.* **Philharmonie** 📞 *22 70 59*
270. **Galerie Rudolfinum** 📞 *22 70*
59 205. ⏰ *Di–Sa 10–18 Uhr.*
🚫📷 ♿ 🌐 *www.rudolfinum.cz*

Das Rudolfinum, heute Sitz
der Tschechischen Phil-
harmoniker, zählt zu den eindrucksvollsten Wahrzeichen
am Altstädter Ufer der Moldau. Hier finden während des
Musikfestivals »Prager Frühling« (siehe S. 50) viele Konzerte statt. Der Bau beherbergt mehrere Konzertsäle,
darunter den prächtigen
Dvořák-Saal, ein schönes Beispiel tschechischer Architektur
des 19. Jahrhunderts. Namens-
patron des nach dem Entwurf
von Josef Zítek und Josef
Schulz 1884 fertiggestellten
Gebäudes ist Kronprinz Rudolf von Habsburg. Wie das
Nationaltheater (siehe S. 156f)
gilt es als Meisterwerk tschechischer Neorenaissance. Die
geschwungene Balustrade zieren Statuen namhafter tschechischer, österreichischer und
deutscher Künstler.
Im auch Künstlerhaus (Dům
umělců) genannten Anwesen
zeigt die Galerie Rudolfinum

moderne Kunst. Zwischen
1918 und 1939 sowie kurz
nach dem Zweiten Weltkrieg
war das Rudolfinum Sitz des
Parlaments.

Kunstgewerbe-museum ❷

UMĚLECKOPRŮMYSLOVÉ
MUZEUM

17. listopadu 2. **Stadtplan** 3 B3.
📞 *25 10 93 111.* 🚇 *Staroměstská.*
🚊 *17, 18.* 🚌 *133.* ⏰ *Di 10–19,*
Mi–So 10–18 Uhr. 🌐 🚫📷 ♿
www.upm.cz

Nach der Gründung 1885
war die Sammlung einige
Jahre lang im Rudolfinum untergebracht. Der heutige Bau
von Josef Schulz im Stil der
französischen Neorenaissance
wurde 1901 fertig.

Nur ein Teil der riesigen
Glassammlung ist ausgestellt.
Ihr ganzer Stolz gilt dem böhmischen Glas mit zahlreichen
Preziosen aus Barock sowie
dem 19. und 20. Jahrhundert.
Auch die Glaskunst des Mittelalters und der venezianischen Renaissance findet an-
gemessene Würdigung.
In den Dauerausstellungen
sind weitere schöne Kunst-
handwerksobjekte zu sehen,
beispielsweise Meißner Porzellan, Gobelins, aber auch
Mode, Textilien, Fotografien
und Drucke. In der Möbelabteilung bestechen künstlerisch
hochwertige Pulte und Sekre-
täre aus der Renaissance. Das
Zwischengeschoss beherbergt
Wechselausstellungen sowie
eine umfassende Kunstbiblio-
thek, die über 100 000 Bände
bereithält.

Alter jüdischer Friedhof ❸

STARÝ ŽIDOVSKÝ HŘBITOV

Siehe S. 86f.

Pinkas-Synagoge ❹

PINKASOVA SYNAGÓGA

Široká 3. **Stadtplan** 3 B3. 📞 *22 23*
17 191. 🚇 *Staroměstská.* 🚊 *17,*
18. 🚌 *133.* ⏰ *Apr–Okt: So–Fr*
9–18 Uhr; Nov–März: So–Fr 9–
16.30 Uhr. 📷 🚫📷 ♿
www.jewishmuseum.cz

Die 1479 von Rabbi Pinkas
gegründete Synagoge
wurde 1535 von dessen Groß-
neffen Aaron Meshulam Ho-
rowitz erweitert und später
mehrfach umgebaut. Ausgrabungen haben faszinierende
Zeugnisse des mittelalterlichen Gettos ans Licht ge-
bracht, etwa ein Ritualbad
(mikva). Den Kern des
heutigen

Namen von Holocaust-Opfern an einer Wand der Pinkas-Synagoge

Baus bildet ein Saal mit gotischer Gewölbedecke. Die Galerie für die Frauen fügte man im 17. Jahrhundert an.

Die Synagoge dient heute dem Gedenken an die Juden der früheren Tschechoslowakei, die im KZ Theresienstadt (Terezín) einsaßen und später in die Vernichtungslager der Nazis deportiert wurden. 77 297 von ihnen kehrten nicht zurück – ihre Namen stehen an den Wänden. Auch ergreifende Zeichnungen von Kindern aus dem KZ Theresienstadt sind hier ausgestellt.

Klausensynagoge ❺
KLAUSOVÁ SYNAGÓGA

U starého hřbitova 3a. **Stadtplan** 3 B3. **[** 22 23 17 191. **✈** Staroměstská. **🚋** 17, 18. **🚌** 133. **🕐** Apr–Okt: tägl. 9–18 Uhr; Nov–März: 9–16.30 Uhr. **🖼 🚫** www.jewishmuseum.cz

Versilberter Thoraschild (18. Jh.) in der Hohen Synagoge

Vor dem 1689 wütenden Brand befanden sich hier mehrere kleine jüdische Schulen und Gebetshäuser *(Klausen)*, die Namenspaten der 1694 über den Ruinen errichteten Synagoge wurden. Das hochbarocke Gebäude zieren ein Tonnengewölbe und üppiges Stuckwerk. Heute beherbergt es hebräische Drucke und Handschriften sowie eine Ausstellung zu Tradition und Bräuchen des Judentums in Mitteleuropa seit dem frühen Mittelalter. Viele

Thorazeigestock (19. Jh.) aus der Klausensynagoge

Exponate erinnern an berühmte Mitglieder der jüdischen Gemeinde wie den Rabbi Löw *(siehe S.88)*, der im 16. Jahrhundert den Golem, einen künstlichen Menschen aus Lehm, geschaffen haben soll.

Das Nebengebäude, 1906 als Zeremonienhalle der jüdischen Bestattungsgesellschaft errichtet, ähnelt einer kleinen Burg. Noch 1943 fand darin eine Ausstellung zur Historie des Prager Gettos statt.

Altneusynagoge ❻
STARONOVÁ SYNAGÓGA

Siehe S. 88f.

Hohe Synagoge ❼
VYSOKÁ SYNAGÓGA

Červená 4. **Stadtplan** 3 B3. **[** 22 48 00 813. **✈** Staroměstská. **🚋** 17, 18. **🚌** 133. **🕐** nur zu Gottesdiensten: So–Fr 8, 14 Uhr, Sa 9, 12.45 Uhr. www.kehila.cz

Finanziert wurde die Hohe Synagoge – wie auch das Jüdische Rathaus – von Mordechai Maisel, der in den 1570er Jahren Vorsteher der Judenstadt war. Beide Gebäude bildeten einst einen Komplex. Der Hauptsaal der Synagoge im ersten Stock war mit dem Rathaus verbunden. Im 19. Jahrhundert trennte man die Teile und versah den Bau mit eigenem Treppenhaus und Straßeneingang. Renaissance-Gewölbe und -Stuckdekor sind noch zu erkennen.

In der Ausstellung sind sakrale Textilien wie bestickte Thoramäntel, aber auch Silberarbeiten wie Thoraschilde zu bewundern. Letztere schmücken den Schrein, in dem die Thorarollen aufbewahrt werden. Die Exponate stammen aus dem 16. bis 19. Jahrhundert.

Jüdisches Rathaus ❽
ŽIDOVSKÁ RADNICE

Maislova 18. **Stadtplan** 3 B3. **[** 22 48 00 813. **✈** Staroměstská. **🚋** 17, 18. **🚌** 133. **🔴** für die Öffentlichkeit.

Der überaus wohlhabende Gemeindevorsteher Mordechai Maisel ließ 1570–1577 von Panacius Roder das Herzstück des schmucken, rosaweißen früheren Rathauses bauen, das 1763 ein spätbarockes Gewand erhielt. Die letzten Veränderungen stammen aus dem Jahr 1908. Damals wurde der Südflügel vergrößert.

Das Dach krönt ein kleiner hölzerner Uhrturm mit einer grünen Spitze. Seine Erbauung wurde der jüdischen Gemeinde zum Dank für ihren Beistand bei der Verteidigung der Karlsbrücke gegen die Schweden im Jahr 1648 *(siehe S. 30f)* gestattet. An einem Giebel sieht man eine weitere, allerdings hebräische Uhr, an der sich – entsprechend der von rechts nach links verlaufenden hebräischen Schrift – auch die Zeiger entgegen dem Uhrzeigersinn bewegen.

Im Rathaus residiert heute der Rat der jüdischen Religionsgemeinschaften der Tschechischen Republik.

Fassade und Uhrturm des Jüdischen Rathauses

Alter jüdischer Friedhof ❸

STARÝ ŽIDOVSKÝ HŘBITOV

Über 300 Jahre lang waren die Prager Juden allein auf dieses Bestattungsgelände angewiesen. Es wurde 1478 angelegt, später nur unwesentlich vergrößert und entspricht heute noch nahezu seinen mittelalterlichen Ausmaßen. Aus Platzmangel begrub man die Toten in bis zu zwölf Lagen übereinander. Auf dem winzigen Areal drängen sich heute über 12 000 Grabsteine – doch ruhen hier wohl die Gebeine von sehr viel mehr Verstorbenen. Als Letzter wurde 1787 Moses Beck beigesetzt.

Blick über den Friedhof zur Westfassade der Klausensynagoge

Die Drucker Mordechai Zemach (gest. 1592) und sein Sohn Bezalel (gest. 1589) liegen unter diesem viereckigen Grabstein.

Die Pinkas-Synagoge ist Prags zweitälteste Synagoge *(siehe S. 84f)*.

Grabstein von David Gans
Davidstern und Gans verdeutlichen den Namen des Schriftstellers und Astronomen (1541–1613).

Im ältesten Grab ruht der Schriftsteller Rabbi Avigdor Kara (1439).

Rabbi David Oppenheim (1664–1736)
Der Oberrabbiner von Prag besaß die größte Sammlung alter hebräischer Handschriften und Drucke der Stadt.

Klausen-synagoge *(siehe S. 85)*

Grabstein von Moses Beck

Der Nephele-Hügel war die Grabstätte von Kindern, die kein Jahr alt geworden waren.

NICHT VERSÄUMEN

★ Grabstein der Hendela Bassevi

★ Grabstein des Rabbi Löw

★ Grabsteine aus dem 14. Jahrhundert

★ **Grabsteine aus dem 14. Jahrhundert**
In der Mauer befinden sich Überreste gotischer Grabsteine, die von einem älteren, 1866 in der Neustädter Vladislavova-Straße entdeckten jüdischen Friedhof hierher gebracht wurden.

Prager Bestattungsgesellschaft

Die 1564 ins Leben gerufene Organisation führte rituelle Beerdigungen durch und widmete sich der Gemeindearbeit. Auf dem Bild waschen sich die Männer nach Verlassen des Friedhofs die Hände.

INFOBOX

Široká 3 (Haupteingang).
Stadtplan 3 B3. 22 23 17
191 (Reservierung), 22 17 11 511
(Jüdisches Museum). Staroměstská. 17, 18 bis Staroměstská. Apr–Okt: So–Fr
9–18 Uhr; Nov–März: So–Fr
9–16.30 Uhr (letzter Einlass
30 Min. vor Schließung).
www.jewishmuseum.cz

**Kunstgewerbe-
museum** *(siehe S. 84)*

★ **Grabstein des
Rabbi Löw**
*Das meistbesuchte
Grab des Friedhofs ist
das von Rabbi Löw
(1520–1609). Besu-
cher erweisen ihm mit
aufs Grabmal geleg-
ten Steinchen ihren
Respekt.*

**Neoromanische
Zeremonienhalle**

Mordechai Maisel
(1528–1601) war
Vorsteher der Pra-
ger Judenstadt und
Philantrop.

★ **Grabstein der Hendela Bassevi**
*Das prächtige Grab (1628) war für die
schöne Gemahlin des ersten in den
Adelsstand erhobenen Prager Juden.*

SYMBOLE DER GRABSTEINE

Seit dem späten 16. Jahr-
hundert versah man Grab-
steine auf dem jüdischen
Friedhof mit Symbolen, die
Aufschluss über Leben,
Familiennamen oder Beruf
der Verstorbenen gaben.

**Segnende
Hände:
Familie Cohen**

**Schere:
Symbol für
Schneider**

**Hirsch:
Familie Hirsch
oder Zvi**

**Trauben:
Glück oder
Reichtum**

Altneusynagoge ❻

STARONOVÁ SYNAGÓGA

Davidstern in der Červená-Straße

Sie wurde um 1270 errichtet und ist Europas älteste Synagoge und eines der frühesten gotischen Bauwerke Prags. Die Synagoge hat Brände, die Slumsanierung im 19. Jahrhundert und etliche Judenpogrome überstanden. Oft bot sie den Bewohnern des einstigen Gettos Schutz. Noch heute ist sie das religiöse Zentrum der Prager Juden. Ursprünglich hieß sie Neue Synagoge, bis eine andere, später zerstörte Synagoge in der Nähe errichtet wurde.

Ostfassade der Synagoge

★ Jüdische Fahne
Das historische Banner der Prager Juden zeigt den Davidstern und in dessen Mitte den Hut, den die Juden im 14. Jahrhundert tragen mussten.

Diese Fenster kamen bei Ausbauten im 18. Jahrhundert hinzu, damit Frauen dem Gottesdienst zusehen konnten.

Gestufter Ziegelgiebel (14. Jh.)

Kerzenhalter

RABBI LÖW UND DER GOLEM

Rabbi Löw leitete im 16. Jahrhundert die Talmudschule, wo man sich dem Thorastudium widmete. Der Gelehrte und Philosoph soll magische Kräfte besessen haben. Der Sage nach war er auch der Schöpfer des Golems, den er aus Lehm formte und mittels eines Schems (Zettel mit dem Namen Gottes) zum Leben erweckte. Als die Kreatur Amok lief, soll der Rabbi seine Lehmfigur auf dem Dach der Altneusynagoge versteckt haben.

Rabbi Löw und der Golem

★ Fünfrippengewölbe
Zwei achteckige Säulen stützen das fünfrippige Gewölbe des Raums.

Rechtes Schiff
Bronzene Kronleuchter spenden den Gläubigen, die auf den Sitzen an den Wänden Platz nehmen, Licht.

INFOBOX

Pařížská und Červená. **Stadtplan** 3 B2. ☎ *22 17 11 511 (Jüdisches Museum).* ⛟ Staroměstská. 🚊 *17, 18 bis Staroměstská, 17 bis Juristische Fakultät (Právnická fakulta).* ◯ *So–Fr 9–18 Uhr (Nov–März: bis 16.30 Uhr).* ● *jüdische Feiertage.* 📷 📵 ✡ *Mo–Fr 8, Sa 9 Uhr.*

Kunstvolles Blätterwerk
(13. Jh.) schmückt den Tympanon über dem Thoraschrein.

★ Stuhl des Rabbi Löw
Ein Davidstern ziert den Stuhl, auf dem sich einst der große Gelehrte des 16. Jahrhunderts niederließ.

Plattform und Rednerpult des Vorbeters sind durch ein schmiedeeisernes gotisches Gitter abgeschirmt.

Eingang zur Synagoge von der Červená-Straße aus

Thoraschrein
Der Schrein, weihevollster Ort der Synagoge, hütet die heiligen Thorarollen.

Eingangsportal
Auf dem Tympanon über dem Tor des Südvestibüls sieht man Weintrauben und Weinblätter an gewundenen Zweigen.

NICHT VERSÄUMEN

★ Fünfrippengewölbe

★ Jüdische Fahne

★ Stuhl des Rabbi Löw

Silberne Thorakrone (18. Jh.) in der Maisel-Synagoge

Maisel-Synagoge ❾

MAISELOVA SYNAGÓGA

Maiselova 10. **Stadtplan** 3 B3.
🕿 *22 23 17 191.* Ⓜ *Staroměstská.*
🚊 *17, 18.* 🚌 *133.* 🕐 *Apr–Okt:
So–Fr 9–18 Uhr; Nov–März: So–Fr
9–16.30 Uhr.* 🏛 🚫 ♿
www.jewishmuseum.cz

Gemeindevorsteher Mordechai Maisel nutzte die Ende des 16. Jahrhunderts errichtete Synagoge zum privaten Gebet. Maisel hatte ein Vermögen gemacht, indem er mit Krediten Kaiser Rudolf II. die Kriege gegen die Türken finanzieren half. Seine Synagoge, die prächtigste der Stadt, wurde 1689 bei einem Brand zerstört, der die Judenstadt verwüstete. Sie wurde durch eine neue Synagoge ersetzt, die zu Beginn des 20. Jahrhunderts ihr heutiges gotisches Aussehen mit zinnenartigem Dekor erhielt.

Seit den 1960er Jahren birgt die Maisel-Synagoge eine faszinierende Sammlung jüdischen Silber- und anderer Metallarbeiten von der Renaissance bis zum 20. Jahrhundert, darunter viele Thorakronen und Thoraknäufe. Sie dienten zur Zierde der Rollen, in denen man den Thoratext (die fünf Bücher Mose) bewahrte. Man hängte Schilde über die Thorahülle. Der Vorleser benutzte einen Zeigestock, um die Thora nicht mit

den Händen zu berühren. Beachtung verdienen auch das Hochzeitssilber sowie die Leuchter und Kerzenhalter. Bittere Ironie der Geschichte ist, dass nahezu all diese Schätze des jüdischen Brauchtums von den Nazis für ihr geplantes Museum einer »ausgestorbenen Rasse« aus den Synagogen Böhmens und Mährens nach Prag gebracht wurden.

Heilig-Geist-Kirche ❿

KOSTEL SV. DUCHA

Dušní, Široká. **Stadtplan** 3 B3.
🕿 *697 64 74.* Ⓜ *Staroměstská.*
🚊 *17.* 🚌 *133.* 🕐 *nur zu Gottesdiensten.* ⛪ *So 9.30 Uhr.* 🚫 ♿

Die Kirche erhebt sich auf jenem schmalen Streifen christlichen Bodens, der im Mittelalter die zwei jüdischen Gemeinden den östlichen und westlichen Ritus trennte. Der einschiffige gotische Bau (Mitte 14. Jh.) gehörte zunächst zu einem Kloster der Benediktinerinnen, das nach seiner Zerstörung 1420 während der Hussiten-Kriege *(siehe S. 26f)* nicht wiederaufgebaut wurde.

Die Kirche litt schwer unter dem 1689 in der Altstadt wütenden Brand. Ihr gotisches Äußeres – Strebewerk und hohe Fenster – blieb erhalten. Die Kuppel des Schiffs wurde nach dem Brand barockisiert. Auch bei der Einrichtung

überwiegt der Barockstil. Der Hochaltar wurde 1760 errichtet. Das Altarbild des *Hl. Josef* stammt von Jan Jiří Heintsch (um 1647–1712).

Vor der Kirche steht die Statue des Almosen spendenden hl. Johannes von Nepomuk *(siehe S. 83)*, die 1727 von Ferdinand Brokoff geschaffen wurde. Das Interieur zieren einige ältere Statuen, darunter eine Pietà aus dem 14. Jahrhundert (mit Köpfen von 1628), eine spätgotische Skulptur der hl. Anna sowie Büsten des hl. Wenzel und des hl. Adalbert aus dem frühen 16. Jahrhundert.

Heilig-Geist-Kirche

Spanische Synagoge ⓫

ŠPANĚLSKÁ SYNAGÓGA

Vězeňská 1. **Stadtplan** 3 B2.
🕿 *22 23 17 191.* Ⓜ *Staroměstská.*
🚊 *17, 18, 133.* 🕐 *Apr–Okt: So–Fr
9–18 Uhr; Nov–März: So–Fr 9–
16.30 Uhr.* 🏛 ♿
www.jewishmuseum.cz

An ihrer Stelle erhob sich einst Prags erste Synagoge, die sogenannte Alte Schule (Stará Škola). Im Lauf des 11. Jahrhunderts war die Alte Schule Zentrum der jüdischen Gemeinde des östlichen Ritus. Diese lebte getrennt von den Juden des westlichen Ritus, die um die Altneusynagoge siedelten. Der heutige Bau stammt aus der zweiten Hälfte des 19. Jahrhunderts und ahmt innen wie außen den mauri-

Mahnung an die Zehn Gebote, Fassade der Spanischen Synagoge

schen Stil nach. Die üppigen Stuckverzierungen an Wänden und Gewölben lassen an die spanische Alhambra denken, was der Synagoge ihren Namen eintrug. Sie war früher nicht öffentlich zugänglich. Heute beherbergt sie eine Dauerausstellung zur Geschichte der böhmischen Juden.

Kubistische Häuser ⑫

KUBISTICKÉ DOMY

Elišky Krásnohorské 10–14.
Stadtplan 3 B2. ⭐ *Staroměstská.* 🚋 *17, 18.* ● *für die Öffentlichkeit.*

Beim Wiederaufbau des Areals des alten jüdischen Viertels um 1900 experimentierten Prager Architekten mit neuen Stilen. Viele der Häuserblocks zeigen Jugendstil-Dekor. An der Kreuzung von Bílkova und Elišky Krásnohorské jedoch sticht eine Fassade hervor, an der sich schlichte, geometrische Formelemente wiederholen. Das Anwesen, 1919–21 für eine Lehrergenossenschaft erbaut, ist Zeugnis der kubistischen Architektur, die in anderen Teilen Europas weniger Fuß fasste als in der Avantgarde Böhmens und Österreichs. Vom Einfluss des Kubismus zeugen in der Elišky Krásnohorské 7 die abgeflachten, die Fenster stützenden Atlanten. Kubistisch inspiriert ist auch das Haus »Zur Schwarzen Madonna« in der Zeltnergasse *(siehe S. 174f).*

Kubistische Atlanten umrahmen ein Fenster in der Elišky Krásnohorské

Kirche St. Simon und Judas ⑬

KOSTEL SV. ŠIMONA A JUDY

U milosrdných. **Stadtplan** 3 B2. ⭐ *Staroměstská.* 🚋 *17, 18.* 🚌 *133.* ● *für Konzerte.*
www.fok.cz

Mitglieder der Böhmischen Brüder ließen 1615–20 die Kirche mit hohen spätgotischen Fenstern errichten. Wie die Utraquisten *(siehe S. 75)* forderte die Mitte des 15. Jahrhunderts gegründete Bruderschaft beim Abendmahl das Austeilen von Brot und Wein. Sie war jedoch konservativer als andere protestantische Bewegungen und hielt am Zölibat und an katholischen Sakramenten wie der Beichte fest. Nach der Schlacht am Weißen Berg *(siehe S. 30f)* musste die Bruderschaft das Land verlassen.

Die Kirche ging an den katholischen Orden der Barmherzigen Brüder über, der sie seinem Kloster und Hospital eingliederte. Das Schafott, auf dem 27 Tschechen 1621 hingerichtet wurden *(siehe S. 72),* soll das Material für die Holzstufen des Klosters geliefert haben. Im 18. Jahrhundert richtete man hier Prags ersten Anatomie-Vorlesungssaal ein. Noch heute existiert das Hospital Na Františku. In der Kirche finden Konzerte statt.

Detail der Barockfassade von St. Simon und Judas

St.-Kastullus-Kirche ⑭

KOSTEL SV. HAŠTALA

Haštalské náměstí. **Stadtplan** 3 C2.
📞 *697 64 74.* 🚋 *5, 8, 14.* 🚌 *133.*
● *unregelmäßig.* ✝ *So 17 Uhr.* ⌀
♿

Die Pfarrkirche St. Kastullus (Haštal) gab der Ecke ihren Namen. Sie ist einer der schönsten gotischen Bauten Prags und ersetzte im zweiten Viertel des 14. Jahrhunderts ein romanisches Bauwerk. Der verheerende Brand von 1689 machte einen gründlichen Wiederaufbau notwendig, doch das nördliche Doppelschiff mit den eleganten, schlanken Säulen, die ein kunstvolles Rippengewölbe stützen, war noch erhalten geblieben.

Mit der überwiegend barocken Innenausstattung kontrastieren die Überreste von Wandgemälden (um 1375) in der Sakristei und ein metallener Taufstein mit Figurendekor (um 1550). Im gotischen Schiff beeindruckt die Skulpturengruppe *Kalvarienberg* (1716) aus der Werkstatt Ferdinand Maximilian Brokoffs.

Kloster St. Agnes von Böhmen ⑮

KLÁŠTER SV. ANEŽKY ČESKÉ

Siehe S. 92f.

Kloster St. Agnes von Böhmen ⑮

KLÁŠTER SV. ANEŽKY ČESKÉ

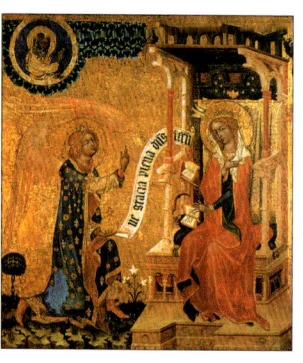

Agnes, König Wenzels I. erst im Jahr 1989 heilig-gesprochene Schwester, gründete hier 1234 ein Klarissenkloster. Es war eines der allerersten gotischen Bauwerke des Landes. Die 1782 aufge-löste und später verfallene Anlage wurde als Ar-menhaus und Lager genutzt. In den 1960er Jahren wurde der Bau sorgfältig restau-riert. Hier zeigt nun die Nationalgale-rie ihre große Sammlung mittelal-terlicher Kunst aus Böhmen und Mitteleuropa mit Gemälden und Skulpturen aus dem 13. bis 16. Jahr-hundert.

Kopf der Agnes-Statue von Josef Myslbek

Erster Stock

★ Votivtafel des Erzbischofs Jan Očko von Vlašim
Das detaillierte Tafelbild, das um 1370 von einem anonymen Künstler geschaffen wurde, zeigt Charles IV. in kniender Position vor der Jungfrau Maria.

Erdgeschoss

★ Mariä Verkündigung
Das Altarbild wurde um 1350 vom berühmten Meis-ter des Vyšší-Brod-Altars gemalt. Es gehört zu den ältesten und schönsten aller Werke des Museums.

★ Strakonice-Madonna
Die 700 Jahre alte Statue erinnert an französische Skulpturen, wie sie in der Kathedrale von Reims zu sehen sind.

NICHT VERSÄUMEN

- ★ *Mariä Verkündigung* vom Meister des Vyšší-Brod-Altars

- ★ Strakonice-Madonna

- ★ Votivtafel des Erz-bischofs Jan Očko von Vlašim

Treppe zu den Aus-stellungen im ersten Stock

Terrassen-café

KURZFÜHRER

Die Dauerausstellung ist im ersten Stock des alten Klosters in einer langen Galerie und in kleineren Räumen um den Kreuzgang untergebracht. Die Werke sind chronologisch angeordnet.

INFOBOX

U Milosrdných 17. **Stadtplan** 3 C2. 22 48 10 628. Náměstí Republiky, Staroměstská. 17 bis Juristische Fakultät, 5, 8, 14 bis Dlouhá třída. 133 bis Řásnovka. Di–So 10–18 Uhr (letzte Führung 17 Uhr). www.ngprague.cz

Obere Ebene der St.-Salvator-Kirche

Treppe zum Kreuzgang

Obere Ebene der Konzerthalle

Kapelle St. Maria Magdalena

Abwandlung der Krumauer Madonna

Um 1400 wurde dieses bewegende Abbild von Mutter und Kind von einem unbekannten Bildhauer angefertigt, einem Anhänger des Schöpfers der berühmten Krumauer Madonna.

St.-Franziskus-Kirche und Konzerthalle

St.-Salvator-Kirche

Dieses Kapitell mit den Häuptern von fünf böhmischen Königinnen besitzt ein Gegenstück mit fünf Přemysliden-Königen.

Kreuzgang

Der gotische Gewölbegang um den Klosterhof stammt aus dem 14. Jahrhundert.

Eingang zum Kloster

LEGENDE

- Mittelalter und frühe Renaissance
- Kreuzgang
- Kirchen
- Konzerthalle
- Wechselausstellungen
- Keine Ausstellungsfläche

PRAGER BURG UND HRADSCHIN

PRAŽSKÝ HRAD A HRADČANY

Prags Geschichte beginnt mit der Grundsteinlegung der Burg durch Fürst Bořivoj im 9. Jahrhundert. Ihre gebieterische Lage hoch über der Moldau machte sie bald zum Zentrum des von den Přemysliden beherrschten Gebiets. Ihre Mauern umschlossen u. a. einen Palas, drei Kirchen und ein Kloster. 1320 hieß die städtische Siedlung außerhalb der Mauern Hradčany. Die

Bleiglasfenster im Veitsdom

Burg wurde vor allem unter Karl IV. und Vladislav Jagiello umgebaut. Die 1541 bei einem Brand stark beschädigten Teile wurden im Stil der Renaissance wiedererrichtet. Ihre Blüte erlebte die Burg unter Rudolf II. Spätere Habsburger nutzten die Anlage weit seltener. Seit 1918 haben hier die Präsidenten der Republik ihren Amtssitz. Stündlich findet die Wachablösung statt, um 12 Uhr mit Fanfare.

SEHENSWÜRDIGKEITEN AUF EINEN BLICK

Kirchen und Klöster
Kapuzinerkloster ⓳
Kloster Strahov S. 120f ㉓
Loreto S. 116f ⓴
St.-Georgs-Basilika ⑤
Veitsdom S. 100–103 ②

Palais
Belvedere ⑪
Erzbischöfliches Palais ⑭
Königspalast S. 104f ④
Palais Černín ㉑
Palais Martinitz ⑯

Historische Gebäude
Dalibor-Turm ⑨
Pulverturm ③

Museen und Sammlungen
Gemäldegalerie der
 Prager Burg ①
Palais Lobkowitz ⑧
Palais Schwarzenberg ⑰
Palais Sternberg S. 112–115 ⑮
*St.-Georgs-Kloster
 S. 106–109* ⑥

Historische Straßen
Goldenes Gässchen ⑦
Neue Welt ⑱
Pohořelec ㉒

Parks und Gärten
Königsgarten ⑫
Reitschule ⑬
Südliche Gärten ⑩

LEGENDE

	Detailkarte *siehe S. 96f*
Ⓜ	Metro-Station
🚋	Tramhaltestelle
ℹ	Information
---	Burgmauer

ANFAHRT

Tram 22 fährt zur Pražský hrad (Prager Burg) bzw. zum Pohořelec. Mit den Trams 12, 18, 20 oder 22 kommen Sie zum Kleinseitner Malostranské náměstí. Von dort aus gelangt man auf der Nerudova zur Burg. Oder Sie steigen an der Metro-Station Malostranská aus und erklimmen die Staré zámecké schody (alte Burgtreppe). Wer die steilen Stufen scheut, nimmt die Metro (Linie A) zur Station Hradčanská.

0 Meter 500

◁ Haupteingang zur Prager Burg

Im Detail: Prager Burg

Trotz wiederholter Brände und Invasionen blieben der Prager Burg Kirchen, Kapellen, weltliche Bauten und Türme aus allen Epochen ihrer Geschichte erhalten – vom gotischen Veitsdom bis hin zu den Renaissance-Erweiterungen Rudolfs II., der als letzter Habsburger die Burg zur Hauptresidenz wählte. Die Burghöfe wurden 1753–75 angelegt, als man das gesamte Gelände spätbarock und klassizistisch umgestaltete. 1918 wurde die Burg Sitz des tschechoslowakischen Präsidenten, heute residiert hier der tschechische Präsident.

Gotischer Reliquien-schrein für den Arm des hl. Georg im Veitsdom

Pulverturm
Hier lagerte einst Schieß-pulver. Es gab auch eine Glockengießerei. Heute ist der Turm ein Museum. ❸

★ **Veitsdom**
Das Relief ziert den Zaun an der Goldenen Pforte. ❷

Zum Königs-garten

Präsidialbüro

Gemäldegalerie der Prager Burg
In den restaurierten Ställen der Burg hän-gen Gemälde aus Renaissance und Barock. ❶

Zweiter Burghof

Matthias-tor (1614)

Erster Burghof

Zum Hradschiner Platz

Treppe zur Klein-seite hinunter

Heilig-Kreuz-Kapelle

Die Burgtore werden von Kopien der Kämpfenden Giganten gekrönt, die Ignaz Platzer im 18. Jahr-hundert schuf.

Südliche Gärten
Statuen (18. Jh.) beleben die einladenden Gärten bei den alten Burgwällen. ❿

★ Goldenes Gässchen
Die malerischen Häuschen entlang der Innenseite der Burgmauer baute man im späten 16. Jahrhundert für die Wachen und Schützen der Burg. ❼

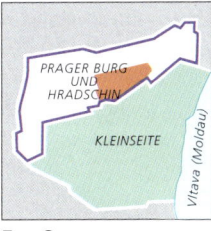

ZUR ORIENTIERUNG
Siehe Stadtplan, Karte 2

Weißer Turm

Dalibor-Turm (Daliborka)
Der Turm hat seinen Namen vom ersten Gefangenen. Er soll herzergreifend Geige gespielt haben. ❾

Alte Burgtreppe zur Metro-Station Malostranská

J I Ř S K Á

Palais Lobkowitz
Es beherbergt Kunstwerke aus der Privatsammlung der Familie Lobkowitz. ❽

★ St.-Georgs-Basilika
Malereien aus dem 16. Jahrhundert schmücken das Kapellengewölbe der hl. Ludmilla, einer böhmischen Märtyrerin königlichen Geblüts. ❺

LEGENDE

⎯ ⎯ ⎯ Routenempfehlung

0 Meter   60

★ St.-Georgs-Kloster
Das Kloster beherbergt tschechische Kunst des 19. Jahrhunderts, etwa dieses Werk von Adolf Kosárek namens Sommerlandschaft mit Kapelle. ❻

★ Königspalast
Hinter der einheitlichen Palastfassade verbergen sich gotische und Renaissance-Säle. Wappen bedecken Wände und Decke im Raum der Neuen Landtafeln. ❹

NICHT VERSÄUMEN

★ Basilika und Kloster St. Georg

★ Goldenes Gässchen

★ Königspalast

★ Veitsdom

Stadtplan siehe Seiten 246–257

Gemäldegalerie der Prager Burg ●
OBRAZÁRNA PRAŽSKÉHO HRADU

Prager Burg, 2. Burghof. **Stadtplan** 2 D2. █ 22 43 73 368. ⣿ Malostranská, Hradčanská. ⣿ 22. ◻ Ap–Okt: tägl. 9–18 Uhr; Nov– März: tägl. 9–16 Uhr. ▦ ◙ █ **www**.obrazarna-hradu.cz

Die 1965 in den einstigen Burgställen eingerichtete Galerie umfasst Werke einer seit der Zeit Rudolfs II. zusammengetragenen Kunstsammlung *(siehe S. 28f)*. Obwohl die Schweden 1648 diesen Schatz plünderten, blieben zahlreiche großartige Gemälde erhalten. Der Akzent liegt auf Malerei des 16. bis 18. Jahrhunderts. Die Galerie besitzt auch Skulpturen, so die Kopie einer Büste Rudolfs II. von Adriaen de Vries. Zu den Highlights gehören Tizians *Junge Frau bei der Toilette*, Rubens' *Versammlung der olympischen Götter* und *Der Zentaur Nessus entführt Dejaneira* von Guido Reni. Auch Werke von Meister Theoderich, Paolo Veronese, Tintoretto und den Vertretern des tschechischen Barock, Jan Kupecký und Petr Brandl, können betrachtet werden.

Man sieht hier zudem die bei der Sanierung der Ställe freigelegten Reste der ersten Burgkirche (St. Maria). Fürst Bořivoj, der erste christliche Přemyslide *(siehe S. 20f)*, soll ihren Bau im 9. Jahrhundert veranlasst haben.

Veitsdom ●
CHRÁM SV. VÍTA

Siehe S. 100–103.

Pulverturm ●
PRAŠNÁ VĚŽ

Prager Burg, Vikářská. **Stadtplan** 2 D2. █ 22 43 73 368. ⣿ Malostranská, Hradčanská. ⣿ 22. ◻ Apr–Okt: tägl. 9–17 Uhr; Nov– März: tägl. 9–16 Uhr. ▦ ◙ █

Benedikt Ried, der Architekt von König Vladislav II., errichtete hier um 1496 einen als Geschützbastion dienenden Turm. Nach dem Brand von 1541 wurde er wiederaufgebaut und beherbergte die Werkstätten und Wohnungen von Büchsenmachern sowie dem Glockengießer Tomáš Jaroš. Dieser fertigte 1549 für den Turm des Veitsdoms Prags größte Glocke, die 18 Tonnen schwere Sigismund-Glocke.

Zur Regierungszeit von Rudolf II. (1576–1612) hatten Alchimisten hier ihr Laboratorium. Schillernde Gestalten

Blick über den Hirschgraben auf den Pulverturm

wie Edward Kelley führten Experimente durch, die den Kaiser glauben ließen, man könne Blei in Gold verwandeln. Als 1649 schwedische Truppen die Burg besetzten, richtete eine Schießpulverexplosion im Turm schweren Schaden an. Dennoch lagerte man hier weiterhin Pulver. 1754 entstanden schließlich Unterkünfte für die Mesner des Veitsdoms.

Heute befindet sich im Pulverturm eine Dauerausstellung über die tschechische Militärgeschichte.

Königspalast ●
KRÁLOVSKÝ PALÁC

Siehe S. 104f.

St.-Georgs-Basilika ●
BAZILIKA SV. JIŘÍ

Jiřské náměstí. **Stadtplan** 2 E2. █ 22 43 73 368. ⣿ Malostranská, Hradčanská. ⣿ 22. ◻ Apr– Okt: tägl. 9–18 Uhr; Nov–März: tägl. 9–16 Uhr. ▦ ◙ █ **www**.hrad.cz

Die unter Fürst Vratislav 915–21 erbaute Vorgängerin des Veitsdoms ist Prags besterhaltene romanische Kir-

Tizians *Junge Frau bei der Toilette*, Gemäldegalerie der Prager Burg

che. Sie wurde 973, als das St.-Georgs-Kloster errichtet wurde, vergrößert und nach einem Brand im Jahr 1142 wiederaufgebaut. Nach der sorgfältigen Restaurierung entsprechen die mächtigen Zwillingstürme und das strenge Innere wieder ihrem ursprünglichen Aussehen. Die rostrote Fassade ist allerdings barocke Hinzufügung.

Die Kirche beherbergt das Grab der hl. Ludmilla, Witwe des im 9. Jahrhundert regierenden Fürsten Bořivoj *(siehe S. 20f)*. Sie war die erste christliche Märtyrerin Böhmens. Auf Geheiß ihrer Schwiegertochter Drahomíra war sie beim Gebet erdrosselt worden. Neben weiteren Angehörigen der Přemysliden-Dynastie ruht hier auch Vratislav I. Sein Grab befindet sich rechter Hand zu Beginn der zum Chor führenden Stufen. Gegenüber umzäunt ein Barockgitter das Grab von Boleslav II. (973–99).

St.-Georgs-Kloster ❻
KLÁŠTER SV. JIŘÍ

Siehe S. 106–109.

Goldenes Gässchen ❼
ZLATÁ ULIČKA

Stadtplan 2 E2. ꙮ *Malostranská, Hradčanská.* 🚋 *22.* 📷

Benannt nach den im 17. Jahrhundert hier ansässigen Goldschmieden, zählt diese kurze Gasse zu Prags malerischsten Winkeln.

Eines der Häuschen im Goldenen Gässchen

Die eine Seite säumen winzige, hell getünchte Häuschen, die direkt in die Arkaden der Burgmauer gebaut wurden. Anfang des 16. Jahrhunderts wurden sie für die 24 Burgwachen von Rudolf II. angelegt, ein Jahrhundert später zogen die Goldschmiede ein. Im 19. Jahrhundert verkam die Gasse, in der nun die armen Leute, aber auch Verbrecher hausten. In den 1950er Jahren mussten die Mieter ausziehen. Die Gasse wurde annähernd in den Originalzustand zurückversetzt. Die meist in Läden umgewandelten Häuschen bieten Bücher, böhmisches Glas und andere Souvenirs feil.

Im Goldenen Gässchen wohnten auch große Schriftsteller, etwa der Nobelpreisträger Jaroslav Seifert sowie Franz Kafka *(siehe S. 68)*, der 1916/17 einige Monate mit seiner Schwester im Haus Nr. 22 lebte.

Der Name der Gasse beflügelte die Fantasie: Angeblich sollen hier die Alchimisten ihre Elixiere gebraut haben, um für Rudolf II. Blei in Gold umzuwandeln. Tatsächlich aber lagen ihre Laboratorien in einer Gasse zwischen Veitsdom und Pulverturm, der Vikářská.

Fassade und Türme der St.-Georgs-Basilika

Palais Lobkowitz ❽
LOBKOVICKÝ PALÁC

Jiřská 3. **Stadtplan** 2 E2. 📞 *23 33 12 925.* ꙮ *Hradčanská.* 🚋 *22.* ⏰ *tägl. 10.30–18 Uhr.* 📷 📷 ♿ 🌐 www.lobkowiczevents.cz **Spielzeugmuseum** 📞 *22 43 72 294.* ⏰ *Sommer: tägl. 9.30–17.30 Uhr.* www.ivan-steiger.de

Das Palais wurde wie viele andere erst nach dem Brand von 1541, der den Hradschin verwüstete, erbaut. Das Anwesen stammt aus dem Jahr 1570 und zeigt an den Fassaden noch einige Original-Sgraffiti. Die heutigen Bauten entstanden größtenteils im 17. Jahrhundert. Der prachtvollste Raum ist der mit mythologischen Fresken von Fabian Harovník bemalte Festsaal (17. Jh.). Hier finden auch Konzerte und Vorträge statt.

Detail eines Sgraffito (16. Jh.) an der Fassade des Palais Lobkowitz

Zeitweise war das Palais Teil des Nationalmuseums, ging aber inzwischen wieder an die Familie Lobkowitz über. Es beherbergt nun die Fürstlichen Sammlungen, eine Dauerausstellung mit Gemälden, dekorativer Kunst, Originalpartituren von u. a. Beethoven und Haydn sowie Musikinstrumenten.

Gegenüber dem Palais liegt in Nr. 6 (ehemalige Burggrafschaft) das zweitgrößte Spielzeugmuseum der Welt mit Exponaten aus dem antiken Griechenland bis heute.

Veitsdom ❷

KATEDRÁLA SV. VÍTA, VÁCLAVA A VOJTĚCHA

D ie Bauarbeiten zu dem bedeutendsten Sakralbau der Stadt
begannen 1344 auf Geheiß Johann von Luxemburgs unter
dem französischen Architekten Matthias von Arras. Nach dessen
Tod setzte der Schwabe Peter Parler das Werk bis zu den Hussiten-Kriegen fort. Im 19. und 20. Jahrhundert legten Architekten
letzte Hand an den Dom, der die Kronjuwelen und das Grab des
»guten Königs« Wenzel *(siehe S. 20f)* beherbergt.

Veitsdom
*Ansicht des Doms vor
den Veränderungen
von 1872–1929.*

**Westliche
Zwillings-
türme**

**Triforium
(Lauf-
gang)**

Fensterrose
*Über dem Portal zeigt das von
František Kysela entworfene
Fenster (1925–27) Szenen aus
der Schöpfungsgeschichte.*

Wasserspeier
*An der reich verzierten West-
fassade leiten
kunstvoll gestal-
tete Wasserspei-
er das Regen-
wasser ab.*

Westfassade

**Haupt-
eingang**

**Haupt-
schiff**

ZEITSKALA

um 925 Der hl. Wenzel lässt die Veits-rotunde errichten	**1356** Baumeister Peter Parler wird die Fortsetzung der Bauarbeiten überantwortet		**1619** Kalvinisten machen die Kathedrale zu ihrem Gotteshaus	**1929** Weihung der fast 1000 Jahre nach dem Tod des hl. Wenzels voll-endeten Kathedrale	

*Büste Peter Parlers
am Triforium*

1000	1200	1400	1600	1800

1060 Bau der dreischiffigen Basilika im Auftrag des Fürsten	*Grabmal von Přemysl Ottokar II.*	**1421** Hussiten besetzen den Veitsdom	**1589** Vollendung der Königsgruft	**1872** Mocker beginnt mit den Arbeiten zum Westschiff
		1344 König Johann von Luxemburg überträgt dem Architekten Matthias von Arras den Bau der gotischen Kathedrale		**1770** Neue Turmspitze nach einem Brand

★ Strebebogen

Schiff und Chor sind außen von schlanken Strebebogen umgeben. Sie stützen das Innengewölbe und sind, wie die gesamte Kathedrale, aufwendig verziert.

INFOBOX

Prager Burg, 3. Hof.
Stadtplan 2 D2. ⓂⒻ Hradčanská, Malostranská. 🚋 22 zur Prager Burg (Pražský hrad).
Dom ⭘ März–Okt: Mo–Sa 9–17, So 12–18 Uhr; Nov–Feb: Mo–Sa 9–16, So 12–16 Uhr. ✝️ 📷 ♿ **Turm** ⭘ tägl. 12–15 Uhr (März–Okt: bis 17 Uhr). ♿ 📷

Der Renaissance-Glockenturm trägt einen barocken Helmaufsatz.

Chor

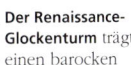

★ Wenzelskapelle

An diesen Bronzering am Nordportal der Kapelle soll sich der hl. Wenzel geklammert haben, als er dem Attentat seines Bruders zum Opfer fiel (siehe S. 20f).

Zum Königspalast *(siehe S. 104f)*

Das Grab des hl. Wenzel ist mit einem Altar verbunden, der mit Halbedelsteinen besetzt ist.

★ Goldene Pforte

Das Portal war bis zum 19. Jahrhundert Haupteingang. Heute wird es nur noch bei besonderen Anlässen benutzt. Das Mosaik darüber, Das Jüngste Gericht, stammt von venezianischen Künstlern (14. Jh.).

Gotisches Gewölbe

Den höchsten Beweis seines Könnens lieferte Peter Parler mit diesem anmutigen Fächerrippengewölbe, das die drei gotischen Bogen der Goldenen Pforte tragen.

NICHT VERSÄUMEN

★ Goldene Pforte

★ Strebebogen

★ Wenzelskapelle

Rundgang durch den Veitsdom

Ermordung des hl. Wenzel (Westeingang)

Bei einem Streifzug durch den Dom wandern Sie durch 1000 Jahre Geschichte. Treten Sie durch das Westportal ein, um einige der schönsten Beispiele der Neogotik zu bewundern. Setzen Sie den Weg an den Seitenkapellen entlang fort. Werfen Sie einen Blick auf sakrale Kunstgegenstände, heilige Reliquien und andere Kunstwerke – von Renaissance-Gemälden bis zu modernen Plastiken. Betrachten Sie die mit Juwelen besetzte Wenzelskapelle, ehe Sie den Dom verlassen.

② **Chor**
Der Chor, den Peter Parler 1372 begann, beeindruckt durch die enorme Höhe seines Gewölbes – schwerelos akzentuiert durch feinsinnig eingepasstes Maßwerk.

Domorgel (1757)

Neue Sakristei

① **Fenster von Alfons Mucha**
Glasmalereien tschechischer Künstler des 20. Jahrhunderts schmücken die Kathedrale, allen voran Muchas Hl. Kyrill und hl. Method.

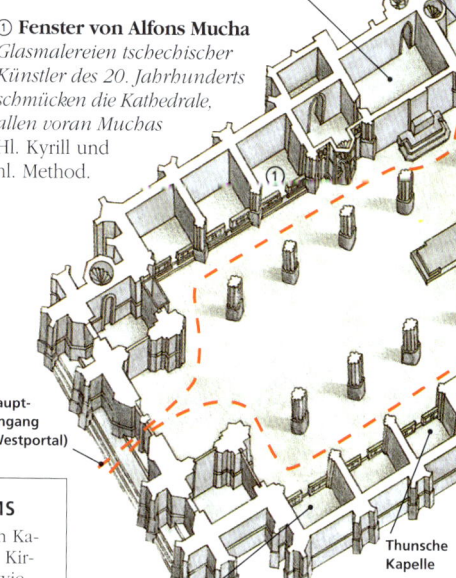

Haupt-eingang (Westportal)

Thunsche Kapelle

St.-Ludmilla-Kapelle

DIE VIER BAUPHASEN DES DOMS

Ausgrabungen legten unter der heutigen Kathedrale Teile der Nordapsis der ersten Kirche, der Veitsrotunde, sowie Überreste von Bauten und Skulpturen der späteren Basilika frei. Mit dem westlichen, neogotischen Teil wurde die Kirche im 14. Jahrhundert vollendet.

LEGENDE

☐	Rotunde (10. Jh.)
☐	Basilika (11. Jh.)
☐	Gotische Kathedrale (14. Jh.)
☐	Ausbauten (19./20. Jh.)

Leopold II.
ist auf diesem Stich bei seiner Krönung zum König von Böhmen dargestellt. Anlässlich der Zeremonie, die im September 1791 im Dom stattfand, komponierte Mozart die Oper *Titus*.

③ Flucht Friedrichs von der Pfalz

Das Holzrelief zeigt eine Szene der bitteren Nachwirkungen der Schlacht am Weißen Berg 1620 (siehe S. 31). Zugleich bietet es ein detailliertes Abbild von Prag im 17. Jahrhundert.

Kapelle Johannes' des Täufers

Kanzel (1618)

④ Grab des hl. Johannes von Nepomuk

Das Grabmal von 1736 besteht aus massivem Silber. Es ehrt den Heiligen, den die Gegenreformation zu ihrem Märtyrer erhob (siehe S. 137).

Kapelle der heiligen Reliquien

Heilig-Kreuz-Kapelle

⑤ Königliches Oratorium

Im Gewölbe des spätgotischen Oratoriums (15. Jh.) strahlt das Rippenwerk astförmig aus.

Stufen zur Krypta

⑥ Krypta

Stufen leiten hinab zu den königlichen Gräbern, in denen u. a. Karl IV. und seine vier Gemahlinnen ruhen, sowie zu den Überresten der alten Rotunde und Basilika.

Goldene Pforte

Krypta-Ausgang

⑧ Wenzelskapelle

Gotische Fresken mit Szenen aus dem Leben von Heiligen bedecken die Wände, durchsetzt von Vergoldungen mit Halbedelsteinen. Jeder Gegenstand hier ist ein Kunstwerk, etwa der kleine goldene Kirchturm, ein Schrein für Hostien und Wein.

⑦ Königliches Mausoleum

Hier ruht Ferdinand I. – er starb 1564 – neben seiner Gattin und seinem Sohn Maximilian II.

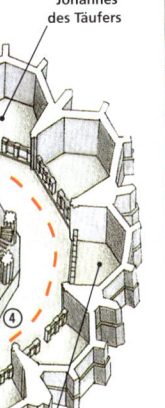

LEGENDE

– – – Rundgang

Königspalast ❹

KRÁLOVSKÝ PALÁC

Nach den ersten Steinbefestigungen im 11. Jahrhundert *(siehe S. 22f)* residierten in der Burg die böhmischen Fürsten. Der Königspalast besteht aus drei architektonisch unterschiedlichen Schichten. Ein von Soběslav I. um 1135 angelegter romanischer Palas nimmt die Kellerebene des heutigen Anwesens ein. Darüber fügten Ottokar II. und Karl IV. ihre Bauten hinzu, während das für Vladislav Jagiello ausgebaute Obergeschoss den gotischen Vladislav-Saal aufweist. Unter den Habsburgern waren im Palast Regierungsbüros, Gerichtshöfe und der alte böhmische Landtag untergebracht. 1924 wurde das Anwesen restauriert.

Reitertreppe
Über die breiten, flachen Stufen und unter dem spätgotischen Rippengewölbe konnten die Ritter auf ihren Pferden zum Vladislav-Saal hochreiten. Dort trugen sie Turniere aus.

Der Landtagssaal des mittelalterlichen Landtags war zugleich Thronsaal. 1541 brannte er ab. Bonifaz Wohlmut baute ihn 1563 wieder auf.

Eine Hochpassage führt vom Palast zum Königlichen Oratorium des Veitsdoms *(siehe S. 103).*

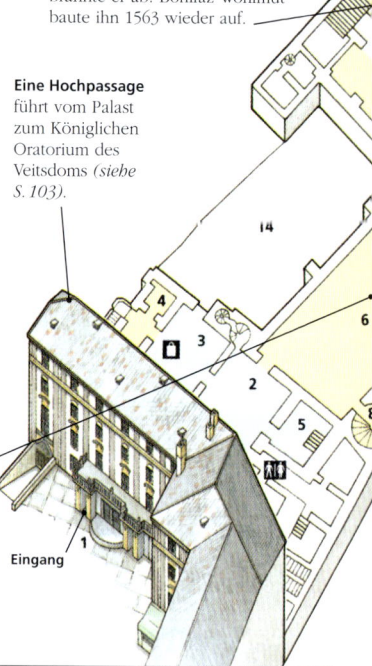

Vladislav-Saal
Aegidius Sadelers Gemälde (17. Jh.) offenbart, dass es am Hof wie auf einem Markt zuging. Das fantasievolle Gewölbe des Saals erschuf Benedikt Ried in den 1490er Jahren.

Eingang

ZEITSKALA

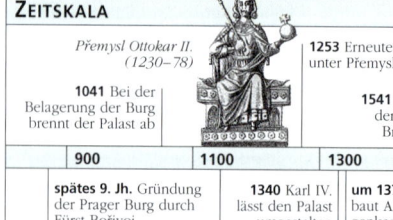

	Přemysl Ottokar II. (1230–78)	**1253** Erneuter Umbau des Palasts unter Přemysl Ottokar II.		**1618** Zweiter Prager Fenstersturz in der Böhmischen Kanzlei		
1041 Bei der Belagerung der Burg brennt der Palast ab			**1541** Große Teile der Burg durch Brand zerstört		**1766–68** Bau des Theresienflügels	
900	**1100**	**1300**	**1500**	**1700**	**1900**	
spätes 9. Jh. Gründung der Prager Burg durch Fürst Bořivoj		**1340** Karl IV. lässt den Palast umgestalten	**um 1370** Parler baut Allerheiligenkapelle um			
1135 Wiederaufbau unter Soběslav I.		**1502** Benedikt Ried vollendet nach neun Jahren den Vladislav-Saal			**1924** Restaurierung des Palasts	

Verzierte Kanzleitür im Königspalast

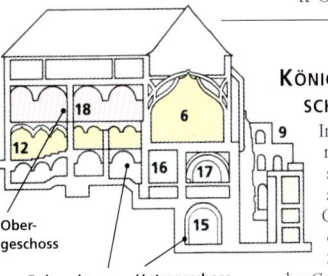

KÖNIGSPALAST – QUER-SCHNITT UND GRUNDRISS

Im Querschnitt erkennt man die drei zu unterschiedlichen Zeiten angelegten Ebenen. Der Grundriss zeigt die Ausdehnung des Vladislav-Saals, der den Großteil der Grundfläche einnimmt.

Obergeschoss

Erdgeschoss   **Untergeschoss**

INFOBOX

Prager Burg, 3. Hof. **Stadtplan** 2 D2. 🕿 *22 43 73 368*. 🚇 *Hradčanská, Richtung K Brusce, dann durch Königsgarten; Malostranská, links Klárov und alte Burgtreppe hinauf.* 🚊 *22 zur Burg (Pražský hrad).* 🕐 *Apr–Okt: tägl. 9–18 Uhr; Nov–März: 9–16 Uhr (letzter Einlass 60 Min. vor Schließung).* 📷 ⊘ ♿

Die Allerheiligenkapelle baute Peter Parler im Auftrag Karls IV. Nach dem Brand von 1541 musste man ihr Gewölbe wiedererrichten und verlieh diesem barockes Aussehen.

LEGENDE

☐ Romanik und Frühgotik

☐ Spätgotik

☐ Umbau nach dem Brand von 1541

☐ Barock und später

1 Adlerbrunnen	**10** Allerheiligen-kapelle
2 Vorsaal	**11** Landtagssaal
3 Grüne Stube	**12** Reitertreppe
4 Königliches Schlafgemach	**13** Appellationsgericht
5 Romanischer Turm	**14** Palasthof
6 Vladislav-Saal	**15** Saal des romanischen Palas
7 Böhmische Kanzlei	**16** Alte Landtafeln
8 Treppen zur Reichshofratsstube	**17** Palast Karls IV.
9 Terrasse	**18** Neue Landtafeln

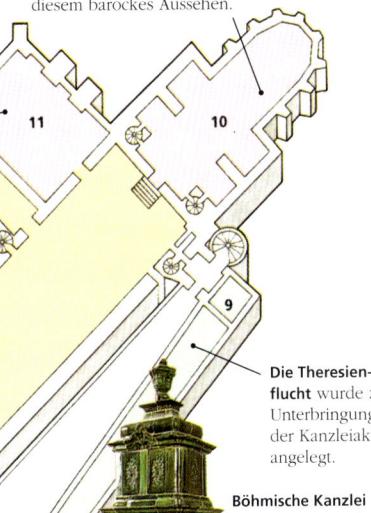

Die Theresien-flucht wurde zur Unterbringung der Kanzleiakten angelegt.

Böhmische Kanzlei
Der Ofen im niederländischen Stil (17. Jh.) schmückt die Räume der einstigen Böhmischen Kanzlei der Habsburger. Sie war Schauplatz des Fenstersturzes von 1618.

DER FENSTERSTURZ VON 1618

Gemälde von Václav Brožík, 1889

Am 23. Mai 1618 marschierten mehr als 100 protestantische Adlige, angeführt von Graf Thurn, in den Palast, um gegen die Thronbesteigung des intoleranten Habsburger Erzherzogs Ferdinand zu protestieren. Sie stellten seine katholischen Statthalter Jaroslav Martinitz und Vilém Slavata zur Rede und warfen beide nach einem Streit aus dem Ostfenster – und ihren Sekretär Philipp Fabricius hinterher. Der Vorfall gilt als Auslöser für den Dreißigjährigen Krieg. Für die Katholiken war das Überleben der Männer nach rund 15 Meter freiem Fall eine göttliche Fügung, doch wahrscheinlich hatte ein Misthaufen den Aufprall gedämpft.

Die neuen Landtafeln
Wappen der von 1561 bis 1774 hier beschäftigten Beamten zieren die Kanzleiräume.

St.-Georgs-Kloster ❻

KLÁŠTER SV. JIŘÍ

Fürst Boleslav II. stiftete 973 das erste Kloster Böhmens, dessen Äbtissin zunächst seine Schwester Mlada war. Es wurde oft umgebaut, 1782 schließlich aufgelöst und in eine Kaserne umgewandelt. 1962–74 wurde es rekonstruiert. Heute stellt die Nationalgalerie hier ihre Sammlung tschechischer Kunst des 19. Jahrhunderts aus. Die Dauerausstellung soll auch die böhmische Gesellschaft des 19. Jahrhunderts widerspiegeln. Sie umfasst Gemälde des Dekorateurs und Malers Josef Navrátil, der Mánes-Familie und Jakub Schikaneders sowie Skulpturen von Josef Václav Myslbek. Dazwischen findet sich Kunsthandwerk der Epoche.

★ Georg von Poděbrady und Matthias Corvinus
Mikoláš Aleš schuf zahlreiche patriotische Historienbilder. Hier unterzeichnet der König von Ungarn im Jahr 1469 einen Vertrag mit König Georg.

Abend in Hradčany
Das atmosphärische Gemälde (1909–13) von Jakub Schikaneder fängt die Magie der Abenddämmerung im alten Prag ein.

St.-Anna-Kapelle

Treppe zum Ausgang

Erdgeschoss

NICHT VERSÄUMEN

★ *Georg von Poděbrady und Matthias Corvinus* von Mikoláš Aleš

★ *Hengst Ardo* von Josef Václav Myslbek

Eingang zur Ausstellung vom Jiřské náměstí aus

St.-Georgs-Basilika
(siehe S. 98f)

Sommerliche Landschaft mit Kapelle

Das spätromantische Bild ist eines der letzten von Adolf Kosárek, der 1859 im Alter von 30 Jahren starb.

INFOBOX

Prager Burg, Jiřské náměstí 33. **Stadtplan** 2 E2. 📞 25 75 35 829. 🚇 Hradčanská oder Malostranská, dann 10 Min. eine steile Treppe hoch. 🚊 22 oder 23 zur Prager Burg (Pražský hrad). 🕙 tägl. 10–16 Uhr. 📷 Ø 💻 **www.ngprague.cz**

Obergeschoss

Josefina

Bei diesem anmutigen Porträt von Josef Mánes (1855) stellt sich die Frage: Wer war Josefina? War sie die Mutter von Mánes' Tochter oder eine Schauspielerin?

★ Hengst Ardo

Der Perfektionist Josef Václav Myslbek schuf zahlreiche Skulpturen des hl. Wenzel (siehe S. 146). *Diese Bronzeplastik (1898–99) zeigt den sieben Jahre alten Oldenburger Hengst Ardo.*

Fuchsjagd

Das Landschaftsbild von ca. 1850 zeigt den Einfluss der Romantik. Josef Navrátil kontrastiert die düstere Stimmung mit dem roten Schal eines Jägers und dessen brennender Zigarette.

LEGENDE

🟩	Spätbarock, Klassizismus und Frühromantik
🟨	Hochromantik
🟪	Mánes-Familie
⬜	Romantik: Haushofer und Landschaftsmalerei
🟩	Romantik: Ruben und Historiengemälde
🟨	Realismus
⬜	Generation des Nationaltheaters
⬜	Neoromantik, Symbolismus und Naturalismus
🟧	St.-Georgs-Basilika
🟥	Wechselausstellungen
⬜	Kein Ausstellungsbereich

KURZFÜHRER

Die Dauerausstellung befindet sich im Ober- und Untergeschoss des Klosters. Sie ist chronologisch-thematisch geordnet und beginnt im Obergeschoss. Gezeigt wird die Periode 1790–1910. Gemälde und Skulpturen demonstrieren die Entwicklung der tschechischen Kunst und die Veränderungen der Gesellschaft. In der St.-Anna-Kapelle sind Beispiele böhmischer Sakralkunst zu sehen.

St.-Georgs-Kloster: Sammlungen

Die erlesene Ausstellung von tschechischer Kunst des 19. Jahrhunderts entstand in Zusammenarbeit mit dem Kunstgewerbemuseum, das Kunsthandwerk wie Möbel, Schmuck und Kleidung aus der Zeit von 1790 bis 1910 beisteuerte. In dieser Epoche gab es in Prag ein neu erwachtes Interesse an Kunst sowie einen zunehmenden Austausch zwischen Künstlern und Publikum. Der Aufstieg des Bürgertums zeigt sich in den Porträts von Mäzenen, Intellektuellen und der Darstellung von Motiven der Nationalen Wiedergeburt. Das kulturelle Klima des 19. Jahrhunderts in Böhmen und vor allem in Prag kommt in den Gemälden, Skulpturen und Zeichnungen deutlich zum Ausdruck.

Detail des Gemäldes *Goldschmied* (1861) von Quido Mánes

HOCHROMANTIK

Die Romantik wollte Leidenschaft und ungezähmte Natur aufs Bild bannen. Die große Romantik-Sammlung des Museums umfasst Landschaftsmalerei, Porträts und sogar Ladenschilder von Malern wie Josef Navrátil. Die Verlockungen Westeuropas werden in Navrátils Alpenlandschaften deutlich, gleichwohl ist sein Werk meist heimischen Motiven gewidmet. Ein Beispiel hierfür ist das populäre Bild *Chumleckýs Weinkeller* (1850er Jahre).

Jenny Salmová verband Alltag und Exotik in Bildern wie *Stillleben mit Eidechse und Blumen* (1826), während Charlotta Piepenhagenová wilde zerklüftete Landschaften bevorzugte, etwa bei dem Gemälde *Ein See in den Bergen* (1870er Jahre).

Stillleben mit Eidechse und Blumen (1826) von Jenny Salmová

SPÄTBAROCK, KLASSIZISMUS UND FRÜHROMANTIK

Dramatik und religiöse Motivik des Spätbarock zeigen sich besonders gut im Gemälde *Traum des hl. Bernhard* (ca. 1830) von Josef Führich als auch in seiner *Pietà* (1837).

Antonín Machek beschäftigte sich mit der Geschichte Böhmens und schuf naturgetreue Historienbilder wie *Versammlung der Herrscher* (1828–35). Seine Porträts bezeugen den Aufstieg des Bürgertums, das den Adel in der Kunstförderung ablöste.

In dieser Abteilung stößt man auch auf romantische Landschafts- und Genrebilder von Künstlern wie dem deutsch-böhmischen Norbert Grund sowie auf klassizistische Gemälde von Ludvík Kohl und Kryštof Seckel. Sehenswert sind die religiösen Skulpturen von Václav Prachner und Václav Levý.

MÁNES-FAMILIE

Dem großen Einfluss der Malerfamilie Mánes ist eine ganze Abteilung gewidmet. Vater Antonín Mánes gilt als Wegbereiter der tschechischen romantischen Landschaftsmalerei, wobei er von der deutschen Romantik beeinflusst war. Das Gemälde *Landschaft mit Kirchenruine* (1827/28) schuf er allein nach der literarischen Beschreibung der schottischen Kelso Abbey. Sein Sohn Quido Mánes zeigt mit dem *Goldschmied* (1861), wie anschaulich er einfache Handwerker und Bauern darstellen konnte.

Quidos Bruder Josef war am erfolgreichsten. Sein *Roter Regenschirm* (1855) gehört zu den bekanntesten Bildern der Sammlung. Er beeinflusste auch Künstler wie Josef Václav Mylsbek. Dessen Skizze (1916) für ein Josef-Mánes-Denkmal ist hier ebenfalls zu sehen.

Landschaft mit Kirchenruine (1827/28) von Antonín Mánes

Menschenleere Landschaft (1858) von Adolf Kosárek

ROMANTIK: HAUSHOFER UND LANDSCHAFTSMALEREI

Das 19. Jahrhundert wird oft als »Goldenes Zeitalter« der romantischen Landschaftsmalerei bezeichnet und wird von Malern wie Josef Navrátil und Antonín Mánes repräsentiert. Doch es war Max Haushofer, Professor für Landschaftsmalerei an der Prager Kunstakademie von 1845 bis 1866, der viele junge Maler seiner Zeit inspirierte. Der Einfluss seines monumentalen Landschaftsbilds *Ein See in den Alpen* (1860) zeigt sich noch in Alois Bubáks *Sommernachmittag* (1863). Weitere Studenten Haushofers waren Bedřich Havránek, Václav Prachner und Adolf Kosárek. Kosáreks Landschaftsdarstellung in *Menschenleere Landschaft* (1858) ist typisch romantisch.

ROMANTIK: RUBEN UND HISTORIENGEMÄLDE

Christian Ruben wurde 1841 Leiter der Prager Kunstakademie. Monumentalversionen einer neuen Welt waren die Grundlage seiner Lehre. Suche und Verzagtheit sind in Rubens *Columbus entdeckt Amerika* (1846) geradezu greifbar. Gleiches gilt für die Motive Eifersucht und Mord in *Kriemhilds Anklage* (1879) von Emil Jan Lauffer.

Bevorzugte Themen dieser Malschule sind Szenen des frühen Christentums und aus der böhmischen Vergangenheit. Jaroslav Čermák ließ sich von der Geschichte inspirieren, insbesondere von den Männern und Frauen in Montenegro, wie sein Gemälde *Die Gefangenen* (1870) zeigt.

REALISMUS

Mit Jaroslav Čermák beginnt bereits der Realismus. Beispielhaft ist hierfür *Stillleben mit Fisch* (1873). Die Abteilung dominiert jedoch der erfolgreiche Karel Purkyně. Sein Bild *Schneeeule* (1862) zeigt detailgetreu, wo der Vogel getötet wurde. Purkyněs Porträts gelten den gewöhnlichen Leuten, etwa einem Schmied oder einem Holzschnitzer.

Sehenswert sind auch Soběslav Hippolyt Pinkas *Bauernhaus mit Mädchen* (1867) und die Landschaftsbilder von Antonín Chittussi. Dessen Gemälde *Böhmisch-Mährische Höhe* (1882) könnte man fast schon als impressionistisch bezeichnen.

Die Gefangenen (1870) von Jaroslav Čermák

GENERATION DES NATIONALTHEATERS

In Prag entstanden während der Phase der Nationalen Wiedergeburt *(siehe S. 32f)* einige außergewöhnliche Gebäude, darunter das Nationaltheater und das Nationalmuseum, die von zahlreichen Malern, Bildhauern und Architekten gestaltet wurden. In dieser Abteilung befinden sich Zeichnungen zum Dekor des Nationaltheaters sowie weitere Werke dieser Künstlergruppe. Der damalige Zeitgeist wird vor allem in J. V. Myslbeks Porträts von Künstlern und Personen der Kulturszene eingefangen.

Der Akademiemaler Václav Brožík ist durch exzellente »Schnappschüsse« des Landlebens vertreten sowie einer Studie für das sieben Meter lange Gemälde *Tu, Felix Austria, Nube* (1897), ein Auftrag von Kaiser Franz Joseph I. In der St.-Anna-Kapelle sieht man die Skizzen der vier Heiligen, die Myslbeks Denkmal für den hl. Wenzel *(siehe S. 146)* flankieren, sowie das erhabene *Christus am Kreuz* (1843) von Emanuel Max.

J. V. Myslbeks Musik (ca. 1895)

NEOROMANTIK, SYMBOLISMUS UND NATURALISMUS

Am Ende des 19. Jahrhunderts begann der Aufstieg der Neoromantik, hier gut an Lev Lerchs *Trugbild* (vor 1890) und Maximilían Pirners emotionalem Werk *Raserei, Hass und Tod* (1886–93) zu studieren. Beneš Knüpfer beleuchtet die Verzweiflung und die Gewissensbisse des Judas in seinem gleichnamigen Gemälde (1900).

In der Abteilung befinden sich auch einige naturalistische Straßenszenen von Jakub Schikaneder, dessen Werke die besondere Atmosphäre der Stadt einfangen. Seine Bilder vermischen Realismus und Impressionismus und nehmen die Maltechniken der Moderne bereits vorweg.

Altes Gefängnis im Dalibor-Turm

Dalibor-Turm ❾

DALIBORKA

Prager Burg, Zlatá ulička. **Stadtplan** 2 E2. Ⓜ *Malostranská.* 🚊 *12, 18, 20, 22.* ⏰ *tägl. 9–17 Uhr (Nov–März bis 16 Uhr).* ♿ 🚫

D er Turm mit dem kegelförmigen Dach ist Teil der Befestigungsanlagen der Prager Burg, die im 15. Jahrhundert unter König Vladislav Jagiello *(siehe S. 26f)*, dessen Wappen die Außenmauer ziert, erbaut wurden. Benannt ist der Turm, der bis 1781 als Gefängnis diente, nach seinem ersten Gefangenen, dem Ritter Dalibor von Kozojedy. Ihn sperrte man ein, weil er aufständischen Leibeigenen Schutz gewährt hatte. Die Zeit bis zur Hinrichtung verbrachte er in einem tiefen unterirdischen Verlies, wo er der Sage nach Geige spielen lernte. Zum Dank für sein Spiel und als Zeichen des Mitgefühls brachten ihm die Bewohner der Stadt Speis und Trank, die mit Seilen zu ihm hinuntergelassen wurden. Es war damals keine Seltenheit, dass Gefangene in ihrem Verlies verhungerten. Dalibors Schicksal diente Smetana als Vorlage für seine gleichnamige Oper.

Südliche Gärten ❿

JIŽNÍ ZAHRADY

Prager Burg (Zugang vom Hradčanské náměstí). **Stadtplan** 2 D3. Ⓜ *Malostranská, Hradčanská.* 🚊 *12, 18, 20, 22.* ⏰ *Apr–Okt: tägl. 10–18 Uhr (Mai und Sep: bis 19 Uhr, Juni, Juli und Aug: bis 21 Uhr).* 📷 www.hrad.cz

D ie Gärten liegen am Südhang der Prager Burg. Von hier überblickt man die Kleinseite. Mehrere kleine Gärten wurden zu den heute bekannten Südlichen Gärten zusammengefasst. Der älteste, der Paradiesgarten (Rajská zahrada), stammt aus dem Jahr 1562. Zu Ehren von Kaiser Matthias wurde 1617 ein kreisrunder Pavillon errichtet, dessen hölzerne Decke die Wappen der 39 Länder des Kaiserreichs schmücken. Der Wallgarten (Zahrada na valech) geht auf das 19. Jahrhundert zurück. Die aus der Zeit Kaiser Ferdinands II. stammenden Obelisken markieren die Stelle des Prager Fenstersturzes: 1618 trafen hier die katholischen kaiserlichen Statthalter und ihr Sekretär auf, die von aufständischen Protestanten aus einem Fenster der Burg gestürzt worden waren. In den 1920er Jahren fertigte Josip Plečnik eine Rampe zum Paradiesgarten und zur Aussichtsterrasse. Unterhalb der Terrasse befindet sich im ehemaligen Hartig-Garten Battista Alliprandis barocker Musikpavillon, umgeben von vier Götterstatuen, die Antonín Braun gestaltete.

Alliprandis Musikpavillon in den Südlichen Gärten

Belvedere ⓫

BELVEDÉR

Prager Burg, Königsgarten. **Stadtplan** 2 E1. Ⓜ *Malostranská, Hradčanská.* 🚊 *12, 18, 20, 22.* ⏰ *Di–So 10–18 Uhr (nur bei Ausstellungen).* ♿ www.hrad.cz

D as von Ferdinand I. für seine geliebte Gemahlin Anna erbaute Schloss ist eines der schönsten Bauwerke der italienischen Renaissance nördlich der Alpen. Die kö-

Belvedere: Sommerresidenz Kaiser Ferdinands I. im Königsgarten neben der Prager Burg

Antonín Brauns Statue *Die Allegorie der Nacht* vor der Sgraffito-Fassade des Ballhauses im Königsgarten

Reitschule ⑬

JÍZDÁRNA

Prager Burg. **Stadtplan** 2 D1. 📞 22 43 73 368. 🚇 Malostranská, Hradčanská. 🚊 22. ⭕ tägl. 10–16 Uhr (nur bei Ausstellungen).

Die Reitschule aus dem 17. Jahrhundert bildet eine Seite der U Prašného mostu, einer Straße, die von der Burg nach Norden führt. In den 1920er Jahren wurde sie in eine Galerie umgebaut, in der heute interessante Ausstellungen stattfinden. Der Garten bietet einen schönen Blick auf den Veitsdom und Teile der Burganlage.

Erzbischöfliches Palais ⑭

ARCIBISKUPSKÝ PALÁC

Hradčanské náměstí 16. **Stadtplan** 2 D3. 🚇 Malostranská, Hradčanská. 🚊 22. ⭕ für die Öffentlichkeit.

Ferdinand I. kaufte das prächtige Palais 1562 für den ersten katholischen Erzbischof nach den Hussiten-Kriegen *(siehe S. 26f)*. Bis heute residiert der Erzbischof in diesem Bau, welcher das alte, während der Kriege zerstörte Palais auf der Kleinseite ersetzte. In der Zeit nach der Schlacht am Weißen Berg *(siehe S. 30f)* war das Erzbischöfliche Palais direkt unterhalb der Burg ein unverkennbares Symbol der katholischen Vorherrschaft in der Stadt und der Umgebung. Die cremefarbene Rokoko-Fassade wurde von Johann Joseph Wirch nach 1760 für Erzbischof Antonín Příchovský gestaltet, dessen Wappen auch das Portal aus dem frühen 17. Jahrhundert schmückt.

Příchovský-Wappen

dem frühen 17. Jahrhundert schmückt.

Palais Sternberg ⑮

ŠTERNBERSKÝ PALÁC

Siehe S. 112–115.

---

nigliche Sommerresidenz (Královský letohrádek) mit ihren Arkaden und schlanken ionischen Säulen ziert ein Kupferdach in Form eines umgedrehten Schiffskörpers. Der schöne Reliefschmuck im Arkadengang stammt vom Architekten Paolo della Stella. Der Bau wurde 1538 begonnen, fertiggestellt wurde er wegen des Brands der Burg (1541) jedoch erst 1564.

In der Mitte des kleinen geometrischen Gartens befindet sich der Singende Brunnen (1568), der seinen Namen den Klängen verdankt, den die fallenden Wassertropfen in Bronzebecken hervorrufen. Man braucht allerdings gute Ohren, um sie zu hören. Gegossen wurde der Brunnen von Tomáš Jaroš, dem berühmten Glockenbauer, der im Pulverturm wohnte und arbeitete *(siehe S. 98)*.

Viele Kunstschätze wurden 1648 von der schwedischen Armee geplündert. Zu den abhandengekommenen Werken gehört Adriaen de Vries' Bronzestatue *Amor und Psyche* – heute im Louvre in Paris zu sehen. Das Belvedere dient jetzt als Kunstgalerie.

Königsgarten ⑫

KRÁLOVSKÁ ZAHRADA

Prager Burg, U Prašného mostu. **Stadtplan** 2 D2. 🚇 Malostranská, Hradčanská. 🚊 22. ⭕ Mai–Okt: tägl. 10–18 Uhr (Mai und Sep: bis 19 Uhr, Juni, Juli und Aug: bis 21 Uhr). 📷 ⭕ ♿ **www**.hrad.cz

Angelegt wurde der Garten 1534 für Ferdinand I. Obwohl sein Aussehen im Lauf der Zeit vielfach verändert wurde, sind einige wunderbare Beispiele der Gartenarchitektur des 16. Jahrhunderts erhalten, darunter das Belvedere und das Ballhaus (Míčovna) von Bonifaz Wohlmut aus dem Jahr 1569, welches herrliche restaurierte Renaissance-Sgraffiti zieren.

Besonders schön ist der Königsgarten im Frühling zur Tulpenblüte. Nachdem der Botschafter Ferdinands I. aus der Türkei Tulpen mitgebracht hatte, fanden sie hier ihre erste Heimat in Europa.

Palais Sternberg ⓖ

ŠTERNBERSKÝ PALÁC

Franz Josef Sternberg gründete 1796 die Gesellschaft der patriotischen Kunstfreunde Böhmens, deren Sitz das Palais Sternberg war. Die ersten Exponate ihrer Sammlung, die kurz vor dem Zweiten Weltkrieg Staatseigentum wurde, stammen aus Privatbesitz. Seit 1949 beherbergt das Barockgebäude die Nationalgalerie mit ihrer Sammlung europäischer Kunst, einer hervorragenden Auswahl alter Meister.

Die Beweinung Christi
Die erstarrten skulpturalen Figuren machen das Bild (1408) von Lorenzo Monaco zu einem Meisterwerk.

Kardinal Cesis Garten in Rom
Das Bild von Henrick van Cleve (1548) zeigt die bedeutende Antiquitätensammlung des Kardinals aus der Renaissance in dessen Garten. Der Garten wurde später zerstört.

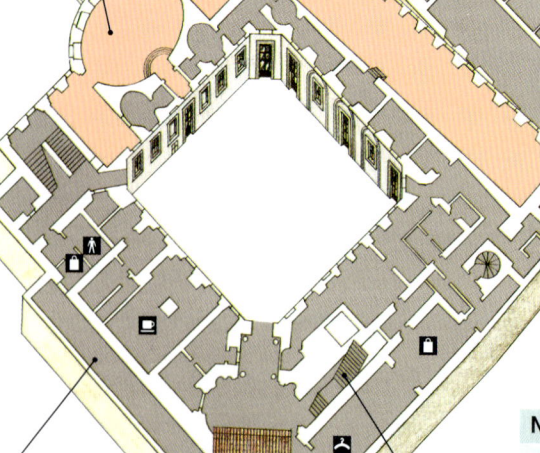

Gartenzimmer

Erster Stock

Treppe zum zweiten Stock

Erdgeschoss

Treppe zum ersten Stock

Kasse

Durchgang zum Hradschiner Platz

NICHT VERSÄUMEN

★ *Das Martyrium des hl. Thomas* (Rubens)

★ *Der betende Christus* (El Greco)

★ *Der Gelehrte in der Studierstube* (Rembrandt)

★ Der Gelehrte in der Studierstube

In dem Gemälde von 1634 hat Rembrandt sehr detailliert gearbeitet, um die Weisheit im Gesicht des Gelehrten wiederzugeben.

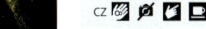

Chinesisches Kabinett

Garten Eden *(1618)*
Roelant Savery studierte die Tiere in der Menagerie, die aus Persien an den Hof Rudolfs II. kamen, und benutze sie als Vorlage für seine Bilder.

Zweiter Stock

KURZFÜHRER

Die Sammlung erstreckt sich über drei Stockwerke um einen zentralen Innenhof. Im Erdgeschoss ist deutsche und österreichische Kunst des 15. bis 19. Jh. zu sehen. Gleich hinter der Kasse beim Haupteingang führt eine Treppe zu den Räumen in den oberen Etagen.

★ Der betende Christus

Das von El Greco in den 1590er Jahren gemalte Porträt betont die Menschlichkeit Christi. Gleichzeitig verleiht der viereckige Heiligenschein dem Bild etwas von einer alten Ikone.

★ Das Martyrium des hl. Thomas

Das Werk stammt von Peter Paul Rubens, dem flämischen Meister des 17. Jahrhunderts.

LEGENDE

- Deutsche und österreichische Kunst (1400–1800)
- Fläm./holländ. Kunst (1400–1600)
- Italienische Kunst (1400/1500)
- Fläm./holländ. Kunst (1600–1800)
- Französische Kunst (1400–1800)
- Ikonen, klass. und antike Kunst
- Venedig (1700/1800) und Goya
- Spanische Kunst (1400–1800)
- Neapel und Venedig (1600–1700)
- Italienische Kunst (1500/1600)
- Kein Ausstellungsbereich

Palais Sternberg: Sammlungen

Die Nationalgalerie mit ihrer Sammlung alter europäischer Meister gehört zu den besten des Landes. Das Museum gliedert sich in drei Bereiche: Die reichhaltige Sammlung deutscher und österreichischer Kunst aus dem 15. bis zum 19. Jahrhundert gruppiert sich im Erdgeschoss um einen Innenhof. Eine kleine Sammlung von Ikonen und antiker Kunst sowie eine größere Kollektion früher italienischer und holländischer Kunst befinden sich im ersten Stock. Wahre Schätze kann man im zweiten Stock entdecken: italienische, spanische, französische und holländische Meister vom 16. bis zum 19. Jahrhundert.

IKONEN, KLASSISCHE UND ANTIKE KUNST

Zwei kleine Räume im ersten Stock des Palais Sternberg enthalten eine in jeder Hinsicht außergewöhnliche Sammlung. Dazu gehört auch ein *Bildnis einer jungen Frau* aus dem 2. Jahrhundert v. Chr., das bei Ausgrabungen in der Nähe von Fayoum im 19. Jahrhundert in Ägypten entdeckt wurde.

Im zweiten Raum links des Hauptausstellungsbereichs befinden sich Ikonen byzantinischen, italogriechischen und russischen Ursprungs aus orthodoxen Kirchen. Eines der schönsten Stücke stammt aus dem späten 16. Jahrhundert: *Einzug in Jerusalem* wurde in Russland gefertigt. Die Exponate der Sammlung decken eine Vielfalt an Stilen aus dem mediterranen und osteuropäischen Raum ab.

Einzug in Jerusalem, russische Ikone aus dem 16. Jahrhundert

DEUTSCHE UND ÖSTERREICHISCHE KUNST (1400–1800)

In der umfangreichen Abteilung kann man leicht einen halben Tag zubringen. Zu den am meisten bewunderten Bildern gehört Albrecht Dürers *Rosenkranzfest*, gemalt 1506 während eines Aufenthalts des Künstlers in Venedig. Das Gemälde nimmt auch deshalb eine Sonderstellung in Prag ein, weil es Kaiser Rudolf II. erstand. Bei den beiden Figuren vor der Jungfrau und dem Kind handelt es sich um Maximilian I. (Rudolfs Urgroßvater) und Papst Julius II.

Weitere bedeutende deutsche Maler aus der Zeit der Renaissance sind Hans Holbein d. Ä. und Lukas Cranach d. Ä. Letzterer ist u. a. mit dem Gemälde *Adam und Eva* vertreten, dessen Darstellung von Nacktheit den Geist der Renaissance widerspiegelt – allerdings gemildert durch die Lutheranische Reform.

ITALIENISCHE KUNST (1400–1700)

Wenn Sie die Räume im ersten Stock betreten, sehen Sie sofort die Pracht der wunderschönen vergoldeten Altarbilder aus den Kirchen der Toskana und Norditaliens. Die meisten Diptychen und Triptychen stammen aus der d'Este-Sammlung in Schloss Konopiště *(siehe S. 169)*. Sehenswert sind vor allem zwei dreieckige Gemälde mit Darstellungen von Heiligen aus dem 14. Jahrhundert von Pietro Lorenzetti aus Siena sowie Lorenzo Monacos *Beweinung Christi*.

Faszinierend sind auch die Bronzen aus der Renaissance. Diese kleinen Figuren, die im 15. Jahrhundert beim Adel sehr beliebt waren, wurden zunächst nach berühmten oder wiederentdeckten Skulpturen der Antike gegossen. Später wählten die Bildhauer freiere Motive – Padua spezialisierte sich z. B. auf die Darstellung kleiner Tiere – und erstellten auch Stücke, die als dekorative Haushaltsgegenstände Verwendung fanden, etwa Öllampen, Tintenfässchen oder Türklopfer. In dieser Abteilung sind mit Ausnahme von Mantua die Arbeiten aller größeren italienischen Werkstätten vertreten. Während man in anderen Museen eine Vielzahl von Ausstellungsstücken finden kann, sind einige der hier gezeigten Figuren sowohl einzigartig als auch besonders schön gefertigte Beispiele dieser Kunst-

Rosenkranzfest von Dürer (1506)

Don Miguel de Lardizábal (1815) von Francisco Goya

form. Bei den italienischen Werken aus dem 16. Jahrhundert im zweiten Stock findet sich manche Überraschung, etwa der *Hl. Hieronymus* des venezianischen Malers Tintoretto sowie die *Verkündigung bei den Hirten* und *Porträt eines älteren Mannes* seines Landsmanns Jacopo Bassano. Das Porträt der Frau von Cosimo de' Medici, *Eleonora von Toledo*, ist ein Meisterwerk des florentinischen Manieristen Bronzino.

FLÄMISCHE UND HOLLÄNDISCHE KUNST (1400–1800)

Die Sammlungen flämischer und holländischer Malerei im ersten und zweiten Stock reichen von ländlichen Szenen von Pieter Brueghel d. Ä. bis hin zu Porträts von Rubens und Rembrandt. Zu den Highlights zählt das Altargemälde *Anbetung der Heiligen Drei Könige* von Geertgen tot Sint Jans. Zu den frühen Werken gehört auch *Der hl. Lukas, die Madonna malend* von Jan Gossaert (um 1515), bei dem der Einfluss der ita-

lienischen Renaissance klar erkennbar ist. Die Exponate aus dem 17. Jahrhundert im zweiten Stock umfassen mehrere Meisterwerke, vor allem von Rubens, der 1693 den Augustinern der St.-Thomas-Kirche *(siehe S. 127)* zwei Bilder zukommen ließ.

Die Originale, seit 1896 in der Sternberg-Sammlung, wurden durch Kopien ersetzt. Die Gewalt und die Tragödie, die im *Martyrium des hl. Tho-*

Eleonora von Toledo (um 1540), ein Bild des florentinischen Malers Agnolo Bronzino

mas zu sehen sind, stehen im Gegensatz zur spirituellen Ruhe des *Hl. Augustinus*. Zwei Porträts aus dieser Epoche sind Rembrandts *Der Gelehrte in der Studierstube* und das *Porträt von Jasper Schade* von Frans Hals. Auch die Gemälde weniger bekannter Künstler sind ebenbürtige Repräsentanten des »Goldenen Jahrhunderts«.

SPANISCHE UND FRANZÖSISCHE KUNST (1500–1800)

Die französische Malerei im zweiten Stock ist hauptsächlich durch Künstler des 17. Jahrhunderts vertreten: Simon Vouet *(Selbstmord der Lukrezia)*, Sébastien Bourdon sowie Charles Le Brun.

Zu den bedeutendsten spanischen Werken gehören *Der betende Christus* von El Greco – das einzige Werk des Künstlers in der Tschechischen Republik – und das Politikerporträt *Don Miguel de Lardizábal* von Goya.

CHINESISCHES KABINETT

Nach mehrjähriger Restaurierung ist diese Kuriosität im zweiten Stock wieder öffentlich zugänglich. Das reich dekorierte kleine Zimmer war Teil der ursprünglichen Ausstattung des Palais Sternberg. Hierher konnte man sich vom hektischen Treiben in den großen Staatsräumen zurückziehen. Die dekorative Fülle des Raums zeigt barocke Elemente im Mix mit solchen aus dem Fernen Osten, die an der Wende vom 17. zum 18. Jahrhundert sehr in Mode waren. Im Deckengewölbe ist der Stern der Sternbergs zu sehen. Schwarze Lackwände sind mit blauen und weißen Medaillons in goldenen Rahmen verziert. In den vergoldeten Regalen stand einst seltenes orientalisches Porzellan.

Loreto ⑳

LORETA

Seit der Gründung der Santa Casa, des Zentrums des Loreto-Heiligtums, durch Gräfin Katharina von Lobkowitz 1626 zählt der Bau zu den wichtigsten Pilgerstätten des Landes. Das Herz des Heiligtums soll eine Nachbildung des Hauses der Jungfrau Maria sein. Es wurde 1661 von einem Wandelgang umschlossen, dessen Barockfassade 60 Jahre später nach Entwürfen von Christoph und Kilian Ignaz Dientzenhofer entstand. Ferdinand II. nutzte das Loreto-Heiligtum, um den Katholizismus wieder populär zu machen *(siehe S. 30f).*

Katharina von Lobkowitz, Gründerin der Santa Casa

Glockenturm
Im barocken Turm befinden sich 30 von Claudy Fremy 1683–91 in Amsterdam gegossene Glocken.

St.-Josefs-Kapelle

Brunnen mit einer Skulptur der Auferstehung Christi

Kapelle des hl. Franz

St.-Anna-Kapelle

Eingang vom Loretoplatz

★ Schatzkammer
Die strahlenförmige, mit Diamanten besetzte Monstranz zählt zu den wertvollen liturgischen Gegenständen, die vor allem aus dem 16. bis 18. Jahrhundert stammen.

NICHT VERSÄUMEN

★ Kirche Christi Geburt

★ Santa Casa

★ Schatzkammer

Barocker Haupteingang
Die Balustrade über dem Portal zieren Statuen des hl. Josef und Johannes' des Täufers von Ondřej Quitainer.

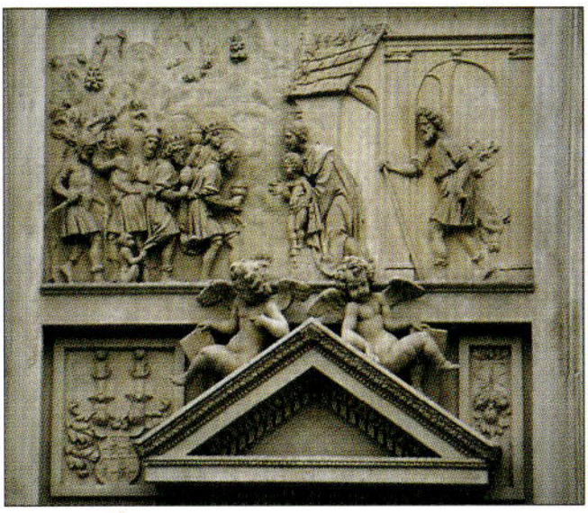

★ Santa Casa
Die Figuren und Stuckreliefs (Propheten und Szenen aus dem Leben Mariä) stammen von italienischen Künstlern.

Infobox

Loretánské náměstí, Hradčany. **Stadtplan** 1 C3. *22 05 16 740. 22 bis Pohořelec. Di–So 9–12.15, 13–16.30 Uhr. Sa 7.30, So 17 Uhr.* **www**.loreta.cz

★ Kirche Christi Geburt
Grausige Relikte, darunter bekleidete Skelette mit Totenmasken aus Wachs, schmücken die Wände der Kapelle (18. Jh.). Das Deckengemälde stammt von Václav Vavřinec Reiner.

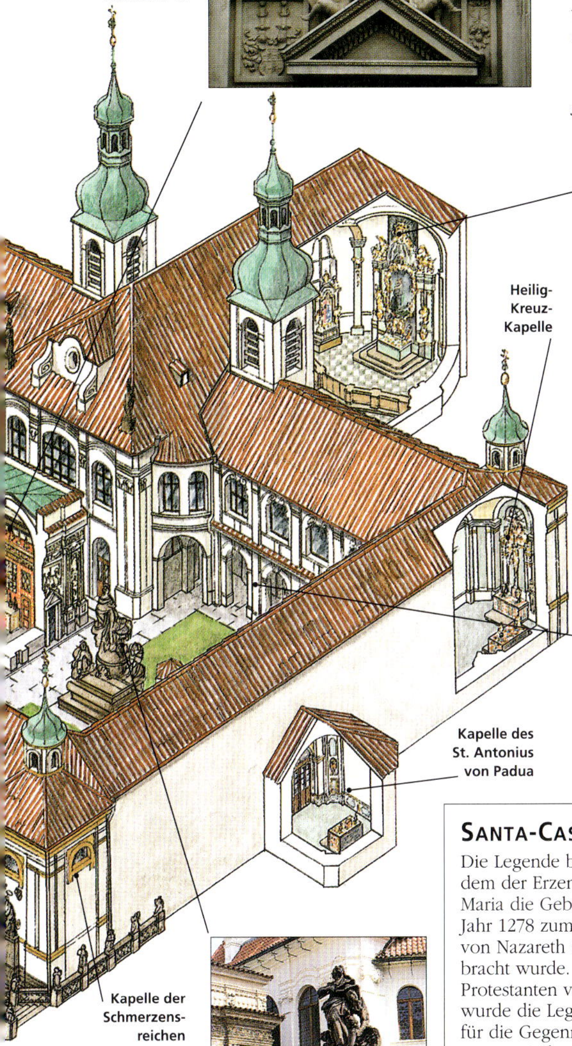
Heilig-Kreuz-Kapelle
Kapelle des St. Antonius von Padua
Kapelle der Schmerzensreichen Muttergottes

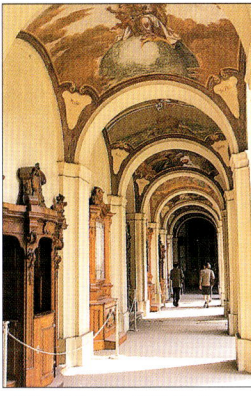

Wandelgang (17. Jh.)
Der freskengeschmückte Wandelgang sollte einst den vielen Pilgern, die zur Wallfahrtsstätte kamen, Schutz bieten.

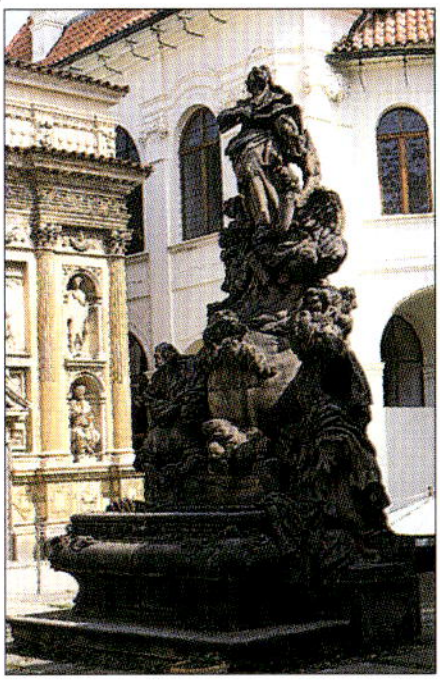

Brunnenskulptur
Das Original der Statue Mariä Himmelfahrt *(1739) von Jan Brüderle steht heute im Lapidarium* (siehe S. 162).

Santa-Casa-Legende

Die Legende besagt, dass das Haus, in dem der Erzengel Gabriel der Jungfrau Maria die Geburt Jesu verkündete, im Jahr 1278 zum Schutz vor Ungläubigen von Nazareth ins italienische Loreto gebracht wurde. Nach der Niederlage der Protestanten von 1620 *(siehe S. 30f)* wurde die Legende von den Katholiken für die Gegenreformation instrumentalisiert. In Böhmen und Mähren entstanden rund 50 Loreto-Wallfahrtsstätten – wobei die Prager Stätte die größte und bekannteste von allen ist.

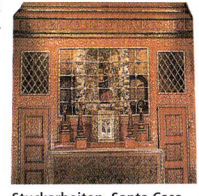

Stuckarbeiten, Santa Casa

Palais Martinitz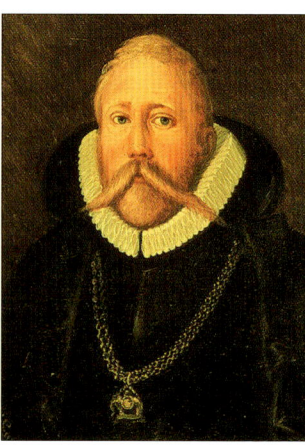

MARTINICKÝ PALÁC

Hradčanské náměstí 8.
Stadtplan 1 C2. 📞 *23 33 26 722.*
🚇 *Malostranská, Hradčanská.*
🚋 *22.* ⏰ *tägl. 10–18 Uhr.* 🅿️
www.*martinickypalac.cz*

Bei der in den 1970er Jahren durchgeführten Restaurierung kam die originale Sgraffito-Fassade zum Vorschein *(siehe S. 111)*, auf der Szenen aus dem Alten Testament dargestellt sind, darunter die Geschichte von Josef und Potiphars Frau. Weitere Sgraffiti mit Szenen aus dem Leben Samsons und den Heldentaten von Herkules gibt es auf der Hofseite. Das Palais wurde von Jaroslav Bořita von Martinitz, der durch den Fenstersturz 1618 berühmt wurde, ausgebaut *(siehe S. 105)*.

Einer Sage zufolge erscheint jeden Abend zwischen 23 Uhr und Mitternacht ein gefährlicher schwarzer Hund im Palais, der Spaziergänger bis zum Loreto-Heiligtum begleitet. Man kann das Palais sowie ein kleines Museum mit Musikgeräten (z. B. Grammophonen) besichtigen.

Palais Schwarzenberg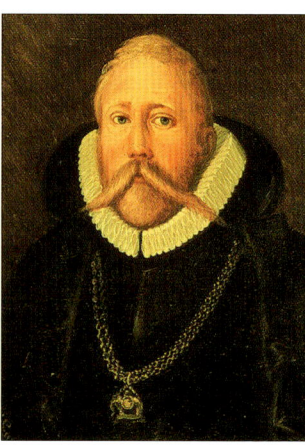

SCHWARZENBERSKÝ PALÁC

Hradčanské náměstí 2. **Stadtplan** 2 D3. 📞 *22 48 10 758.* 🚇 *Malostranská, Hradčanská.* 🚋 *22.* ⏰ *tägl. 10–18 Uhr.* 🅿️ ∅ **www**.*ngprague.cz*

Aus der Ferne macht die Fassade des herrlichen Renaissance-Palais den Eindruck, als ob sie mit pyramidenförmigen Steinen bedeckt sei. Aus der Nähe erweisen sich diese als Sgraffito-Dekor in Dia-

mantquadermanier. Der italienische Architekt Agostino Galli hat das Palais im norditalienischen Stil 1545–76 für die Familie Lobkowitz errichtet. Nach vielen Vorbesitzern erwarb es 1719 die Familie Schwarzenberg. Ein Großteil der Fresken im Inneren ist gut erhalten, auch die vier Deckengemälde (1580) im zweiten Stock. Früher waren in einem Teil des Gebäudes Exponate des Militärmuseums untergebracht (jetzt U Památníku 3). Seit 2008 beherbergt das Palais die Barocksammlung der Nationalgalerie. Auf dem Vorplatz steht eine Statue Tomáš G. Masaryks, des ersten Präsidenten der Tschechoslowakischen Republik.

Neue Welt ⑱

NOVÝ SVĚT

Stadtplan 1 B2. 🚋 *22.*

Einst war Nový Svět (Neue Welt) ein Hradschiner Viertel – heute ist es der Name einer malerischen Straße mit winzigen Häusern. Das ursprünglich für die Bauarbeiter der Burg errichtete Areal wurde zweimal durch Brände zerstört, zuletzt 1541. Die ältesten Häuser stammen aus dem 17. Jahrhundert. Sie wurden schön renoviert und strahlen einen eigenen Charme aus, der sie von ihrer Umgebung abhebt. Trotz oder gera-

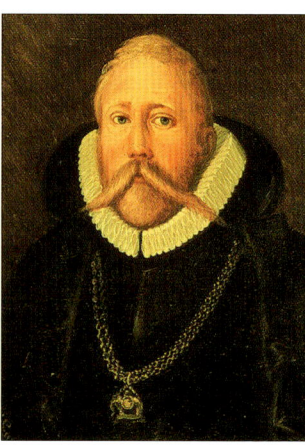
Tycho Brahe, Hofastronom Rudolfs II.

de wegen ihrer Armut schmückten die Bewohner ihre Häuser mit vergoldeten Hauszeichen – man findet eine goldene Birne, eine Traube, einen Fuß, einen Busch und eine Eichel. In Nr. 1 wohnte einst Tycho Brahe, der berühmte Hofastronom von Rudolf II. Haus Nr. 25 ist Geburtsstätte des großen tschechischen Geigers František Ondříček.

Kapuzinerkloster ⑲

KAPUCÍNSKÝ KLÁŠTER

Loretánské náměstí 6. **Stadtplan** 1 B3. 🚋 *22.* ⏰ *für die Öffentlichkeit (außer Kirche).*

Böhmens erstes Kapuzinerkloster stammt aus dem Jahr 1600. Es ist durch einen überdachten Gang mit dem Loreto-Heiligtum *(siehe S. 116f)* verbunden. An das Kloster grenzt eine Marienkirche, die in ihrer Schlichtheit für den Kapuzinerorden bezeichnend ist. Die Kirche ist für ihre Marienstatue berühmt, um die sich eine seltsame Geschichte rankt: Kaiser Rudolf II. fand einst so großen Gefallen an der Statue, dass er sie für seine Privatkapelle erbat. Die Kapuziner erfüllten diesen Wunsch. Die Statue wurde in der Kapelle des Kaisers aufgestellt. Auf unerklärliche Weise aber gelangte sie dreimal wieder in die Kirche der Kapuziner zu-

Das Karmeliterkloster beim Palais Schwarzenberg

rück. Der Kaiser fügte sich schließlich und ließ die Madonna mit einer goldenen Krone und einem Gewand versehen. Die Marienkirche ist das ganze Jahr über ein Anziehungspunkt, vor allem aber in der Weihnachtszeit. Dann wird hier eine Barockkrippe mit lebensgroßen Figuren aufgestellt.

Marienkirche, Kapuzinerkloster

Loreto ⓴

LORETA

Siehe S. 116f.

Palais Černín ㉑

ČERNÍNSKÝ PALÁC

Loretánské náměstí 5. **Stadtplan** 1 B3. 📞 *22 41 81 111.* 🚊 *22.* 🔵 für die Öffentlichkeit. **www**.mzv.cz

D as 150 Meter lange Gebäude mit den 30 massiven korinthischen Halbsäulen seiner Fassade wurde 1668 von Graf Czernin von Chudenice, dem kaiserlichen Botschafter in Venedig, in Auftrag gegeben. Das Palais überragt einen kleinen grasbedeckten Platz und liegt gegenüber dem Loreto-Heiligtum.

Wegen seiner exponierten Stellung wurde das monumentale Gebäude wiederholt schwer beschädigt. 1742 wurde es von den Franzosen geplündert, 1757 von den Preußen unter schweren Beschuss genommen. 1851 musste die verarmte Familie Czernin das Palais an den

Staat verkaufen. Kurz darauf wurde es zur Kaserne umgewandelt. Nach der Gründung der Tschechoslowakei 1918 erfolgte eine komplette Restaurierung. Seither ist es Sitz des Außenministeriums. Kurz nach dem kommunistischen Staatsstreich 1948 starb Außenminister Jan Masaryk, der Sohn des ersten Präsidenten Tomáš Masaryk, durch einen Sturz aus einem der Fenster. Er war das einzige nichtkommunistische Mitglied der neuen Regierung. Bis heute ist unklar, ob es sich um einen Unfall oder um Mord handelte.

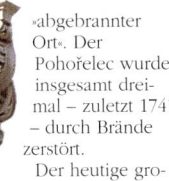

Kapitell am Palais Černín

Pohořelec ㉒

Stadtplan 1 B3. 🚊 *22.*

S chon im Jahr 1375 wurde dieser Teil des Hradschin besiedelt. Der Name des Areals stammt allerdings aus neuerer Zeit und bedeutet

»abgebrannter Ort«. Der Pohořelec wurde insgesamt dreimal – zuletzt 1741 – durch Brände zerstört.

Der heutige große offene Platz auf einem Hügel oberhalb der Stadt liegt auf der Hauptroute zur Prager Burg. Auf dem Platz steht die 1752 errichtete Statue des hl. Johannes von Nepomuk *(siehe S. 137)*, die Johann Anton Quitainer zugeschrieben wird.

Die Häuser rund um den Platz stammen zum größten Teil aus Barock und Rokoko. Vor der Johannes-Kepler-Schule befinden sich Statuen von Kepler und seinem Vorgänger Tycho Brahe, der 1601 in einem Haus unweit dieser Schule starb.

Kloster Strahov ㉓

STRAHOVSKÝ KLÁŠTER

Siehe S. 120f.

Palais Kučera mit Rokoko-Fassade, Pohořelec

Kloster Strahov ❷❸

STRAHOVSKÝ KLÁŠTER

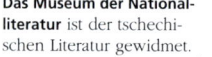

Das 1140 vom strengen Prämonstratenser-Orden erbaute Kloster machte durch seine Größe der damaligen Prager Burg Konkurrenz. 1258 wurde es bei einem Brand zerstört, danach im gotischen Stil wiederaufgebaut und später im barocken Stil erweitert. Die über 800 Jahre alte Bibliothek im Theologischen und Philosophischen Saal war trotz Plünderungen sehr umfangreich. Strahov entkam 1783 der Auflösung der Klöster unter Joseph II., indem es die Bibliothek für die öffentliche Bildung freigab. Heute ist es immer noch ein Kloster – und ein Museum.

Büste von Joseph II. über dem Portal

Statue des Johannes
Eine spätgotische Statue des Evangelisten Johannes steht im Theologischen Saal. In einem kleinen Beutel befindet sich das Gebetbuch des Heiligen.

Das Museum der Nationalliteratur ist der tschechischen Literatur gewidmet.

Refektorium

Barockturm

Eingang zum großen Innenhof des Klosters

Barockorgel, auf der Mozart spielte

★ Mariä Himmelfahrt
Das barocke Kirchenschiff ist reich ausgestattet. Über den Bogen der Seitenschiffe hängen zwölf Gemälde von Jiří Neunhertz mit Szenen aus dem Leben des hl. Norbert, des Gründers des Prämonstratenser-Ordens.

Eingang zur Kirche Mariä Himmelfahrt

Kirchenfassade
Die kunstvollen Statuen von Johann Anton Quitainer an der Westfassade wurden vom Architekten Anselmo Lurago, der die Kirche 1750 neu gestaltete, hinzugefügt.

NICHT VERSÄUMEN

★ Mariä Himmelfahrt

★ Philosophischer Saal

★ Theologischer Saal

Blick vom Petřín
*Ein Tor am Ostende des ersten Innenhofs
führt zum Petřín (Laurenziberg), dem
einstigen Obstgarten des Klosters.*

INFOBOX

Královská Kanonie Premonstrátů
na Strahově. Strahovské nádvoří
1. **Stadtplan** 1 B4. █ 23 31 07
711. █ 22 bis Pohořelec.
○ Di–So 9–12, 12.30–17 Uhr.
**Philosoph. u. Theolog. Saal,
Mariä Himmelfahrt, Galerie**
○ tägl. 9–12, 13–17 Uhr.
● Ostersonntag, 25. Dez. 🖾 █
www.strahovskyklaster.cz

★ **Theologischer Saal**
*In diesem Saal stehen
astronomische Globen
(17. Jh.) von William
Blaeu. Die Fresken und
Wandbilder stellen Sze-
nen aus Wissenschaft
und Literatur dar.*

Die Fassade des
Philosophischen
Saals schmücken
Vasen und ein ver-
goldetes Medaillon
Josephs II. von
Ignaz Platzer.

blio-
eks-
ngang

★ **Philosophischer Saal**
*Das Deckenfresko von
Franz Maulbertsch stellt die
Suche nach Wahrheit dar.
Der Saal wurde 1782 extra
erbaut, um die barocken
Bücherschränke und
Bücher, die aus einem auf-
gelösten Kloster in Mähren
kamen, aufzunehmen.*

Strahover Evangeliar
*Ein Faksimile der wertvollen
Handschrift (9. Jh.) ist im
Theologischen Saal zu seben.*

KLEINSEITE

MALÁ STRANA

Auf der Prager Kleinseite scheint die Zeit stehen geblieben zu sein. Fast alle Gebäude wurden vor 1800 erbaut. Hier sieht man viele schöne Barockpalais und alte Häuser mit ansprechenden Hauszeichen. Gegründet wurde der Stadtteil 1257 an den Hängen unterhalb der Burg, von wo aus man einen wunderbaren Blick über den Fluss

Hauszeichen am Haus »Zum goldenen Hufeisen«

auf die Altstadt hat. Kleinseitner Ring (Malostranské náměstí) und Nikolauskirche bilden das Zentrum der Kleinseite. Es ist hier noch fast wie zu Mozarts Zeiten: Das Rad der Großpriorsmühle dreht sich auf der Kampa, die Gläubigen knien vor dem Prager Jesuskind in St. Maria de Victoria – und es dringt Musik aus Kirchen und Palais.

SEHENSWÜRDIGKEITEN AUF EINEN BLICK

Kirchen
Maria unter der Kette ⑬
Nikolauskirche S.128f ⑤
St.-Laurentius-Kirche ㉒
St. Maria de Victoria ⑨
St.-Thomas-Kirche ③

Parks und Gärten
Aussichtsturm
  (Mini-Eiffelturm) ⑳
Palastgärten ⑲
Petřín-Park ㉕
Spiegellabyrinth ㉑
Standseilbahn ㉖
Sternwarte ㉓
Vojan-Park ⑰
Vrtba-Garten ⑧

Museen und Sammlungen
Museum der Musik ㉗
Museum Kampa ⑱

Palais
Palais Michna ㉘
Palais Waldstein und
  Garten ①

Historisches Denkmal
Hungermauer ㉔

Historische Restaurants und Bierlokale
»Zu den drei Straußen« ⑮
»Zum hl. Thomas« ②

Historische Straßen und Plätze
Brückengasse ⑯
Großpriorsplatz ⑫
Italienische Gasse ⑦
Kleinseitner Ring ④
Malteserplatz ⑩
Nerudagasse ⑥

Brücke und Insel
Kampa ⑪
Karlsbrücke
  S. 136–139 ⑭

LEGENDE

	Detailkarte *siehe S. 124f*
	Detailkarte *siehe S. 132f*
M	Metro-Station
	Tramhaltestelle
	Standseilbahn
	Bootsanlegestelle
i	Information
—	Stadtmauer

0 Meter   250

ANFAHRT
Es gibt wenige öffentliche Verkehrsmittel. Von der Metro-Station Malostranská aus kann man das meiste zu Fuß erreichen. Die Trams 12, 20 und 22 fahren bis zum Kleinseitner Ring und entlang der Újezd-Straße bis zur Standseilbahn auf den Petřín (Laurenziberg).

◁ **Karlsbrücke** *(siehe S.136–139)* **mit den Kleinseitner Brückentürmen**

Im Detail: Um den Kleinseitner Ring

D ie Kleinseite hat sich ihren Charme größtenteils bis heute bewahrt. Die schmalen Gassen und steilen Stufen tragen zu ihrer romantischen Atmosphäre bei. Besucher stoßen überall auf herrliche Gebäude und wunderschöne Hausschilder. Auch einige vornehme Restaurants haben sich mittlerweile auf der Kleinseite niedergelassen.

Das Haus »Zu den drei Geigen« stammt von 1700 und wurde von einer Geigenbauerfamilie bewohnt. Heute ist es ein Restaurant.

Palais Thun-Hohenstein wurde zwischen 1721–26 erbaut. Es besitzt ein schönes Portal mit zwei Adlern von Matthias Braun. Heute ist es Sitz der Italienischen Botschaft.

★ **Nerudagasse**
Die alte Gasse, die zur Burg hinaufführt, ist nach dem Schriftsteller Jan Neruda benannt. ❻

Das Palais Morzin mit seinen beiden Mohrenskulpturen ist eines der schönsten Barockgebäude.

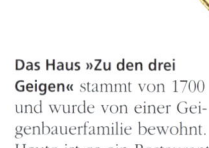

Italienische Gasse
Vom 16. bis 18. Jahrhundert lebten in einigen Häusern, etwa im Haus »Zur goldenen Waage«, italienische Handwerker. ❼

NICHT VERSÄUMEN

★ Nerudagasse

★ Nikolauskirche

★ Palais Waldstein

Vrtba-Garten
Der 1725 von František Maximilián Kaňka angelegte barocke terrassenförmige Garten bietet eine wunderbare Aussicht auf die Kleinseite. ❽

ZUR ORIENTIERUNG
Siehe Stadtplan, Karte 2

★ **Palais Waldstein (Wallenstein)**
Das Deckenfresko in der Haupthalle zeigt Albrecht von Wallenstein als Gott Mars. ❶

Zur Metro-Station Malostranská

Tschechische Nationalversammlung

Pestsäule

Waldstein-Garten

Kleinseitner Rathaus

»Zum hl. Thomas«
Das traditionsreiche Bierlokal befindet sich in den Kellerräumen einer mittelalterlichen Klosterbrauerei. ❷

St.-Thomas-Kirche
Eine Statue des hl. Augustinus von Hieronymus Kohl (1648) schmückt die barocke Fassade. ❸

Kleinseitner Ring
Der Stich (18. Jh.) zeigt die untere Hälfte des Platzes zwischen Nikolauskirche und Rathaus. ❹

★ **Nikolauskirche**
Kuppel und Glockenturm der barocken Kirche sind die bekanntesten Wahrzeichen der Kleinseite. ❺

Das Palais Schönborn, jetzt Sitz der Amerikanischen Botschaft, zieren Kariatyden aus dem 17. Jahrhundert.

0 Meter 100

LEGENDE

— — — Routenempfehlung

Stadtplan siehe Seiten 246–257

Palais Waldstein und Garten ❶

VALDŠTEJNSKÝ PALÁC

Valdštejnské náměstí 4. **Stadtplan** 2 E3. ☎ 25 70 75 707. Ⓜ Malostranská. 🚊 12, 18, 20, 22. **Palais** ⏰ Sa, So 10–16 Uhr (Apr–Okt: bis 17 Uhr). **Reitschule** ⏰ Di–So 10–18 Uhr (nur bei Ausstellungen). ⌀ ♿ von Valdštejnská. **Garten** ⏰ Apr–Okt: tägl. 10–18 Uhr (Aug bis 20 Uhr). 📷 ♿ vom Valdštejnské náměstí. 🖥 **www.senat.cz**

Hauptsaal des Palais Waldstein

Der erste profane Barockbau Prags – auch Palais Wallenstein genannt – ist Sinnbild des verhängnisvollen militärischen Ehrgeizes seines Besitzers Albrecht von Wallenstein (aus dem Geschlecht Waldstein), dem kaiserlichen Generalissimus (1581–1634). Seine Siege gegen die Protestanten im Dreißigjährigen Krieg *(siehe S. 30f)* machten ihn für Kaiser Ferdinand II. unentbehrlich.

Wallenstein

Weil er selbstständig Friedensverhandlungen begann, wurde er wegen Hochverrats angeklagt und vom Kaiser geächtet. Auf der Flucht wurde er in Eger von Söldnern ermordet. Wallenstein wollte mit seinem Palais (1624–30) selbst die Prager Burg in den Schatten stellen. Zu diesem Zweck ließ er 23 Häuser, drei Gärten und eine städtische Ziegelei abreißen. Der Hauptsaal dehnt sich über zwei Stockwerke aus. Das Deckenfresko zeigt Wallenstein als Kriegsgott Mars auf dem Triumphwagen. Der Architekt Andrea Spezza, wie auch fast alle Arbeiter, die am Bau des Palais arbeiteten, war Italiener.

Heute ist das Palais Sitz des tschechischen Senats. Nach Renovierungsarbeiten ist es wieder öffentlich zugänglich. Von der Letenská-Straße erreicht man den weitläufigen Garten, der sich noch im gleichen Zustand befindet wie damals, als Wallenstein in seinem Gartenpavillon (Sala terrena) speiste und dabei auf Brunnen und Bronzestatuen blickte. Dabei handelt es sich heute allerdings um Nachbildungen. Die Originale von Adriaen de Vries wurden 1648 von den Schweden erbeutet *(siehe S. 30f)*.

An der Nordseite befindet sich eine Grotte, an der Südseite ein kleiner Pavillon mit Fresken zur Sage der Argonauten und des Goldenen Vlieses. Am Ende des Gartens steht eine Herkulesstatue in einem großen Teich. Dahinter befindet sich die ehemalige Reitschule, in der Sonderausstellungen der Nationalgalerie stattfinden. Sowohl der Garten als auch die Reitschule wurden inzwischen umfassend restauriert.

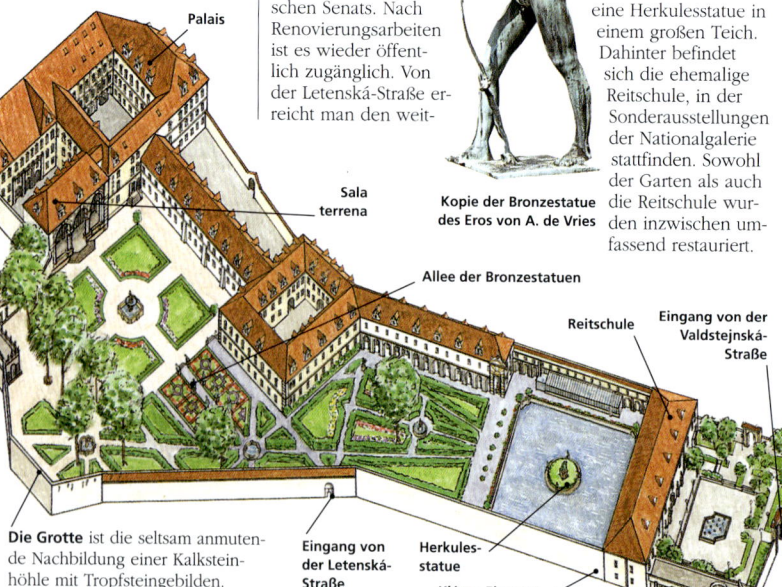

Kopie der Bronzestatue des Eros von A. de Vries

Palais

Sala terrena

Allee der Bronzestatuen

Reitschule

Eingang von der Valdštejnská-Straße

Die Grotte ist die seltsam anmutende Nachbildung einer Kalksteinhöhle mit Tropfsteingebilden.

Eingang von der Letenská-Straße

Herkulesstatue

Klárov-Eingang

»Zum hl. Thomas« ❷

U SV. TOMÁŠE

Letenská 12. **Stadtplan** 2 E3.
📞 25 75 33 466. ᵂᴹ⁴ Malostranská. 🚋 12, 20, 22. 📷

In keinem anderen Prager Bierlokal fühlt man sich so sehr in die gute alte Zeit zurückversetzt. Die Augustiner brauten hier schon 1358 Bier und wurden bald darauf Hoflieferanten der Prager Burg. Gebraut wurde bis 1951. Seither wird ein dunkles Bier der Brauerei Braník ausgeschenkt. Die fünf oberen Stockwerke wurden zum Fünf-Sterne-Hotel umgebaut, doch die historischen Details der Bierhalle (mit altschechischem Essen) blieben erhalten.

St.-Thomas-Kirche ❸

KOSTEL SV. TOMÁŠE

Josefská 8. **Stadtplan** 2 E3. 📞 25 75 32 675. ᵂᴹ⁴ Malostranská. 🚋 12, 20, 22. ⭕ zu Gottesdiensten. ✝ Mo–Sa 6.45, 12.15 Uhr, So 9.30, 11 (auf Englisch), 12.30 Uhr. 🚫 ♿

Die 1285 von Wenzel II. als Klosterkirche für die Augustiner gegründete Kirche wurde 1379 im gotischen Stil fertiggestellt. Weil sie auch in der Zeit der Hussiten *(siehe S. 26f)* katholisch blieb, wurde sie größtenteils zerstört, später jedoch wiederaufgebaut. Unter Kaiser Rudolf II. *(siehe S. 28f)* wurde sie Hofkirche und Begräbnisstätte bedeutender Persönlichkeiten, darunter des Hofarchitekten Ottavio Aostalli und des Bildhauers Adriaen de Vries.

Als die Kirche 1723 durch Blitzschlag und Brand zerstört wurde, betraute man Kilian Ignaz Dientzenhofer mit dem Wiederaufbau, dem es trotz des Neubaus im Barockstil gelang, ihre alte Form zu bewahren. An den ehemals gotischen Stil erinnert jedoch kaum mehr als der Kirchturm.

Die Fresken der Kuppel und der Decke des Kirchenschiffs stammen von Dientzenhofers Mitarbeiter Václav Vavřinek Reiner. Über dem Altar hängen Kopien von Rubens-Gemälden – *Das Martyrium des hl. Thomas* und *Der hl. Augustin*. Die Originale sind im Palais Sternberg *(siehe S. 112f)* zu besichtigen. Die Kirche ist Treff der Englisch sprechenden Gemeinde Prags.

Barocke Deckenfresken in der St.-Thomas-Kirche

Kleinseitner Ring ❹

MALOSTRANSKÉ NÁMĚSTÍ

Stadtplan 2 E3. ᵂᴹ⁴ Malostranská. 🚋 12, 20, 22.

Der Platz ist seit Gründung der Kleinseite 1257 ihr Zentrum. Anfangs war er ein Marktplatz unterhalb der Prager Burg. Neugebaute Häuser teilten den Platz bald in zwei Hälften – im unteren Teil standen Galgen und Pranger.

Die Grundmauern der Häuser gehen teilweise auf das Mittelalter zurück. Wiederaufgebaut wurden sie in der Renaissance und im Barock. Der Platz wird durch die herrliche barocke Nikolauskirche beherrscht. Der große Bau daneben war früher ein Jesuitenkolleg. Den oberen Abschluss des Platzes bildet die mächtige klassizistische Fassade des Palais Liechtenstein. Die Säule zu Ehren der Heiligen Dreifaltigkeit vor dem Palais wurde zur Erinnerung an die Pestepidemie von 1713 errichtet.

Weitere bemerkenswerte Bauten sind das Kleinseitner Rathaus mit seiner großartigen Renaissance-Fassade und das Palais Sternberg, das an der Stelle steht, an der im Jahr 1541 der große Brand wütete, wobei ein Großteil des Viertels zerstört wurde. Direkt daneben befindet sich das bekannte Palais Smiřický, das mit seinen Türmen und Erkern ein unverkennbares Wahrzeichen des unteren Platzes ist. Das barocke Palais Kaiserstein steht an der Ostseite. Die Fassade wird von einer Büste der berühmten tschechischen Sopranistin Emmy Destinn, der Partnerin von Enrico Caruso, geziert, die hier zwischen 1908 und 1914 wohnte.

Nikolauskirche ❺

KOSTEL SV. MIKULÁŠE

Siehe S. 128f.

Arkaden an der Nordseite des Kleinseitner Rings

Nikolauskirche ❺

KOSTEL SV. MIKULÁŠE

Die Nikolauskirche teilt und beherrscht den Kleinseitner Ring. Der 1703 begonnene Bau wurde 1761 fertiggestellt. Er ist das Meisterwerk von Vater und Sohn Dientzenhofer, Christoph und Kilian Ignaz, Prags berühmtesten Vertretern des Spätbarock *(siehe S. 129)*. Jedoch erlebte keiner der beiden die Vollendung des Bauwerks. Die Statuen, Fresken und Gemälde im Inneren der Kirche stammen von den bedeutendsten Künstlern der damaligen Zeit – Karel Škréta *Kreuzigung* ist nur eines davon. In den 1950er Jahren wurden umfangreiche Renovierungsarbeiten durchgeführt, um die Schäden der vergangenen 200 Jahre zu beseitigen.

Altarbilder
Die Seitenkapellen bergen viele Kunstschätze, z. B. dieses Gemälde des hl. Michael von Francesco Solimena.

★ Kanzel
Die mit goldenen Cherubinen kunstvoll verzierte Kanzel von Richard und Peter Prachner stammt aus dem Jahr 1765.

Barocke Orgel
Das Fresko zeigt die hl. Cäcilie, Schutzpatronin der Musik. Sie wacht über die Orgel von 1746, auf der 1787 Mozart spielte.

Eingang von der Westseite des Kleinseitner Rings

St.-Anna-Kapelle

Katharinenkapelle

NICHT VERSÄUMEN

★ Kanzel

★ Kuppelfresko

★ Statuen der Kirchenväter

Fassade
Der hl. Paul von Johann F. Kohl ist eine der Statuen der Fassade. Diese wurde 1710 von Christoph Dientzenhofer fertiggestellt, der von den Italienern Borromini und Guarini beeinflusst war.

Die Kuppel wurde von Kilian Ignaz Dientzenhofer 1751, kurz vor seinem Tod, vollendet.

Der Glockenturm wurde von 1751–56 als letzter Teil gebaut und beherbergt ein kleines Museum für Musikinstrumente.

INFOBOX

Malostranské náměstí. **Stadtplan** 2 E3. Malostranská. 25 75 34 215. 12, 20, 22 zum Malostranské náměstí. März–Okt: tägl. 9–17 Uhr; Nov–Feb: tägl. 9–16 Uhr. **Konzerte**. www.psalterium.cz

★ **Kuppelfresko**
František Palkos Verherrlichung der Heiligen Dreifaltigkeit (1752/53) schmückt die 70 Meter hohe Kuppel.

Eingang zum Glockenturm

Hochaltar
Eine Statue des hl. Nikolaus von Ignaz Platzer ragt über dem Hochaltar auf. Darunter ist ein Gemälde des hl. Josef von Johann L. Kracker, der auch das Deckenbild schuf.

★ **Statuen der Kirchenväter**
Die großen Kirchenlehrer von Ignaz Platzer stehen unterhalb der Kuppel. Der hl. Kyrill enthauptet den Teufel mit seinem Bischofsstab.

St.-Franziskus-Xaverius-Kapelle

DIE FAMILIE DIENTZENHOFER

Christoph Dientzenhofer (1655–1722) entstammte einer bayerischen Architektenfamilie. Sein Sohn Kilian Ignaz (1689–1751) kam in Prag zur Welt und wurde im Klementinum (siehe S. 79) erzogen. Zusammen schufen sie bedeutende Bauten des Spätbarock. Die Nikolauskirche, ihre letzte Arbeit, vollendete Kilians Schwiegersohn Anselmo Lurago.

Kilian Ignaz Dientzenhofer

Nerudagasse ❻
NERUDOVA ULICE

Stadtplan 2 D3. Malostranská.
12, 20, 22.

Italienische Gasse – Mittelpunkt des früheren italienischen Viertels

Die malerische steile Gasse hinauf zur Burg ist nach dem Dichter und Journalisten Jan Neruda benannt, dessen Kurzgeschichten häufig in diesem alten Prager Stadtviertel spielen. 1845 bis 1857 wohnte er im Haus »Zu den zwei Sonnen« (Nr. 47).

Bis zur Einführung von Hausnummern im Jahr 1770 identifizierte man die Prager Häuser lediglich an ihren – insbesondere in der Nerudagasse – reich verzierten Hauszeichen und Wappen. Auf dem Weg zur Burg passiert man u. a. den »Roten Adler« (Nr. 6), die »Drei Fiedeln« (Nr. 12), das »Goldene Hufeisen« (Nr. 34), den »Grünen Hummer« (Nr. 43), den »Weißen Schwan« (Nr. 49) sowie das »Museum der Alten Apotheke« (Nr. 32).

Man findet in der Gasse auch eine ganze Reihe von imposanten Barockbauten, darunter das Palais Thun-Hohenstein (Nr. 20). Es ist heute Sitz der Italienischen Botschaft. Außerdem können Sie das Palais Morzin (Nr. 5) sehen, den Sitz der Rumänischen Botschaft. Der Balkon des Palais wird von zwei Mohrenstatuen (Morzin = Mohr) gestützt. Eine prachtvolle Fassade ziert die Kirche St. Maria von der immerwährenden Hilfe der Theatiner, die Kirche des während der Gegenreformation gegründeten Theatinerordens.

Italienische Gasse ❼
VLAŠSKÁ ULICE

Stadtplan 1 C4. Malostranská.
12, 20, 22.

Im 16. Jahrhundert ließen sich hier die ersten italienischen Einwanderer nieder, darunter viele Künstler und Handwerker, die im Dienst der Burgherren standen. Nähert man sich der Straße vom Petřín (Laurenziberg) her, sieht man zur Linken das ehemalige italienische Spital, einen Barockbau mit Hof und Arkaden. Heute wird es von der Italienischen Botschaft zu kulturellen Zwecken genutzt. Größtes und schönstes Gebäude ist das ehemalige Palais Lobkowitz, heute Sitz der Deutschen Botschaft, mit seinem herrlichen Garten, der durch eine ovale Halle zu erreichen ist. Das Haus »Zu den drei roten Rosen« mit barocken Hauszeichen stammt aus dem 18. Jahrhundert.

Hausschild »Zu den zwei Sonnen«, Nerudagasse 47

Vrtba-Garten ❽
VRTBOVSKÁ ZAHRADA

Karmelitská 25. **Stadtplan** 2 D4.
25 75 31 480. Malostranská. 12, 20, 22. Apr–Okt: tägl. 10–18 Uhr.
www.vrtbovska.cz

Hinter dem Palais Vrtba liegt der schöne barocke Garten mit steiler Doppeltreppe und einer Terrasse am höchsten Punkt, von dem aus man eine herrliche Aussicht auf die Burg und die Kleinseite hat. Der Vrtba-Garten wurde um 1720 von František Maximilián Kaňka entworfen. Die antiken Götterstatuen und die Vasen schuf Matthias Braun, die Gemälde im Gartenpavillon (Sala terrena) sind von Václav Vavřinec Reiner.

Blick vom Vrtba-Garten auf die Kleinseite

St. Maria de Victoria ❾
KOSTEL PANNY MARIE VÍTĚZNÉ

Karmelitská. **Stadtplan** 2 E4. 25 75 33 646. 12, 22. tägl. 9–18 Uhr. Mo–Fr 9, 18 Uhr, Sa 9, 19.30 Uhr, So 10, 12 (englisch), 17 (französisch), 18 (italienisch), 19 Uhr.
www.pragjesu.info

Prags erstes Barockgebäude war die für die deutschen Lutheraner erbaute Kirche der Heiligen Dreifaltigkeit des Italieners Giovanni Maria Filippi, die 1613 vollendet wurde. Doch nach dem Sieg am Weißen Berg *(siehe S. 31)* erbauten die Karmeliter an ihrer Stelle die heutige Kirche.

Die meisten Besucher interessieren sich jedoch nicht für die Architektur, sondern für die Wachsfigur des »Prager Jesuskinds«, besser bekannt unter seinem italienischen Namen *il bambino di Praga*. Die Figur steht in einem Glasbehälter auf einem der marmornen Seitenaltäre rechts. Die Fürstin Polyxena von Lobkowitz hatte die Wachsfigur – eines der hochverehrten Bildnisse der katholischen Kirche, dem man viele Wunder zuschreibt – 1628 aus Spanien mitgebracht und den Karmelitern geschenkt.

Teufelsbach (Čertovka) mit der Moldauinsel Kampa zur Rechten

Malteserplatz ⓾
MALTÉZSKÉ NÁMĚSTÍ

Stadtplan 2 E4. 🚊 *12, 20, 22.*

Der Platz ist nach dem Prior der Malteserritter benannt, die einst in diesem Teil der Kleinseite wohnten. Am Nordende steht die Statuengruppe von Johannes dem Täufer von Ferdinand Brokoff, die zum Andenken an das Ende der Pest im Jahr 1715 errichtet wurde.

Die meisten Gebäude waren ursprünglich von den wohlhabenden Bürgern der Stadt im Renaissance-Stil errichtet worden. Im 17. und 18. Jahrhundert ließen sich aber immer mehr katholische Adlige auf der Kleinseite nieder, die diese Häuser zu barocken Palais umbauten. Das größte Gebäude, das Palais Nostitz, befindet sich auf der Südseite. Erbaut wurde es Mitte des 17. Jahrhunderts. Um 1720 wurden Dacherker sowie klassische Vasen und Kaiserstatuen hinzugefügt. Das Palais beherbergt heute das Kulturministerium. Im Sommer werden hier Konzerte veranstaltet. Die Japanische Botschaft hat ihren Sitz im Palais Turba, einem schönen Rokoko-Bau (1767) von Joseph Jäger.

Ferdinand Brokoffs Statue von Johannes dem Täufer

Kampa ⓫
KAMPA

Stadtplan 2 F4. 🚊 *6, 9, 12, 20, 22.*

Die beschauliche »Insel« Kampa wird von der Kleinseite durch den Teufelsbach (Čertovka), einen Seitenarm der Moldau, gebildet. Es heißt, dass der Flussarm im 19. Jahrhundert seinen Namen nach einer teuflischen Dame erhalten habe, die am nahe gelegenen Malteserplatz ein Haus besaß. Das Areal diente jahrhundertelang dem Antrieb von Mühlen. Jenseits der Mühle des Großpriors verschwindet der Moldauarm unter einer kleinen Brücke in der Nähe der Karlsbrücke und taucht zwischen Häuserreihen wieder auf, die oft als »Prager Venedig« bezeichnet werden. Statt in Gondeln schaukelt man jedoch in Kanus auf dem Wasser. Bis ins 15. Jahrhundert wurde die Insel nur als wilder Garten und zum Wäschewaschen benutzt. Nach dem großen Brand auf der Kleinseite 1541 wurde das Material der niedergerissenen Häuser zur Befestigung der Ufer verwendet. Im 17. Jahrhundert war die Insel für ihre Töpferwarenmärkte bekannt. Aus dieser Zeit stammen auch einige sehenswerte Häuser um den Hauptplatz. Die große Parkanlage auf der Südseite entstand durch die Zusammenlegung alter Palastgärten.

2002 zog das katastrophale Hochwasser der Moldau Gebäude auf der ganzen Insel in Mitleidenschaft.

Großpriorsplatz ⓬
VELKOPŘEVORSKÉ NÁMĚSTÍ

Stadtplan 2 F4. 🚇 *Malostranská.* 🚊 *12, 20, 22.*

Auf der Nordseite des kleinen, von zahlreichen Bäumen gesäumten Platzes steht das ehemalige Palais des Großpriors des Malteserordens, das in seiner heutigen Form auf das frühe 17. Jahrhundert zurückgeht. Türen, Fenster und Vasen stammen aus der Werkstatt von Matthias Braun. Auf der gegenüberliegenden Seite des Platzes befindet sich das etwa aus der gleichen Zeit stammende Barockpalais Buquoy, heute Sitz der Französischen Botschaft.

Die einzigen Abweichungen sind ein Bild von John Lennon und das Zitat »Give peace a chance« an der Gartenmauer. Diese »Friedenswand« gibt es seit dem Tod von John Lennon.

Im Detail: An den Ufern der Kleinseite

Auf beiden Seiten der Brückengasse liegt etwas versteckt ein Areal mit langsam verfallenden Plätzen, Palais, Kirchen und Gärten. Um den fliegenden Händlern auf der Karlsbrücke zu entkommen, flüchtet man am besten zu einem Spaziergang auf die Insel Kampa und genießt den Blick auf die Altstadt und die majestätisch dahingleitenden Schwäne auf dem Fluss.

Die St.-Josefs-Kirche wurde im 17. Jahrhundert erbaut. Das Gemälde *Die Heilige Familie* (1702) am vergoldeten Hochaltar stammt vom Barockmaler Petr Brandl.

Eine Gedenktafel am Haus »Zum goldenen Einhorn« in der Lázeňská-Straße erinnert an den Besuch Beethovens im Jahr 1796.

Brückengasse
Die 750 Jahre alte schmale Gasse führt zum Kleinseitner Ring. ⓯

Großpriorspalais
Das Palais aus den 1720er Jahren war früher Sitz des Malteserordens. Die Straßenfassade weist Wandmalereien und Sgraffiti auf. ⓬

Maria unter der Kette
Zwei massive Türme erinnern an die Zeit, als die Kirche eine Burg war. ⓭

Museum der Musik
Das Museum besitzt eine riesige Sammlung handwerklich schöner Musikinstrumente. ㉗

St. Maria de Victoria
In der barocken Kirche befindet sich die berühmte Wachsfigur des »Prager Jesuskinds«. ⑨

Malteserplatz
Große Palais umgeben den eigenwillig geformten Platz. Dieses Wappen schmückt das als Veranstaltungsort beliebte Palais Nostitz (17. Jh.). ⑩

Zum Kleinseitner Ring

MOSIECKÁ

LÁZEŇSKÁ

KARMELITSKÁ

NEBOVIDSKÁ

0 Meter   100

LEGENDE

- - - Routenempfehlung

Vojan-Park
*Unter den Apfel-
bäumen des
einstigen Kloster-
gartens wurden
schattige Wege
angelegt.* ⑰

»Zu den drei Straußen«
*Das Schild des mit
Straußenfedern han-
delnden Kaufmanns
schmückt Lokal und
Hotel.* ⑮

ZUR ORIENTIERUNG
Siehe Stadtplan, Karte 2

★ Karlsbrücke
*Den Zugang zu dieser herrlichen
Brücke aus dem 14. Jahrhundert mit
ihren barocken Brückenfiguren
bildet ein gotischer Brückenturm.* ⑭

**Teufelsbach
(Čertovka)**

**Das Rad der Groß-
priorsmühle** wurde
restauriert und dreht
sich jetzt langsam im
seichten Wasser des
Teufelsbachs.

**Palais
Liechtenstein**

★ Kampa
*Das Gemälde aus dem 19. Jahr-
hundert von Soběslav Pinkas
zeigt spielende Kinder auf der
Insel. Noch heute ist der Park
bei Kindern beliebt.* ⑪

NICHT VERSÄUMEN

★ Kampa

★ Karlsbrücke

Stadtplan *siehe Seiten 246–257*

Maria unter der Kette ❸

KOSTEL PANNY MARIE POD ŘETĚZEM

Lázeňská. **Stadtplan** 2 E4. ☎ 25 75 30 876. 🚇 *Malostranská.* 🚊 12, 20, 22. ◯ *bei Gottesdiensten und Konzerten.* ✝ Sa, So 9.30 Uhr. 📷

Die älteste Kirche im Viertel wurde im 12. Jahrhundert erbaut. König Vladislav II. schenkte sie dem an den Kreuzzügen beteiligten Johanniterorden (später Malteserorden). Die Kirche bildete den Mittelpunkt des Klosters am Brückenkopf der Judithbrücke. Der ungewöhnliche Name der Kirche geht auf die Kette zurück, mit der im Mittelalter die Klostertore verschlossen wurden.

Im 13. Jahrhundert fügte man ein gotisches Presbyterium hinzu. Im folgenden Jahrhundert zerstörte ein Brand den romanischen Bau. Danach entstand ein neuer Vorraum mit zwei massiven Türmen. Er wurde allerdings nicht vollendet, und das alte Schiff verkam zum Kirchhof zwischen den Türmen und der eigentlichen Kirche. Carlo Lurago gab der Kirche im Jahr 1640 ihre barocke Gestalt. Das Gemälde am Hochaltar von Karel Škréta zeigt die Jungfrau Maria und Johannes den Täufer, die den Maltesern in der berühmten Seeschlacht bei Lepanto 1571 zum Sieg über die Türken verhelfen.

Karlsbrücke ❹

KARLŮV MOST

Siehe S. 136–139.

Blick durch den Brückenturm auf die Brückengasse

»Zu den drei Straußen« ❺

U TŘÍ PŠTROSŮ

Dražického náměstí 12. **Stadtplan** 2 F3. ☎ 25 75 32 410. 🚇 *Malostranská.* 🚊 12, 20, 22. Siehe **Übernachten** S. 192, **Restaurants** S. 205. **www**.utripstrosu.cz

Viele Hauszeichen verweisen auf das Gewerbe ehemaliger Bewohner. Jan Fux, ein mit Straußenfedern handelnder Kaufmann, erwarb 1597 dieses Haus bei der Karlsbrücke. Die Federn waren damals bei Höflingen und Offizieren vor allem als Hutschmuck sehr gefragt. Fux belieferte sogar fremde Armeen. Er wurde so reich, dass er das Haus 1606 neu erbauen und mit einem Straußen-Fresko verzieren ließ. Heute beherbergt das Gebäude ein Hotel und ein Restaurant.

Fresko, das dem Haus »Zu den drei Straußen« seinen Namen gab

Brückengasse ❻

MOSTECKÁ ULICE

Stadtplan 2 E3. 🚇 *Malostranská.* 🚊 12, 20, 22.

Seit dem Mittelalter verbindet die Gasse die Karlsbrücke mit dem Kleinseitner Ring. Beschreitet man die Brücke von der Altstadt aus, sieht man das Portal des ehemaligen Zollamts vor dem Judithturm aus dem Jahr 1591. Im ersten Stock des Turms gibt es ein Relief aus dem 12. Jahrhundert, das einen König und einen knienden Mann zeigt.

An der Nordseite dieser Gasse befand sich im 13. und 14. Jahrhundert die Pfalz der Prager Bischöfe, die während der Hussiten-Kriege zerstört wurde *(siehe S. 26f).* Erhalten geblieben ist nur ein gotischer Turm im Hof des Hauses »Zu den drei goldenen Glocken«, das von dem höheren der beiden Brückentürme aus zu sehen ist.

Die Gasse wird von Bürgerhäusern im Renaissance- und Barockstil gesäumt. Geht man den Kleinseitner Ring entlang, stößt man zur Linken auf das Haus »Zum schwarzen Adler« mit prächtiger Fassade und schmiedeeisernen Fenstergittern. Das Palais Kaunitz, ebenfalls zur Linken, besitzt eine Rokoko-Fassade mit Stuckaturen und Statuen von Ignaz Platzer.

Vojan-Park ❼
VOJANOVY SADY

U lužického semináře. **Stadtplan** 2 F3. Ⓜ *Malostranská.* 🚋 *12, 18, 20, 22.* 🕐 *tägl. 8–17 Uhr (im Sommer bis 19 Uhr).*

Der beschauliche Park hinter hohen weißen Mauern geht auf das 17. Jahrhundert zurück. Damals wurde er als Garten des Klosters der Barfüßigen Karmeliterinnen angelegt. Zwei Kapellen sind erhalten: die in Form einer Tropfsteinhöhle angelegte Kapelle des hl. Elias, der als Gründer des Karmeliterordens gilt, sowie die der hl. Theresa geweihte Kapelle. Letztere wurde im 18. Jahrhundert zum Zeichen der Dankbarkeit für die Errettung des Klosters während der Belagerung der Stadt durch die Preußen im Jahr 1757 errichtet.

Museum Kampa ❽
MUZEUM KAMPA

U Sovových mlýnů 503/2. **Stadtplan** 2 F4. 📞 *25 72 86 147.* 🚋 *6, 9, 22,* . 🕐 *tägl. 10–18 Uhr.* 🔢 📷 📹 **www**.museumkampa.cz

Das Museum in der alten Sova-Mühle mitten in der Stadt besitzt eine große Sammlung mitteleuropäischer moderner Kunst. Das tschechisch-amerikanische Ehepaar Jan und Meda Mládek gründete es für seine Privatsammlung von Zeichnungen, Gemälden und Skulpturen, darunter Werke des abstrakten Malers František Kupka und des tschechischen kubistischen Bildhauers Otto Gutfreund.

Palastgärten ❾
PALÁCOVÉ ZAHRADY

Valdštejnské náměstí 3. **Stadtplan** 2 F2. 📞 *25 70 10 401.* Ⓜ *Malostranská.* 🚋 *12, 18, 20, 22.* 🕐 *Apr, Okt: tägl. 10–18 Uhr; Mai, Sep: tägl. 9–19 Uhr; Juni, Juli: tägl. 9–21 Uhr; Aug: tägl. 9–20 Uhr.* 📷 📹📶 **www**.palacovezahrady.cz

Die Südhänge unterhalb der Prager Burg waren im Mittelalter Gärten und Wein-

berge. Als hier der Adel im 16. Jahrhundert Palais errichten ließ, wurden – nach italienischem Vorbild – auch terrassenförmige Gärten angelegt. Die meisten wurden im 18. Jahrhundert umgestaltet und mit barocken Statuen und Brunnen verziert. Fünf dieser Gärten – darunter die der ehemaligen Palais Ledebour, Černín und Pálffy – wurden zusammengefasst und der Öffentlichkeit zugänglich gemacht. Vor Kurzem fanden die schon länger notwendigen Restaurationsarbeiten statt. Jetzt sind die Gärten wieder komplett zugänglich. Von den Terrassen aus hat man einen herrlichen Blick über Prag.

Der im frühen 18. Jahrhundert entworfene Ledebour-Garten besitzt einen hübschen Pavillon von Giovanni Battista Alliprandi. Der Pálffy-Garten mit zahlreichen Terrassen (auf der zweiten befindet sich noch die originale Sonnenuhr) und Loggien stammt aus der Mitte des 18. Jahrhunderts. Die prächtigste Anlage der Palastgärten bildet der

Herkulesstatue (18. Jh.) in den Palastgärten

Kolowrat-Černín-Garten von Ignaz Palliardi von 1784. Die höchste Terrasse verfügt über einen Gartenpavillon sowie Statuen und Vasen. Sieht man nach unten, fällt der Blick auf Treppenaufgänge, Rundbogen, Balustraden sowie die Überreste von Statuen und Brunnen.

Der untere Teil der Palastgärten

Karlsbrücke (Kleinseite) ⓮

KARLŮV MOST

Prags berühmtestes Wahrzeichen verbindet Altstadt und Kleinseite. Als die Brücke noch befahren wurde, fanden vier Fahrzeuge nebeneinander Platz. Berühmt ist sie wegen ihrer Skulpturen, heute Kopien. Die Originale befinden sich im Lapidarium des Nationalmuseums *(siehe S. 178)* und auf dem Vyšehrad *(siehe S. 181)*. Der gotische Altstädter Brückenturm *(siehe S. 139)* gehört zu den schönsten seiner Art. Derzeit wird die Brücke renoviert, bleibt aber zugänglich.

★ Blick vom Kleinseitner Brückenturm
Vom Turm hat man eine wunderbare Aussicht auf Prag. Der niedrigere Turm ist ein Überbleibsel der Judithbrücke.

Hl. Adalbert, 1709
Der Prager Bischof gründete 991 die St.-Laurentius-Kirche (siehe S. 140) *auf dem Petřín (Laurenziberg). Bei den Tschechen heißt er Vojtěch.*

Kleinseitner Brückenturm

Eingang zum Turm

Hl. Wenzel, 1858

Hl. Philipp Benizi, 1714

Treppe zur Saská-Straße

Turm der Judithbrücke, 1158

Christus zwischen dem hl. Kosmas und dem hl. Damian, 1709

Hl. Johannes von Matha, hl. Felix von Valois und der Selige Ivan, 1714
Ferdinand Brokoff schuf die Statuen der Heiligen, die den Trinitarierorden gründeten. Er verschrieb sich dem Loskauf der von Ungläubigen gefangen gehaltenen Christen (am Fuß der Statue dargestellt).

Hl. Veit, 1714
Die Statue zeigt den Märtyrer, der im 3. Jahrhundert den Löwen zum Fraß vorgeworfen wurde. Doch statt ihn zu fressen, leckten sie ihn ab. Der Heilige gilt als Schutzpatron der Tänzer. Zu ihm beten die am Veitstanz Erkrankten.

NICHT VERSÄUMEN

★ Blick vom Kleinseitner Brückenturm

★ Hl. Joh. von Nepomuk

★ Hl. Luitgard

★ Hl. Luitgard, 1710

*Die künstlerisch bemerkens-
werte Statue auf der Brücke
wurde von Matthias Braun im
Alter von nur 26 Jahren geschaffen. Dargestellt wird
die Vision der blinden Zis-
terziensernonne, als ihr
der Gekreuzigte erscheint
und sie seine Wunden küsst.*

INFOBOX

Stadtplan 2 F4. 🚊 *12, 20, 22,
zum Malostranské náměstí, zu
Fuß zur Mostecká.* **Kleinseitner
Brückenturm** ◯ *Apr–Okt: tägl.
10–18 Uhr.* 🔖 📷

★ Hl. Johannes von Nepomuk, 1683

*Reliefs auf der Brücke
stellen das Martyrium
des Heiligen dar. Vom
vielen Berühren, das
Glück bringen soll, ist
Nepomuk schon ganz
glänzend geworden.*

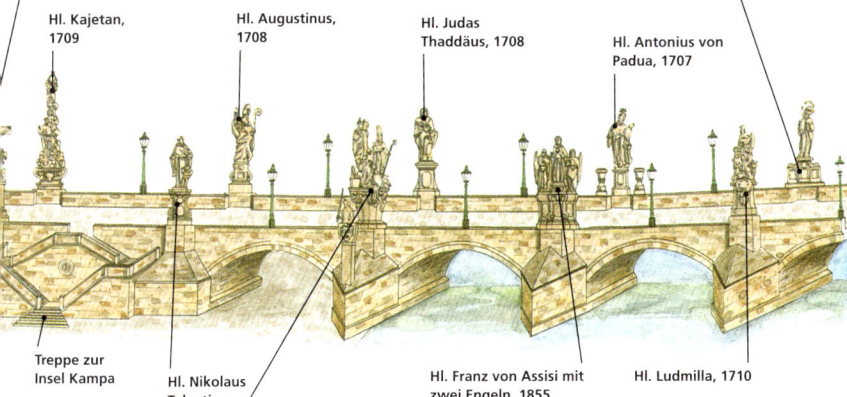

Hl. Kajetan, 1709

Hl. Augustinus, 1708

Hl. Judas Thaddäus, 1708

Hl. Antonius von Padua, 1707

Treppe zur Insel Kampa

Hl. Nikolaus Tolentinus, 1708

Hl. Franz von Assisi mit zwei Engeln, 1855

Hl. Ludmilla, 1710

Hl. Vinzenz Ferrer und hl. Prokop, 1712

*Die Skulpturengruppe
zeigt einen Rabbi,
der trauert, weil
der hl. Vinzenz
viele Juden zum
Christentum
bekehrt. Der
hl. Prokop
ist einer von
Böhmens
Schutzpa-
tronen.*

JOHANNES VON NEPOMUK

Die Legende um den 1729 heiligge-
sprochenen Johannes von Nepomuk wurde von den Jesuiten,
die Jan Hus *(siehe S. 27)* ent-
gegenwirken wollten, ver-
breitet. Nepomuk, General-
vikar des Bischofs von Prag,
wurde 1393 von Wenzel IV.
gefangen genommen. Der
König ließ ihn foltern und
von der Karlsbrücke stürzen.
Nepomuk ertrank in der Moldau. Der Bischof ließ ihn im
Veitsdom bestatten. Nach der Errichtung der ersten Statue auf
der Brücke 1683 wurden in
ganz Europa Statuen des Heiligen aufgestellt, der als Helfer
bei Gefahr durch Wasser gilt.

Karlsbrücke (Altstädter Seite) ⑭

KARLŮV MOST

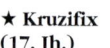

Bis 1741 war die Karlsbrücke (520 m lang, 10 m breit) der einzige Übergang über die Moldau. Der Mörtel zwischen den Sandsteinblöcken soll angeblich mit Eiern besonders haltbar gemacht worden sein. Karl IV. gab 1357 den Auftrag, die alte Judithbrücke zu ersetzen. Peter Parler begann mit dem Neubau. Erst zierte nur ein einfaches Kreuz die Brücke. Die erste Statue (Johannes von Nepomuk) wurde 1683 hinzugefügt – in Anlehnung an Berninis Skulpturen der Sant'Angelo-Brücke in Rom.

Hl. Franz Xaver, 1711

Der Jesuitenmissionar wird von drei Mohren und zwei bekehrten Heiden eingerahmt. Der Bildhauer Brokoff sitzt ihm zur Linken.

★ Kruzifix (17. Jh.)

200 Jahre lang war das Holzkreuz einziger Schmuck der Brücke. Der goldene Christus datiert von 1629. Die hebräische Inschrift wurde von einem Juden als Strafe für Gotteslästerung bezahlt.

Hl. Norbert, hl. Wenzel und hl. Sigismund, 1853

Johannes der Täufer, 1857

Hl. Kyrill und hl. Method, 1938

Hl. Anna, 1707

Hl. Josef, 1854

Hl. Franz von Borgia, 1710

Hl. Christopherus, 1857

Dreißigjähriger Krieg

In den letzten Kriegsstunden wurde die Altstadt vor der schwedischen Armee gerettet und ein Waffenstillstandsvertrag 1648 auf der Brücke unterzeichnet.

NICHT VERSÄUMEN

★ Altstädter Brückenturm

★ Kruzifix aus dem 17. Jahrhundert

ZEITSKALA

Flutkatastrophe von 1890

1357 Karl IV. gibt die neue Brücke in Auftrag

1342 Judithbrücke vom Hochwasser zerstört

1621 Köpfe von zehn protestantischen Adligen am Altstädter Brückenturm ausgestellt

1648 Brücke und Kleinseitner Brückenturm von Schweden beschädigt

1100	1300	1500	1700	1900

1158 Bau der Judithbrücke (zweite mittelalterliche Steinbrücke Europas)

1393 Johannes von Nepomuk auf Anordnung von Wenzel IV. von der Brücke gestürzt

Bildhauer Matthias Braun (1684 – 1738)

1890 Drei Brückenbogen durch Flut zerstört

1713 Brücke mit 21 Statuen von u. a. Braun, Brokoff verziert

1938 Karel Dvořáks Skulptur der Heiligen Kyrill und Method

Madonna mit dem hl. Dominikus und dem hl. Thomas, 1708

Die Dominikaner (lat. Domini canes = Hunde Gottes) sind mit der Madonna und ihrem Wahrzeichen, dem Hund, zu sehen.

INFOBOX

Stadtplan 3 A4. 🚋 *17, 18 bis Karlovy lázně.* **Brückenturm** ⬤ *tägl. 10–17 Uhr (März: bis 18 Uhr, Apr; Okt, Nov: bis 19 Uhr, Mai–Sep: bis 22 Uhr).* 📷 📷

Madonna und der hl. Bernhard, 1709

Engel und Passionssymbole, darunter Würfel, Hahn und Handschuh des römischen Hauptmanns, sind Teil der Statue.

Altstädter Brückenturm

Turm-eingang

Pietà, 1859

Hl. Barbara, hl. Margarete und hl. Elisabeth, 1707

★ ALTSTÄDTER BRÜCKENTURM

Der herrliche gotische Turm (Ende 14. Jh.) ist ein Entwurf Peter Parlers. Er war Bestandteil der Befestigungsanlagen der Altstadt. 1648 wurde er schwer beschädigt, was man an der Westseite noch sehen kann.

Zu den Brückenturmskulpturen von Peter Parler gehören der hl. Veit, Schutzpatron der Brücke, Karl IV. (links) und Wenzel IV.

Spitzer keilförmiger Turm

Aussichtsplattform

Von der Aussichtsgalerie mit Gewölbedecke im ersten Stock bietet sich eine wunderbare Aussicht auf die Prager Burg und die Kleinseite.

Aussichtsturm (Mini-Eiffelturm) ⑳

PETŘÍNSKÁ ROZHLEDNA

Petřín. **Stadtplan** 1 C4. ☎ 25 73 20 112. 🚊 6, 9, 12, 20, 22, dann Standseilbahn. 🚌 143, 149, 176, 217. ◯ Mai–Sep: tägl. 10–22 Uhr; Okt–Apr: tägl. 10–18 Uhr. ♿ 🚻 📷 www.petrinska-rozhledna.cz

Der über 100 Jahre alte Aussichts-turm überblickt die gesamte Stadt

Unübersehbares Wahrzeichen des Petřín (Laurenziberg) ist der Aussichtsturm. Die Nachbildung des Eiffelturms wurde zur Jubiläumsausstellung 1891 errichtet. Der achteckige Bau hat mit 60 Metern nur ein Fünftel der Höhe des Eiffelturms. Eine Wendeltreppe mit 299 Stufen und ein Aufzug führen zur Aussichtsplattform, von der man an klaren Tagen den höchsten Berg Böhmens, die Sněžka (Schneekoppe), sieht.

Spiegellabyrinth ㉑

ZRCADLOVÉ BLUDIŠTĚ

Petřín. **Stadtplan** 1 C4. ☎ 25 73 15 212. 🚊 6, 9, 12, 20, 22, dann Standseilbahn. 🚌 143, 149, 176, 217. ◯ wie Aussichtsturm. ♿ 🚻 ♿

Auch das Spiegellabyrinth ist wie der Aussichtsturm ein Überbleibsel der Ausstellung von 1891. Untergebracht ist es in einem hölzernen Pavillon, der die Form des alten Špička-Tors hat, das Teil der Befestigungsanlage des Vyšehrad (siehe S. 180f) ist. Das eigenartige Amüsierkabinett wurde nach Beendigung der Ausstellung abgebaut und

steht seitdem auf dem Petřín (Laurenziberg). Wenn man sich seinen Weg durch den Irrgarten gebahnt hat, wird man abschließend mit dem imposanten Diorama *Der Kampf Prags gegen die Schweden*, das im Jahr 1648 auf der Karlsbrücke spielt, belohnt.

St.-Laurentius-Kirche ㉒

KOSTEL SV. VAVŘINCE

Petřín. **Stadtplan** 1 C5. 🚊 6, 9, 12, 20, 22, dann Standseilbahn. 🚌 143, 149, 176, 217. ◐ für die Öffentlichkeit.

Der Sage nach soll die Kirche im 10. Jahrhundert an Stelle einer heidnischen Kultstätte errichtet worden sein, was auf dem Deckenfresko in der Sakristei dargestellt ist. Das eindrucksvolle Gemälde datiert aus dem 18. Jahrhundert, als das ursprünglich romanische Kirchlein eine größere barocke Kirche mit Kuppelbau und zwei Zwiebeltürmen ersetzt wurde. Links vom Kircheneingang steht die kleine Kalvarienkapelle (1735).

Sternwarte ㉓

HVĚZDÁRNA

Petřín 205. **Stadtplan** 2 D5. ☎ 25 73 20 540. 🚊 6, 9, 12, 22, dann Standseilbahn. ◯ Di–So tagsüber und abends (ganzjährig); die Öffnungszeiten ändern sich monatlich; bitte vorher anrufen. ♿ 🚷 www.observatory.cz

Seit 1930 können Prags Hobby-Astronomen die Sternwarte auf dem Petřín (Laurenziberg) benutzen. Mit den Teleskopen kann man von Mondkratern bis zu fernen Galaxien alles beobachten. Zu sehen ist außerdem eine Ausstellung alter astronomischer Instrumente. Am Wochenende gibt es häufig Sonderveranstaltungen für Kinder.

Hungermauer ㉔

HLADOVÁ ZEĎ

Újezd, Petřín, Strahovská. **Stadtplan** 2 D5. 🚊 6, 9, 12, 22, dann Standseilbahn. 🚌 143, 149, 176, 217.

Die Stadtmauer, die im Auftrag von Karl IV. zwischen 1360 und 1362 auf der Südseite der Kleinseite errichtet wurde, ist bereits seit Jahrhunderten als Hungermauer bekannt. Ein etwa 1200 Meter langer Teil der Mauer hat die Zeit überdauert, einschließlich Zinnen und Schießscharten. Sie zieht sich von Újezd über den Petřín-Park bis nach Strahov.

Die Geschichte ihrer Namensgebung lautet, dass Karl IV. sie erbauen ließ, um den damals an Hunger leidenden Einwohnern Böhmens Arbeit und Broterwerb zu bieten. Tatsächlich war in den 1360er Jahren eine große Hungersnot in Böhmen ausgebrochen – auf diese Weise vereinigten sich Hungersnot und Mauerbau in den Köpfen der Menschen.

Diorama *Der Kampf Prags gegen die Schweden* im Spiegellabyrinth

Nebozízek, Station der Standseilbahn auf halbem Weg zum Petřín

Petřín-Park ㉕
PETŘÍNSKÉ SADY

Stadtplan 2 D5. 🚋 *6, 9, 12, 20, 22, dann Standseilbahn. Siehe* **Vier Spaziergänge** *S. 176f.*

Im Westen der Kleinseite erheben sich die bewaldeten Hänge des Petřín (Laurenziberg) bis zu 318 Meter über der Stadt. Der tschechische Name »Petřín« leitet sich entweder vom slawischen Gott Perun her, dem an dieser Stelle geopfert wurde, oder vom lateinischen Namen Mons Petrinus (steiniger Berg). Der Wald reichte einst bis zum Weißen Berg *(siehe S. 31)*.
Im 12. Jahrhundert wurde am Südhang Wein angebaut. Die Rebstöcke wurden jedoch im 19. Jahrhundert durch Obstbäume ersetzt. Heute windet sich ein Pfad bis nach oben, der schöne Blicke auf die Stadt erlaubt. Im Park stehen das Denkmal für die Opfer des Kommunismus (2002) des Bildhauers Olbram Zoubek sowie ein Denkmal für den Dichter Karel Hynek Mácha.

Karel-Hynek-Mácha-Denkmal im Petřín-Park

Standseilbahn ㉖
LANOVÁ DRÁHA

Újezd. **Stadtplan** 2 D5. 🚋 *6, 9, 12, 20, 22.* 🕐 *tägl. 9–23.30 Uhr (Winter bis 23.20 Uhr).* 🎦 📷 ♿

Die Standseilbahn wurde 1891 zur Jubiläumsausstellung in Betrieb genommen, um die Besucher der Sternwarte auf den Petřín (Laurenziberg) zu befördern. Die Bahn wurde bis 1914 mit Wasserkraft betrieben. Erst zwischen den Weltkriegen stellte man auf Elektrizität um.
1965 musste der Betrieb nach einem Erdrutsch – eine Folge des Kohleabbaus im 19. Jahrhundert – eingestellt werden. Die Aufschüttung des Hangs und die Restaurierungsarbeiten der Bahn dauerten 20 Jahre lang. Seit 1985 ist die Fahrt nach oben wieder eine sichere und bequeme Angelegenheit. Die Nebozízek *(siehe S. 205)* auf halbem Weg hinauf bietet ein Restaurant mit schöner Aussicht.

Museum der Musik ㉗
ČESKÉ MUZEUM HUDBY

Karmelitská 2, Praha 1, Malá Strana. **Stadtplan** 2 E4. 📞 *25 72 57 777.* Ⓜ *Malostranská.* 🚋 *12, 20, 22.* 🕐 *Mo, Mi–So 10–18 Uhr.* 🎦 ♿ **www.nm.cz**

Das Museum in der ehemaligen Barockkirche St. Magdalena (17. Jh.) präsentiert Instrumente nicht allein als schön gefertigte Exponate, sondern auch als Medium zwischen Mensch und Musik. Es gehört zum Nationalmuseum *(siehe S. 147)* und besitzt ein herrliches Atrium. Besucher gewinnen auch einen Einblick in populäre moderne Musik, die bei Filmen, Fernsehproduktionen, Fotos und Tonaufnahmen eingesetzt bzw. verarbeitet wird.

Weitere Themen sind Instrumentenherstellung, die Geschichte der Notenschrift sowie Musik für gesellschaftliche Anlässe. Über Kopfhörer sind Originalaufnahmen der ausgestellten Instrumente zu hören. Es gibt auch einen Studienraum und ein Studio, in dem man Tonaufnahmen aus dem Archiv anhören kann.

Palais Michna ㉘
MICHNŮV PALÁC

Újezd 40. **Stadtplan** 2 E4. 📞 *25 73 11 831.* 🚋 *12, 20, 22.*

An der Stelle des von Ottavio Aostalli 1580 für die Familie Kinský erbauten Sommerpalais stand früher ein Dominikanerkloster. Der mit der Schlacht am Weißen Berg reich gewordene Versorgungsoffizier Pavel Michna von Vacínov kaufte das Anwesen im Jahr 1623. In der Hoffnung, damit das benachbarte Palais Waldstein *(siehe S. 126)* zu übertrumpfen, ließ er es im Barockstil prunkvoll umgestalten.
1767 wurde das Palais an die Armee verkauft. Mit der Zeit verkam es zur Ruine. 1918 wurde es vom Turnverein Sokol erworben und in ein Fitness- und Sportzentrum umgewandelt – samt Übungsgelände im alten Palaisgarten. Das restaurierte Gebäude wurde schließlich zu Ehren des Sokol-Begründers Tyrš Tyrš-Haus genannt.

Restaurierte Barockfassade des Palais Michna (Tyrš-Haus)

NEUSTADT

NOVÉ MĚSTO

Jugendstil-Dekor am Wenzelsplatz 12

Die 1348 von Karl IV. gegründete Prager Neustadt wurde sorgfältig geplant und um drei zentrale Marktplätze angelegt: Heumarkt, Rindermarkt (Karlsplatz) und Rossmarkt (Wenzelsplatz). Sie ist doppelt so groß wie die Altstadt und wurde hauptsächlich von Handwerkern, etwa Schmieden, Brauern und Radmachern, sowie von Händlern bewohnt. Das heutige Aussehen der Neustadt stammt jedoch vom Ende des 19. Jahrhunderts, als sie saniert, zum Teil abgerissen und schließlich neu aufgebaut wurde.

SEHENSWÜRDIGKEITEN AUF EINEN BLICK

Kirchen und Klöster
Emmauskloster ⓮
Maria Schnee ➋
St. Ignatius ➑
St. Johannes von Nepomuk
  auf dem Felsen ⓭
St.-Katharinen-Kirche ⓰
St. Kyrill und St. Method ⓫
St.-Stephans-Kirche ⓳
St.-Ursula-Kirche ㉒

Historische Gebäude
Fausthaus ⓬
Hotel Europa ➍
Jesuitenkolleg ➒
Neustädter Rathaus ⓴

Theater und Opernhäuser
Nationaltheater S. 156f ㉓
Staatsoper Prag ➏

Historische Plätze
Karlsplatz ➓
Wenzelsplatz ➊

Museen und Sammlungen
Dvořák-Museum ⓲
Mucha-Museum ➐
Nationalmuseum ➎

Historische Restaurants und Bierlokale
Restaurant »Zum Kelch« ⓱
U Fleků ㉑

Parks und Gärten
Botanischer Garten ⓯
Franziskanergarten ➌

ANFAHRT
Jede Stelle in der Neustadt ist mühelos von einer der Metro-Stationen am Wenzels- oder Karlsplatz aus zu erreichen. Auch die meisten Straßenbahnen der Stadt fahren über den Karlsplatz.

LEGENDE

Detailkarte
siehe S. 144f

Detailkarte
siehe S. 150f

Ⓜ Metro-Station

🚊 Tramhaltestelle

ℹ Information

⛴ Bootsanlegestelle

◁ Jugendstil-Skulpturen am Hlahol-Chor-Gebäude (1905) am Masarykovo nábřeží *(siehe S. 148)*

Im Detail: Wenzelsplatz

Der einstige Rossmarkt (Wenzelsplatz, Václavské náměstí) bildet mit seinen traditionsreichen Hotels und Restaurants das Zentrum des heutigen Prag. Fast alle Gebäude um den Platz stammen aus der Zeit seiner Neugestaltung um 1900. Hier kann man dekorative Baustile von tschechischen Architekten dieser Zeit entdecken. Viele Blocks besitzen schöne Arkaden, durch die man in die dahintergelegenen Geschäfte, Restaurants, Theater und Kinos gelangt.

Das Koruna-Gebäude (1914) ist ein prunkvoller Gebäudekomplex mit Büros und Läden. Den Eckturm ziert eine Krone (koruna).

Statue des hl. Laurentius am U Pinkasů

U Pinkasů, Prags berühmteste Bierkneipe, schenkt seit 1843 Pilsner Urquell aus *(siehe S. 200f)*.

Maria Schnee

Das riesige gotische Bauwerk ist nur ein Teil des im 14. Jahrhundert geplanten Kirchenbaus. ❷

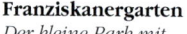

Der Jungmannplatz ist nach dem Schriftsteller und Sprachforscher Josef Jungmann (1773–1847) benannt, dessen Statue im Zentrum des Platzes steht. Das Palais Adria (1925) war früher die Bühne für die Laterna Magika *(siehe S. 221)*. In den Anfangstagen der Samtenen Revolution tagte hier Václav Havels Bürgerforum.

Franziskanergarten

Der kleine Park mit Brunnen, Rosenbeeten, Gartenhäusern und Kinderspielplatz wurde in einem ehemaligen Klostergarten angelegt. ❸

Palais Lucerna

Das fünfstöckige Wiehl-Haus (1896) im Stil der Neorenaissance und mit farbigem Sgraffito ist nach dem Architekten Antonín Wiehl benannt. Einige der Jugendstil-Skulpturen stammen von Mikoláš Aleš.

NICHT VERSÄUMEN

★ Hotel Europa

★ Nationalmuseum

★ Wenzelsplatz

★ Wenzelsplatz

Beherrscht wird der Platz vom bronzenen Reiterstandbild des hl. Wenzel (1912) und vom Nationalmuseum dahinter. Wenzel war ein Přemyslide, der von seinem Bruder Boleslav ermordet wurde. Er ist der Schutzheilige Böhmens. ❶

ZUR ORIENTIERUNG
Siehe Stadtplan, Karten 3, 4, 6

Im **Assicurazioni-Generali-Gebäude** arbeitete Franz Kafka *(siehe S. 68)* 1906/07 zehn Monate lang als Versicherungsangestellter.

Das **Denkmal der Opfer des Kommunismus** befindet sich nahe der Stelle, wo sich Jan Palach aus Protest gegen den Einmarsch von Truppen des Warschauer Pakts am 16. Januar 1969 verbrannte.

★ Hotel Europa

Jugendstil-Fassade und Inneneinrichtung des Hotels (1906) sind original erhalten. ❹

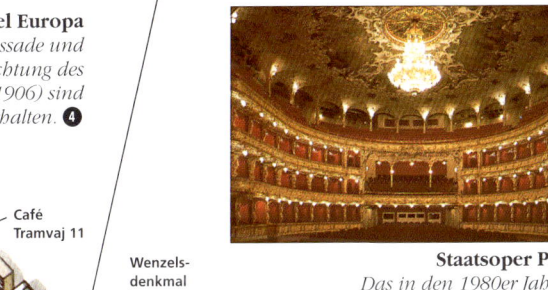

Café
Tramvaj 11

Wenzelsdenkmal

Staatsoper Prag
Das in den 1980er Jahren sorgsam restaurierte Innere besitzt noch seinen roten Plüsch, die Kronleuchter und den vergoldeten Stuck aus dem 19. Jahrhundert. ❻

OPLETALOVA

WILSONOVA

VÁCLAVSKE NÁMĚSTÍ

E SMEČKÁCH

KRAKOVSKÁ

Muzeum

Muzeum

Palais
Fénix

Denkmal für Jan Palach, der sich aus Protest gegen den Kommunismus verbrannte.

0 Meter   100

★ Nationalmuseum

Der Prachtbau mit monumentalem Treppenaufgang wurde 1890 als Symbol des Nationalbewusstseins fertiggestellt. ❺

LEGENDE

─ ─ ─   Routenempfehlung

Stadtplan *siehe Seiten 246–257*

Wenzelsdenkmal auf dem Wenzelsplatz

Wenzelsplatz ❶
VÁCLAVSKÉ NÁMĚSTÍ

Stadtplan 3 C5. Můstek, Muzeum. 3, 9, 14, 24.

Der Wenzelsplatz war in der jüngeren Vergangenheit Zeuge einiger historischer Ereignisse von nationaler Bedeutung. Als Zeichen des Protests gegen die Besetzung durch Truppen des Warschauer Pakts verbrannte sich 1969 dort der Student Jan Palach. Von diesem Ort aus nahm 1989 die Samtene Revolution ihren Lauf, die den Sturz der kommunistischen Regierung einleitete.

Der ursprünglich als Pferdemarkt angelegte Platz ist etwa 750 Meter lang und 60 Meter breit. Gesäumt wird er von Hotels, Restaurants, Clubs und Geschäften, die sich an eine »wohlbetuchte« Klientel wenden.

Das übergroße bronzene Reiterstandbild des hl. Wenzel vor der Kulisse des Nationalmuseums wurde 1912 vom renommierten tschechischen Bildhauer Josef Myslbek geschaffen. Am Fuß des Sockels befinden sich die Figuren vier weiterer tschechischer Schutzpatrone. Ein Denkmal in der Nähe der Statue erinnert an die Opfer des Kommunismus.

Maria Schnee ❷
KOSTEL PANNY MARIE SNĚŽNÉ

Jungmannovo náměstí 18. **Stadtplan** 3 C5. 22 22 46 243. Můstek. tägl. 9–19 Uhr. letzter Sa im Monat. Mo–Fr 7, 8, 18 Uhr, So 9, 10.15, 11.30, 18 Uhr. www.pms.ofm.cz

Karl IV. gründete die Kirche aus Anlass seiner Krönung im Jahr 1347. Ihr Name geht auf ein Marienwunder im 4. Jahrhundert in Rom zurück, als die Jungfrau dem damaligen Papst im Traum erschien und ihn hieß, an der Stelle eine Kirche zu bauen, wo im August Schnee fallen würde. Karls Kirche, die über 100 Meter lang werden sollte, wurde nie fertiggestellt. Die heutige Kirche besteht nur aus einem Chorraum, der 1397 mit 33 Metern Höhe vollendet wurde. Ursprünglich gehörte die Kirche zum Karmeliterkloster. Auf der Nordseite sieht man noch ein Portal (14. Jh.), das einst den Eingang zum Klosterfriedhof bildete.

Im frühen 15. Jahrhundert wurde der Kirchturm errichtet. Die Hussiten-Kriege (siehe S. 26f) verhinderten jedoch die Fortsetzung des Baus. Der radikale Hussit Jan Želivský predigte hier und wurde nach seiner Hinrichtung 1422 auch in der Kirche begraben. Während der Hussiten-Kriege wurde die Kirche schwer beschädigt, 1434 sogar der Turm zerstört. Im Lauf der Zeit verfiel die Anlage. 1603 begannen die Franziskaner mit dem Wiederaufbau. Aus dieser Zeit stammt auch das großartige Netzgewölbe. Das Kircheninnere ist – mit Ausnahme des zinnernen Taufbeckens – barock gestaltet. Der prächtige dreistöckige Hochaltar ist mit Heiligenfiguren und einem Kruzifix geschmückt.

Franziskanergarten ❸
FRANTIŠKÁNSKÁ ZAHRADA

Jungmannovo náměstí 18. **Stadtplan** 3 C5. Můstek. Apr–Sep: tägl. 7–22 Uhr; Okt: tägl. 7–20 Uhr; Nov–März: tägl. 7–19 Uhr.

Der frühere Garten des Franziskanerklosters ist seit 1950 ein öffentlich zugänglicher Park beim Wenzelsplatz. Ein gotisches Portal am Eingang führt zum Kellerrestaurant U Františkánů. Seit den 1980er Jahren gibt es wieder Kräuterbeete, wie sie die Franziskaner im 17. Jahrhundert kultiviert hatten.

Hotel Europa ❹
HOTEL EVROPA

Václavské náměstí 29. **Stadtplan** 4 D5. Můstek. 3, 9, 14, 24. Siehe **Übernachten** S. 192, **Restaurants** S. 206. www.evropahotel.cz

Obwohl der alte Glanz des Grandhotels heute etwas verblichen ist, ist es ein sehenswertes Überbleibsel aus der Goldenen Zeit

Jugendstil-Ornamente an der Fassade des Hotel Europa

Fassade der Staatsoper Prag, ehemals Neues Deutsches Theater

der großen Hotels. Es wurde 1903–06 im Jugendstil erbaut. Nicht nur die Fassade mit den vergoldeten Nymphen ist erhalten, auch ein Großteil der Innenausstattung – Theken, Spiegel, Holztäfelungen und Leuchten – hat die Zeit unbeschadet überstanden.

Nationalmuseum ❺
NÁRODNÍ MUZEUM

Václavské náměstí 68. **Stadtplan** 6 E1. ☎ 22 44 97 111. ⏻ Museum. ◯ Okt – Apr: tägl. 9 –17 Uhr; Mai – Sep: 10 –18 Uhr. ◉ 1. Di im Monat. 🖼 📷 gegen Gebühr. **www**.nm.cz

Das monumentale Gebäude im Stil der Neorenaissance bildet den oberen Abschluss des Wenzelsplatzes. Der Architekt Josef Schulz hat es 1890 als Symbol der Nationalen Wiedergeburt erbaut. Den Eingang erreicht man über eine von allegorischen Figuren flankierte Rampe. Links und rechts vom Eingang sitzen Geschichte und Naturgeschichte.

Das Innere des Gebäudes ist beeindruckend, mehr noch sind es die darin präsentierten Sammlungen zu Mineralogie, Archäologie, Anthropologie, Zoologie, Numismatik und Naturgeschichte. Im Pantheon des Gebäudes befinden sich Büsten und Statuen großer tschechischer Gelehrter, Künstler und Schriftsteller sowie Gemälde von František Ženíšek, Václav Brožík und Vojtěch Hynais.

Staatsoper Prag ❻
STÁTNÍ OPERA

Wilsonova 4. **Stadtplan** 4 E5. ☎ 22 42 27 266 (Kasse). ⏻ Museum. ◯ nur zu Vorstellungen.
Siehe **Unterhaltung** S. 220 und 222. **www**.opera.cz

Das ursprünglich an dieser Stelle stehende Neustädter Theater wurde 1885 abgerissen. Dafür errichtete man den jetzigen Bau, der zunächst Neues Deutsches Theater hieß und der für die Deutschen in Prag sowie auch als Konkurrenz zum tschechischen Nationaltheater *(siehe S. 156f)* gedacht war. Den Frontgiebel über dem Säuleneingang ziert ein klassizistischer Fries mit Dionysos und Thalia. Das Innere weist Stuckaturen auf. Im Zuschauerraum und auf den Vorhängen sind die Originalgemälde erhalten geblieben. Seit 1945 kann man hier Opern- und Ballettaufführungen sehen.

Mucha-Museum ❼
MUCHOVO MUZEUM

Panská 7. **Stadtplan** 4 D4. ☎ 22 14 51 333. ⏻ Můstek, Náměstí Republiky. 🚊 3, 5, 9, 14, 24, 26. ◯ tägl. 10 –18 Uhr. 📷 🖼 ▭ **www**.mucha.cz

Das Palais Kaunicky (18. Jh.) beherbergt das erste Museum für Alfons Mucha, das sich dem tschechischen Meister des Jugendstils widmet. Zu den über 100 Exponaten gehören Gemälde, Skulpturen, Fotos und Erinnerungsstücke. Im Innenhof gibt es im Sommer ein Café. Der Museumsladen bietet exklusive Geschenke mit Mucha-Motiven an.

Haupttreppenaufgang im Nationalmuseum

Jugendstil in Prag

Der anmutige und grazile Kunststil eroberte im letzten Jahrzehnt des 19. Jahrhunderts von Paris aus sehr schnell die anderen Hauptstädte Europas. In Prag erreichte er seinen Höhepunkt im ersten Jahrzehnt des 20. Jahrhunderts. Ab dem Ersten Weltkrieg wurde er jedoch als frivol und dekadent angesehen. Besucher finden in Prag eine Fülle von Jugendstil-Arbeiten – sowohl in der Architektur als auch in den schönen Künsten. In der Neustadt und der Josefstadt *(siehe S. 80–93)* wurden um 1900 ganze Straßenzüge abgerissen und im neuen Stil wiederaufgebaut.

Fassade Masarykovo nábřeži 10

Praha-Haus
Das Haus wurde 1903 für die Versicherung Praha erbaut. PRAHA steht in Jugendstil-Lettern am vierten Stock.

ARCHITEKTUR

In Prag hielt der Jugendstil während der Jubiläumsausstellung im Jahr 1891 Einzug. Der neue Architekturstil, dessen erklärtes Ziel es war, mit der alten monumentalen Bauweise zu brechen, legte Wert auf Ornamentales: Glatte Oberflächen wurden entweder bemalt oder mit Stuck bzw. Statuen versehen. Die dafür entwickelte Technik eignete sich vor allem für oft verwendete Materialien wie Gusseisen und Glas, die leicht wirkten, aber sehr stabil waren. Das Ergebnis sind zahlreiche Bauwerke von unvergänglicher Schönheit.

Hotel Central
Die Fassade des von Alois Dryák und Bedřich Bendelmayer 1900 erbauten Hotels zieren herrliche Stuckaturen.

Hlahol-Chor-Gebäude, 1905
Josef Fanta schmückte das Gebäude mit Mosaiken und Skulpturen von Karl Mottl und Josef Pekárek (siehe S. 142).

Hotel Meran
Das schöne, 1904 fertiggestellte Jugendstil-Gebäude ist bekannt für seine vollendete Gestaltung.

Reich verzierte Pfeiler

Elegante Statuen

Treppengeländer aus Messing und Schmiedeeisen

Hlavní nádraží
Der Hauptbahnhof von 1901 mit seiner hohen gläsernen Kuppel und seinen eleganten Skulpturen gehört zu den schönsten Jugendstil-Bauten.

DIE SCHÖNEN KÜNSTE

Viele Maler, Bildhauer und Grafiker wurden vom Jugendstil beeinflusst. Einer seiner wichtigsten Vertreter war Alfons Mucha (1860–1939), der vor allem mit seinen Plakatmotiven Berühmtheit erlangte. Er arbeitete jedoch auch mit Bleiglas *(siehe S. 102)* und Schmuck und entwarf sogar Briefmarken. Die schönsten Exponate des Jugendstils findet man in Prag in den Bereichen der schönen Künste und des Kunsthandwerks. Die Künstler machten es sich zur Aufgabe, jedes Objekt – vom Türknauf bis zum Besteck – zu verschönern. Die Ornamente, die sie schufen, sind den Formen in der Natur nachempfunden.

Briefmarke, 1918
Alfons Mucha schuf das markante Motiv zur Gründung der Tschechoslowakei.

Plakat
Muchas Farblitho für die sechste Tagung des Turnvereins Sokol (1912) ist im Museum für Sport ausgestellt (Tyrš-Museum).

Záboj und Slavoj
Die mythischen Figuren wurden von Josef Myslbek 1895 für die Palacký-Brücke erschaffen. Heute stehen sie im Vyšehrad-Park.

Glasvase
Die schillernde grüne Vase aus böhmischem Glas mit Reliefschmuck aus ineinander verschlungenen Fäden steht im Kunstgewerbemuseum.

Vorhangschmuck und Kerzenhalter
Der Schmuck zierte das Zimmer des Bürgermeisters im Gemeindehaus. Der Kerzenhalter von Emanuel Novák steht heute im Kunstgewerbemuseum.

JUGENDSTIL IN PRAG

Türschmuck am Haus Široka 9 in der Josefstadt

ARCHITEKTUR

MALEREI

BILDHAUEREI

KUNSTHANDWERK

Im Detail: Karlsplatz

Laut ist es im südlichen Teil der Neustadt fast immer, denn hier kreuzen sich nahezu alle Tramlinien. Glücklicherweise kann man sich in den beschaulichen Park auf dem Karlsplatz (Karlovo náměstí) zurückziehen. Einige Gebäude um den Platz werden von der Universität genutzt. Auf dem Platz selbst stehen mehrere Denkmäler von tschechischen Schriftstellern und Gelehrten. Zahlreiche Gebäude wurden im Barockstil errichtet. Auf dem Weg zum Fluss kommt man direkt zum Emmauskloster aus dem 14. Jahrhundert.

Fassadenschmuck am Karlsplatz

Die Tschechische Technische Hochschule wurde 1867 in diesem großen Neorenaissance-Bau gegründet.

Karlsplatz-Zentrum

Hl. Wenzel

RESSLOVA

VÁCLAVSKÁ

KARLOVO NÁ

NA MORANI

Zum Fluss →

★ St. Kyrill und St. Method
Eine Gedenktafel und die Einschusslöcher an der Wand erinnern an den Angriff auf die Kirche 1942, als deutsche Truppen nach dem Attentat auf Heydrich tschechische Widerstandskämpfer in der Krypta aufgespürt hatten. ⓫

Zur Metro-Station

★ Karlsplatz
Das Herz des Platzes ist ein großzügiger Park mit Rasenflächen, Blumenbeeten und Statuen aus dem 19. Jahrhundert. ⓾

Kapelle St. Kosmas und Damian

POD SLOVANY

VYEHRADSKÁ

Emmauskloster
1965 wurden der Klosterkirche aus dem 14. Jahrhundert zwei moderne Betontürme von František Černý hinzugefügt. ⓮

TROJICKÁ

NICHT VERSÄUMEN

★ Karlsplatz

★ St. Kyrill und St. Method

St. Johannes von Nepomuk auf dem Felsen
Orgel und Deckengemälde der Kirche stammen von Kilian Ignaz Dientzenhofer. ⓭

St. Ignatius
Strahlenkranz und vergoldete Engel an den Seitenaltären sind typisch für die prunkvolle Ausstattung der Barockkirche. ❽

Die Dichterin Eliška Krásnohorská schrieb die Libretti für Smetanas Opern. Seit 1931 erinnert ein Denkmal an sie.

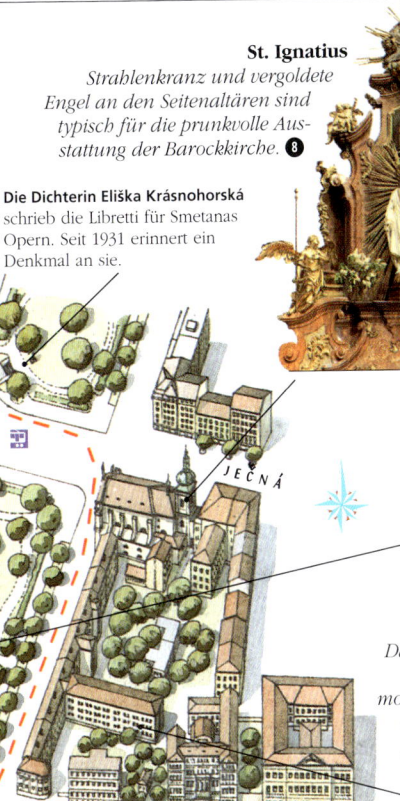

J E Č N Á

U N E M O C N I C E

ZUR ORIENTIERUNG
Siehe Stadtplan, Karte 5

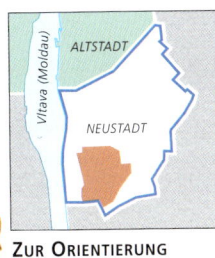

Die Statue Jan Purkyněs (1787–1869), eines bedeutenden Naturwissenschaftlers und Zellforschers, wurde 1961 als jüngstes Denkmal des Platzes errichtet.

Jesuitenkolleg
Das Mitte des 17. Jahrhunderts erbaute monumentale Gebäude ist seit Auflösung des Jesuitenordens 1773 ein Krankenhaus (siehe S. 30f). ❾

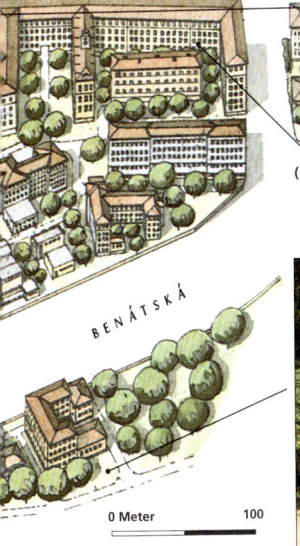

Damenstift (18. Jh.), heute Krankenhaus

B E N Á T S K Á

0 Meter   100

Fausthaus
Graf Ferdinand Mladota von Solopysky erwarb das Haus im 18. Jahrhundert. Die chemischen Experimente, die er darin durchführte, gaben dem Haus seinen Namen. ⓬

Botanischer Garten
Der Garten gehört zur Karlsuniversität und ist berühmt für seine Vielfalt an seltenen Pflanzen. Wer hierherkommt, findet Ruhe und Entspannung. ⓯

LEGENDE

Routenempfehlung

Stadtplan *siehe Seiten 246–257*

Skulpturen an der Fassade des Jesuitenkollegs von Tomaso Soldati

St. Ignatius ❽

KOSTEL SV. IGNÁCE

Ječná 2. **Stadtplan** 5 C2. ☎ *22 49 21 254.* 🚇 *Karlovo náměsti.* 🚋 *3, 4, 6, 14, 18, 22, 24.* 🕐 *tägl. 6–12, 15.30–18.30 Uhr.* ⛪ *häufig.* 📷

Der prachtvolle barocke Kirchenbau mit seiner reichen Stuckverzierung ist typisch für die Jesuiten, die mit diesem Prunk ihre Macht und den starken Einfluss ihres Glaubens demonstrieren wollten. Begonnen wurde der Bau 1665 unter Architekt Carlo Lurago, von dem auch das angrenzende Jesuitenkolleg stammt. Paul Ignaz Bayer beendete ihn schließlich mit der Fertigstellung des Turms im Jahr 1687.

Das Gemälde von Jan Jiří Heinsch am Hochaltar zeigt die Glorifizierung des hl. Ignatius (Ignatius von Loyola), des Begründers des Jesuitenordens.

Die Jesuiten verschönerten die Kirche im Lauf der Zeit ständig mit Stuckaturen, Statuen von Heiligen und weiterem Dekor, bis ihr Orden 1773 aufgelöst wurde.

Jesuitenkolleg ❾

JEZUITSKÁ KOLEJ

Karlovo náměstí 36. **Stadtplan** 5 B2. 🚇 *Karlovo náměstí.* 🚋 *3, 4, 6, 10, 14, 16, 18, 22, 24.* ⚫ *für die Öffentlichkeit.*

Das frühere Jesuitenkolleg in der Neustadt nimmt die halbe Ostseite des Karlsplatzes ein. Die Jesuiten haben wie in anderen Stadtteilen auch hier ganze Areale

zerstört, um weitere Bastionen ihres Einflusses zu errichten. Erbaut wurde das Kolleg 1656–1702 von den Architekten Carlo Lurago und Paul Ignaz Bayer. Die mit Statuen verzierten Portale stammen von Johann Georg Wirch, der das Gebäude im Jahr 1770 auch erweiterte. Nach Auflösung des Ordens wurde das Kolleg in ein Militärkrankenhaus umgewandelt. Heute gehört es zur medizinischen Fakultät der Karlsuniversität.

Karlsplatz ❿

KARLOVO NÁMĚSTÍ

Stadtplan 5 B2. 🚇 *Karlovo náměsti.* 🚋 *3, 4, 6, 10, 14, 16, 18, 22, 24.*

Seit Mitte des 19. Jahrhunderts ist der Platz ein öffentlicher Park, der zu jeder Tageszeit Raum zur Entspannung bietet.

Gegründet wurde der Park 1348 von Karl IV. – eigentlich als Rindermarkt. Gehandelt wurde jedoch auch mit Holz, Kohle und Salzheringen.

In der Mitte des Marktplatzes ließ Karl IV. einen Holz-

turm errichten, in dem jedes Jahr die Kronjuwelen ausgestellt wurden. 1382 wurde der Turm schließlich durch eine Kapelle ersetzt, in der im Jahr 1437 das Abkommen zwischen den Hussiten und dem Papst auf dem Basler Konzil proklamiert wurde.

St. Kyrill und St. Method ⓫

KOSTEL SV. CYRILA A METODĚJE

Resslova 9. **Stadtplan** 5 B2. ☎ *22 49 20 686.* 🚇 *Karlovo náměsti.* 🚋 *3, 4, 6, 10, 14, 16, 18, 22, 24.* 🕐 *Okt–Apr: Di–So 10–16 Uhr; Mai–Sep: Di–So 10–17 Uhr.* 🎧 🚫 ♿

Die um 1730 errichtete Barockkirche mit ihrer säulengeschmückten Fassade war Karl Borromäus geweiht und diente als Gebetsstätte für betagte Priester, doch sowohl das Altersheim als auch die Kirche wurden im Jahr 1783 geschlossen.

Um 1930 wurde die Kirche für die tschechoslowakische orthodoxe Kirche restauriert und folglich den beiden ›Slawenaposteln‹, dem hl. Kyrill und hl. Method, geweiht. Im Mai 1942 versteckten sich in der Krypta jene Widerstandskämpfer, die das Attentat auf den stellvertretenden Reichsprotektor Reinhard Heydrich verübt hatten. Als die Nazis die Kirche umstellt hatten, nahmen sich alle Widerstandskämpfer das Leben. Einige der Kugeleinschüsse – Zeugnisse der deutschen Belagerung – sind noch unterhalb der Gedenktafel an der Außenfassade zu sehen. Die Krypta beherbergt heute ein kleines Museum.

Hauptaltar der Kirche St. Kyrill und St. Method

Fausthaus ⑫

FAUSTŮV DŮM

Karlovo náměstí 40, 41. **Stadtplan**
5 B3. ⓂKarlovo náměstí. 🚋 3, 4,
14, 16, 18. ● für die Öffentlichkeit.

Prag ist die Stadt der My-
thenbildung über Alchimisten und ihren Pakt mit dem
Teufel – und dieses Palais ist
Teil davon. Der erste Bau von
Prinz Václav von Opava,
einem Naturwissenschaftler,
stammte aus dem 14. Jahrhundert. Im 16. Jahrhundert kaufte es der Alchimist Edward
Kelley. Doch es waren die
chemischen Experimente von
Graf Ferdinand Mladota von
Solopysky im 18. Jahrhundert,
die das Haus mit der Faustsa-
ge in Verbindung brachten.

Barocke Fassade des Fausthauses

St. Johannes
von Nepomuk
auf dem Felsen ⑬

KOSTEL SV. JANA NA SKALCE

Vyšehradská 49. **Stadtplan** 5 B3.
🕻 22 49 15 371. 🚋 3, 4, 14, 16,
18, 24. ◯ nur zu Gottesdiensten.
🕇 So 8 Uhr. Ø

Die Kirche mit ihren zwei
Türmen zählt zu Prags
kleineren Barockkirchen. Sie
wurde von Kilian Ignaz Dientzenhofer erbaut und gehört
zu seinen schönsten Arbeiten.
Das Kirchenschiff erhebt sich
über einem achteckigen
Grundriss. Die Kirche wurde

im Jahr 1738 fertiggestellt, die
doppelarmige Freitreppe um
1770 hinzugefügt. Auf dem
Hauptaltar steht eine hölzerne
Version des Johannes von
Nepomuk von Jan Brokoff
(*siehe S. 137*). Seine Bronzestatue befindet sich auf der
Karlsbrücke.

Emmauskloster ⑭

**KLÁŠTER NA SLOVANECH
EMAUZY**

Vyšehradská. **Stadtplan** 5 B3.
🕻 22 49 15 227. 🚋 3, 4, 14, 18,
24. **Kirche** ◯ Mo–Fr 9–16 Uhr.
Kreuzgang ◯ nach Vereinbarung.
🕇 tägl. 10, 18 Uhr. 🎦 📷 ⓖ
www.emauzy.cz

Kloster und Kirche wurden
bei einem Luftangriff der
Amerikaner 1945 fast völlig
dem Erdboden gleichge-
macht. Während des Wieder-
aufbaus erhielt die Kirche
zwei moderne Betontürme.
　Das Kloster wurde 1347 für
die kroatischen Benediktiner
erbaut, die ihre Gottesdienste
auf Altslawonisch abhielten.
Im Lauf der ereignisreichen
religiösen Geschichte der
Stadt geriet das Kloster jedoch
in zahlreiche Hände. 1446
wurde hier der hussitische
Orden gegründet. Im Jahr
1635 ging das Kloster an die
spanischen Benediktiner über.
Deutsche Benediktiner, die
das Kloster 1880 übernahmen,
bauten fast das gesamte Barockgebäude im neogotischen
Stil um. Bis heute haben sich
einige historisch interessante
Wandmalereien erhalten. Die
meisten wurden allerdings
(wenn nicht schon vorher)
während der massiven Luftan-
griffe im Zweiten Weltkrieg
zerstört.

**Überreste der Fresken (14. Jh.) im
Kreuzgang des Emmausklosters**

Botanischer
Garten ⑮

BOTANICKÁ ZAHRADA

Na slupi 16. **Stadtplan** 5 B3. 🕻 22
49 18 970. 🚋 18, 24. 🚌 148.
Gewächshäuser ◯ tägl. 10–
16 Uhr. **Gärten** ◯ Jan, Feb: tägl.
10–17 Uhr; März–Okt: tägl. 10–
18 Uhr; Nov, Dez: tägl. 10–16 Uhr.
🎦 Ø ⓖ

Der erste Botanische Gar-
ten Prags wurde unter
Karl IV. im 14. Jahrhundert
angelegt. Der 1775 in Smíchov gegründete Universitäts-
garten wurde 1897 hierherver-
legt. Die Gewächshäuser
stammen von 1938.
　Besucher finden auf dem
Gelände vielfältige Ausstellungen sowie Areale mit exotischen Vögeln und Fischen. Zu
den Attraktionen gehört die
sogenannte Riesenseerose
(*Victoria cruziana*). Im Sommer bilden die Pflanzen riesige Blüten, die nur zwei Tage
lang überleben.

Eingang zum Botanischen Garten

Turm der St.-Katharinen-Kirche

St.-Katharinen-Kirche **⑯**

KOSTEL SV. KATEŘINY

Kateřinská. **Stadtplan** 5 C3. ⎘ *4, 6, 10, 16, 22.* ● *für die Öffentlichkeit.*

Die St.-Katharinen-Kirche steht im Garten eines ehemaligen Klosters, das 1354 von Karl IV. zur Erinnerung an seine siegreiche Schlacht von San Felice in Italien (1332) gegründet wurde. Nach dem Sieg der Hussiten 1420 in Prag *(siehe S. 26f)* wurde das Kloster zerstört, später aber von Kilian Ignaz Dientzenhofer als Augustinerkloster wiederaufgebaut. Die Mönche bewohnten es bis 1787. Seit 1822 wird es als Krankenhaus genutzt.

1737 entstand eine neue Barockkirche, die den schlanken Turm der ursprünglichen Kirche erhielt. Seine achteckige Form verlieh ihr den Beinamen »Prager Minarett«.

Restaurant »Zum Kelch« **⑰**

RESTAURACE U KALICHA

Na bojišti 14. **Stadtplan** 6 D3. ☎ *29 61 89 600.* ⎚ *I. P. Pavlova.* ⎘ *4, 6, 10, 16, 22.* ○ *tägl. 11– 23 Uhr (bitte reservieren).* ⎙ ⎚ *Siehe* **Restaurants** *S. 207.* **www.ukalicha.cz**

Berühmt wurde die Bierkneipe, in der heute wie damals Pilsner Urquell ausge-

schenkt wird, durch Jaroslav Hašeks Roman *Die Abenteuer des braven Soldaten Švejk.* Hier traf Hašek auf den Offiziersdiener, nach dem er die Romanfigur Švejk gestaltete. Das Personal ist angezogen wie im Ersten Weltkrieg, der Zeit, in der der Roman spielt.

Dvořák-Museum **⑱**

MUZEUM ANTONÍNA DVOŘÁKA

Ke Karlovu 20. **Stadtplan** 6 D2. ☎ *22 49 23 363.* ⎚ *I. P. Pavlova.* ⎙ *148.* ○ *Di–So 10–13, 14– 17 Uhr und für Konzert.* ⎙ ⎚ ⎙ **www.nm.cz**

Das frühere Sommerpalais Michna, in dem heute das Dvořák-Museum eingerichtet ist, zählt zu den schönsten barocken Profanbauten der Stadt. Ausgestellt sind Partituren und Handschriften des bedeutenden tschechischen Komponisten des 19. Jahrhunderts. Zu sehen sind auch Klavier, Viola und Schreibtisch von Antonín Dvořák.

Kilian Ignaz Dientzenhofer *(siehe S. 129)* baute das zweistöckige barocke Gebäude mit dem elegant gestaffelten Dach 1720 als Sommerresidenz für die Michnas von Vacínov, daher der Name. Später hieß es zeitweise Villa Amerika – nach einem in der Nähe liegenden Gasthof. Das Barockgitter

am Eingang zwischen den beiden Pavillons ist eine Kopie des Originals. Die Statuen und Vasen im Garten (1735) stammen aus der Werkstatt von Matthias Braun. Sie bedürften ebenso wie die Innenräume des Gebäudes der kompletten Restaurierung. Decke und Wände des Saals im ersten Stock, der oft für Konzerte dient, zieren Fresken von Jan Ferdinand Schor aus dem 18. Jahrhundert.

St.-Stephans-Kirche **⑲**

KOSTEL SV. ŠTĚPÁNA

Štěpánská. **Stadtplan** 5 C2. ⎘ *4, 6, 10, 16, 22.* ○ *nur zu Gottesdiensten.* ⎙ *So 11 Uhr.* ⎚

Karl IV. gründete die Kirche 1351 als Pfarrkirche der oberen Neustadt, erst 1401 wurde sie durch das Aufsetzen der Turmspitze fertiggestellt. Im 17. Jahrhundert kam die Branberg-Kapelle auf der Nordseite hinzu, wo auch der barocke Bildhauer Matthias Braun begraben liegt.

Der Großteil der weiteren barocken Anbauten wurde in den 1770er Jahren wieder entfernt, als Josef Mocker die Kirche im neogotischen Stil umgestaltete. Erhalten geblieben sind einige schöne Barockgemälde,

Das Palais Michna, heute Sitz des Dvořák-Museums

Im Stil der Renaissance bemalte Decke, Neustädter Rathaus

darunter *Die Taufe Christi* von Karel Škréta am Ende des linken Seitenschiffs sowie ein Porträt von Johannes von Nepomuk *(siehe S. 137)* von Jan Jiří Heinsch auf der linken Seite der Kanzel (15. Jh.).

Den weitaus kostbarsten Schatz der St.-Stephans-Kirche stellt das wertvolle gotische Madonnenbild aus dem Jahr 1472 dar: *Unsere Liebe Frau von St. Stephan.*

Gotische Kanzel in St. Stephan

Neustädter Rathaus ⑳
NOVOMĚSTSKÁ RADNICE

Karlovo náměstí 23. **Stadtplan** 5 B1. Ⓜ *Karlovo náměstí.* ⬛ *3, 4, 6, 10, 14, 16, 18, 22, 24.* 📞 *22 49 48 229.* **Turm** 🕓 *Mai–Sep: Di–So 10–18 Uhr.*

Ein Denkmal des Hussiten-Predigers Jan Želivský wurde 1960 vor dem Neustädter Rathaus enthüllt. Es erinnert an den ersten und blutigsten der Prager Fensterstürze. Am 30. Juli 1419 führte Želivský eine Menschenmenge vor das Rathaus und forderte die Freilassung mehrerer Gefangener. Als dies verweigert wurde, stürmte man das Gebäude und stürzte die katholischen Ratsherren aus dem Fenster. Wer den Sturz überlebte, wurde mit Lanzen getötet.

Das ursprüngliche Rathaus stammt aus dem 14., der gotische Turm aus dem 15. Jahrhundert. In ihm befindet sich eine Kapelle (18. Jh.). Im 16. Jahrhundert entstand der Arkadenhof.

Nach dem Zusammenschluss der vier Prager Städte wurde das Rathaus Gerichtsgebäude und Gefängnis. Heute dient es verschiedenen kulturellen Zwecken. Die gotische Halle wird auch für Hochzeiten vermietet.

U Fleků ㉑

Křemencova 11. **Stadtplan** 5 B1. 📞 *22 49 34 019.* Ⓜ *Národní třída, Karlovo náměstí.* ⬛ *6, 9, 17, 18, 22.* **Museum** 🕓 *Mo–Fr 10–16 Uhr (nach Voranmeldung), Sa, So nur in Kombination mit Verzehr im Restaurant. Siehe* **Restaurants** *S. 206.* **www**.ufleku.cz

Dokumente belegen, dass hier seit 1459 Bier gebraut wird. Glücklicherweise verstehen die jetzigen Besitzer der traditionsreichen (und auch sehr touristischen) Bierkneipe das Brauen als Handwerk und nicht nur als Gelderwerb. 1762 wurde das Lokal von Jakub Flekovský gekauft, der ihm den Namen gab: U Fleků (Zum Fleck).

In der kleinsten Brauerei Prags wird dunkles Starkbier gebraut, das nur hier ausgeschenkt wird. Es gibt zudem ein kleines Brauereimuseum.

St.-Ursula-Kirche ㉒
KOSTEL SV. VORŠILY

Ostrovní 18. **Stadtplan** 3 A5. 📞 *22 49 30 502.* Ⓜ *Národní třída.* ⬛ *6, 9, 18, 22.* 🕓 *zu Gottesdiensten oder nach Vereinbarung mit dem PIS (siehe S. 227).* ✝ *tägl. 17 Uhr.* 🚫

Die schöne Barockkirche wurde 1672 als Teil des Ursulinenklosters gegründet. Erhalten sind die Originalskulpturen an der Fassade und die Statuengruppe (1747) vor der Kirche von Ignaz Platzer d. Ä. Im Inneren gibt es Fresken und Stuckaturen an der Decke. In den Seitenkapellen befinden sich farbenprächtige barocke Gemälde. Den Hauptaltar ziert ein Bild der hl. Ursula.

Das angrenzende Kloster, das sich wieder in Händen des Ordens befindet, ist heute eine katholische Schule. Ein Besuch in der urigen Klostergaststätte bietet sich nach der Besichtigung der Kirche an.

Nationaltheater ㉓
NÁRODNÍ DIVADLO

Siehe S. 156f.

U Fleků, Prags bekannteste Bierkneipe

Nationaltheater ㉓

NÁRODNÍ DIVADLO

Das von Blattgold berstende Gebäude ist ein wichtiges Symbol der Nationalen Wiedergeburt des Landes. 1868 begann der tschechische Architekt Josef Zítek mit dem größtenteils durch Spenden aus der Bevölkerung finanzierten Neorenaissance-Bau, der jedoch kurz nach Vollendung durch einen Brand zerstört wurde *(siehe Kasten S. 157)*. Wiederaufgebaut wurde das Theater von Josef Schulz. Ende der 1970er bis Anfang der 1980er Jahre wurde das Theater von Karl Prager restauriert, der auch die Neue Bühne (Nová Scena) hinzufügte.

Bronzeskulptur im Foyer

Blick von Slovanský ostrov auf das Theater

Der dreispännige Bronze-Triumph-wagen von Bohuslav Schnirch trägt die Siegesgöttin.

Laterna Magika

Zuschauerraum der Neuen Bühne

★ Zuschauerraum
Die beeindruckenden Deckenmalereien, allesamt Allegorien der Künste, stammen von František Ženíšek.

NICHT VERSÄUMEN

★ Bühnenvorhang

★ Decke im Foyer

★ Zuschauerraum

Die fünf Arkaden der Loggia schmücken Lünettenbilder von Josef Tulka mit dem Titel *Fünf Lieder.*

★ Decke im Foyer
Das Deckenfresko ist der dritte Teil eines Triptychons von František Ženíšek von 1878: Das Goldene Zeitalter der tschechischen Kunst.

★ **Bühnen-vorhang**
Der prächtige rotgoldene Vorhang von Vojtěch Hynais zeichnet die Entstehung des Theaters nach.

INFOBOX

Národní 2, Nové Město. **Stadt-plan** 3 A5. **Karten** ⬭ *tägl. 10–18 Uhr.* 📞 *22 49 01 448.* Ⓜ *Národní třída, Linie B.* 🚊 *6, 9, 17, 18, 22 nach Národní divadlo.* **Zuschau-erraum** ⬭ *bei Vorstellungen.* ♿ www.nationaltheater.cz

Fassadenschmuck
Die Statue (1883) an der Westseite ist nur eine der vielen Allegorien der Künste aus der Werkstatt von Antonín Wagner.

Das himmelblaue Dach mit Sternen symbolisiert die Vollendung, die alle Künstler anstreben sollen.

Präsidentenloge
Die mit Samt ausgekleidete ehemalige Königsloge schmücken Bildnisse berühmter Figuren der tschechischen Geschichte von Václav Brožík.

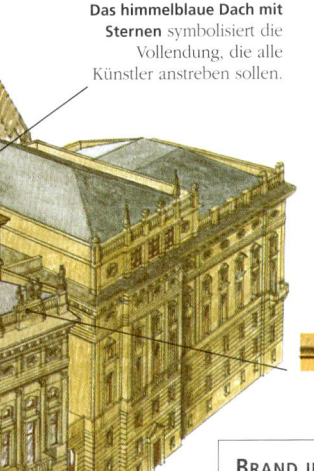

BRAND IM NATIONALTHEATER

Am 12. August 1881, wenige Tage vor der Eröffnung, fiel das Nationaltheater einem Brand zum Opfer, der durch Metallarbeiten auf dem Dach verursacht worden war. Sechs Wochen danach waren genügend Geldspenden zusammengekommen, um es wiederaufzubauen. Nur zwei Jahre später wurde es mit Bedřich Smetanas Oper *Libuše (siehe S. 32)* eröffnet.

ABSTECHER

Der Reichtum an historischen Sehenswürdigkeiten im Zentrum Prags kann dazu verführen, die etwas außerhalb liegenden zu vernachlässigen. Jenseits der Innenstadt kann es natürlich zu Sprachproblemen kommen, doch es lohnt sich, den Massen zu entfliehen und zu erleben, dass Prag sowohl eine moderne Stadt als auch ein historisches Kleinod ist. Viele Sehenswürdigkeiten im ersten Teil dieses Kapitels sind mit Metro, Tram

Gewölbe in St. Barbara,
Kutná Hora (Kuttenberg)

oder zu Fuß mühelos zu erreichen. Auf jeden Fall sollten Sie Schloss Troja und das Kloster Zbraslav besichtigen, in dem heute die Sammlung asiatischer Kunst untergebracht ist. Die Tagesausflüge *(siehe S. 168–171)* in die Umgebung der Stadt schließen Fahrten zu Schlössern in der Nähe von Prag ein. Darüber hinaus führen sie auch zu den alten Kurorten Marienbad und Karlsbad, die schon im 19. Jahrhundert Urlauber nach Böhmen lockten.

SEHENSWÜRDIGKEITEN AUF EINEN BLICK

Museen und Sammlungen
Kloster Zbraslav ⑮
Messepalast S. 164f ⑨
Mozart-Museum ①
Museum der Stadt Prag ⑥
Technisches
    Nationalmuseum ⑧

Kloster
Kloster Břevnov ⑬

Historische Viertel
Náměstí Míru ⑤
Vyšehrad ②
Žižkov ④

Friedhof
Olšany ③

**Historische
Sehenswürdigkeiten**
Weißer Berg und
    Jagdschloss Stern ⑭

Historisches Gebäude
Schloss Troja S. 166f ⑪

Parks und Gärten
Ausstellungsgelände
    und Baumgarten ⑩
Letná-Park ⑦
Zoo ⑫

LEGENDE

▭ Zentrum von Prag

▭ Großraum Prag

✈ Internationaler Flughafen

═ Autobahn

━ Hauptstraße

═ Nebenstraße

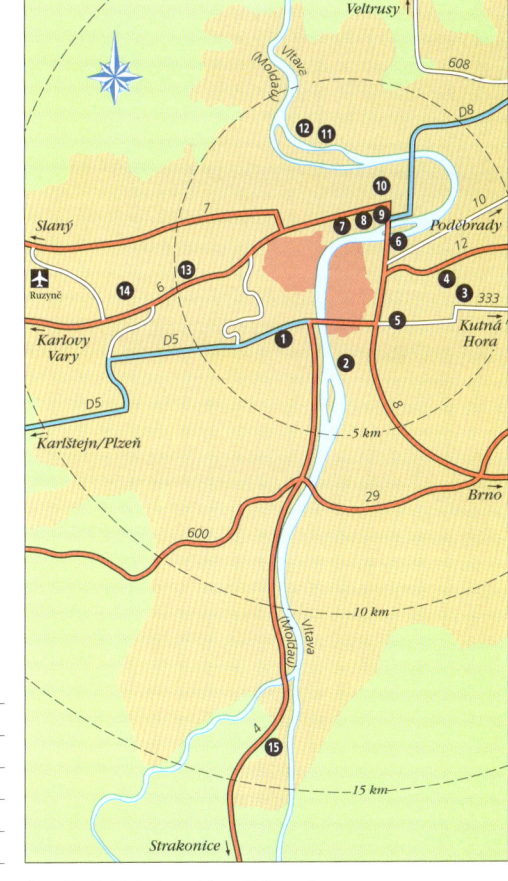

Abstecher im Umkreis von bis zu 15 Kilometern

◁ Teil der Freitreppe zur Gartenanlage von Schloss Troja aus dem 17. Jahrhundert *(siehe S. 166f)*

Die Villa Bertramka, heute Mozart-Museum

Mozart-Museum ❶

BERTRAMKA

Mozartova 169. ☎ 25 73 18 4661.
🚇 *Anděl.* 🚊 *4, 7, 9, 10.* ⏰ *Apr–
Okt: tägl. 9.30–18 Uhr; Nov–März:
tägl. 9.30–16 Uhr.* 📷 🚫
www.bertramka.com

Die Prager sind große Verehrer von Mozart – der
Weg zur Villa Bertramka ist
daher gut ausgeschildert. Das
Anwesen war im 17. Jahrhundert ein Bauernhaus, das in
der zweiten Hälfte des
18. Jahrhunderts zu einer
komfortablen Villa am Stadtrand umgebaut wurde. Mozart
und seine Frau Constanze
hielten sich hier 1787 als
Gäste des Komponisten František Dušek auf, als Mozart

am *Don Giovanni* arbeitete.
Die Ouvertüre zur Oper komponierte er im Gartenpavillon
– nur wenige Stunden vor der
Uraufführung im Nostitz-Theater, heute Ständetheater
(siehe S. 65). Die Villa präsentiert eine kleine, aber feine
Mozart-Ausstellung. Im Hof
gibt es ein Café. Im Sommer
finden auf der Terrasse Konzerte statt.

Vyšehrad ❷

Stadtplan 5 B5. 🚇 *Vyšehrad.*
🚊 *3, 7, 16, 17, 18, 24.*

Die befestigte »Burg auf
dem Felsen« *(siehe
S. 180f)* stammt aus dem
10. Jahrhundert und diente
den ersten Přemysliden-Herrschern, die sie der Prager
Burg vorzogen, als Residenz.
Die Anlage ist für die Tschechen von historischer Bedeutung. Im Jahr 1869 wurde hier
der Nationalfriedhof angelegt.

Friedhof Olšany ❸

OLŠANSKÉ HŘBITOVY

Vinohradská 153, Jana Želivského.
☎ 26 73 10 652. 🚇 *Želivského.*
🚊 *5, 6, 10, 11, 16, 19, 26.*
⏰ *März–Sep: tägl. 8–17 Uhr;
Okt–Feb: tägl. 8–16 Uhr.*

An der Nordwestecke des
Hauptfriedhofs steht
die Kirche St. Rochus
(1682). Sie ist dem Schutzheiligen gegen die Pest geweiht, denn der erste Friedhof entstand hier 1679 nach
der großen Pestepidemie.
Im Lauf des 19. Jahrhunderts
wurde der alte Friedhof ver-

**Gepflegtes Grab im östlichen Teil
des Friedhofs Olšany**

größert und neue Friedhöfe
um ihn herum angelegt – so
der russische Friedhof mit
orthodoxer Kapelle (1924/25)
und der jüdische, auf dem
Franz Kafka *(siehe S. 68)* begraben liegt. Hier ruhen auch
der Maler Josef Mánes (1820–
1871), der zur Blütezeit der
Nationalen Wiedergeburt arbeitete, und Josef Jungmann
(1773–1847), der Verfasser
eines deutsch-tschechischen
Wörterbuchs.

Žižkov ❹

🚇 *Jiřího z Poděbrad, Želivského,
Flóra.* **Nationaldenkmal**, *Vítkov,
U památníku.* 🚌 *133, 207.* ⬤ *wg.
Renovierung länger geschlossen.
Infos beim PIS (siehe S. 227).*

Reiterstandbild von Jan Žižka

Hier war der Schauplatz
eines historischen Siegs
der Hussiten über die Kreuzritter. Auf dem Veitsberg (Vítkov) besiegte am 14. Juli 1420
eine kleine hussitische Streitmacht das riesige Heer von
Kaiser Sigismund *(siehe
S. 26f)*. Angeführt wurden die
todesmutigen, singenden
Hussiten von dem einäugigen
Jan Žižka.

1877 wurde das Areal zu
Ehren Žižkas in Žižkov umbenannt. 1950 wurde ein von
Bohumil Kafka geschaffenes
Bronzedenkmal aufgestellt.
Die mit neun Metern höchste
Reiterstatue der Welt steht vor
dem Nationaldenkmal (1927–
32), das als Symbol des tschechischen Unabhängigkeitskampfs gilt. Eine Zeit lang
war hier die letzte Ruhestätte
für Klement Gottwald und andere kommunistische Führer.
Deren Gebeine wurden jedoch mittlerweile entfernt,
das Bauwerk wurde dem Nationalmuseum übergeben. Seit
2010 ist eine Dauerausstellung
zur neueren Landesgeschichte

Relief von Josef Myslbek über dem Portal von St. Ludmilla in Náměstí Míru

geplant. In der Nähe wurde 1984–88 der 260 Meter hohe Fernsehturm erbaut. Die Prager stehen dem Ungetüm aus Stahlbeton mit Argwohn gegenüber. Man hat allerdings von der Plattform eine gute Fernsicht.

Náměstí Míru ❺

Stadtplan 6 F2. **Ⓜ** Náměstí Míru. 🚋 4, 6, 10, 16, 22, 23. 🚌 135. **St. Ludmilla** 🕐 nur zu Gottesdiensten.

Der beschauliche Platz (»Friedensplatz«) mit dem Park ist das Zentrum des Weinbergviertels (Vinohrady), ein gepflegtes Wohnviertel.

Am oberen Ende der abfallenden Rasenfläche steht die neogotische Kirche St. Ludmilla (1888–93) von Josef Mocker, Architekt des westlichen Teils des Veitsdoms *(siehe S. 100–103)*. Die beiden achteckigen Türme sind 60 Meter hoch. Über dem Hauptportal befindet sich ein Relief mit Christi und dem hl. Wenzel sowie der hl. Ludmilla, eine Arbeit des berühmten Bildhauers Josef Myslbek. Führende Künstler der damaligen Zeit schufen die Bleiglasfenster.

Das hervorstechendste Gebäude am Náměstí Míru ist das Vinohrady-Theater (Divadlo na Vinohradech), ein im Jahr 1907 fertiggestelltes Jugendstil-Gebäude. Die Fassade krönen zwei übergroße geflügelte Figuren von Milan Havlíček, Allegorien von Schauspiel und Oper.

Museum der Stadt Prag ❻

MUZEUM HLAVNÍHO MĚSTA PRAHY

Na Poříčí 52. **Stadtplan** 4 F3. 📞 22 48 16 773. **Ⓜ** Florenc. 🚋 3, 8, 24, 26. 🕐 Di–So 9–18 Uhr. 📷 🚫 **www.**muzeumprahy.cz

Dokumentiert wird hier die geschichtliche Entwicklung Prags von den Anfängen bis ins 20. Jahrhundert. Das Gebäude wurde in den 1890er Jahren im Stil der Neorenaissance mit reichem Fassadenschmuck erbaut. Die Innenwände sind mit alten Stichen von Prag geschmückt. Zur Dauerausstellung gehören u. a. Prager Porzellan und Möbel, aber auch Relikte mittelalterlichen Handwerks sowie historische Gemälde und Stiche. Bemerkenswert ist vor allem das 20 Quadratmeter große Stadtmodell aus Holz und Papier (im Maßstab 1 : 500) von Antonín Langweil aus dem Jahr 1834.

Letná-Park ❼

LETENSKÉ SADY

Stadtplan 3 A1. **Ⓜ** Malostranská, Hradčanská. 🚋 1, 8, 12, 14, 17, 18, 20, 22, 25, 26.

Gegenüber der Josefstadt erhebt sich über dem linken Ufer der Moldau die Letná-Höhe. Hier sammelten sich die Armeen zum Angriff auf die Prager Burg. Mitte des 19. Jahrhunderts wandelte man das Plateau in einen öffentlichen Park um.

Über eine Granittreppe gelangt man zur Aussichtsterrasse hinauf, auf der sich ein ungewöhnliches Zeitdokument befindet: ein gigantisches Metronom.

Nicht weit davon entfernt steht der Hanau-Pavillon, ein neobarocker Gusseisen-Bau, der für die Industrieausstellung im Jahr 1891 errichtet worden war. Vom Ausstellungsgelände wurde der Pavillon auf die Letná-Höhe gebracht und zu einem beliebten Aussichtsrestaurant und -café umgebaut. Am Ostende des Parks öffnet im Sommer ein gut besuchter Biergarten.

Blick von der Letná-Höhe auf die Moldau

Technisches Nationalmuseum ❽
NÁRODNÍ TECHNICKÉ MUZEUM

Kostelní 42. 📞 *22 03 99 111.* 🚋 *1, 8, 25, 26.* ⬤ *wg. Renovierung bis vorauss. Herbst 2010 geschlossen. Infos auf der Website.* 🖼 📷 ✏ ♿
📧 **www**.ntm.cz

Bisher versuchte das Museum mit allen technischen Neuerungen Schritt zu halten, doch seine Stärke lag immer in der Sammlung von Maschinen von der industriellen Revolution bis heute, die zu den größten ihrer Art in Europa gehört. Die große Halle zur Geschichte der Transportmittel präsentiert alte Loks und Eisenbahnwaggons bis hin zu Fahrrädern, Autos, Flugzeugen und Heißluftballons.

Sehenswert sind auch die Abteilungen zur Fotografie und Kinematografie sowie die astronomischen Instrumente. Interessant ist die Sammlung von Uhren und anderen Zeitmessgeräten. Im Untergeschoss befindet sich ein Musterstollen, der neben alten Werkzeugen Infos über die Geschichte des Bergbaus vom 15. bis 19. Jahrhundert bietet.

Derzeit wird das Museum bis Ende 2010 renoviert.

Messepalast ❾
VELETRŽNÍ PALÁC

Siehe S. 164f.

Ausstellungsgelände und Baumgarten ❿
VÝSTAVIŠTĚ A STROMOVKA

🚋 *12, 14, 17.* **Ausstellungsgelände** 🕐 *tägl. 10–23 Uhr (Teile wg. Renovierung geschlossen).* 🖼 **Baumgarten** 🕐 *tägl. 24 Std.* **Lapidarium** 📞 *23 33 75 636.* 🕐 *Di–Fr 12–17, Sa, So 10–18 Uhr.* ♿ **www**.nm.cz

Seit es 1891 für die Jubiläumsausstellung angelegt wurde, finden auf dem Gelände Messen, Sportevents und im Sommer Konzerte statt. Mit seinem Vergnügungspark ist es ein idealer Ausflugsort für Familien mit Kindern.

Industriepalast, Mittelpunkt des Ausstellungsgeländes

Der im Westen angrenzende große Park war Ende des 16. Jahrhunderts königliches Gehege. Der Name Baumgarten erinnert an die frühere Baumschule. Seit 1804 ist er der Öffentlichkeit zugänglich.

Das Lapidarium zeigt eine Ausstellung von Skulpturen aus dem 11. bis 19. Jahrhundert, u. a. die Originalskulpturen von der Karlsbrücke.

2008 wurde ein Teil des Geländes und ein Flügel des Industriepalasts durch Feuer zerstört. Sie werden derzeit renoviert.

Schloss Troja ⓫
TROJSKÝ ZÁMEK

Siehe S. 166f.

Zoo ⓬
ZOOLOGICKÁ ZAHRADA

U trojského zámku 3/120.
📞 *29 61 12 111.* 🚌 *Holešovice, dann* 🚌 *112.* 🕐 *Juni–Aug: tägl. 9–19 Uhr; Apr, Mai, Sep, Okt: tägl. 9–18 Uhr; Nov–Feb: tägl. 9–16 Uhr; März: tägl. 9–17 Uhr.* 🖼 📷 ♿ 🍴 **www**.zoopraha.cz

An den felsigen Hängen oberhalb des rechten Ufers der Moldau findet man den im Jahr 1924 gegründeten Zoo, der sich über 64 Hektar erstreckt. Ein Sessellift bringt die Besucher in den oberen Teil.

Die 2500 Tiere des Zoos umfassen 500 Arten. 50 davon sind in der freien Natur vom Aussterben bedroht. Hier gibt es auch die berühmten Przewalski-Urpferde, die Vorfahren unserer Hauspferde. Der Zoo kann zudem Züchtungserfolge bei Großkatzen, Gorillas und Orang-Utans verzeichnen. Im Tierpark gibt es zwei neue Gehege, eines für Löwen, Tiger und andere Raubkatzen, das zweite für Elefanten. Es gibt auch Programme zur Auswilderung von Zootieren.

Der mit dem Riesenpanda verwandte Rote Panda

Kloster Břevnov ⑬
BŘEVNOVSKÝ KLÁŠTER

Markétská 28. 📞 22 04 06 111.
🚊 15, 22, 25. ⊙ nur zu Führungen
Sa, So; Zeiten der Führungen variieren. 📷 ⊘ www.brevnov.cz

Jagdschloss Stern

Auf den ersten Blick würde niemand vermuten, dass Břevnov eine der ältesten Wohngegenden Prags ist. 993 gründeten Fürst Boleslav II. und Bischof Adalbert (Vojtěch; *siehe S. 20f*) hier das erste Kloster in Böhmen, um das bald eine Gemeinde entstand. Ein alter Brunnen, Vojtěška genannt, steht dort, wo der Bischof und der Fürst die Gründung des Klosters beschlossen haben sollen.

Das Portal, der Klosterhof und die Gebäude stammen hauptsächlich von den beiden großen Barockbaumeistern Christoph und Kilian Ignaz Dientzenhofer *(siehe S. 129)*. Die Klosterkirche St. Margarete wurde 1715 fertiggestellt. Ihr Grundriss aus übereinanderlappenden Ovalen steht römischen Kirchen Berninis an Raffinesse nicht nach. 1964 wurde unterhalb des Chors die Krypta der ursprünglichen romanischen Klosterkirche wiederentdeckt. Sie ist nun zugänglich. Interessant ist der Prälatensaal, der auch Theresiensaal genannt wird, mit seinem Deckenfresko aus dem Jahr 1727.

Weißer Berg und Jagdschloss Stern ⑭
BÍLÁ HORA A HVĚZDA

🚊 15, 22, 25. **Weißer Berg**
⊙ tägl. 24 Std. **Jagdschloss Stern**
📞 23 53 57 938. ⊙ Apr–Okt:
Di–So 10–17 Uhr (Mai–Sep: bis
18 Uhr). 📷 ⊘

Die Schlacht am Weißen Berg *(siehe S. 30f)* vom 8. November 1620, die erste entscheidende Schlacht im Dreißigjährigen Krieg, war für die beiden Hauptgemeinden Prags schicksalhaft. Für die Protestanten war sie eine Katastrophe und bedeutete die

300-jährige Herrschaft der Habsburger. Für die katholischen Anhänger der Habsburger war sie ein Triumph, zu dessen Gedenken sie auf dem Berg eine Kapelle errichteten. Anfang des 18. Jahrhunderts baute man die Kapelle zur Kirche der Siegreichen Jungfrau Maria um und ließ sie von führenden Barockkünstlern – darunter auch Václav Vavřínec Reiner – ausgestalten.

Im 16. Jahrhundert befand sich hier ein königlicher Wildpark. 1556 wurde auf einem sechsstrahligen Grundriss das Jagdschloss Stern fertiggestellt. Man kann es besichtigen. 1950 wurde es restauriert. Eine kleine Ausstellung informiert über das Gebäude und seine Geschichte. In

einem Teil des Schlosses befinden sich außerdem eine Ausstellung über die Schlacht am Weißen Berg sowie Wechselausstellungen zur tschechischen Kultur.

Kloster Zbraslav ⑮
ZBRASLAVSKÝ KLÁŠTER

Zbraslav Ke Krňovu. 📞 25 79 21
638. 🚌 129, 241, 243. ⊙ Di–So
10–18 Uhr. 📷 ⊘ ♿
www.ngprague.cz

Wenzel II. gründete hier 1279 ein Kloster, das als Grabstätte für die königliche Familie dienen sollte, doch nur er und Wenzel IV. sind hier beerdigt. Das Kloster wurde in den Hussiten-Kriegen *(siehe S. 26f)* zerstört, 1709–39 wiederaufgebaut, 1785 aufgelöst und dann als Zuckerfabrik genutzt. Anfang des 20. Jahrhunderts wurde es restauriert und der Nationalgalerie übereignet. Es beherbergt nun eine exzellente Sammlung asiatischer Kunst aus China, Japan, Indien, Südostasien und Tibet. Bemerkenswert ist die Sammlung japanischer Skulpturen, die sehbehinderte Besucher ertasten können. Es gibt auch eine Abteilung über islamische Kunst. Extras: informative Führungen und hübscher Teesalon im Erdgeschoss.

Kloster Zbraslav, in dem exquisite asiatische Kunst zu sehen ist

Messepalast ❾

VELETRŽNÍ PALÁC

Die Nationalgalerie in Prag eröffnete dieses Zentrum für moderne und zeitgenössische Kunst 1995 im Nachbau eines Messegebäudes aus dem Jahr 1929. Seit 2000 beherbergt das Museum auch eine Sammlung von Kunstwerken des 19. Jahrhunderts. Seine licht-durchfluteten Räume bilden den idealen Rahmen für die Exponate – von französischen Gemälden des 19. Jahr-hunderts über Beispiele von Impressionisten und Post-impressionisten bis zu Werken von Munch, Klimt, Picasso, Miró und zeitgenössischen tschechi-schen Künstlern. Derzeit werden die Werke neu gehängt.

Großes Mahl *(1951–55)*
Mikuláš Medeks Werke wechseln vom Surrealis-mus zur Abstraktion der 1960er Jahre.

Vierter Stock

Kleopatra *(1942–57)*
Das Gemälde machte Jan Zrzavý zu einem Haupt-vertreter der modernen tschechischen Malerei.

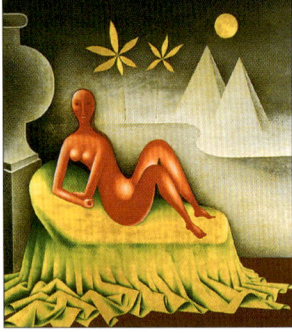

Dritter Stock

Pomona *(1910)*
Aristide Maillol war ein Schüler Rodins. Die Bronzeskulptur ist Teil einer außergewöhnlichen Skulpturensammlung.

Hl. Sebastian *(1912)*
Das Selbstporträt von Bohu-mil Kubišta bezieht sich auf das Martyrium des Heiligen, der an einen Baum gebun-den und von Pfeilen durch-bohrt wurde.

LEGENDE

🟩	Tschechische Kunst 1900–1930
🟪	Französische Kunst (19./20. Jh.)
🟦	Tschechische Kunst 1930 – heute
🟥	20. Jahrhundert/Ausländ. Kunst
🟨	Wechselausstellungen
⬜	Kein Ausstellungsbereich

NICHT VERSÄUMEN

★ *Die Jungfrau*
von Gustav Klimt

★ *Großer Dialog*
von Karel Nepraš

★ *Torso* von Z. Pešánek

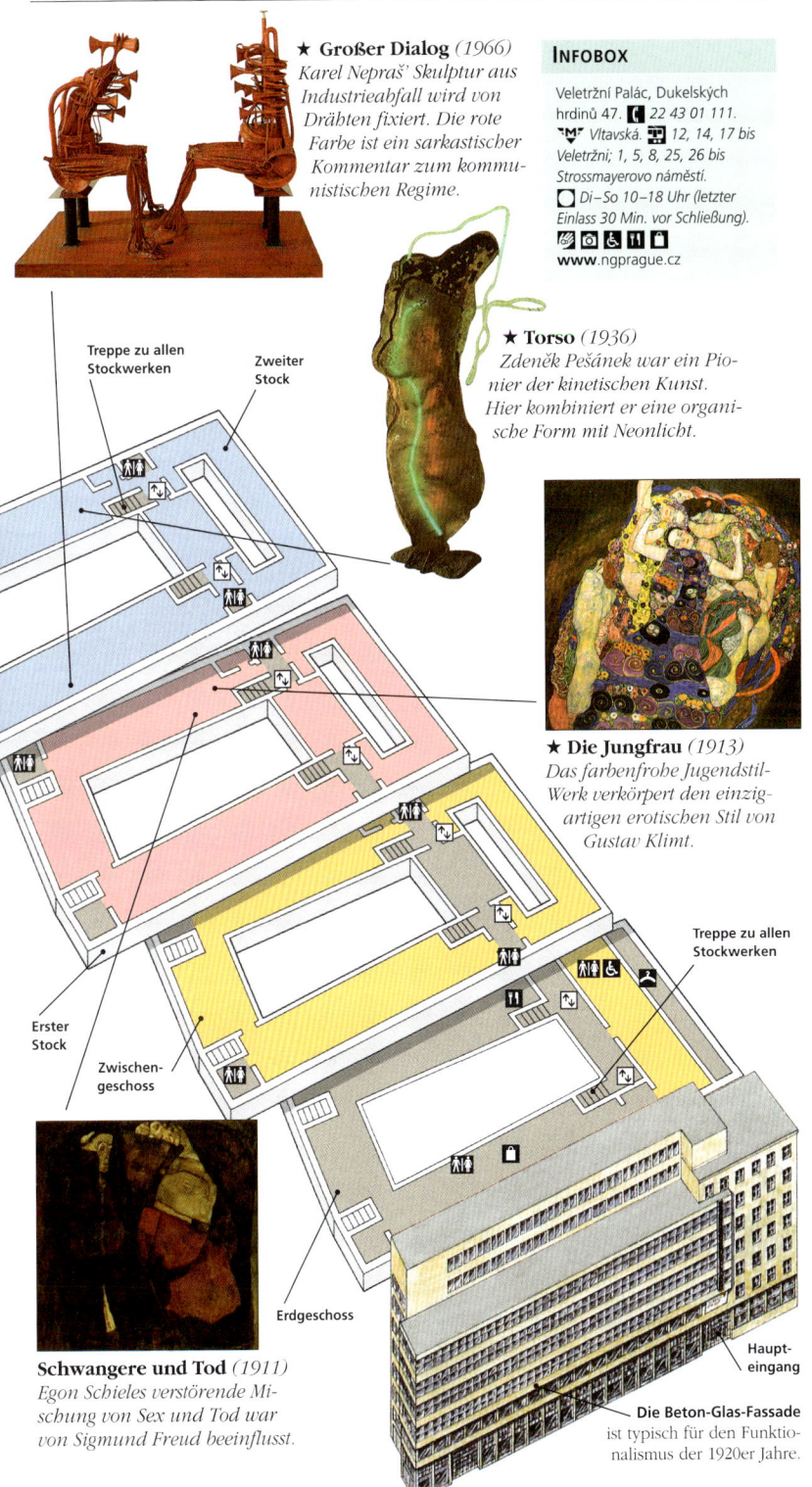

★ **Großer Dialog** (1966)
Karel Nepraš' Skulptur aus Industrieabfall wird von Drähten fixiert. Die rote Farbe ist ein sarkastischer Kommentar zum kommunistischen Regime.

INFOBOX

Veletržní Palác, Dukelských hrdinů 47. 22 43 01 111.
Vltavská. 12, 14, 17 bis Veletržni; 1, 5, 8, 25, 26 bis Strossmayerovo náměstí.
Di–So 10–18 Uhr (letzter Einlass 30 Min. vor Schließung).
www.ngprague.cz

Treppe zu allen Stockwerken

Zweiter Stock

★ **Torso** (1936)
Zdeněk Pešánek war ein Pionier der kinetischen Kunst. Hier kombiniert er eine organische Form mit Neonlicht.

★ **Die Jungfrau** (1913)
Das farbenfrohe Jugendstil-Werk verkörpert den einzigartigen erotischen Stil von Gustav Klimt.

Treppe zu allen Stockwerken

Erster Stock

Zwischengeschoss

Erdgeschoss

Haupteingang

Schwangere und Tod (1911)
Egon Schieles verstörende Mischung von Sex und Tod war von Sigmund Freud beeinflusst.

Die Beton-Glas-Fassade
ist typisch für den Funktionalismus der 1920er Jahre.

Schloss Troja ⓫

TROJSKÝ ZÁMEK

Eines der bemerkenswertesten Barock-schlösser in Prag ist das im ausgehenden 17. Jahrhundert von Jean-Baptiste Mathey für den böhmischen Grafen Sternberg erbaute Troja. Der Bau erinnert an eine italienische Villa. Die Gärten wurden dagegen nach französischem Vorbild angelegt. Die herrliche Ausstattung der Gemächer dauerte 20 Jahre und spiegelt in ihren Deckenfresken die Loyalität der Familie zu den Habsburgern wider. Das Schloss beherbergt heute eine sehenswerte Sammlung von Kunstwerken des 19. Jahrhunderts.

Terrakotta-Urne, Garten-balustrade

Sieg über die Türken
Darstellungen von Muslimen, die von der Decke des Festsaals zu fallen scheinen, symbolisieren den Sieg Leopolds I.

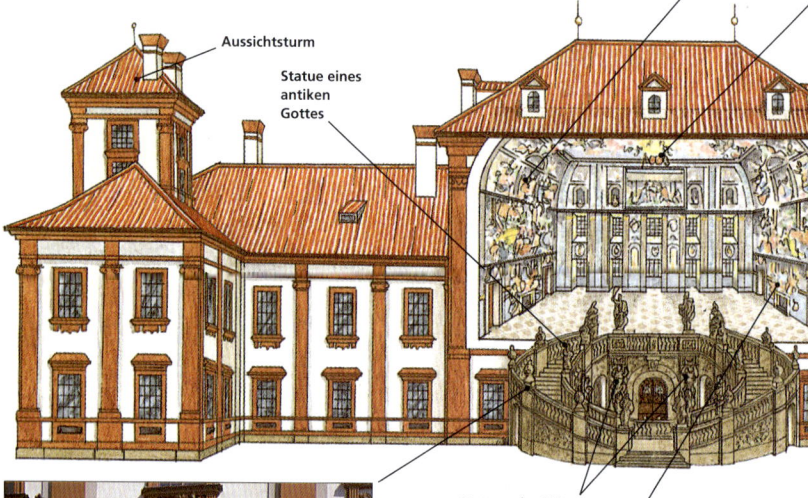

Aussichtsturm

Statue eines antiken Gottes

Statuen der Söhne von Mutter Erde

Die Gerechtigkeit
Abraham Godins Allegorie der Gerechtigkeit blickt von der Ost-wand des Festsaals herunter.

★ **Freitreppe zur Gartenanlage**
Die beiden Söhne von Mutter Erde auf der ovalen Freitreppe (1685–1703) gehören zu einer Skulpturengruppe von Johann Georg Heermann und seinem Neffen Paul, die den Kampf der Götter mit den Titanen darstellt.

INFOBOX

U trojského zámku 1, Praha 7.
28 38 51 614. siehe S. 55.
112 ab Metro-Station Holešovice. Apr–Okt: Di–So 10–18 Uhr;
Nov–März: Sa, So 10–17 Uhr.
www.ghmp.cz

★ Fresko im Festsaal

Das Fresko von Abraham Godin (1691–97) stellt das Leben von Rudolf I., dem ersten Kaiser der Habsburger, und die Siege von Leopold I. über das Osmanische Reich dar.

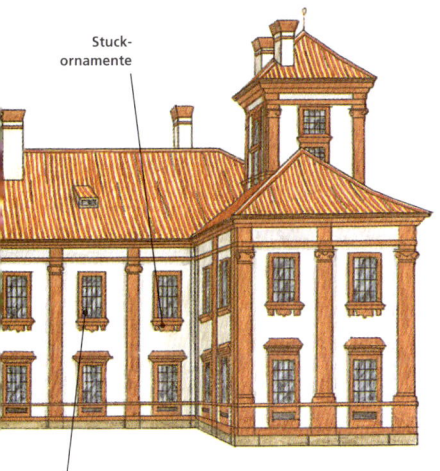

Stuck-
ornamente

NICHT VERSÄUMEN

★ Freitreppe zur
   Gartenanlage

★ Fresko im Festsaal

★ Gartenanlage

Chinesische Zimmer
In mehreren Räumen findet man chinesische Wandgemälde (18. Jh.) – ein perfekter Rahmen für das hier ausgestellte Porzellan.

★ GARTENANLAGE

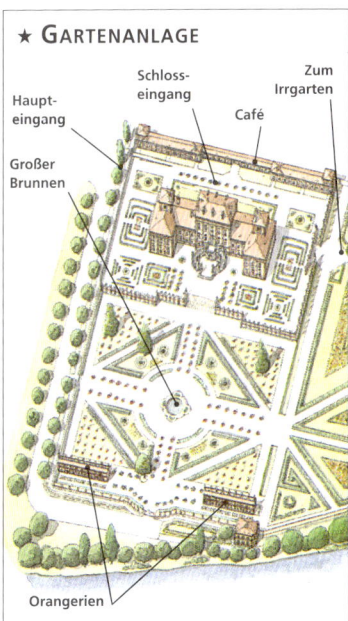

Schloss-
eingang

Zum
Irrgarten

Haupt-
eingang

Café

Großer
Brunnen

Orangerien

Weingärten wurden eingeebnet, Berghänge abgetragen und Terrassen angelegt, um die kühnen Pläne des französischen Architekten Jean-Baptiste Mathey zu verwirklichen. Er hatte sich in den Kopf gesetzt, den ersten Barockgarten nach französischem Vorbild in Böhmen anzulegen. Den besten Blick auf das Schloss und seine geometrische Gartenanlage, die mittlerweile nach den Originalplänen von Mathey restauriert wurde, hat man vom Südende zwischen den beiden Orangerien aus.

Tagesausflüge

Die beliebtesten Sehenswürdigkeiten bei Prag sind die malerischen mittelalterlichen Burgen. Karlstein etwa liegt einsam über bewaldeten Tälern, fast noch so wie im 14. Jahrhundert, als Kaiser Karl IV. dort jagte. Hier finden Sie vier Burgen beschrieben. Organisierte Besichtigungsfahrten *(siehe S. 227)* bringen Sie zu den wichtigsten Sehenswürdigkeiten außerhalb Prags, z. B. zur historischen Bergarbeiterstadt Kutná Hora. Wenn Sie mehr Zeit haben, empfehlen sich die berühmten Kurorte Karlsbad und Marienbad im Westen.

**Hl. Georg,
Konopiště**

SEHENSWÜRDIGKEITEN

Burgen	**Historische**
Karlstein ❷	**Orte**
Konopiště ❸	Karlsbad ❻
Křivoklát ❹	Kutná Hora ❺
Veltrusy ❶	Marienbad ❼

LEGENDE

▭	Zentrum von Prag
▭	Großraum Prag
✈	Internationaler Flughafen
═	Autobahn
═	Hauptstraße
═	Nebenstraße

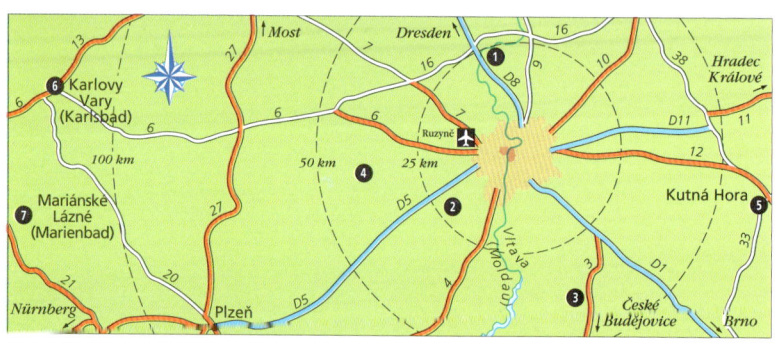

Die beliebten Kurorte Karlsbad und Marienbad liegen rund 120 Kilometer westlich von Prag

Schloss Veltrusy ❶

VELTRUSKÝ ZÁMEK

20 km nördl. von Prag. ☎ 31 57 81 144/146. 🚌 *von Masarykovo nádraží nach Kralupy nad Vltavou, dann Bus.* ◯ *Mai–Sep: Di–So 9–11, 13–16 Uhr.* 🖰 ⊘ ♿ *(nur Park).* **Schloss Nelahozeves** ☎ 31 57 09 121. 🚌 *von Masarykovo nach Nelahozeves-zastávka.* ◯ *Di–So 9–17 Uhr (letzter Einlass 1 Std. vor Schließung).* 🖰 🍴 📷 ♿

Der kleine Ort an der Moldau ist berühmt für sein kreuzförmiges Schloss aus dem 18. Jahrhundert, das die Adelsfamilie Chotek erbauen ließ. Gekrönt ist es mit einer Zentralkuppel. Das große Treppenhaus säumen Statuen, die die zwölf Monate und die vier Jahreszeiten darstellen.

Das 300 Hektar große Gelände im Stil englischer Landschaftsparks, das auf einer

Seite an die Moldau grenzt, zieren romantische Sommerhäuser. Am Eingang befindet sich ein Wildgehege. Der Dorische und der Maria-Theresia-Pavillon, die Orangerie und die Grotte stammen aus dem späten 18. Jahrhundert. Im Park gedeihen an die 100 verschiedene Baumarten. Das Schloss wurde 2002 durch Hochwasser beschädigt. Wegen Renovierung sind einige Räume geschlossen.

Jenseits des Flusses liegt **Schloss Nelahozeves** (von Veltrusy aus mit Bus oder Zug erreichbar). In dem Renaissance-Bau ist die Ausstellung »Privaträume – eine Adelsfamilie zu Hause« untergebracht, die das Leben der Familie Lobkowicz über fünf Jahrhunderte präsentiert. Zu sehen sind zwölf Räume mit Möbeln der Zeit, darunter auch eine Bibliothek mit Archiv. Die Kunstwerke sind heute im Palais Lobkowicz *(siehe S. 99)* in Prag ausgestellt. In der Nähe des Schlosses befindet sich der Geburtsort von Antonín Dvořák.

Kaiser Karl IV. ließ Burg Karlstein im 14. Jahrhundert erbauen

Burg Karlstein ❷

KARLŠTEJN

25 km südwestl. von Prag. ◖ *27 40 08 154*. 🚂 *von Smíchov oder Hlavní nádraží nach Karlštejn (1,5 km vom Schloss). Zu Fuß den Hang hinauf (ca. 40 Min.).* ◖ *Di–So 9–15 Uhr (Mai, Juni, Sep: bis 17 Uhr; Juli, Aug: bis 18 Uhr).* 📷 ◖ *obligatorisch (nach Voranmeldung).* 🚫
www.hradkarlstejn.cz

Blick auf Burg Křivoklát mit dem Großen Turm

Die Burg diente Karl IV. als Sommerresidenz, für die Aufbewahrung der Kronjuwelen und als Symbol seiner Herrschaft über das Heilige Römische Reich. Sie thront hoch über dem Fluss Berounka. Der heutige Bau (19. Jh.) ist eine Rekonstruktion des Originals von Josef Mocker. Die Arbeiten an der ersten Burg (1348–67) hatte der französische Baumeister Matthias von Arras, später dann Peter Parler geleitet. Aus dieser Zeit stammen noch der Audienzsaal und das Schlafzimmer von Karl IV.

Die Marienkirche im Zentralturm ist mit Wandmalereien aus dem 14. Jahrhundert geschmückt. Eine schmale Passage führt zur kleinen Kapelle der hl. Katharina, deren Wände mit Halbedelsteinen verziert sind.

Burg Konopiště ❸

40 km südöstl. von Prag. ◖ *31 77 21 366.* 🚂 *von Hlavní nádraží nach Benešov, dann Bus.* ◖ *Apr, Okt: Di–Fr 9–12.30, 13–15 Uhr (Sa, So bis 16 Uhr); Mai–Sep: Di–So 9–12.30, 13–17 Uhr; Nov: Sa, So 9–15 Uhr (Di–Fr nach Voranmeldung).* 📷🚫 🍴
www.zamek-konopiste.cz

Obwohl das Gebäude auf das 13. Jahrhundert zurückgeht, stammt der wesentliche Teil aus dem 19. Jahrhundert. Von den früheren Umbauten des Barockarchitekten František Kaňka ist noch das schöne Tor am Ostturm erhalten, an dem auch der Bildhauer Matthias Braun mitwirkte.

1887 ließ der österreichisch-ungarische Thronfolger Erzherzog Franz Ferdinand Konopiště vollständig umbauen. Die Ermordung des Thronfolgers und seiner Gemahlin in Sarajevo löste 1914 den Ersten Weltkrieg aus. Franz Ferdinand hatte in den reich ausgestatteten Burgräumen Waffen, Rüstungen und Meißner Porzellan zusammengetragen. Er genoss die Ruhe von Konopiště, da seine Frau am Hof nicht gern gesehen war. Charakteristisch für die Burgräume sind die vielen Geweihe an den Wänden.

Jagdtrophäen auf Burg Konopiště

Burg Křivoklát ❹

45 km westl. von Prag. ◖ *31 35 58 440.* 🚂 *von Smíchov nach Křivoklát (1 km zur Burg).* 🚌 *von Zličín.* ◖ *März, Nov, Dez: Sa, So 9–12, 13–15 Uhr; Apr, Okt: Di–So 9–12, 13–15 Uhr; Mai, Sep: Di–So 9–12, 13–16 Uhr; Juni–Aug: Di–So 9–12, 13–17 Uhr.* 📷 🚫 📱

Die Burg Křivoklát wurde, ebenso wie Burg Karlstein, von Josef Mocker restauriert. Einst war die Burg eine Jagdhütte der Přemysliden-Fürsten und Sitz des Betreuers der königlichen Jagdhunde. König Wenzel I. ließ hier im 13. Jahrhundert eine Burg errichten, die bis ins 17. Jahrhundert hinein zum Besitz der böhmischen Könige und der Habsburgerkaiser gehörte.

Karl IV. verbrachte einen Teil seiner Kindheit hier. Als er 1334 mit Blanche de Valois, seiner ersten Gemahlin, aus Frankreich zurückkehrte, gebar diese ihm in der Burg die Tochter Margarete. Zur Unterhaltung von Frau und Tochter ließ er in einem Waldgebiet nahe dem Schloss Nachtigallen aussetzen. Noch heute gibt es einen Nachtigallenweg.

Der Palas liegt an der Ostseite der fast dreieckigen Burg, die an dieser Seite vom 42 Meter hohen Großen Turm überragt wird. Man kann hier noch Reste des alten Baus sehen. Das heutige Bauwerk datiert aus der Regierungszeit von Vladislav Jagiello. Die gotische Gewölbehalle im ersten Stock erinnert an den Vladislav-Saal im Königspalast der Prager Burg *(siehe S. 104f)*. Ein Erkerfenster und eine schöne Loggia, in der die Wachtposten standen, sind Schmuckstücke. Sehenswert ist auch die Kapelle mit gotischem Altar. Über der Kapelle befindet sich das Augusta-Verlies, benannt nach Bischof Jan Augusta, der im 16. Jahrhundert 16 Jahre lang hier einsaß. Das frühere Gefängnis beherbergt heute eine Sammlung von Folterinstrumenten.

Kutná Hora ❺

70 km östl. von Prag. ☎ 32 75 12
378. 🚆 von Hlavní nádraží, Masarykovo nádraží. 🚌 von Florenc.
St.-Barbara-Kirche ○ Nov–März:
Di–So 10–12, 13–16 Uhr; Apr, Okt:
Di–So 9–12, 13–16.30 Uhr;
Mai–Sep: Di–So 9–18 Uhr. 🖼
Welscher Hof ○ Nov–Feb: tägl.
10–16 Uhr; März, Okt: tägl. 10–
17 Uhr; Apr–Sep: tägl. 9–18 Uhr. 🖼
Hrádek ○ Apr, Okt: Di–So 9–
17 Uhr; Mai, Juni, Sep: Di–So 9–
18 Uhr; Juli–Aug: Di–So 10–18 Uhr.
🖼 **Steinernes Haus** ○ wie Hrádek. **www**.kutnahora.cz

Der Ort, dessen Altstadt zum UNESCO-Welterbe zählt, war Mitte des 13. Jahrhunderts eine kleine Bergarbeitersiedlung. Als man reiche Silbervorkommen entdeckte, übernahm der König die Verwaltung der Minen. Kutná Hora (Kuttenberg) entwickelte sich zur zweitwichtigsten Stadt Böhmens.

Im 14. Jahrhundert wurden bis zu sechs Tonnen Silber pro Jahr gefördert. Das machte den böhmischen König zum reichsten Herrscher Mitteleuropas. Der Prager *Groschen*, der in Europa zirkulierte, wurde im Welschen Hof (Vlašský dvůr) geprägt, der auch Italienischer Hof hieß, weil hier Spezialisten aus Florenz beschäftigt waren.

Im späten 14. Jahrhundert wurde aus der befestigten Anlage eine Königsresidenz mit der Kapelle der hl. Wenzel und Ladislaus, unter der die königliche Schatzkammer lag.

Als im 16. Jahrhundert die Silbervorkommen zur Neige gingen, verlor die Stadt an Bedeutung. Die Minen schlossen 1727. Der Welsche Hof wurde später zur Stadthalle, in deren Untergeschoss noch einige Schmieden zu sehen sind. Seit 1947 beherbergt die alte Festung Hrádek ein Bergbaumuseum, dessen Besichtigung auch eine mittelalterliche Mine einschließt. Das Steinerne Haus (Kamenný dům), ein restauriertes gotisches Gebäude (spätes 15. Jh.) ist heute Museum.

Im Südwesten erhebt sich die Kirche der hl. Barbara, Schutzpatronin der Bergarbeiter. Der Bau wurde 1380 von Peter Parler begonnen, der auch die Arbeiten am Veitsdom (siehe S. 100–103) leitete. Der Chor (1499) besitzt ein großartiges Sterngewölbe. Das spätere Deckengewölbe des Langschiffs stammt vom königlichen Architekten Benedikt Ried. Wandgemälde zei-

Der Welsche Hof in Kutná Hora

gen das Leben der Bergarbeiter. Die Kirche ist mit ihren drei zeltartigen Türmen über einem Wald aus Strebebogen ein imposantes Beispiel der böhmischen Gotik.

In Sedlec (Sedletz), einem Ortsteil von Kutná Hora, findet sich im Untergeschoss der Allerheiligenkapelle des Friedhofs ein Ossarium mit rund 40 000 menschlichen Knochen. Etwa 10 000 Gebeine wurden vom Leuchter bis zum Altar künstlerisch verarbeitet.

Karlsbad ❻
KARLOVY VARY

140 km westl. von Prag. 🚆 von Hlavní nádraží. 🚌 von Florenc.
ℹ Lázeňská 1. ☎ 35 53 21 176.

Der Sage nach entdeckte Karl IV. (siehe S. 24f) das Mineralwasser, das die Stadt berühmt machte, als einer seiner Jagdhunde in eine heiße Quelle fiel. 1522 erschien eine medizinische Abhandlung über die Quellen. Ende des 16. Jahrhunderts gab es bereits über 200 Kurhotels. Die bekannteste der zwölf Mineralquellen (vary), und mit 72 °C auch die heißeste, ist der zwölf Meter hoch steigende Karlsbader Sprudel (Vřídlo). Das Wasser unterstützt die Verdauung, doch muss man es nicht trinken. Die Mineralien können auch

Die drei zeltartigen Türme der St.-Barbara-Kirche in Kutná Hora

in Form von Salzen eingenommen werden. Bekannt ist die Stadt zudem für ihr Porzellan und Kristall sowie für ihre Sommerkonzerte und das internationale Filmfestival Anfang Juli.

Unter den historischen Gebäuden ist die barocke Kirche Maria Magdalena (1732–36) von Kilian Ignaz Dientzenhofer hervorzuheben. Moderner sind die russisch-orthodoxe Kirche (1896) und die anglikanische Kirche (1877). Die Mühlbrunnenkolonnade (Mlýnská kolonáda) aus dem 19. Jahrhundert ist ein Werk Josef Zíteks, der auch das Nationaltheater in Prag *(siehe S. 156f)* schuf.

Marienbad ❼

MARIÁNSKÉ LÁZNĚ

150 km westl. von Prag. 🚉 *von Hlavní nádraží.* 🚌 *von Florenc.* 🛈 *Hlavní 47.* ☎ *35 46 22 474.* **www**.marienbad.cz

Bronzeskulptur am »Hirschsprung« (Jeleni skok), mit Blick auf das Sanatorium von Karlsbad

Die Eleganz der Hotels und Gartenanlagen Marienbads ist deutlich blasser als um 1900, als Könige und Prinzessinnen hier weilten. Die Heilquellen in der Umgebung – *lázně* bedeutet Heilbad – sind seit dem 16. Jahrhundert bekannt. Das Kurbad entstand erst Anfang des 19. Jahrhunderts. Das Wasser heilt alle möglichen Leiden. Sehr beliebt sind Moorbäder.

Die meisten Kureinrichtungen datieren aus der zweiten Hälfte des 19. Jahrhunderts. Die Große Kolonnade aus Gusseisen mit den Wandbildern von Josef Vyletěl ist immer noch beeindruckend. Davor erhebt sich der Singende Brunnen mit computergesteuerter Fontäne. Es gibt Kirchen verschiedener Konfessionen, eine evangelische (1857), eine anglikanische (1879) sowie die russisch-orthodoxe St.-Wladimir-Kirche (1902). Die Geschichte des Kurbads zeigt das Haus »Zur goldenen Traube« (U zlatého hroznu), in dem 1823 Johann Wolfgang von Goethe weilte. Im Lauf des 19. Jahrhunderts ließen sich hier die Komponisten Weber, Wagner und Bruckner sowie die Schriftsteller Ibsen, Gogol, Twain und Kipling behandeln. König Edward VII. von England war oft zu Gast. Er eröffnete hier auch den ersten Golfplatz in Böhmen.

Die gusseiserne Kolonnade von 1889 in Marienbad

VIER SPAZIERGÄNGE

Prag ist für Spaziergänge hervorragend geeignet. In der Innenstadt gibt es mehrere Fußgängerzonen. Die Sehenswürdigkeiten der Stadt liegen dicht beieinander *(siehe S. 14f)*. Wir stellen Ihnen vier Routen vor. Die erste führt durch die Innenstadt, vom Pulvertor am Rand des alten Stadtkerns über die Karlsbrücke bis zum Veitsdom und zur Prager Burg. Dies war jahrhundertelang der Krönungsweg, den die böhmischen Könige entlangschritten. Außerhalb des Zentrums führen der

Schild in der Zeltnergasse
(siehe Königsweg, S. 174f)

zweite und dritte Spaziergang durch zwei der schönsten Parkanlagen Prags: durch den Petřín-Park und den Baumgarten (Stromovka). Der Petřín-Park bietet eine großartige Aussicht auf die Stadt. Der Baumgarten liegt außerhalb der Innenstadt im ehemaligen königlichen Jagdgehege. Der letzte der vier Spaziergänge führt durch die Festung Vyšehrad, eine alte Burganlage mit geschichtsträchtiger Atmosphäre. Der Vyšehrad bietet ebenfalls einzigartige Aussichten auf Moldau und Prager Burg.

SPAZIERGÄNGE AUF EINEN BLICK

Das Lapidarium *(siehe Spaziergang im Baumgarten, S. 178f)*

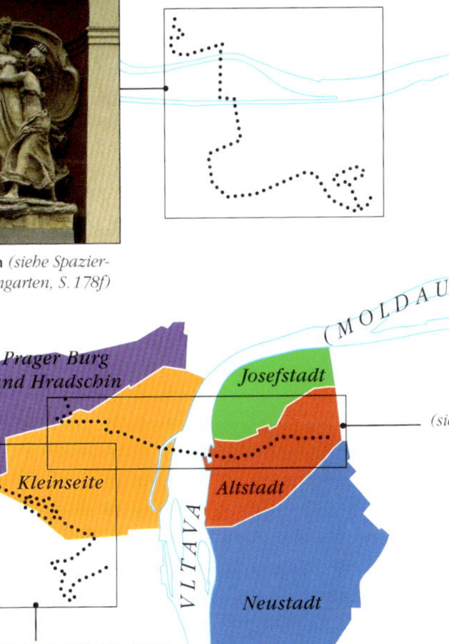

(MOLDAU)

Prager Burg und Hradschin

Josefstadt

Königsweg
(siehe S. 174f)

Kleinseite

Altstadt

VLTAVA

Neustadt

Leopoldstor, Vyšehrad
(siehe Vyšehrad, S. 180f)

Sommerpalais Kinský
(siehe Petřín-Park, S. 176f)

LEGENDE

···· Routenempfehlung

0 Kilometer   1

◁ Blick vom Petřín-Park auf die Neustadt, im Vordergrund die St.-Laurentius-Kirche *(siehe S. 140)*

Spaziergang auf dem Königsweg (1:30 Std.)

Der Königsweg verband ursprünglich zwei königliche Residenzen: den königlichen Hof nahe dem Rathaus, wo dieser Spaziergang beginnt, und die Prager Burg an dessen Ende. Die Krönungsprozessionen der böhmischen Könige und Königinnen verliehen dem Weg seinen Namen. Heute gibt es in den angrenzenden Straßen eine Vielzahl historisch interessanter Gebäude, Läden und Cafés, die diesen Spaziergang zu einem der schönsten durch Prag machen. Weitere Einzelheiten über Altstadt, Hradschin und Kleinseite finden Sie auf den Seiten 60–79, 94–121 und 122–141.

Sgraffiti zieren die Fassade des Renaissance-Hauses U Minuty

Geschichte der Krönungsprozession

Die erste wichtige Krönungsprozession entlang dem Weg war die von Georg von Poděbrady *(siehe S. 26)* im Jahr 1458. Der nächste Prunkzug fand 1743 statt, als Maria Theresia mit Pomp gekrönt wurde. Dazu wurden drei türkische Pavillons vor dem Pulvertor errichtet. Im September 1791 wurde Leopold II. gekrönt. Angeführt wurde die Prozession von der Kavallerie, gefolgt von Trommlern, Trompetern, Soldaten und den böhmischen Fürsten – und rund 80 Kutschen mit Adligen und Bischöfen. Die prachtvollsten Kutschen (die der Hofdamen) wurden von zwölf Pferden gezogen, begleitet von Dienern in roten Mänteln

Barockfassade des Hauses »Zur goldenen Quelle« in der Karlsgasse ⑪

und Lederhosen. Die letzte große Krönungsprozession (1836 für Ferdinand V.) begleiteten 3391 Pferde und vier Kamele.

Vom Pulvertor zum Altstädter Ring

Vom Náměstí Republiky geht man zum Gemeindehaus *(siehe S. 64)* und von dort weiter zum gotischen Pulvertor *(siehe S. 64)* ①. Hier wurden der König, die kirchlichen Würdenträger, die Aristokraten und die ausländischen Botschafter von Repräsentanten der Stadt empfangen. Durchs Stadttor kommt man auf eine der ältesten Straßen Prags, die Zeltnergasse *(siehe S. 65)*, in der die jüdische Gemeinde und die Zünfte den König begrüßten.

Die Straße säumen Häuser mit Barock- und Rokoko-Fassaden, teilweise mit Hauszeichen. Haus Nr. 36 ② war die Münze. Hier wurde

von 1420 bis 1784 Geld geprägt, da katholische Truppen in den Hussiten-Kriegen *(siehe S. 26f)* die königliche Münze von Kutná Hora *(siehe S. 170)* eingenommen hatten. Das Haus »Zur Schwarzen Madonna« ③ beherbergt ein Museum mit Werken

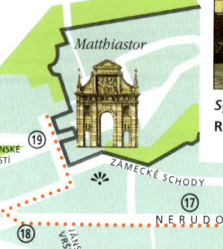

»Zur Schwarzen Madonna« ③

tschechischer Kubisten *(siehe S. 65)*. Von den Gasthäusern »Zur Spinne« ④ und »Zum Geier« ⑤ aus konnte man gut die Krönungsprozessionen beobachten.

Die Zeltnergasse führt auf den Altstädter Ring ⑥ *(siehe S. 66–69)*, wo die Prozession an der Teynkirche ⑦ *(siehe S. 70)* anhielt und die Loyalitätsbekundungen der Universität entgegennahm. Links, am Haus »Zum Einhorn« (Nr. 20) ⑧ vorbei, befand sich Smetanas 1848 gegründete Musikschule. Am Altstädter Rathaus *(siehe S. 72–74)* ⑨ wartete die Stadtwache mit einer Musikkapelle auf die königliche Prozession. Hier jubelten die Würdenträger der Stadt dem Herrscher zu.

Entlang der Karlsgasse und der Karlsbrücke

Der Weg führte dann – vorbei am reich verzierten Renaissance-Haus U Minuty – auf den Malé náměstí ⑩, wo

Kreuzherrenplatz *(siehe S. 79)* kam, klarte der Himmel auf, was als gutes Omen gedeutet wurde. Doch Leopold starb kurze Zeit später. Durch den Altstädter Brückenturm ⑫ und über die Karlsbrücke ⑬ geht es zum Kleinseitner Turm ⑭ *(siehe S. 136–139).*

Die Kleinseite

Der Weg folgt nun der Mostecká-Straße. Hier übergab der Bürgermeister dem König die Stadtschlüssel. Die Artillerie feuerte Salut. Die Straße mündet in

Skulptur eines Mohren von Ferdinand Brokoff am Palais Morzin

arbeitete im Haus »Zu den zwei Sonnen« (Nr. 47) ⑱. Am Ende der Gasse kommt man rechts zur Burganlage. Der Weg endet am Matthiastor ⑲ *(siehe S. 48).* Die Krönungsprozession endete im Veitsdom.

Karlsbrücke mit Blick auf die Altstadt ⑬

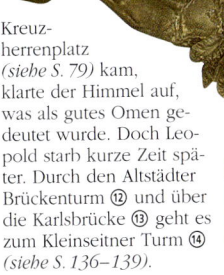

LEGENDE

• • • Routenempfehlung
Aussichtspunkt
Ⓜ Metro-Station
Tramhaltestelle
Burgmauer

0 Meter   300

Kauf- und Ordensleute die Prozession erwarteten. Gehen Sie rechts durch die von Galerien gesäumte Karlsgasse. Jenseits der Husova-Straße kommen Sie am schönen Barockhaus »Zur goldenen Quelle« ⑪ vorbei und weiter zum Klementinum aus dem 16. Jahrhundert *(siehe S. 79).* Hier stand der Klerus. Als seinerzeit Leopold III. zum

den Kleinseitner Ring ⑮ *(siehe S. 124f)* mit der Nikolauskirche ⑯ *(siehe S. 128f),* deren Glockenklang den Zug begleitete.

Biegen Sie in die Nerudagasse ⑰ *(siehe S. 130)* ein. Der Dichter und Schriftsteller Jan Neruda, der Hunderte von Kleinseitner Charakteren in den *Kleinseitner Geschichten* verewigte, wuchs hier auf. Er

ROUTENINFOS

Start: Náměstí Republiky.
Länge: 2,4 km.
Anfahrt: Linie B zur Metro-Station Náměstí Republiky. Vom Hradschin kommt man mit der Straßenbahn 22 in die Stadt zurück.
Rasten: Sie können im Sommer in den Cafés am Altstädter Ring oder in der Karlsgasse eine Kaffeepause an den Tischen im Freien einlegen. Auch auf dem Malostranské náměstí gibt es zahlreiche Cafés, Kneipen und Restaurants. Gleiches gilt für die Nerudova-Straße.

Die Krönungsprozession überquert den Kreuzherrenplatz

Spaziergang durch den Petřín-Park (2 Std.)

Der besondere Reiz eines Spaziergangs durch den großen, beschaulichen Park liegt darin, dass er fantastische Ausblicke auf Prag eröffnet. Die Kleinseite, der Hradschin und die Altstadt stellen sich, von oben betrachtet, ganz anders dar. Unzählige Wege durchziehen den Park mit seinen Bäumen, Parkschlösschen, Pavillons und Statuen und führen Sie immer wieder zu abgeschiedenen interessanten Plätzen. Mehr Informationen über den Petřín (Laurenziberg) finden Sie auf Seite 140f.

Eines der Tore der Hungermauer ⑤

Statue der Hana Kvapilová, nahe dem Sommerpalais Kinský ①

Vom Kinský-Platz zur Hungermauer

Der Spaziergang beginnt am Náměstí Kinských in Smíchov. Durch ein großes Tor betritt man den Kinský-Park, der 1827 im englischen Stil angelegt und nach der wohlhabenden Kinský-Familie benannt wurde, Förderer der tschechischen Kunst im 19. Jahrhundert.

Gehen Sie über den breiten Weg linker Hand zur Villa Kinský ①. Jindřich Koch entwarf sie 1830 im klassizistischen Stil. Die Fassade zeigt ionische Säulen, die in einem dreieckigen Tympanon enden. Innen befindet sich eine große Säulenhalle mit reich geschmücktem Treppenhaus. Das Ethnografische Museum präsentiert hier eine Dauerausstellung mit Volkskunst. Unweit des Museums

erinnert eine Statue an die Schauspielerin Hana Kvapilová.

50 Meter oberhalb des Palais liegt der untere See ② mit einem kleinen Wasserfall. Gehen Sie weiter den Hügel hinauf zur ganz aus Holz errichteten Kirche St. Michael ③ aus dem 18. Jahrhundert, die aus der Ukraine hierhergebracht wurde.

Folgen Sie dem Weg weitere 20 Meter nach oben, dann links über eine Treppe zum Panoramaweg, der schöne Ausblicke auf die Stadt bietet. Wenn Sie sich hier nach rechts wenden, kommen Sie zum kleinen oberen See ④, in dessen Mitte ein Seehund aus Bronze thront. Der Panoramaweg führt weiter zu einem neugotischen Tor in den aus der Barockzeit stammenden Teilen der Stadtmauer.

Von der Hungermauer zum Aussichtsturm

Der Panoramaweg bringt Sie zur Hungermauer ⑤ *(siehe S. 140)*, die Teil der alten Kleinseitner Befestigungsanlagen ist. Die Mauer zieht sich von der Újezd-Straße über den Petřín (Laurenziberg) hinauf zum

Kirche St. Michael ③

Kloster Strahov. Das Tor in der Mauer bildet den Zugang zum Petřín-Park. Der breite Weg links unterhalb der Mauer führt Sie den Hügel hinauf und zur Brücke über die Standseilbahn *(siehe S. 141)*. Rechter Hand liegt das Restaurant Nebozízek *(siehe S. 205)*, das wegen des schönen Ausblicks sehr beliebt ist.

Sonnenanbeter auf dem Petřín

Links und rechts des Wegs befinden sich kleine Sandsteingebilde. Es sind meist Zugänge zu Wasserreservoirs, die im 18. und 19. Jahrhundert für die Wasserversorgung des Klosters Strahov angelegt wurden. Andere zeugen von der erfolglosen Suche nach Bodenschätzen.

Auf dem Weg zum Gipfel sehen Sie rechts das Spiegellabyrinth ⑥ *(siehe S. 140)* und ihm gegenüber die St.-Laurentius-Kirche (12. Jh.) ⑦ *(siehe S. 140)*, die 1740 im Barockstil erneuert wurde.

LEGENDE

• • • Routenempfehlung

☼ Aussichtspunkt

▦ Tramhaltestelle

▦ Standseilbahn

— Hungermauer

0 Meter   300

Vom Aussichtsturm zum Kloster Strahov

Etwas weiter überrascht der Anblick des Aussichtsturms (Mini-Eiffelturm) ⑧ *(siehe S. 140)*. Die 60 Meter hohe Eisenkonstruktion wurde dem Eiffelturm in Paris nachempfunden. Ihm gegenüber öffnet sich das Haupttor der Hungermauer. Gehen Sie hindurch, und folgen Sie dem Weg links, der Sie in den Rosengarten ⑨ bringt.

Den Garten ließ die Stadt Prag 1932 mit einer Reihe von Skulpturen anlegen. Am unteren Ende des Gartens erreichen Sie die Sternwarte *(siehe S. 140)*. Die Tschechische Astronomische Gesellschaft ließ 1928 ein altes Stadthaus umbauen, das 1970 modernisiert wurde und nun ein riesiges Teleskop beherbergt. In den Abendstunden ist es öffentlich zugänglich.

Gehen Sie zum Aussichtsturm zurück, und folgen Sie der Mauer links, vorbei an einigen Stationskapellen eines Kalvarienbergs aus dem Jahr 1834. Schlüpfen Sie durch einen Durchlass in der Hungermauer, und gehen Sie rechts an einem reizenden Barockhaus vorbei weiter. Nach etwa 50 Metern kommt man rechter Hand wieder durch die Mauer. Linker Hand erstreckt sich ein riesiger Obstgarten oberhalb von Kloster Strahov ⑩ *(siehe S. 120f)*, der Ihnen einen herrlichen Blick auf Prag beschert. Durch das gleiche Loch in der Mauer,

Sgraffito-Fassade der Kalvarienbergkapelle bei der St.-Laurentius-Kirche ⑦

dann allerdings nach rechts geht es zum Kloster hinunter. Tram 22 bringt Sie in die Stadt zurück. Wenn Sie nicht zu müde sind, können Sie auch zurückgehen.

ROUTENINFOS

Start: *Náměstí Kinských in Smíchov.*
Länge: *2,7 km, inklusive steiler Auf- und Abstiege.*
Anfahrt: *Die dem Ausgangspunkt am nächsten gelegene Metro-Station ist Anděl. Die Trams 6, 9, 12 und 20 fahren zum Kinský-Platz.*
Rasten: *Das Restaurant Nebozízek liegt auf halbem Weg den Petřín hinauf. Im Sommer haben auch die kleinen Cafés am Aussichtsturm geöffnet.*

Blick vom Petřín (Laurenziberg) auf Hradschin und Kleinseite

Spaziergang im Baumgarten (1:30 Std.)

Der Baumgarten (Stromovka) ist einer der größten Parks in Prag. Er entstand 1266, in der Regierungszeit von Přemysl Ottokar II., der das Gelände umzäunen und darauf ein kleines Jagdschloss errichten ließ. 1804 wurde die Anlage öffentlich zugänglich und entwickelte sich zu Prags beliebtestem Freizeitgelände. Der große Park des Schlosses Troja und der Zoo liegen auf der anderen Flussseite.

Büste, Akademie der schönen Künste ⑥

Ausstellungsgelände (Výstaviště)

Durch ein Tor gelangen Sie von U Výstaviště ① auf das alte Ausstellungsgelände, das 1891 für die Jubiläumsausstellung angelegt wurde. Seither wird es für Messen und als Vergnügungspark genutzt.

Rechts steht das große Lapidarium des Nationalmuseums ②. Der Neorenaissance-Pavillon wurde 1907 im Jugendstil umgestaltet und mit Reliefs verziert, die Figuren der tschechischen Geschichte zeigen. Hier sind architektonische Denkmäler und Skulpturen aus dem 11. bis 19. Jahrhundert ausgestellt.

Geradeaus erhebt sich der Industriepalast ③, ein riesiges Neorenaissance-Gebäude. Er ist nur zu Konzerten und anderen Veranstaltungen geöffnet. 2008 wurde es von einem Brand teilweise beschädigt. Rechts am Palast vorbei gelangen Sie zum

Das Lapidarium im Jugendstil ②

Křižík-Brunnen ④ von František Křižík (1847–1941), der die Straßenbeleuchtung in Prag einführte. 1991 wurde der Brunnen anlässlich der Tschechoslowakei-Ausstellung restauriert. Im Sommer gibt es eine computergesteuerte Beleuchtung, die auf die Musikuntermalung abgestimmt ist *(siehe S. 51)*.

Hinter dem Brunnen liegt ein ganzjähriger Rummelplatz. Links vom Industriepalast steht das runde Gebäude des Marold-Panoramas ⑤. Das Gemälde von Luděk Marold (1898) zeigt die Schlacht bei Lipany. Auf dem Rückweg zum Eingang des Ausstellungsgeländes passieren Sie die Akademie der schönen Künste ⑥, die mit 18 Büsten

Das Sommerpalais war einst ein Jagdschloss ⑩

0 Meter   300

LEGENDE

- - - Routenempfehlung

☀ Aussichtspunkt

🚋 Tramhaltestelle

═ Eisenbahn

von Künstlern geschmückt ist. Wenn Sie das Gelände verlassen haben, wenden Sie sich nach rechts. Links von Ihnen steht das Planetarium ⑦ mit interaktiven Ausstellungen. Gehen Sie geradeaus weiter den Abhang hinunter, ehe Sie links in eine Kastanienallee einbiegen.

Baumgarten

Nach einer Weile steht zwischen den Bäumen links ein einfaches Haus, hinter dem der Rudolf-Wassertunnel ⑧ liegt, ein Monument aus der Ära Rudolfs II. *(siehe S. 28f).*

Fassade von Schloss Troja *(siehe S. 166f)* ⑭

Der über 1000 Meter lange Aquädukt (mit viel Graffiti) wurde 1584 in den Fels gehauen, um Moldauwasser in Rudolfs künstliche Seen im Königsgarten zu leiten.

Gehen Sie auf dem Weg weiter zur verlassenen Königlichen Halle ⑨. Sie wurde Ende des 17. Jahrhunderts errichtet, später in ein Restaurant verwandelt und 1855 im neogotischen Stil umgebaut.

Dahinter, bei der Abbiegung auf den Hauptweg, nehmen Sie den steilen linken Weg durch den Wald zum einstigen Jagdschloss ⑩. Das mittelalterliche Gebäude wurde für die böhmischen Könige errichtet, die den Park als Jagdrevier nutzten. Später wurde es erweitert. 1805 baute Jiří Fischer es zu einem neogotischen Sommerpalais um. Bis 1918 war dies die Residenz des böhmischen Regenten. Heute ist hier das umfangreiche Zeitungs- und Zeitschriftenarchiv des Nationalmuseums

untergebracht. Gehen Sie nun zurück zum Hauptweg und bei der ersten Abzweigung rechts in einen formellen Garten aus dem späten 16. Jahrhundert ⑪.

Auf dem Hauptweg gehen Sie rechts weiter. An der Gabelung nehmen Sie den Weg rechts vom Bahngleis. Nach kurzer Zeit unterqueren Sie das Gleis und kommen zu einem Kanal ⑫. Gehen Sie über die Brücke und nach links am Kanal entlang. Dann überqueren Sie rechts die Insel. Jenseits der Moldau ⑬ biegen Sie nach links in die Povltavská-Straße ein. Die Mauer gehört zum Garten von Schloss Troja. Durch den Südeingang des Gartens gelangen Sie zum Schloss Troja ⑭ *(siehe S. 166f).*

ROUTENINFOS

Start: U Výstaviště in Holešovice.
Länge: 5 km. Der Spaziergang führt einen sehr steilen Weg zum früheren Jagdschloss hinauf.
Anfahrt: Die Trams 5, 12, 14 und 17 fahren zum Ausgangspunkt. Die nächsten Metro-Stationen sind Vltavská und Nádraží Holešovice der Linie C (zehn Minuten zu Fuß entfernt). Am Ende des Spaziergangs können Sie den Bus 112 zur Metro-Station Nádraží Holešovice nehmen.
Rasten: Auf dem Ausstellungsgelände gibt es mehrere Restaurants und Imbissstände. Unterwegs kann man an beschaulichen Plätzen Rast einlegen. Wenn Sie Lust auf eine Fahrt auf der Moldau haben: Boote fahren häufig von der Brücke über den Kanal zur Palacký-Brücke (siehe S. 55).

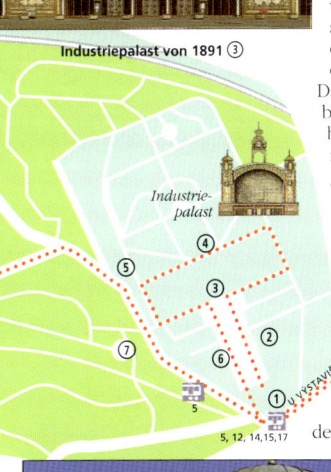

Industriepalast von 1891 ③

Industriepalast

④

⑤

③

②

⑦

⑥

①

5

5, 12, 14, 15, 17

U VÝSTAVIŠTĚ

Prager Planetarium, das größte der Tschechischen Republik ⑦

Spaziergang auf dem Vyšehrad (1 Std.)

Der Sage nach war der Vyšehrad die erste Residenz der tschechischen Könige. Hier soll die Fürstin Libuše die glorreiche Zukunft der Stadt Prag vorhergesehen haben *(siehe S. 20f)*. Die Archäologie enthüllte allerdings, dass es auf dem Vyšehrad erst im 10. Jahrhundert eine Burg gab. Sie hatte eine turbulente Geschichte und wurde oft neu aufgebaut. Heute ist der Vyšehrad eine Oase der Ruhe mit schönem Park und einzigartiger Aussicht auf Prag und die Moldau. Der Friedhof ist die letzte Ruhestätte vieler tschechischer Schriftsteller, Schauspieler, Maler und Musiker.

Skulptur am barocken Leopoldstor ⑤

Die Ruinen des Bads der Libuše an der Steilseite des Vyšehrad ⑩

V pevnosti

Von der Metro-Station Vyšehrad ① führt ein Ausgang zum Kongresszentrum ②. Gehen Sie die Treppe hinauf und dann geradeaus. Rechts von Ihnen ist die Prager Burg. Gehen Sie den Hang hinunter und geradeaus in die Straße Na Bučance. Überqueren Sie sie, und gehen Sie rechts zu V pevnosti, von wo aus Sie die Backsteingemäuer der alten Zitadelle von Vyšehrad sehen. Vor Ihnen öffnet sich das westliche Burgtor, das Mitte des 17. Jahrhunderts erbaute Tábor-Tor ③. Dahinter

liegen rechts die Ruinen der Wehranlagen (14. Jh.), erbaut unter Karl IV. Passieren Sie die Ruinen des gotischen Špička-Tors ④. Sie gelangen zum Leopoldstor ⑤, einem imposanten Teil der Festung (17. Jh.). Es grenzt an die Backsteinmauern, die 1742, während der französischen Besatzung, erweitert wurden ⑥.

Von der K rotundě zur Soběslavova-Straße

Gehen Sie hinter dem Tor nach rechts und anschließend nach der St.-Martins-Rotunde nach links zur K rotundě. Hinter den hohen Mauern liegt links versteckt das Neue Dekanat ⑦. Zwischen K rotundě und der Soběslavova-Straße befindet sich die alte Dechanei ⑧. Gehen Sie anschließend links die Soběslavova-Straße hinunter zur Ausgrabungsstätte der Basilika

St. Laurentius ⑨, die Vratislav II. gegen Ende des 11. Jahrhunderts erbauen ließ. Sie wurde 1420 von Hussiten *(siehe S. 26f)* zerstört. Rechter Hand der Basilika haben Sie vom Befestigungswall aus eine großartige Aussicht auf Prag.

Der Kupferstich I. G. Ringles zeigt Vyšehrad und Moldau im 18. Jahrhundert

LEGENDE

••• Routenempfehlung

✧ Aussichtspunkt

Ⓜ Metro-Station

🚊 Tramhaltestelle

— Burgmauer

0 Meter   200

Der Fels Vyšehrad

Der bewaldete Fels, auf dem die Burg erbaut wurde, fällt im Westen steil zum Fluss hin ab – eine ideale Lage, um sich zu verteidigen. Ganz oben auf dem Fels ruhen die gotischen Ruinen des sogenannten Bads der Libuše ⑩, ein Wehrposten des mittelalterlichen Forts. Auf dem Rasenstück weiter links wurden die Überreste eines gotischen Palas ⑪ aus dem 14. Jahrhundert gefunden.

Das Grabmal des Komponisten Antonín Dvořák auf dem Vyšehrad-Friedhof ⑭

Vyšehrad-Park

Der westliche Teil des Vyšehrad wurde als Park gestaltet. Südlich der Kirche St. Peter und Paul erinnern vier Skulpturengruppen ⑫ des Bildhauers Josef Myslbek aus dem 19. Jahrhundert an Persönlichkeiten aus der frühen tschechischen Geschichte, z. B. an die legendären Gestalten Přemysl und Libuše *(siehe S. 20f).* Einst schmückten sie die Palacký-Brücke, wurden jedoch während der amerikanischen Bombardierungen 1945 zerstört. Nach ihrer Restaurierung zogen sie in den Park um. Früher stand hier ein romanischer Palas, den eine Brücke mit der nahen Kirche verband. Ein weiterer Palas entstand unter Karl IV. *(siehe S. 24f).*

Kirche St. Peter und Paul

Die Kirche ⑬ überragt mit ihren Zwillingstürmen die gesamte Burganlage. Sie wurde Ende des 11. Jahrhunderts von Fürst Vratislav II. erbaut und 1129 erweitert. Im 13. Jahrhundert brannte sie nieder.

An ihrer Stelle entstand eine gotische Kirche, die vielfach umgestaltet und 1885 im neogotischen Stil neu errichtet wurde. Die Zwillingstürme kamen 1902 hinzu. Beachtenswert sind ein Sarkophag aus dem frühen 12. Jahrhundert, vermutlich die Grabstätte des hl. Longinus, sowie das gotische Tafelbild *Regenmadonna* aus der Mitte des 14. Jahrhunderts in der dritten Kapelle rechts.

Friedhof und Pantheon

Rechts der Kirche führt ein Tor zum Friedhof ⑭, der 1869 angelegt wurde, um großen tschechischen Persönlichkeiten, etwa Bedřich Smetana *(siehe S. 79)* oder dem Bildhauer Josef Myslbek, eine letzte Ruhestätte zu bieten. Myslbek liegt im 1890 erbauten Pantheon (Slavín) an der Ostseite des Friedhofs, das hochverehrten Persönlichkeiten vorbehalten ist.

Vom Tor neben der Kirche gehen Sie zurück zu K rotundě. Die Teufelssäule ⑮ links soll der Teufel zurückgelassen haben, nachdem er eine Wette mit einem Priester verloren hatte. Die Straße führt zur kleinen romanischen St.-Martins-Rotunde ⑯ *(siehe S. 44)*, die Ende des 11. Jahrhunderts errichtet und 1878 restauriert wurde. Gehen Sie links den Hügel hinab zum Ziegel-Tor (Chotek-Tor) ⑰ von 1841 und die Vratislavova-Straße hinunter zur Straßenbahnhaltestelle Výtoň am Ufer der Moldau.

Die neogotische Kirche St. Peter und Paul ⑬

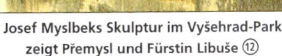

Josef Myslbeks Skulptur im Vyšehrad-Park zeigt Přemysl und Fürstin Libuše ⑫

ROUTENINFOS

Start: *Metro-Station Vyšehrad, Linie C.*
Länge: *1,5 km.*
Anfahrt: *Der Spaziergang beginnt an der Metro-Station Vyšehrad und endet bei der Tramhaltestelle Výtoň (Linien 3, und 17 zum Stadtzentrum).*
Rasten: *Der Park vor St. Peter und Paul eignet sich zum Ausruhen. Gegenüber der Basilika St. Laurentius gibt es ein Café.*

Zu Gast in Prag

ÜBERNACHTEN

Seit der Samtenen Revolution 1989 gehört Prag zu den meistbesuchten Städten Europas. Etliche neue Hotels sind zum Teil mit ausländischem Kapital gebaut worden. Viele alte Hotels wurden renoviert. Heute ist Prag dem Besucheransturm gewachsen. Der Standard der Unterkünfte ist ausgesprochen gut. Das bedeutet allerdings, dass die Kosten für eine Übernachtung so hoch sein können wie in westeuropäischen Metropolen. Doch es gibt auch eine große Zahl von Häusern mittlerer Preisklasse. Einige sind im Zentrum angesiedelt und bieten Designausstattung und exzellenten Service. Preiswerte Hotels im Zentrum sind oft noch altmodisch, preiswerte Pensionen findet man eher in den Vororten. Besonders günstig ist es, eine kleine Privatwohnung oder ein Zimmer zu mieten. Man kann sie meist bei einer Agentur buchen *(siehe S. 186)*. Zudem bieten Herbergen und Campingplätze Unterkünfte für den kleinen Geldbeutel *(siehe S. 187)*.

Portier in Uniform vor einem Prager Hotel

Hotel Ungelt (siehe S. 189)

HOTELSUCHE

Da Prag relativ klein ist, sucht man sich am besten ein Hotel im Zentrum, nahe den Sehenswürdigkeiten, Läden und Restaurants. Die meisten Hotels liegen um den Wenzelsplatz, mitten in der Stadt also, was sich natürlich in den Preisen niederschlägt. Beliebt ist auch die Gegend um den Náměstí Republiky. Am besten logiert man beim Altstädter Ring, in Gehweite zur Karlsbrücke. Hier finden Sie internationale, alte tschechische und kleinere, exklusive Hotels.

Im Süden der Neustadt, nur wenige Metro-Stationen vom Altstädter Ring entfernt, gibt es preisgünstigere Hotels. Doch ist die Gegend weniger angenehm und äußerst verkehrsreich. Hotels in der Josefstadt bieten einen Blick über die Moldau. Sie sind meist modern, aber auch teuer. Weiter entfernt vom Stadtzentrum liegen am Flussufer einige »schwimmende Hotels«. Sie sind mittlerweile meist renoviert. Die Kabinen sind preiswert, bieten allerdings weniger Platz und Komfort als ein Hotelzimmer.

Oberhalb der Karlsbrücke gibt es auf der Kleinseite einige interessante kleine Hotels in wunderschöner Lage, einige auch nahe der Prager Burg (Hradschin). Weiter im Norden dieser Gegend befinden sich mehrere große, wenig reizvolle Hotels. Auch in den Vorstädten finden Sie diesen Hoteltyp. Einige der Häuser wurden neu erbaut. Sie bieten zwar Komfort, sind aber meist ebenso teuer wie die Hotels im Zentrum. Zudem müssen Sie mit langen Fahrzeiten rechnen sowie mit zusätzlichen Fahrtkosten – die Metro fährt nur bis Mitternacht, und Taxis können recht teuer werden.

RESERVIERUNG

Ein Hotel im Voraus zu buchen, ist in Prag kein Problem: telefonisch, brieflich, online und per Fax (wobei es bei Online-Buchungen oft die besten Angebote gibt). Achten Sie darauf, eine schriftliche Buchungsbestätigung (Brief, E-Mail oder Fax) zu erhalten. Das kann im Zweifelsfall einiges an Schwierigkeiten ersparen. Viele Hotelangestellte sprechen Englisch, die älteren häufig auch Deutsch. Die telefonische Absprache dürfte also kein Problem sein. Wenn Sie Ihre Unterkunft lieber

Geräumiges Zimmer im Grand Hotel Bohemia, Josefstadt (siehe S. 190)

◁ Wenzelsplatz mit Reiterstandbild des hl. Wenzel *(siehe S. 144–146)*

über ein Reisebüro buchen, wenden Sie sich an die auf Prag spezialisierten Unternehmen *(siehe S. 186)*. Bei der Anreise per Auto empfiehlt sich aus Sicherheitsgründen die – in der Regel kostenpflichtige – Benutzung des Hotelparkplatzes bzw. der Hotelgarage.

AUSSTATTUNG

Die meisten Hotels in Prag verfügen inzwischen über Zimmer mit Dusche, Bad oder WC sowie Internet-Anschluss, Telefon und Fernseher (sogar mit Satellitenprogrammen). Viele Hotels bieten zudem einen günstigen Reinigungsservice, die großen auch einen 24-Stunden-Zimmerservice sowie Minibars. Man erwartet, dass Sie Ihr Zimmer bei der Abreise bis Mittag verlassen. Sollten Sie später abreisen, bewahren viele Hotels Ihr Gepäck gern noch länger auf. In den Hotels wird fast immer Englisch und Deutsch gesprochen, sodass Sie kaum Kommunikationsschwierigkeiten haben dürften.

Das Hotel Paříž steht unter Denkmalschutz *(siehe S. 189)*

PREISNACHLÄSSE

Die Hotelpreise in Prag sind flexibel. Günstigere Angebote gibt es bei vielen Hotels für Online-Buchungen oder an den Wochenenden. Zu beliebten Reisezeiten, etwa zwischen Weihnachten und Neujahr sowie um Ostern, ist es schwierig, ein Zimmer zu finden. Ausgesprochen preisgünstige Zimmer gibt es in den Sommermonaten in Studentenwohnheimen: Meist handelt es sich dabei um Zweibettzimmer mit einer Küche auf dem Flur sowie Getränkekiosken.

VERSTECKTE PREISAUFSCHLÄGE

Der Zimmerpreis beinhaltet normalerweise eine Steuer (19 Prozent) und eine Service-Pauschale. Klären Sie die Details jedoch stets im Voraus. Wenn Sie vom Zimmer aus telefonieren, zahlen Sie meist hohe Aufschläge. In der Stadt gibt es noch einige Telefonzellen für Telefon- oder Kre-

ditkarten. Praktischer sind natürlich Mobiltelefone *(siehe S. 232)*. Einige der teuren Hotels berechnen das Frühstück extra, bei anderen ist es inklusive. Für warme Speisen müssen Sie extra zahlen. Oft gibt es Frühstücksbüfetts. Trinkgelder werden mittlerweile überall erwartet.

Wie in den meisten Ländern gibt es keine Vergünstigungen für Alleinreisende. Einzelzimmer sind eher rar, vor allem

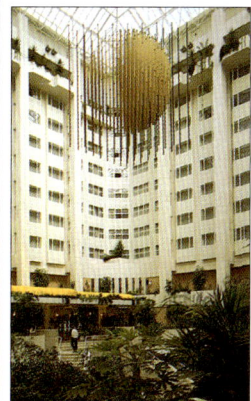

Dominierend – das moderne Praha Hilton *(siehe S. 195)*

in den neueren Hotels. Wenn Sie als Single ein Doppelzimmer nehmen, müssen Sie etwa 70 bis 80 Prozent des Zimmerpreises zahlen.

BEHINDERTE REISENDE

Rollstuhlgerechte Hotels finden Sie auch bei der Hotelauswahl auf den Seiten 188–195. Informationen über weitere Vergünstigungen für Behinderte erteilt die **Prager Vereinigung der Rollstuhlfahrer** *(siehe S. 234)*, ebenso die Tschechische Botschaft in Ihrem Heimatland.

MIT KINDERN REISEN

Mit Kindern bekommen Sie meist ein Mehrbettzimmer, oder man stellt ein Extrabett in Ihr Zimmer. Babysitter-Service gibt es eher in den hochpreisigen Hotels sowie in einigen kleinen Gasthöfen. In vielen Hotelrestaurants sind Hochstühle für Kinder mittlerweile üblich. Fragen Sie unbedingt nach Vergünstigungen. Vielleicht können die Kinder kostenlos im Zimmer der Eltern übernachten.

AUF EINEN BLICK

INFORMATION

Tschechische Zentrale für Tourismus (Czechtourism)
Friedrichstr. 206,
10969 Berlin.
(*(030) 20 44 770.*
www.czechtourism.com

In Prag:
Vinohradská 46.
Stadtplan 6 E1.
(*22 15 80 611.*
Staroměstské náměstí 5.
Stadtplan 3 B3.
(*22 48 61 587*

In Österreich:
Herrengasse 17,
1010 Wien.
(*(0043) 1 533 21 933.*
FAX *(0043) 1 533 21 934.*

Čedok Reisen
Kaiserstr. 54,
60329 Frankfurt am Main.
(*(069) 274 01 70.*
www.cedok.com

PRIVATZIMMER UND -WOHNUNGEN

Akasí
28. října. **Stadtplan** 3 C5.
(*22 22 43 067.*
FAX *22 42 37 235.*

American Express Reiseagentur
Václavské náměstí 56.
Stadtplan 3 C5.
(*22 22 10 106.*
www.americanexpress.cz

Autotourist Reiseagentur
Londýnská 62.
Stadtplan 6 F4.
(*22 25 12 053.*
FAX *2225 20 242.*
www.autoturist.cz

AVE a.s.
Pod Barvířkou 6.
(*25 15 51 011 (Hotline).* **www**.
praghotellocator.com

Čedok
Na Příkopě 18.
Stadtplan 4 D4.
(*22 41 47 242.*
www.cedok.com

Estec
Vaníčkova 5.
(*25 72 10 410.*

FAX *25 72 15 263.*
www.estec.cz

e.travel.cz
Divadelní 23.
Stadtplan 3 A5.
(*22 49 90 990.*
www.e.travel.cz

Mary's Travel & Tourist Service
Italská 31.
Stadtplan 4 F5.
(*22 22 54 007.*
http://de.marys.cz

Prager Informationsdienst (PIS)
Staroměstské náměstí 1.
Stadtplan 3 B3.
Hlavní nádraží
(Hauptbahnhof)
Stadtplan 4 E5.
(*22 17 14 444.*
www.pis.cz

Pragotur
Arbesovo náměstí 4.
Stadtplan 4 D3.
(*22 17 14 130.*
FAX *22 17 14 127.*
www.prague-info.cz

Reiseagentur České Dráhy (ČD Travel)
Na Příkopě 31.
Stadtplan 3 C4.
(*97 22 43 055.*
FAX *97 22 43 060.*
www.cdtravel.cz

Top Tour
Revoluční 24.
Stadtplan 4 D2.
(*22 48 13 172.*
FAX *22 48 12 386.*
www.toptour.cz

STUDENTEN

Eurodesk
Na poříčí 12
Stadtplan 4 D3.
(*224 872 886.*
www.eurodesk.cz

Nationaler Studentenverband
17. listopadu.
Stadtplan 3 B2.
(*24 81 04 38.*

JUGENDHERBERGEN

Agentur Petros
Přístavní 2.
(*41 56 58 580.*
www.hostel.cz

Czech Youth Hostel Association
Přístavní 2.
(*22 08 05 684.*
FAX *22 08 06 912.*
www.czechhostels.com

Dlouhá
Dlouhá 33.
Stadtplan 3 C3.
(*22 48 26 662.*
www.travellers.cz

Hostel Jednota
Opletalova 38.
Stadtplan 4 D5.
(*22 42 30 038.*
http://jednota.
jugendherberge-prag.cz

CAMPING

Aritma Džbán
Nad Lávkou 5
(*23 53 58 554.*
FAX *23 53 51 365.*
www.campdzban.eu

Kotva Braník
U ledáren 55, Braník.
(*24 44 61 712.*
FAX *24 44 66 110.*
www.kotvacamp.cz

Troja
Trojská 129, Troja.
(*28 38 50 482.*
www.campdana.cz

BEHINDERTE REISENDE

Föderation für Menschen mit Behinderungen
Karlínské náměstí 12.
Stadtplan 3 A5
(*22 23 17 489.*
www.svaztp.cz

Prager Vereinigung der Rollstuhlfahrer
Benediktská 688/6.
Stadtplan 4 D3.
(*22 48 27 210.*
FAX *22 48 26 079.*
www.pov.cz

BOTSCHAFTEN

Botschaften der Tschechischen Republik
In Deutschland:
Wilhelmstr. 44,
10117 Berlin.
(*(030) 226 380.*
FAX *(030) 229 40 33.*
www.mzv.cz/berlin

In Österreich:
Penzinger Str. 11–13,
1140 Wien.
(*(0043) 1 89 95 81 11.*
FAX *(0043) 1 894 12 00.*
www.mzv.cz/vienna

In der Schweiz:
Muristr. 53,
3000 Bern 31.
(*(031) 350 40 70.*
FAX *(031) 350 40 98.*
www.mzv.cz/bern

Generalkonsulat der Tschechischen Republik
In Deutschland:
Libellenstr. 1,
80939 München
(*(089) 95 83 72 32.*
FAX *(089) 950 36 88.*
www.mzv.cz/munich

Erna-Berger-Str. 1,
01097 Dresden.
(*(0351) 65 56 7-0.*
FAX *(0351) 80 32 500.*
www.mzv.cz/dresden

IN PRAG

Deutsche Botschaft
Vlašská 19.
Stadtplan 1 C4.
(*25 71 13 111.*
(*25 71 13 283 (im Notfall).*
FAX *25 75 34 056.*
www.prag.diplo.de

Österreichische Botschaft
Viktora Huga 10.
(*25 70 90 511.*
FAX *25 73 16 045.*
www.austria.cz

Schweizer Botschaft
Pevnostní 9.
Stadtplan 1 B1.
(*22 04 00 611.*
(*22 43 11 312.*
www.eda.admin.ch/prag

Stadtplan *siehe Seiten 246–257*

Pension in einer ruhigen Straße in historischer Umgebung

PRIVATZIMMER UND -WOHNUNGEN

In den letzten Jahren stieg die Anzahl der Privatzimmer in Prag enorm an. Sie sind preiswert und beliebt, liegen aber oft nicht im Stadtzentrum. Pro Person und Nacht kosten sie ab etwa 1000 Kč, meist inklusive Frühstück. Wohnungen, in denen man sich selbst versorgt, kosten für zwei Personen etwa 2000 Kč pro Nacht. Es gibt viele Agenturen, die solche Unterkünfte vermitteln *(siehe S. 186)*.

Wenn Sie ein Zimmer oder Apartment mieten wollen, sollten Sie genau angeben, wie teuer und wo es sein soll. Bevor Sie ein Angebot der Agentur akzeptieren, erkundigen Sie sich nach der Gegend und der nächsten Metro-Station. Sollten Sie selbst in Prag sein, sehen Sie sich das Zim-

mer oder die Wohnung vorher an. Lassen Sie sich jede Buchung schriftlich bestätigen. Meist bezahlen Sie nach Ihrer Ankunft bei der Agentur in bar. Manchmal bezahlen Sie jedoch auch direkt den Vermieter. Verlangt die Agentur die Bezahlung im Voraus über die Bank, dann gehen Sie mit einer entsprechenden Quittung direkt zu Ihrer Unterkunft. Die Agenturen können eine Gebühr für die Vermittlung erheben, die in den meisten Fällen vor Ort zu zahlen ist.

JUGENDHERBERGEN

Informationen über die Jugendherbergen in Prag erteilt die **Czech Youth Hostel Association**. Hilfreich sind aber auch diverse andere Websites (www.jugend herberge-prag.cz, www.prag-jugendherberge.de oder auch www.hostel.cz). Einige der Jugendherbergen liegen im Zentrum.

Die meisten Herbergen sind ganzjährig geöffnet, manche jedoch nur in der Hauptsaison. Viele haben eine Sperrstunde – ab einer bestimmten Uhrzeit am Abend wird man nicht mehr eingelassen. Fragen Sie bei der Reservierung nach. Die meisten Herbergen bieten Bettbezüge und Decken an, sodass man keinen Schlafsack mitbringen muss.

Herbergen außerhalb der Innenstadt sind meist günstiger. Viele Häuser in Zentrumsnähe kosten so viel wie ein billiges Hotel.

Wenn Sie zwischen Juni und Mitte September – den Semesterferien an Prags Universität, dem Karolinum (Tel. 22 49 91 111/250) – in der Stadt sind, können Sie in schlichten Studentenzimmern nächtigen – das Richtige für alle mit niedrigem Reisebudget. Viele Kollegs haben ähnliche Angebote.

CAMPING

Die meisten Campingplätze in und um Prag sind von November bis April geschlossen. Sie sind preisgünstig und verkehrstechnisch gut angebunden. Der größte Platz befindet sich bei **Troja** *(siehe S. 166f)*, drei Kilometer nördlich des Zentrums. **Aritma Džbán**, vier Kilometer westlich, ist ganzjährig geöffnet. **Kotva Branik** liegt sechs Kilometer südlich der Stadt an der Moldau. Informationen erteilt der PIS *(siehe S. 186)*.

PENSIONEN

Die tschechischen Pensionen oder Gästehäuser sind recht preisgünstig. Sie bieten meist Standardzimmer mit Bad, inklusive Frühstück. Wenn Sie mit dem Auto nach Prag fahren, sehen Sie schon die entsprechenden Schilder (mit dem Wort »Pension« in Grün). Pensionen findet man meist außerhalb des Prager Stadtzentrums. Sie sind deshalb eher für Urlauber mit Auto geeignet.

HOTELPORTIERS

Die Portiers vieler Prager Hotels können Gästen bei der Besorgung von Theaterkarten oder bei Restaurantbuchungen behilflich sein. Pförtner haben Beziehungen und können gute Plätze bei Veranstaltungen arrangieren bzw. doch noch einen Tisch in einem der Prager Edelrestaurants für Sie ergattern. Hotelportiers sind auch ansprechbar für Reisebuchungen oder Sightseeing-Tipps, für Service-Belange vor Ort oder im Notfall. Selbstverständlich sollte ein hilfsbereiter Hotelportier auch ein entsprechendes Trinkgeld erhalten.

Hoteleingang in einer Straße auf der Kleinseite

Hotelauswahl

Die folgenden Hotels wurden aufgrund ihrer Lage, der Ausstattung und des Preis-Leistungs-Verhältnisses ausgewählt. Innerhalb der einzelnen Stadtteile (von der Altstadt bis zu den Abstechern) sind die Hotels aufsteigend nach Preiskategorien geordnet. Den Stadtplan finden Sie auf den Seiten 246–257.

PREISKATEGORIEN
Die Preisangaben gelten für ein Doppelzimmer pro Nacht in der Hauptsaison, inklusive Frühstück, Steuer und Service:

Ⓚ unter 3000 Kč
ⓀⓀ 3000–4500 Kč
ⓀⓀⓀ 4500–6000 Kč
ⓀⓀⓀⓀ 6000–8000 Kč
ⓀⓀⓀⓀⓀ über 8000 Kč

ALTSTADT

Cloister Inn
P 🍽 🗐 ♿ Ⓦ   Ⓚ

Konviktská 14, Praha 1 📞 22 42 11 020 📠 22 42 10 800 **Zimmer** 75   **Stadtplan 3 B5**

Das Cloister Inn liegt nur wenige Minuten von der Karlsbrücke entfernt und ist – trotz des Namens – ein modernes Hotel mit großen, hübsch eingerichteten Zimmern mit Bad. Im Speiseraum mit hoher Decke gibt es ein Frühstücksbüfett. Tee und Kaffee werden den ganzen Tag in der Lobby serviert. **www.cloister-inn.com**

Hotel Černý Slon
P 🍽 🗐 Ⓦ   Ⓚ

Týnská 1, Praha 1 📞 22 23 21 521 📠 22 23 10 351 **Zimmer** 16   **Stadtplan 3 C3**

Das Hotel in grandioser Lage in der Nähe von Teynkirche und Altstädter Ring befindet sich in einem Gasthof aus dem 14. Jahrhundert, einem UNESCO-Welterbe. Die Zimmer sind klein, aber komfortabel. Gotische Bogen, Holzböden und ein charmantes Lokal mit traditioneller Küche runden das Bild ab. **www.hotelcernyslon.cz**

Melantrich
🍽   Ⓚ

Melantrichova 5, Praha 1 📞 22 42 35 551 📠 22 42 35 778 **Zimmer** 24   **Stadtplan 3 C4**

Die EuroAgentur-Gruppe betreibt diverse preisgünstige Hotels mit guter Einrichtung. Dieses Haus in der Nähe des Markts in der Havelská-Straße liegt gleich beim Wenzelsplatz. Die Zimmer sind angenehm. Gleiches gilt für den Service. Die Musik der Keller-Disco dringt allerdings in den unteren Stockwerken durch. **www.euroagentur.cz**

Prague Inn
P 🍽 🗐 ♿ Ⓦ   Ⓚ

28. října 15, Praha 1 📞 22 60 14 444 📠 22 60 14 555 **Zimmer** 34   **Stadtplan 3 C4**

Moderne Übernachtungsmöglichkeit in minimalistisch-japanischem Stil mit niedrigen Möbeln. Es gibt eine exzellente Bar und ein gutes Restaurant. Hilfsbereites Personal. Die Gäste können kostenlos die Fitness-Einrichtungen des World Class Fitness-Center benutzen (100 Meter vom Hotel). **www.hotelpragueinn.cz**

Astoria
P 🍽 🛏 🗐 ♿ Ⓦ   ⓀⓀ

Rybná 10, Praha 1 📞 22 17 75 711 📠 22 17 75 712 **Zimmer** 74   **Stadtplan 4 D3**

Die sauberen Zimmer des Astoria bieten ein gutes Preis-Leistungs-Verhältnis für die grandiose Lage, man kann sie allerdings nicht gerade als anheimelnd bezeichnen. Von den oberen Stockwerken genießt man eine fantastische Aussicht auf die Altstadt. **www.hotelastoria.cz**

EuroAgentur Hotel Royal Esprit
P 🍽 🛏 🗐 ♿ Ⓦ   ⓀⓀ

Jakubská 5, Praha 1 📞 22 48 00 055 📠 22 48 00 056 **Zimmer** 27   **Stadtplan 3 C3**

Das frühere Mejstřík, ein renoviertes Hotel von 1924, liegt nur einen Block vom Altstädter Ring entfernt. Manchmal können die lärmenden Betrunkenen auf der Straße stören. Die individuell eingerichteten Zimmer und die verbliebenen Art-déco-Details lassen einen die normal-modernen Hotelteile vergessen. **www.hoteleuroagentur.com**

Floor Hotel
🍽 🛏 Ⓦ   ⓀⓀ

Na Příkopě 13, Praha 1 📞 23 40 76 300 📠 23 40 76 112 **Zimmer** 43   **Stadtplan 3 C4**

Das Hotel liegt in der Shopping-Meile der Altstadt. Etwa die Hälfte der Zimmer sind de luxe, die restlichen einfachmodern eingerichtet. Edleres italienisches Hotelrestaurant und großer Konferenzraum mit Kristalllüstern. Es gibt zahlreiche Sonderangebote, darunter auch Touren (bei Online-Buchung). **www.floorhotel.cz**

Metropol
P 🍽 🛏 🗐 ♿ Ⓦ   ⓀⓀ

Národní 33, Praha 1 📞 24 60 22 100 📠 24 60 22 200 **Zimmer** 64   **Stadtplan 3 B5**

Das raffinierte Hotel besitzt Glaswände über neun Stockwerke. Der Service reicht allerdings bisweilen nicht an das Design heran. Im Hotel steigen auch Gruppen ab – gleichwohl ist es ein guter Tipp. Das Dachrestaurant bietet Panoramaaussicht. Die gepflegten Zimmer sind klein, aber komfortabel. **www.metropolhotel.cz**

Modrá Růže
P 🍽 📺 🛏 🗐 Ⓦ   ⓀⓀ

Rytířská 16, Praha 1 📞 22 44 04 100 📠 22 42 26 106 **Zimmer** 47   **Stadtplan 3 C4**

Das fünfstöckige Hotel im alteuropäischen Stil liegt gleich beim Wenzelsplatz. Das Interieur ist klassisch, mit Parkettböden und großen Zimmern. Es gibt De-luxe-Zimmer und Annehmlichkeiten wie flauschige Bademäntel. In die nach vorn liegenden Zimmer kann der Lärm von der Fußgängerzone heraufdringen. **www.hotelmodraruze.cz**

Zeichenerklärung siehe hintere Umschlagklappe

U Červené Židle

Liliová 4, Praha 1 296 180 018 *Zimmer 15*   *Stadtplan 3 B4*

Das kleine Hotel ähnelt einer Pension und bietet nur das Notwendigste. Das Personal ist allerdings freundlich und die Lage an einem der hübschesten Plätze der Altstadt ideal. Die komfortablen Zimmer sind farbenfroh und besitzen Dachsparren. Kabelloser Internet-Zugang und Satelliten-TV. **www.redchairhotel.com**

U Medvídků

Na Perštýně 7, Praha 1 22 42 11 916 FAX 22 42 20 930 *Zimmer 33*   *Stadtplan 3 B5*

Klassisches tschechisches Restaurant, Bierkneipe und Pension in einem. Die teureren Zimmer haben Holzbalken und mittelalterlichen Charme. Alle sind groß und sehr hübsch. U Medvídků ist eines der seltenen Hotels mit einem Brauereimuseum im Keller. **www.umedvidku.cz**

U Zlatého Stromu

Karlova 6, Praha 1 22 22 20 441 FAX 22 22 20 441 *Zimmer 22*   *Stadtplan 3 B4*

Die Zimmer des einladenden Hotels in einem Haus aus dem 13. Jahrhundert sind eher klein, aber sehr stilvoll ausgestattet. Der rückwärtige Garten ist eine wahre Oase der Ruhe, was man von einigen Zimmern, die zur geschäftigen Straße hin liegen, nicht behaupten kann. **www.zlatystrom.com**

Metamorphis

Malá Štupartská 5, Praha 1 22 17 71 011 FAX 22 17 71 099 *Zimmer 32*   *Stadtplan 3 C3*

Das Hotel liegt im Teynhof und bietet große Zimmer, die zum Teil sehr eigenwillig eingerichtet sind. Teilweise stammt die Ausstattung noch aus dem 14. Jahrhundert, als das Haus errichtet wurde. Das Hotelrestaurant bereitet leckere Pizzas zu. **www.metamorphis.cz**

Clementin

Seminářská 4, Praha 1 22 22 21 798 FAX 22 22 21 768 *Zimmer 9*   *Stadtplan 3 B4*

An der Schnittstelle des alten und neuen Prag gelegen, ist das Hotel ein idealer Ausgangspunkt für Stadtbesichtigungen. Es ist im schmalsten Gebäude der Stadt (aus dem Jahr 1360) untergebracht, das erst kürzlich für seine neue Nutzung umgebaut wurde. Die Zimmer sind klein, haben aber alle ein Bad. **www.clementin.cz**

Grand Hotel Praha

Staroměstské náměstí 22, Praha 1 22 16 32 556 FAX 22 16 32 558 *Zimmer 31*   *Stadtplan 3 C3*

Angesichts der fantastischen Aussicht auf den Altstädter Ring nimmt es kaum wunder, dass die großen Zimmer und Apartments oft ausgebucht sind. Sie sind klassisch möbliert und bieten jeden Komfort, der in dieser Preisklasse erwartet wird. Das Frühstück wird im historischen Restaurant U Orloje serviert. **www.grandhotelpraha.cz**

Ungelt

Štupartská 7, Praha 1 22 27 45 900 FAX 22 27 45 901 *Zimmer 10*   *Stadtplan 3 C3*

Das elegante Hotel liegt versteckt in einer ruhigen Seitenstraße hinter dem Altstädter Ring und strahlt einen Hauch von Exklusivität aus. Die Suiten bieten einfache, aber stilvolle Zimmer, einige davon sind holzgetäfelt. Unprätentiöses Restaurant. Eine schattige Terrasse lädt zum Entspannen ein. **www.ungelt.cz**

Four Seasons

Veleslavínova 2a, Praha 1 22 14 27 000 FAX 22 14 26 000 *Zimmer 79*   *Stadtplan 3 A3*

Das Luxushotel unweit der Karlsbrücke muss eigentlich nicht vorgestellt werden. Es bietet eine große Auswahl ganz unterschiedlicher Zimmer und Suiten an, alle mit Blick auf die Moldau. Das Hotelrestaurant Allegro gilt als eines der besten der Tschechischen Republik. **www.fourseasons.com**

Paříž

U Obecního domu 1, Praha 1 22 21 95 195 FAX 22 42 25 475 *Zimmer 86*   *Stadtplan 4 D3*

Das neogotische, mit Jugendstil-Elementen ausgestattete Haus wurde von Jan Vejrych errichtet und 1984 unter Denkmalschutz gestellt. Die Zimmer wurden modernisiert, wobei man so viel wie möglich vom ursprünglichen Charme zu bewahren suchte. Traumhafter Service. **www.hotel-paris.cz**

Ventana

Celetná 7, Praha 1 22 17 76 600 FAX 22 17 76 603 *Zimmer 30*   *Stadtplan 3 C3*

Klassisches Prager Hotel im Herzen der Altstadt. Im schmalen Gebäude wird der vorhandene Platz optimal genutzt, selbst einen Lift passte man ins alte Treppenhaus ein. Die Zimmer sind geschmackvoll eingerichtet, manche sind zweistöckig, alle haben Himmelbetten. Der Empfangsbereich zeigt Art-déco-Stil. **www.ventana-hotel.net**

JOSEFSTADT

Travellers' Hostel

Dlouhá 33, Praha 1 22 48 26 662 FAX 22 48 26 665 *Zimmer 48*   *Stadtplan 3 C2*

Die beliebte Herberge ist meist voller Rucksackurlauber. Sie liegt über einem Tanzclub, dem Roxy, und ist mit der Galerie NoD und dem Dahab Middle Eastern Café verbunden. Das gut geführte, preisgünstige Haus hat ein junges Image. Für Gäste, die es gern etwas privater haben, stehen Apartments zur Verfügung. **www.travellers.cz**

Stadtplan *siehe Seiten 246–257*

Clarion   P ⑪ 🛏 🗐 ⚐ Ⓦ   ⊛⊛
Hradební 9, Praha 1 ☎ 29 67 44 249 FAX 29 67 44 233 **Zimmer** 93   **Stadtplan** 4 D2

Das kleine Hotel gehört zu Choice-Hotelgruppe. Es bietet angenehme Zimmer in Vier-Sterne-Qualität mit exzellentem Service. Das Haus liegt am Ufer der Moldau. Haustiere sind willkommen. Für Geschäftsreisende gibt es entsprechende Einrichtungen. Zwei Hotelrestaurants. **www.clarionhotel.cz**

U Zlaté Studny   ⑪ 🗐 🛏 Ⓦ   ⊛⊛
Karlova 3, Praha 1 ☎ 22 22 20 262 FAX 22 22 20 130 **Zimmer** 8   **Stadtplan** 3 B4

Das Hotel in einem Gebäude aus dem 16. Jahrhundert liegt in der Nähe von Karlsbrücke und Altstädter Ring. Es ist als »Haus zum Goldenen Brunnen« (noch im Keller zu bewundern) bekannt. Exquisites Dekor mit Louis-XIV-Möbeln. Die Zimmer sind geräumig. Kinder bis zu 15 Jahren übernachten kostenlos. **www.uzlatestudny.cz**

Bellagio   ⑪ 🗐 🛏 Ⓦ   ⊛⊛⊛
U Milosrdných 2, Praha 1 ☎ 22 17 78 999 FAX 22 17 78 900 **Zimmer** 46   **Stadtplan** 3 B2

Wunderschönes pastellfarbenes Hotel in einer ruhigen Seitenstraße unweit der Moldau. Die hübschen Zimmer sind geräumig und haben große Bäder. Die Hotelbar ist ein beliebter Treffpunkt. Das Kellerrestaurant Isabella schickt sich an, es ihr gleichzutun. **www.bellagiohotel.cz**

Josef   P ⑪ 🍴 🗐 ⚐ Ⓦ   ⊛⊛⊛⊛
Rybná 20, Praha 1 ☎ 22 17 00 111 FAX 22 17 00 999 **Zimmer** 109   **Stadtplan** 3 C3

Das ultramoderne Hotel harmoniert aufs Beste mit der alten Josefstadt. Die gut ausgestatteten Zimmer mit komfortablen Bädern sind auf zwei Gebäude verteilt: Das orange- und das rosafarbene Haus trennt ein hübscher Innenhof mit gepflegtem Garten. Frühstück gibt es den ganzen Vormittag über. **www.hoteljosef.cz**

Maximilian   P ⑪ 🗐 ⚐ Ⓦ   ⊛⊛⊛⊛
Haštalská 14, 110 00 Praha 1 ☎ 22 53 03 111 FAX 22 53 03 110 **Zimmer** 71   **Stadtplan** 3 C2

Nach der umfassenden Renovierung ist das Maximilian eine der modernsten und schicksten Herbergen der Stadt. Den Gast erwarten exquisit eingerichtete Zimmer mit großen Betten. Die verwendeten Stoffe stammen aus Venedig. Die Bäder sind geräumig. Internet-Anschluss ist Standard. **www.maximilianhotel.com**

President   P ⑪ 🍴 🛏 🗐 ⚐ Ⓦ   ⊛⊛⊛⊛
Curieových náměstí 100, Praha 1 ☎ 23 46 14 111 FAX 23 46 14 110 **Zimmer** 130   **Stadtplan** 3 B2

Das moderne Hotel an der Moldau bietet neben prächtig ausgestatteten Zimmern und Suiten eine »Chefetage«, ein Casino sowie Kureinrichtungen. Hier kann man zwischen der Aussicht auf die Burg, den Fluss, die Altstadt oder das St.-Agnes-Kloster wählen. **www.hotelpresident.cz**

Grand Hotel Bohemia   P ⑪ 🗐 Ⓦ   ⊛⊛⊛⊛⊛
Králodvorská 4, Praha 1 ☎ 23 46 08 111 FAX 22 23 29 545 **Zimmer** 78   **Stadtplan** 4 D3

Das senffarbene Jugendstil-Hotel ist so großartig, wie es sein Name verspricht. Die Zimmer sind riesig, und das Personal ist zuvorkommend. Das Hotelcafé ist einer der beliebtesten Treffpunkte von Einheimischen und Besuchern. Auf das Frühstücksbüfett freuen sich alle Stammgäste im Voraus. **www.austria-hotels.at**

Inter-Continental   P ⑪ 🍴 🛏 🗐 ⚐ Ⓦ   ⊛⊛⊛⊛⊛
Náměstí Curieových 43–45, Praha 1 ☎ 29 66 31 111 FAX 22 48 11 296 **Zimmer** 372   **Stadtplan** 3 B2

Das 1970 am Ufer der Moldau errichtete imposante Hotel verfügt über ein Fitness-Center und ein Schwimmbad. Das Hotel ist exemplarisch für internationalen Fünf-Sterne-Standard. Kabellosen Internet-Zugang gibt es in allen öffentlichen Bereichen, Breitband-Internet auf den Zimmern. **www.ichotelsgroup.com**

PRAGER BURG UND HRADSCHIN

Hotel Questenberk   P ⑪ Ⓦ   ⊛⊛
Úvoz 15, Praha 1 ☎ 22 04 07 600 FAX 22 04 07 601 **Zimmer** 30   **Stadtplan** 1 B3

Das Barockgebäude (17. Jh.) wurde einst als Hospital der hl. Elisabeth und des hl. Norbert erbaut. Nach der Umwandlung in ein Hotel sind einige originale Details erhalten geblieben, etwa die Decken des Kreuzgangs und die Holzbalken. Das Haus liegt nicht weit von der Burg. Restaurant mit Aussicht. **www.questenberk.cz**

Hoffmeister   P ⑪ 🍴 🛏 Ⓦ   ⊛⊛⊛⊛⊛
Pod Bruskou 7, Praha 1 ☎ 251 01 71 12 FAX 251 01 71 20 **Zimmer** 41   **Stadtplan** 2 F2

Das luxuriöse Hotel in nächster Nähe zur Burg bietet neben den individuell eingerichteten Zimmern auch Wellness-Bereich und Fitness-Center. Der Blick über den Fluss auf die Altstadt ist einmalig. Die Lage auf halber Strecke die Chotkova hinauf ist allerdings für ältere oder behinderte Menschen nicht gerade vorteilhaft. **www.hoffmeister.cz**

Savoy   P ⑪ 🍴 🛏 🗐 Ⓦ   ⊛⊛⊛⊛⊛
Keplerova 6, Praha 1 ☎ 22 43 02 430 FAX 22 43 02 128 **Zimmer** 61   **Stadtplan** 1 B3

Hinter der prächtigen Fassade verbirgt sich ein modernes Luxushotel. Die Liste der Reichen und Berühmten, die hier logierten, ist endlos. Das Serviceangebot des Hauses ist ähnlich umfassend. Die Zimmer sind groß und edel eingerichtet, die Badezimmer gehören sicherlich zu den größten in Prag. **www.hotel-savoy.cz**

Preiskategorien *siehe S. 188* **Zeichenerklärung** *siehe hintere Umschlagklappe*

KLEINSEITE

Aureus Clavis Hotel

Nerudova 27, Praha 1 25 75 34 569 FAX 23 39 20 120 *Zimmer 26* **Stadtplan** 2 D3

Das kleine Hotel auf der Kleinseitner Hauptroute zur Burg wurde kürzlich renoviert. Die Zimmer verteilen sich auf drei Stockwerke und ein Dachgeschoss mit Terrassenrestaurant. Die anheimelnden Zimmer haben Parkettboden, klassisch-zeitloses Interieur und eine helle Lobby. Freundliches, aufmerksames Personal. **www.aureusclavis.cz**

U Kříže

Újezd 20, Praha 1 25 73 12 272 FAX 25 73 12 542 *Zimmer 22* **Stadtplan** 2 E5

Hotel mit gutem Preis-Leistungs-Verhältnis. Das »Zum Kreuz«, wie das Haus auf Deutsch heißt, bietet saubere Standardzimmer. In der Straße liegen die derzeit angesagtesten Nachtlokale des Viertels. Gute Option für Urlauber, die eine konventionelle, aber preiswerte Unterkunft suchen. **www.ukrize.com**

Pension Dientzenhofer

Nosticova 2, Praha 1 25 73 11 319 FAX 25 73 20 888 *Zimmer 9* **Stadtplan** 2 E4

Für die neun Zimmer der charmanten Pension in einer Seitengasse der Kleinseite sollte man weit im Voraus buchen. Der Komfort ist begrenzt, doch die hellen Zimmer sind ansprechend. Zuvorkommender Service. Die Pension liegt im Geburtshaus des berühmten Barockarchitekten Kilian Ignaz Dientzenhofer. **www.dientzenhofer.cz**

Residence Malá Strana

Mělnická 9, Praha 1 25 15 10 372 FAX 25 15 10 406 *Zimmer 35* **Stadtplan** 2 F5

Angenehmes Hotel in einem klassizistischen Gebäude. Die geräumigen Zimmer wirken fast wie Suiten und verfügen über eine kleine Küche und einen separaten Essbereich. Ein sättigendes Frühstück ist im Preis inbegriffen. Der gemütliche Salon im Erdgeschoss öffnet sich auf einen Garten. **www.hotelresidence-mala-strana.com**

U Brány

Nerudova 21, Praha 1 25 75 34 050 FAX 23 39 20 120 *Zimmer 17* **Stadtplan** 2 D3

U Brány gilt als exzellente Adresse in Prag, entsprechend oft ist das Hotel ausgebucht. Man sollte also rechtzeitig reservieren. Die Zimmer sind eigentlich Suiten mit zwei, drei oder vier Räumen, alle gleichermaßen luxuriös wie geräumig. Beeindruckend sind auch die herrlichen Badezimmer. **www.ubrany.cz**

U Karlova mostů

Na Kampě 15, Praha 1 25 75 31 430 FAX 25 75 33 168 *Zimmer 26* **Stadtplan** 2 F4

Der atmosphärische Gasthof betreibt seit Jahren eine beliebte traditionelle Kneipe. Nach hinten gibt es eine Terrasse zur Moldau. Das Haus liegt in Sichtweite der Karlsbrücke, wird allerdings von den Urlauberströmen nicht berührt. Grandioser Service. Zimmer mit Deckenbalken, aber moderner Möblierung. **www.archibald.cz**

U Žluté boty

Jánský vršek 11, Praha 1 25 75 32 269 FAX 257 53 41 34 *Zimmer 9* **Stadtplan** 2 D3

U Žluté boty bietet sparsam möblierte, gleichwohl geschmackvolle, elegante Zimmer. Sie sind individuell eingerichtet, manche mit vielen Holzelementen, andere wiederum höchst modern. Alle Zimmer sind geräumig und haben gut geschnittene Badezimmer. Der rückwärtige Hof ist im Sommer sehr hübsch. **www.zlutabota.cz**

Best Western Kampa

Všehrdova 16, Praha 1 27 10 90 847 FAX 25 74 04 333 *Zimmer 84* **Stadtplan** 2 E5

Das von einem Park umgebene Zeughaus aus dem 17. Jahrhundert liegt versteckt in einer ruhigen Seitenstraße, nur wenige Minuten von der Karlsbrücke entfernt. Die große Empfangshalle mit Bar und Restaurant überspannt ein mächtiges barockes Gewölbe. Die sauberen Zimmer sind einfach möbliert. **www.euroagentur.cz**

Dům U Červeného lva

Nerudova 41, Praha 1 25 75 33 833 FAX 25 75 35 131 *Zimmer 21* **Stadtplan** 2 F3

Mit seiner Aussicht auf den Königsweg, die Burg und die Hänge des Petřín ist das »Haus zum Roten Löwen« ideal für Urlauber. Die schönen Renaissance-Deckengemälde, Antiquitäten und Parkettböden versetzen den Gast in vergangene Zeiten. Das traditionelle Bierlokal tut ein Übriges … **www.hotelredlion.com**

Hotel Mandarin Oriental

Nebovidská 1, Praha 1 23 30 88 888 FAX 23 30 88 668 *Zimmer 99* **Stadtplan** 2 E4

Das elegante Flaggschiff der Mandarin-Gruppe wird wegen des asiatischen Designs, der luxuriösen Zimmer und der exzellenten asiatischen Küche hochgelobt. Das Hotel in einem früheren Kloster (14. Jh.) liegt nur zehn Minuten von der Karlsbrücke entfernt. Fitness-Center, Spa und Terrassenrestaurant. **www.mandarinoriental.com/prague**

Pod Věží

Mostecká 2, Praha 1 25 75 32 041 FAX 25 75 32 069 *Zimmer 12* **Stadtplan** 2 F3

Das schöne familiengeführte Hotel liegt im Herzen des historischen Zentrums. Man kann die angenehme Atmosphäre genießen: Dazu tragen die schöne Dachterrasse und das nette, ganztags geöffnete Café bei. Die nicht gerade großen Zimmer sind gut ausgestattet. Das Frühstück ist im Zimmerpreis inbegriffen. **www.podvezi.com**

Stadtplan *siehe Seiten 246–257*

Sax 🍴 ☰ W ⊗⊗⊗

Jánský vršek 3, Praha 1 📞 *25 75 31 268* FAX *25 75 34 101* **Zimmer** 22   **Stadtplan** 2 D3

Zweifellos das trendigste Hotel der Kleinseite. Die Zimmer sind im Design der 1960er und 1970er Jahre gestalet. Neben dem Retro-Schick bieten sie große LCD-Bildschirme, DVD-Spieler und den neuesten Technik-Schnickschnack. Nahe der Burg, allerdings sind die vielen Stufen hinauf nur für fitte Urlauber geeignet. **www.hotelsax.cz**

U Tří Pštrosů P 🍴 ☰ W ⊗⊗⊗⊗

Dražického náměstí 12, Praha 1 📞 *25 72 88 888* FAX *25 75 33 217* **Zimmer** 52   **Stadtplan** 2 F3

Das Hotel »Zu den drei Straußen« liegt gleich neben der Karlsbrücke und war einst Wohnsitz von Jan Fux, einem Straußenfedernhändler. Sein Hotelrestaurant gehört zu den bekanntesten Prags. Das familiengeführte Haus bietet eine angenehme, kinderfreundliche Atmosphäre. Die Zimmer wurden kürzlich renoviert. **www.utripstrosu.com**

U Zlaté Studně 🍴 ☰ W ⊗⊗⊗⊗

U Zlaté studně 166, Praha 1 📞 *25 70 11 213* FAX *25 75 33 320* **Zimmer** 19   **Stadtplan** 2 E2

Wenige Minuten von der Burg entfernt findet man luxuriöse Zimmer in einem Haus, das beinahe so alt ist wie die Stadt selbst. Vom Dachrestaurant und seiner Terrasse überblickt man ganz Prag. Die Zimmer sind zum Teil mit Antiquitäten ausgestattet. Die Badezimmer sind außergewöhnlich komfortabel. **www.goldenwell.cz**

Aria P 🍴 📺 ☰ W ⊗⊗⊗⊗⊗

Tržiště 9, Praha 1 📞 *22 53 34 111* FAX *22 53 34 666* **Zimmer** 52   **Stadtplan** 2 E3

Charmantes, ungewöhnlich kleines Hotel, in dem jedes der Zimmer einem berühmten Musiker gewidmet ist, z.B. Dizzy Gillespie, Puccini oder Mozart. Ein veritabler Musikdirektor empfiehlt den Gästen Musik passend zur Stimmung und macht auf Konzertereignisse in der Stadt aufmerksam. **www.ariahotel.net**

NEUSTADT

Evropa P 🍴 ⊗

Václavské náměstí 25, 110 00 Praha 1 📞 *22 42 28 215* FAX *22 42 24 544* **Zimmer** 90   **Stadtplan** 4 D5

Das »Europa« ist Prags schönstes und wahrscheinlich berühmtestes Hotel. Sein Jugendstil-Dekor und das Terrassencafé im Erdgeschoss sind Attraktionen für sich. Die Gästezimmer sind im Stil der Zeit eingerichtet, haben aber kaum moderne Standards. Das Personal kann etwas kurz angebunden sein. **www.evropahotel.cz**

Jerome House ☰ ♿ W ⊗

V Jirchářích 13, Praha 1 📞 *22 49 33 207* FAX *22 49 33 212* **Zimmer** 64   **Stadtplan** 5 B1

Das moderne Hotel liegt in einer ruhigen Kopfsteinpflastergasse unweit des Wenzelsplatzes. Die einfachen Zimmer haben meist Bad (es gibt neun Zimmer für Gruppen mit Gemeinschaftsbädern). Da das Haus zu einer Gruppe gehört, vermittelt das Personal Gäste an ein anderes Haus, wenn das Hotel ausgebucht ist. **www.hoteljeromehouse.cz**

987 Prague 🍴 ☰ ♿ W ⊗⊗

Senovážné náměstí 15, Praha 1 📞 *25 57 37 100* FAX *22 22 10 369* **Zimmer** 80   **Stadtplan** 4 E4

Das Hotel der Gruppe »Design Hotels Collection« ist trendy und komfortabel. Prag hat eine Welle an Designhotels erlebt, doch dieses setzt das Konzept sehr erfolgreich um. Es opfert auch nicht den Service zugunsten des Aussehens. Kabelloser Internet-Zugang. Nahe beim Hauptbahnhof. **www.designhotelscollection.com**

BW Meteor Plaza P 🍴 📺 ☰ ♿ W ⊗⊗

Hybernská 6, Praha 1 📞 *22 41 92 559* FAX *22 42 20 681* **Zimmer** 88   **Stadtplan** 4 D3

Das vertrauenswürdige Hotel der Best-Western-Gruppe liegt am Rand der Altstadt in der Nähe der Shopping-Meile des Viertels und des Pulverturms. Das charmante alte Gebäude hat gotische Wurzeln. Attraktiver Pool und Sauna. Moderne saubere Zimmer. **www.hotel-meteor.cz**

Elysee ☰ ♿ W ⊗⊗

Václavské náměstí 43, Praha 1 📞 *22 14 55 111* FAX *22 42 25 773* **Zimmer** 70   **Stadtplan** 4 D5

Die altmodischen Zimmer mit Parkettböden und dunkler Holztäfelung erwartet man nicht unbedingt am Wenzelsplatz. Das Elysee bietet Komfort mit luxuriösen Bädern und schalldichten Fenstern, die den Lärm des Platzes abschirmen. Sechs Apartments. Weiterer Pluspunkt: sichere Parkmöglichkeiten. **www.hotelelysee.cz**

Harmony P 🍴 W ⊗⊗

Na poříčí 31, Praha 1 📞 *22 23 19 807* FAX *22 23 10 009* **Zimmer** 60   **Stadtplan** 4 E3

Das Hotel zeigt sich nach einer Totalrenovierung im alten Glanz. Freundliche junge Leute betreiben das Haus. Zwei kleine Restaurants, eines davon mit Tischen an der Straße, bieten eine gute Auswahl an Gerichten. Die Geschäftsstraße ist auch nachts sehr belebt. Fragen Sie deshalb nach einem ruhigen Zimmer. **www.euroagentur.cz**

Hotel Sovereign 🍴 📺 ☰ ♿ W ⊗⊗

Politických vězňů 16, Praha 1 📞 *24 24 54 545* FAX *24 24 54 511* **Zimmer** 50   **Stadtplan** 4 D5

Das elegante Hotel in der Nähe des Wenzelsplatzes bietet gut eingerichtete Zimmer und anheimelnde Suiten. Es gibt kabellosen Internet-Zugang und Satelliten-TV. An den Wänden der Zimmer hängen Schweiz-Weiß-Fotografien. Ausgezeichnetes Fitness-Center. Die Angebote bei Online-Buchungen sind interessant. **www.hotel-sovereign.cz**

Preiskategorien *siehe S. 188* **Zeichenerklärung** *siehe hintere Umschlagklappe*

Junior

P   ⊗⊗

Senovážné náměstí 21, Praha 1 📞 *22 22 48 057* FAX *22 42 21 579* **Zimmer** *14*   **Stadtplan** *4 E4*

Das Preis-Leistungs-Verhältnis des Hotels in der Nähe des Wenzelsplatzes ist exzellent. Die Zimmer sind nicht gerade luxuriös ausgestattet, verfügen aber alle über ein Bad. Die Kasse im Haus bei der guten Pizzeria im Erdgeschoss klingelt. Im Haus gibt es zudem eine Spaghetteria und eine Bowlingbahn. **www.euroagentur.cz**

Luník

P   ⊗⊗

Londýnská 50, 120 00 Praha 2 📞 *22 42 53 974* FAX *22 42 53 986* **Zimmer** *35*   **Stadtplan** *6 E2*

Das preiswerte historische Hotel in einer ruhigen Allee ist in tadellosem Zustand. Die Ausstattung ist schlicht, mit weiß gekalkten Wänden und stabilen Möbeln. Die Zimmer sind klein, verfügen aber alle über ein Badezimmer mit Badewanne, Dusche und WC. Das Frühstücksbüfett ist im Preis inbegriffen. **www.hotel-lunik.cz**

Maria Prag

P   ⊗⊗

Opletalova 21, Praha 1 📞 *22 22 11 229* FAX *22 22 40 229* **Zimmer** *109*   **Stadtplan** *4 E5*

Das luftige, starke Design der Lobby von Maria Prag deutet schon auf das, was noch kommt. Die eleganten Zimmer besitzen japanische Akzente. Freundliches Personal. Kleiner, aber hübscher Spa-Bereich im Keller. Angenehme Lage beim Wenzelsplatz. **www.falkensteiner.com**

Na Zlatém Kříží

  ⊗⊗

Jungmannovo náměstí 2, Praha 1 📞 *22 22 45 419* FAX *22 22 45 418* **Zimmer** *8*   **Stadtplan** *3 C5*

Obwohl es ein Anwärter auf den Titel »Schmalstes Prager Hotel« sein könnte, bietet das charmante »Goldene Kreuz« überraschend große, luxuriöse Doppelzimmer und Apartments, alle mit Bad. Im gotisch anmutenden Keller gibt es ein ausgezeichnetes Frühstücksbüfett. Fahrservice vom und zum Flughafen. **www.antikhotels.com**

Opera

P   ⊗⊗

Těšnov 13, Praha 1 📞 *22 23 15 609* FAX *22 23 11 477* **Zimmer** *67*   **Stadtplan** *4 F2*

Ein Opernhaus sucht man in der Nähe zwar vergeblich, doch das Gebäude im Stil der Neorenaissance vom Ende des 19. Jahrhunderts verdient seinen Namen. Die Zimmer sind im Stil der Zeit eingerichtet, durch die großen Fenster blickt man auf einen kleinen Park gegenüber. Die Hotelbar, der pure Kitsch, ist sehenswert. **www.hotel-opera.cz**

Pension Museum

  ⊗⊗

Mezibranská 15, Praha 1 📞 *29 63 25 186* FAX *29 63 25 188* **Zimmer** *12*   **Stadtplan** *6 D1*

Die Pension (ein ehemaliges Schulgebäude) bietet große Räume, die meisten mit separatem Schlafzimmer und kleinem Wohnbereich. Großartiger Service, exzellentes Frühstück und die optimale Lage am Wenzelsplatz machen das Bed-and-Breakfast zu einem der besten im Zentrum Prags. **www.pension-museum.cz**

Tchaikovsky

  ⊗⊗

Ke Karlovu 19, Praha 1 📞 *22 49 12 121* FAX *22 49 12 123* **Zimmer** *19*   **Stadtplan** *5 C2*

Das Tchaikovsky liegt in einer ruhigen Seitenstraße, nur zehn Minuten Fußweg vom Wenzelsplatz entfernt. Das Hotel in einem klassizistischen Gebäude verdient für seine zurückhaltende Eleganz Höchstnoten. Die Zimmer sind geräumig, die Bäder großzügig und schön gestaltet. Frühstücksbüfett inbegriffen. **www.hoteltchaikovsky.com**

U Klenotníka

  ⊗⊗

Rytířská 3, Praha 1 📞 *22 42 11 699* FAX *22 42 21 025* **Zimmer** *11*   **Stadtplan** *3 B4*

Das kleine reizende Hotel mit Restaurant liegt auf halbem Weg zwischen Altstädter Ring und Wenzelsplatz und bietet ein gutes Preis-Leistungs-Verhältnis. Die Zimmer sind von vernünftiger Größe. Das Gepäck wird per Paternoster transportiert. Im Restaurant im Erdgeschoss gibt es ein exzellentes Frühstücksbüfett. **www.uklenotnika.cz**

Best Western Premier Hotel Majestic

P   ⊗⊗⊗

Štěpánská 33, Praha 1 📞 *22 14 86 100* FAX *22 14 86 486* **Zimmer** *185*   **Stadtplan** *5 C1*

Das Hotel besteht aus zwei Gebäuden, eines im Biedermeierstil, das andere im Art-déco-Stil. Es bietet kleine Zimmer mit allen modernen Annehmlichkeiten. Die Balkone und der großartige Ausblick vom siebten Stock tragen zum Charme des Hauses in der Nähe des Wenzelsplatzes bei. **www.hotel-majestic.cz**

Élite

P   ⊗⊗⊗

Ostrovní 32, Praha 1 📞 *22 49 32 250* FAX *22 49 30 787* **Zimmer** *78*   **Stadtplan** *3 B5*

Das Élite liegt in einem Gebäude aus dem späten 14. Jahrhundert. Die anheimelnde Atmosphäre wird durch den gestylten Grill-Club im Erdgeschoss gesteigert, der ausgezeichnete mediterrane und argentinische Küche bietet. Cocktailbar mit Jazz und Latino-Rhythmen. Atrium mit Tagesbar und kleinem Garten. **www.hotelelite.cz**

Hotel Yasmin

  ⊗⊗⊗

Politických vězňů 12, Praha 1 📞 *23 41 00 121* FAX *23 41 00 101* **Zimmer** *198*   **Stadtplan** *4 D5*

Das Yasmin liegt nur fünf Minuten vom Wenzelsplatz entfernt. Das gut geführte Haus mit freundlichem Personal vermittelt einen frischen Eindruck. Kabelloser Internet-Zugang und luxuriöse Bäder machen es einen Touch interessanter als andere Hotels dieser Preisklasse. Edles Restaurant mit Garten. **www.hotel-yasmin.cz**

Adria

P   ⊗⊗⊗⊗

Václavské náměstí 26, Praha 1 📞 *22 10 81 111* FAX *22 10 81 300* **Zimmer** *87*   **Stadtplan** *4 D5*

Ein strahlendes, schickes Entree lockt am Wenzelsplatz Besucher in dieses Hotel. Der geschickte Einsatz von Glas und Spiegeln macht den Empfangsbereich größer, als er ist. Überall blitzt blank poliertes Messing. Die hellen Zimmer sind hübsch eingerichtet. **www.adria.cz**

Stadtplan *siehe Seiten 246–257*

Carlo IV
`P` `11` `17` `8` `▤` `&` `W` ⓚⓚⓚⓚⓚ

Senovážné náměstí 13, Praha 1 `C` *22 45 93 111* `FAX` *22 45 93 000* **Zimmer** *152* **Stadtplan** *4 E4*

Das luxuriöse, grandios mit Marmorböden und Fresken ausgestattete Hotel in Zentrumsnähe gehört zur Boscolo-Gruppe. Überall entdeckt man bezaubernde Details, im Restaurant Box Block genauso wie in der Zigarrenlounge. Im Wellness-Bereich kann man Europas bestes Hotelschwimmbad testen. **www.boscolohotels.com**

Esplanade
`11` `17` `▤` ⓚⓚⓚⓚⓚ

Washingtonova 19, Praha 1 `C` *22 45 01 111* `FAX` *22 42 29 306* **Zimmer** *74* **Stadtplan** *4 E5*

Das imposante sechsstöckige Hotel gegenüber der Oper blickt auf eine lange Tradition zurück. Hinter der Jugendstil-Fassade verbergen sich elegante Räumlichkeiten. Die Zimmer sind schön möbliert. Das Café lockt im Sommer mit einer Terrasse. Das französische Restaurant des Hauses ist erstklassig. Hervorragender Service. **www.esplanade.cz**

Marriott
`P` `11` `17` `8` `▤` `&` `W` ⓚⓚⓚⓚⓚ

V celnici 8, Praha 1 `C` *22 28 88 888* `FAX` *22 28 88 889* **Zimmer** *293* **Stadtplan** *4 E3*

Das zentral gelegene Prager Marriott gilt als eines der besten Hotels der Kette. Die Zimmer bieten jeden erdenklichen Luxus. Den Gästen steht ein großartiges Fitness-Center mit Swimmingpool zur Verfügung. Die Restaurants des Hauses zählen mit zu den besten der Stadt. **www.marriott.com**

Radisson SAS Alcron
`P` `11` `17` `8` `▤` `&` `W` ⓚⓚⓚⓚⓚ

Štěpánská 40, Praha 1 `C` *22 28 20 000* `FAX` *22 28 20 100* **Zimmer** *206* **Stadtplan** *6 D1*

Der Blick von den oberen Stockwerken ist eine Attraktion für sich. Daneben vergisst man allzu leicht die anderen Genüsse, die das Alcron zu bieten hat, etwa die riesigen Badezimmer, die erlesenen Pralinés und die flauschigen Teppiche in den Zimmern. Teuer, aber den Preis wert. **www.radissonsas.com**

ABSTECHER

Kafka
`P` `W` ⓚ

Cimburkova 24, Praha 3 `C` *22 27 80 431* `FAX` *22 27 81 333* **Zimmer** *59*

Das einfache, ziemlich spartanisch ausgestattete Hotel liegt eine 15-minütige Tramfahrt von der Altstadt entfernt. Das Haus selbst ist ein schöner Altbau mit vielen Drei- bzw. Vierbettzimmern, weshalb sich das Kafka vor allem für Familien anbietet. Die Nutzung des hoteleigenen Parkplatzes muss vorab gebucht werden. **www.hotelkafka.cz**

Kavalír
`P` `11` `▤` ⓚ

Plzeňská 177, Praha 5 `C` *25 72 16 565* `FAX` *25 72 10 085* **Zimmer** *50*

Das preiswerteste Hotel der H&Hotels-Kette hat durchaus seinen Charme. Die Zimmer sind überraschend groß, die Gemeinschaftsräume wirken sauber und hell. Das Personal ist freundlich und gibt gern in mehreren Sprachen Auskunft. Das Hotel liegt allerdings ein ganzes Stück vom Stadtzentrum entfernt. **www.europehotels.cz**

Abri
`P` `11` `&` ⓚⓚ

Jana Masaryka 36, Praha 2 `C` *72 28 11 097* `FAX` *22 50 91 925* **Zimmer** *26*

Das komfortable Hotel im ruhigen Wohnviertel Vinohrady bietet kleine, schön möblierte Zimmer mit Bad. Auf der kleinen Gartenterrasse kann man sich nach einem langen Sightseeing-Tag bei einem Drink entspannen. Bewachter Parkplatz und eigenes Restaurant. **www.abri.cz**

Anna
`11` `W` ⓚⓚ

Budečská 17, Praha 2 `C` *22 25 13 111* `FAX` *22 25 15 158* **Zimmer** *22*

Gemütliches Hotel in einem Gebäude mit Jugendstil-Elementen. Das Anna liegt nur zehn Gehminuten vom Wenzels-platz entfernt und bietet ein exzellentes Preis-Leistungs-Verhältnis. Die Zimmer sind geräumig und haben große Betten, nur die Bäder sind manchmal etwas klein. Das mehrsprachige Personal ist hilfsbereit. **www.hotelanna.cz**

Arcotel Teatrino
`P` `11` `17` `▤` `W` ⓚⓚ

Bořivojova 53, Praha 3 `C` *22 14 22 111* `FAX` *22 14 22 222* **Zimmer** *73*

Das Designhotel in einem ehemaligen Theater ist eine hochwertige Alternative zu den teuren Nobelhotels. Die Lage im Wohngebiet Žižkov, die großen, gut ausgestatteten Zimmer und das erstklassige Restaurant sind die größten Plus-punkte. Im Restaurant sitzt man direkt unter den Jugendstil-Theaterbalkonen. **www.arcotel.at**

Ariston
`11` `&` `W` ⓚⓚ

Seifertova 65, Praha 3 `C` *22 27 82 517* `FAX` *22 27 80 347* **Zimmer** *61*

Günstiges Drei-Sterne-Hotel, nicht weit vom Zentrum und doch ruhig gelegen. Die Zimmer sind schlicht, aber sauber und recht groß, mit hohen Decken und Holztischen. Alle Zimmer haben Bäder. Größere Zimmer bieten drei Betten. Nichtraucher- und behindertengerechte Zimmer im Angebot. **www.europehotels.cz**

Art Hotel Praha
`P` `11` `▤` `W` ⓚⓚ

Nad Královskou oborou 53, Praha 7 `C` *23 31 01 331* `FAX` *23 31 01 311* **Zimmer** *24*

Das Art Hotel mit seiner Ausstellung moderner tschechischer Kunst ist ein kühler, ruhiger Ort, an dem man dem Besucherstrom in Prag entkommt. Die Zimmer sind individuell, dabei sehr geschmackvoll dekoriert. Das Licht können Sie Ihrer Stimmung anpassen. Das exzellente Frühstücksbüfett ist inklusive. **www.arthotel.cz**

Preiskategorien *siehe S. 188* **Zeichenerklärung** *siehe hintere Umschlagklappe*

Julián 🅿 🍴 🍷 🗒 ♿ 🅦   ⓚⓚ

Elišky Peškové 11, Praha 5 ☎ *25 73 11 150* FAX *25 73 11 149* **Zimmer** *33*

Das Hotel hat nur recht kleine Zimmer, doch man tut hier alles, um diesen Nachteil wettzumachen. Der Service ist ausgezeichnet. Es gibt Sauna, Solarium und ein kleines Fitness-Center. Kinder sind willkommen. Einige Zimmer sind barrierefrei, eines besitzt auch ein speziell ausgestattetes Bad. **www.julian.cz**

Plaza Alta 🅿 🍴 ♿ 🗒 ♿ 🅦   ⓚⓚ

Ortenovo náměstí 22, Praha 7 ☎ *22 04 07 082* FAX *22 04 07 091* **Zimmer** *87*

Das Hotel bietet geräumige, preisgünstige Zimmer außerhalb des Stadtzentrums. Es liegt in der Nähe des Bahnhofs Holešovice. Mit der Metro ist man in ein paar Minuten im Zentrum. Das ausgezeichnete Frühstück ist im Preis inbegriffen. **www.plazahotelalta.com**

U Blaženky 🅿 🍴 🗒 🅦   ⓚⓚ

U Blaženky 1, Praha 5 ☎ *25 15 64 532* FAX *25 15 63 529* **Zimmer** *13*

Schon bei der Ankunft in dieser Villa in einem von Prags besten Wohnvierteln fühlt man sich als etwas Besonderes. Die günstigen – wenn auch nicht eben billigen – Zimmer sind modern und geräumig, voller Extras und netter Einfälle. Im Speisesaal wird gute Regionalküche serviert und hervorragender Wein ausgeschenkt. **www.ublazenky.cz**

Ametyst 🅿 🍴 🍷 🗒 ♿ 🅦   ⓚⓚⓚ

Jana Masaryka 11, Praha 2 ☎ *22 29 21 921* FAX *22 22 91 999* **Zimmer** *84*   **Stadtplan** *6 F3*

Schönes, modernes Stadthotel mit klimatisierten Zimmern mit Bad oder Dusche und Internet-Zugang. Besonders hübsch sind die Zimmer im Dachgeschoss (Balkendecken). Sauna mit dem Angebot von Massagen. Auch das kleine Restaurant ist geschmackvoll eingerichtet. **www.hotelametyst.com**

Carlton 🅿 🍴 🗒 ♿   ⓚⓚⓚ

Táboritská 18, Praha 3 ☎ *22 27 11 177* FAX *22 27 11 199* **Zimmer** *49*

Nicht eben perfekt gelegenes, jedoch stilvolles und günstiges Hotel, das große Zimmer zu vernünftigen Preisen bietet. Am schönsten sind die Zimmer mit den hohen Decken und Holzbalken im obersten Stock. Das Frühstücksbüfett gibt es im kleinen Kellerrestaurant. Ein Zimmer ist behindertengerecht. **www.europehotels.cz**

Mövenpick 🅿 🍴 🍷 ♿ 🗒 ♿ 🅦   ⓚⓚⓚ

Mozartova 1, Praha 5 ☎ *25 71 51 111* FAX *25 71 53 131* **Zimmer** *442*

Das Luxushotel in zwei Gebäuden – eines mit 136 Executive-Zimmern auf dem Smíchov-Hügel – ist schlicht wundervoll. Die Zimmer, von denen einige mehrere Ebenen haben, sind groß, behaglich und bieten alle Annehmlichkeiten. Die Restaurants genießen einen guten Ruf. Konferenz- und Fitness-Center. **www.movenpick-prague.com**

Corinthia Towers 🅿 🍴 🍷 ♿ 🗒 ♿ 🅦   ⓚⓚⓚⓚ

Kongresová 1, Praha 4 ☎ *26 11 91 111* FAX *26 12 25 011* **Zimmer** *542*

Das Corinthia Towers bei der Metro-Station Vyšehrad liegt nur ein paar Minuten vom Stadtzentrum entfernt. Das 1988 erbaute Hochhaus mit viel Glas, Messing und Marmor besitzt ein eindrucksvolles Wellness-Zentrum und ein schönes Schwimmbad. Die großen komfortablen Zimmer sind edel eingerichtet. **www.corinthia.cz**

Diplomat Praha 🅿 🍴 🍷 ♿ 🗒 ♿ 🅦   ⓚⓚⓚ

Evropská 15, Praha 6 ☎ *29 65 59 213* FAX *29 65 59 215* **Zimmer** *398*

Das Hotel am Ende der Metro-Linie A liegt gerade mal zwölf Minuten vom Stadtzentrum entfernt. Es öffnete 1990 seine Pforten und wirkt noch immer sehr neu. Das Hotel, zu dem ein Nachtclub, mehrere Restaurants, Läden und ein Fitness-Center samt Whirlpool gehören, wird von Österreichern betrieben. **www.diplomathotel.cz**

Mucha 🍴 🍷 🗒 ♿ 🅦   ⓚⓚⓚⓚ

Sokolovská 26, Praha 8 ☎ *22 23 18 849* FAX *22 48 16 641* **Zimmer** *39*   **Stadtplan** *4 F2*

Vielleicht ein bisschen überteuert, aber dennoch ein gutes Hotel in großartiger Lage nahe der Innenstadt. Überall hängen Reproduktionen von Werken des tschechischen Malers Alfons Mucha, dessen Namen das Hotel trägt. Das Gebäude selbst ist ein Art-déco-Meisterwerk. **www.avehotels.cz**

Praha Hilton 🅿 🍴 🍷 ♿ 🗒 ♿ 🅦   ⓚⓚⓚⓚ

Pobřežní 1, 186 00 Praha 8 ☎ *22 48 41 111* FAX *22 48 42 378* **Zimmer** *788*   **Stadtplan** *4 F2*

Das größte Hotel des Landes besitzt gleichwohl Stil. Die Gästezimmer sind geschmackvoll eingerichtet und bieten jeden erdenklichen Komfort, während die Preise für die Übernachtung niedriger sind, als man erwarten würde. Ins Zentrum gelangt man z. B. auf einem 15-minütigen Spaziergang. **www.hilton.com**

Praha Hotel 🅿 🍴 🍷 ♿ 🗒 ♿ 🅦   ⓚⓚⓚⓚ

Sušická 20, Praha 6 ☎ *22 43 41 111* FAX *22 43 11 218* **Zimmer** *124*

Als das Praha mit seinem Design aus Kurven und Wellen 1981 eröffnet wurde, wurde es von seinen Architekten als Höhepunkt der Moderne gepriesen. Gebaut wurde es für hochrangige Staatsgäste. Heute kann hier zwar jeder nächtigen, doch wegen der Abgeschiedenheit ist es noch immer bei Prominenten beliebt. **www.htlpraha.cz**

Riverside 🅿 🍴 🗒 🅦   ⓚⓚⓚⓚ

Janáčkovo nábřeží 15, Praha 5 ☎ *23 47 05 155* FAX *23 47 05 158* **Zimmer** *45*

Das Edelhotel liegt – wie schon der Name vermuten lässt – direkt am Fluss. Es ist definitiv imposant und elegant. Von den wunderbaren Toilettenartikeln im Bad bis zu den zeitgenössischen tschechischen Bildern an der Wand – alles garantiert einen angenehmen Aufenthalt. **www.riversideprague.com**

Stadtplan *siehe Seiten 246 – 257*

RESTAURANTS, CAFÉS UND KNEIPEN

Die Prager Restaurants werden, genau wie die touristische Infrastruktur, immer besser. Die 40-jährige, staatlich gelenkte Gastronomie war zunächst ein Hemmschuh gewesen. Doch der Ansturm der Besucher brachte viele neue, auch ausländische Lokale hervor, die eine immer größere Auswahl an Gerichten anbieten. Die im Folgenden vorgestellten Lokale zeugen von diesem Wandel,

Der brave Soldat Švejk am U Kalicha *(siehe S. 154)*

wenn auch viele – neben der tschechischen Küche – nur eine begrenzte Anzahl an internationalen Gerichten offerieren. Die *Restaurantauswahl (siehe S. 202–207)* stellt Lokale aufgrund bestimmter Kriterien wie Lage und Küche vor. Infos zu Bierkneipen, Gasthäusern und Bars gibt es auf Seite 208f. Im Vergleich zu den Preisen in Westeuropa ist das Essen in Prag immer noch sehr günstig.

TIPPS ZUM ESSENGEHEN

Das Mittagessen wird in Prag relativ früh eingenommen – zwischen 11 und 13 Uhr. Für die meisten Tschechen liegt die Abendessenszeit um 19 Uhr. Doch viele Restaurants haben bis spätabends geöffnet. Man bekommt zwischen 10 Uhr morgens und 23 Uhr nachts jederzeit etwas zu essen. Üblicherweise kann man bis etwa 30 Minuten vor Restaurantschließung bestellen.

Im Frühjahr und Sommer sind die beliebteren Restaurants in Prag voller Besucher. Um sicherzugehen, dass Sie einen Tisch bekommen, sollten Sie, vor allem in den bekannten Lokalen, zwei bis drei Tage im Voraus reservieren. Obwohl die meisten

Restaurants im Stadtzentrum liegen, also am Wenzelsplatz oder am Altstädter Ring, gibt es auch einige abseits der Touristenpfade, die allemal den Weg dorthin wert sind. Je weiter man sich vom Zentrum entfernt, umso preisgünstiger wird das Essen.

BUDEN, CAFÉS, KNEIPEN UND RESTAURANTS

Die Bedeutung eines gemütlichen Ambientes und eines kulinarisch inspirierten Essens wird auch in Prags besseren Restaurants langsam erkannt. Die Lokale, die diesem Motto folgen, sind meist die besten.

Die einfachste Möglichkeit, etwas zu essen, sind Würstchenbuden, die tschechische Würste zum Essen vor Ort

Fassade des Vinárna v zátiší

oder zum Mitnehmen verkaufen. Für eine späte Abendmahlzeit (bis ca. 24 Uhr) bietet sich z. B. eine Snackbar *(bufet)* an. Dort gibt es nicht nur Würste, sondern u. a. auch Pizzas und Falafel.

Größeren Komfort bieten die Cafés *(kavárna)* an den großen Plätzen und Straßen oder die Kaffeehäuser in den ruhigeren Ecken Prags. Sie haben eine reichhaltige Auswahl an Gerichten, angefangen von Sandwiches über kleinere Mahlzeiten bis zu Menüs. Ihre Öffnungszeiten sind unterschiedlich, meist bekommt man aber schon am frühen Morgen ein Frühstück.

Restaurants heißen *restaurace* oder *vinárna* (mit Weinausschank).

Typisch tschechische Gerichte gibt es in normalen Kneipen *(pivnice)*. Der Schwerpunkt liegt hier allerdings auf dem Trinken.

SPEISEKARTE

Beurteilen Sie ein Restaurant nie nach der Übersetzung der Speisekarte – auf

Entspanntes Abendessen im U Kalicha *(siehe S. 207)*

Tische eines Cafés am Altstädter Ring

dieser finden Sie meist jede Menge Fehler. Viele Restaurants geben noch das Gewicht der Fleischportionen an (ein Relikt aus kommunistischer Zeit). Die meisten Hauptgerichte werden mit Kartoffeln, Reis oder Knödeln gereicht. Salat oder andere Beilagen müssen extra bestellt werden *(siehe S. 198f).*

VORSICHT

In teuren Restaurants kann es passieren, dass man Ihnen ein Schälchen Nüsse bringt – zum Preis eines Aperitifs oder teurer. Scheuen Sie sich nicht, dem Kellner zu sagen, dass er sie wieder mitnehmen möge. Das Gleiche gilt für Appetizer, die er unaufgefordert an den Tisch bringt.

Wirtshausschild

Gepflegte Tafel vor schönem Art-déco-Bleiglasfenster

Prüfen Sie Ihre Rechnung genau. Es ist üblich, zusätzliche Leistungen aufzuführen. Kontrollieren Sie also, ob diese berechtigt sind: Kosten für das Gedeck betragen zehn bis 25 Kronen. Auch Milch, Butter, Brot oder Ketchup werden extra berechnet. Auf die Gesamtrechnung wird eine Steuer von 19 Prozent erhoben – oft ist sie aber auch schon inbegriffen.

Eventuell können Sie sich eine Magenverstimmung holen, wenn Sie allzu sorglos Gerichte von Imbissständen verzehren. Gebrauchen Sie hier einfach den gesunden Menschenverstand, wenn Ihnen das Angebot unhygienisch vorkommt. Ansonsten ist der Hygienestandard der Restaurants mit demjenigen in Westeuropa vergleichbar.

ETIKETTE

In Snackbars und kleineren Lokalen setzt man sich hin, wo Platz ist. Normal ist, dass sich noch andere Gäste mit an den Tisch setzen, wenn es voll ist. Es gibt keinen Dresscode, doch wenn man edler speisen geht, sollte man sich auch besser anziehen.

BEZAHLUNG UND TRINKGELD

Die Preise für ein Menü liegen zwischen 250 und 1000 Kronen – je nach Restauranttyp. In manchen Lokalen nimmt der Kellner Ihre Be-

stellung auf und lässt das Papier oder ein Doppel auf dem Tisch liegen. Wenn Sie zahlen wollen, kommt jemand zum Tisch. Üblich ist ein Trinkgeld von zehn Prozent, das Sie zum Rechnungsbetrag dazugeben. Lassen Sie Trinkgeld nicht auf dem Tisch liegen.

Immer mehr Restaurants akzeptieren die gängigen Kreditkarten. Fragen Sie jedoch vorsichtshalber nach, bevor Sie Essen bestellen. Reiseschecks werden ganz selten angenommen.

VEGETARISCHE GERICHTE

Für Vegetarier ist Prag mittlerweile ein besseres Pflaster als früher. Nun gibt es auch im Winter frisches Gemüse. Immer mehr Restaurants bieten inzwischen vegetarische Gerichte an. In jedem Fall – vor allem wenn Sie auf eine entsprechende Diät angewiesen sind – ist es ratsam, sich bei der Bestellung genau zu erkundigen. Vegetarier sollten beachten, dass »Bezmasa« zwar wörtlich »ohne Fleisch« heißt, tatsächlich bedeutet es jedoch lediglich, dass Fleisch nicht die Hauptzutat ist.

BEHINDERTE REISENDE

Behinderte Menschen haben es in Prager Lokalen schwer. Zwar ist das Personal überall äußerst freundlich und hilfsbereit, aber die vielen Treppen und Kellergeschosse sind nicht behindertengerecht.

RESERVIERUNG

Mittags und unter der Woche auch abends muss man nicht unbedingt reservieren. Anders sieht es freitag- und samstagabends aus, vor allem in den besseren Prager Restaurants. Tische können persönlich oder telefonisch reserviert werden. Bei einigen Restaurants kann man auch auf der Website buchen. Alternativ übernehmen Buchungsagenturen Tischreservierungen in Restaurants. Ihre Buchung wird dann per E-Mail bestätigt. Sie bezahlen wie gewöhnlich im Lokal.

Prager Spezialitäten

Die tschechische Küche ist deftig. Fleischgerichte werden meist in einer Sauce und mit Kartoffeln, Reis oder Knödeln (Klößen) gereicht. Fleisch, Geflügel, Fisch wie Karpfen, Gemüse oder Kartoffeln werden relativ einfach zubereitet. Fleisch wird normalerweise in der Pfanne oder im Ofen gebraten bzw. gegrillt. Die Standardgerichte werden oft in großen Mengen serviert. Am gängigsten ist Schweinebraten mit Sauerkraut und Knödeln (*vepřové, kyselé zelí a knedlíky*). Eine Suppe (*polévka*) gehört zu jeder Mahlzeit. Lecker ist die saure Suppe. Unvorstellbar ist Prag ohne Knödel – seien sie nun deftig oder süß.

Blaubeeren

Das urige Kellerrestaurant U Pinkasů *(siehe S. 206)*

Fleisch

Besonders beliebt ist Schweinefleisch (*vepřový*). Es wird zu Suppen, Gulasch, Würsten oder aber zu Braten verarbeitet, der mit Knödeln und Sauerkraut (oder frischem Kraut mit Speck und Kümmel) serviert wird (*Vepřo-knedlo-zélo*). Schweinefleisch taucht auch als köstlicher, leicht geräucherter Prager Schinken (*Pražska šunka*) auf, der entweder mit Brot zum Frühstück bzw. mit Meerrettich als Vorspeise gegessen wird.

Kalbfleisch gibt es bisweilen in Form des Wiener Schnitzels (*smažený řízek*).

Das Rindfleisch aus der Region reicht nicht an internationale Standards heran und muss wirklich gut zubereitet werden, um zu munden. Das in Restaurants servierte Rindfleisch ist meist importiert. Der Prager Favorit heißt *Svíčková*: Lendenbraten (Lendenschnitte) in sähmiger Sahnesauce mit Knödeln, eine Köstlichkeit.

Tschechisches Lammfleisch (*jehněčí*) ist gleichfalls nicht das weltbeste, aber von Mitte März bis Mitte Mai gibt es auf Prags Märkten gutes Lamm zu kaufen – meist im Ganzen. Aus dem Kopf wird eine Suppe hergestellt.

Buchty (Buchteln, Hefegebäck mit Fruchtfüllung)

Štrůdl (Apfelstrudel)

Trdelník (Hohlrolle mit Schokoüberzug)

Český koláč (Hefegebäck mit Pflaumenmus)

Jablkový koláč s drobenkou (Apfelstreuselkuchen)

Čokoládový řez (Schokokuchen)

Auswahl an tschechischem Gebäck

Typische böhmische Gerichte

Knedlíky (Knödel), ob pikant (*špekové*), ob in Suppen oder süß (*sladké*) und mit Früchten (*ovocné*), sind wohl die berühmteste böhmische Spezialität. Einst waren sie nur Beilage, inzwischen sind sie ein zentrales Element in der tschechischen Küche. Moderne Küchenchefs erfinden immer wieder neue Kreationen und Zubereitungsarten. Eine weitere regionale Spezialität ist *Drštkova polévka*, eine sehr gute Kuttelsuppe, die, obwohl gewöhnungsbedürftig, in den letzten Jahren ein Revival erlebt hat und in besseren Restaurants oft auf der Karte steht. Ente und Fasan aus den Wäldern der Region sind nach wie vor sehr beliebt und immer von erstklassiger Qualität. Schweinefleisch bleibt dennoch der Favorit der Prager (und des ganzen Landes). Meist wird es als Braten mit Rotkohl oder Sauerkraut serviert.

Gefüllte Eier

Polévka s játrovými knedlíky *Leberknödelsuppe ist im ganzen Land ein sehr beliebtes Gericht.*

Frische Pfifferlinge aus den Wäldern um Prag

die höheren Preise für Importware. Deshalb ist der widerstandsfähige Weiß- oder Rotkohl nach wie vor das beliebteste Gemüse – ob roh oder als Salat, ob eingelegt (sauer) oder gekocht als Beilage zu Braten. Das tschechische Sauerkraut, *kyselé zelí*, findet man überall.

Auch Pilze sind sehr beliebt und werden in vielen Saucen (vor allem zu Wildgerichten) verwendet oder aber als saure Beilage (etwa saure Steinpilze).

WILD

In den Wäldern rund um Prag gibt es viel Wild. Je nach Jagdsaison (die beste Zeit ist der Herbst) findet man auf der Speisekarte Ente, Fasan, Gans, Wildschwein, Hirschwild, Kaninchen und Hase. Das beliebteste Gericht ist wohl Wildente mit Rotkohl. Meist wird der Braten mit Früchten, Beeren und manchmal mit Kastanien zubereitet. Kleine Fasane werden im Ganzen mit Wacholder und Blau- oder Preiselbeeren gebraten. Rotwild wird häufig mit Pilzen serviert. Kaninchen und Hasen kommen meist in deftigen gulaschartigen Saucen auf den Tisch.

GEMÜSE

Gemüse wird als Beilage zunehmend beliebter. Liebhaber knackiger Gemü-

segerichte sollten allerdings beachten, dass die Tschechen ihr Gemüse gern sehr weich kochen. Da inzwischen immer mehr Gemüse importiert wird, kann man im Supermarkt auch außerhalb der Saison Gemüse aller Art kaufen. Die Tschechen bezahlen jedoch nur ungern

Frisches Gemüse an einem Prager Marktstand

DIE BESTEN SNACKS

Würstchen: Straßenstände und Snackbars bieten traditionelle Würstchen (*klobásy* und *utopence*), Wiener (*párky*) oder Bratwürste mit Brötchen und Senf feil.

Chlebíčky: Die belegten Weißbrotscheiben gibt es in Feinkostläden und Snackbars. Sie sind meist mit Schinken, Salami oder Käse und immer mit einer Gewürzgurke (*nakládaná okurka*) belegt.

Pivní sýr: Bierkäse wird in Bier mariniert, bis er weich ist. Er wird aufs Brot gestrichen und mit eingelegtem Gemüse gegessen.

Syrečky: Dieser köstliche Käse riecht sehr intensiv. Man isst ihn mit Zwiebeln zu Bier.

Palačinky: Die dünnen Pfannkuchen (Palatschinken) werden mit Eis und/oder Obst und Marmelade gefüllt und mit Puderzucker bestreut.

Pečený kapr s kyselou omáčkou
Karpfen in saurer Sahne ist ein Weihnachtsessen.

Vepřové s křenem
Schweinebraten (am Knochen) gibt es mit Rotkohl, Sauerkraut oder Meerrettich.

Švestkové knedlíky
Süße Knödel mit Zwetschgen oder aber Aprikosen (Meruňkové knedlíky).

Tschechische Getränke

»Goldener Tiger«-Bierdeckel

Tschechisches Bier ist in der ganzen Welt berühmt, doch wird es nirgendwo mit so großer Wertschätzung getrunken wie in Prag. Die Tschechen sind sehr stolz auf ihr Bier *(pivo)*. Pils und seine zahlreichen Variationen kommen aus Böhmen. Das beste Pils stammt aus Plzeň (Pilsen), dem Ursprungsort dieser Biere. Alle Spitzenbrauereien liegen nicht weit von Prag entfernt.

Bier gibt es in der Dose, in der Flasche und vom Fass. Dosenbier wird überwiegend exportiert – kein Kenner würde es trinken. Die Tschechische Republik produziert aber auch ansehnliche Mengen Rot- und Weißwein, hauptsächlich in Südmähren. Nur wenig davon gelangt in den Export. Mineralwasser wird in vielen Lokalen angeboten. Mattoni und Dobrá voda (»gutes Wasser«) sind die meistverkauften.

Gambrinus, legendärer König der Biere und Markenname eines Pilsners

Kupferkessel in einer Brauerei in Plzeň

PILSNER UND BUDWEISER

Das bekannteste Bier ist das Pilsner – klar und golden, mit typischem Hopfengeschmack. Es wird nach der Lagermethode gebraut, untergärig und langsam, und reift bei niedrigen Temperaturen. Der Begriff »Pilsner« oder »Pils« (heute generelle Bezeichnung für derartige Biere) ist abgeleitet von Pilsen (Plzeň), der 80 Kilometer südwestlich von Prag gelegenen Stadt, in der dieses Bier 1842 zum ersten Mal gebraut wurde. Die gleiche Brauerei produziert noch heute das Plezňský prazdroj, besser bekannt als »Pilsner Urquell«. Ein etwas milderes Bier, das Budvar (Budweiser), wird 150 Kilometer südlich von Prag in České Budějovice (Budweis) gebraut. Der erste Brauer des amerikanischen Budweiser übernahm nach einem Besuch in Böhmen im 19. Jahrhundert den Namen.

Budweiser-Etikett

Die höhere Prozentzahl bezieht sich auf die Stammwürze, nicht auf den Alkoholgehalt des Biers

Pilsner-Urquell-Etikett

Etikett
Die auffälligste Zahl auf den meisten Bieretiketten – meist zehn oder zwölf Prozent – bezieht sich nicht auf den Alkohol-, sondern auf den Malzgehalt, der beim Brauen verwendet wurde. Der Alkoholgehalt wird in kleinerer Schrift angezeigt. Dem Etikett können Sie auch entnehmen, ob es sich um ein dunkles oder ein helles Bier handelt.

Světlé heißt leicht

Alkoholgehalt

BIER UND BIERKNEIPEN

Staropramen

Gambrinus

Velkopopovický kozel

Budvar (Budweiser)

Plzeňský prazdroj (Pilsner Urquell)

Der einzig wahre Ort, tschechisches Bier zu genießen, ist die Bierkneipe *(pivnice)*. Jede wird üblicherweise von einer Brauerei *(pivovar)* beliefert, sodass Sie immer nur Bier einer Marke bestellen können. Die gängigsten Sorten sind Plezňský und Gambrinus aus Plzeň, Staropramen aus Prag und Velkopopovický aus Velké Popovice, südlich von Prag. Normalerweise wird ein leichtes Bier vom Fass *(světlé)* getrunken, doch viele Kneipen, darunter U Fleků *(siehe S. 155)* und U Kalicha *(siehe S. 154)*, bieten auch stärkere dunkle Lagerbiere *(tmavé)* an oder *kozel*, ein herbes Bier, das dem deutschen Starkbier ähnelt.

Ein großes Bier, ein *velké*, hat 0,5, ein kleines, *malé*, 0,33 Liter. Die Kellner bringen Ihnen Bier und Snacks und notieren, was Sie verzehren, auf Ihrem Bierdeckel. In einigen Kneipen *(siehe S. 209)* geht man selbstredend davon aus,

dass die Gäste so lange bleiben, bis zugemacht wird. Seien Sie also nicht überrascht, wenn man Ihnen ein weiteres Bier bringt, ohne dass Sie es bestellt haben. Wollen Sie es nicht, müssen Sie es auch nicht nehmen. Bezahlt wird, wenn Sie aufbrechen.

In den Biergärten kann man die tschechischen Biere genießen

WEIN

Das bedeutendste Weinanbaugebiet der Tschechischen Republik liegt in Mähren. Von dort kommen die besten Weine, die jedoch hauptsächlich im Land selbst getrunken werden. Ein wenig Wein wird auch in Böhmen, nahe Mělník, etwas nördlich von Prag, angebaut. An Weißweinen stehen Riesling, Veltliner oder Müller-Thurgau *(polosuché* heißt halbtrocken, *suché* trocken) zur Auswahl. Der Rulandské (Pinot) ist ein trinkbarer trockener Wein. Die Rotweine sind meistens besser, am ver-

Weißer bzw. roter Rulandské

breitetsten sind Frankovka und Vavřinecké. Der Herbst ist die Zeit des *burčák*, eines jungen süßen Weins.

SCHNAPS UND LIKÖR

In jedem Restaurant und in jeder Bierkneipe bekommen Sie Becherovka, einen gelben, bittersüßen Kräuterschnaps, der als Aperitif oder Likör serviert wird, teilweise mit Wasser verdünnt. Andere tschechische Spezialitäten sind Borovička, ein Wacholderschnaps, oder Slivovice, ein sehr kräftiges Zwetschgenwasser. Ausländische Erzeugnisse und Cocktails sind teurer.

Becherovka

Restaurantauswahl

D ie folgenden Restaurants wurden aufgrund ihres guten Preis-Leistungs-Verhältnisses oder ihrer herausragenden Küche ausgewählt. Innerhalb der einzelnen Stadtteile (von der Altstadt bis zu den Abstechern) sind die Restaurants aufsteigend nach Preiskategorien geordnet. Den Stadtplan finden Sie auf den Seiten 246–257.

PREISKATEGORIEN
Die Preisangaben gelten für ein Drei-Gänge-Menü pro Person mit einer halben Flasche Hauswein, inklusive Steuer und Service:

Ⓚ unter 400 Kč
ⓀⓀ 400–700 Kč
ⓀⓀⓀ 700–1000 Kč
ⓀⓀⓀⓀ über 1000 Kč

ALTSTADT

Beas
Ⓚ
Týnská 19, Praha 1 📞 60 80 35 727   **Stadtplan** 3 C3

Spartanisches, billiges und ungeheuer populäres vegetarisches Curry-Lokal. Das Essen wird schlicht präsentiert, doch es ist gut und scharf – wobei man den »Brand« mit kostenlosem Wasser »löschen« kann. Das Restaurant zieht alle an, die authentische indische Küche lieben.

Bohemia Bagel
Ⓚ
Masná 2, Praha 1 📞 22 48 12 560   **Stadtplan** 3 C3

Von 7 bis 23 Uhr (Wochenende: 8–23 Uhr) gibt es in dem immer vollen Bagel-Laden mit Café preiswertes Frühstück. Außerdem hat man den ganzen Tag – zu ebenfalls günstigen Preisen – Highspeed-Internet-Zugang. Das Establissement ist so beliebt, dass es mittlerweile mehrere Filialen im Prager Zentrum gibt.

Country Life
Ⓚ
Melantrichova 15, Praha 1 📞 22 42 13 366   **Stadtplan** 3 B4

Das Lokal ist Teil einer internationalen vegetarischen Restaurantkette, doch mit seinem malerischen Ambiente ist es wirklich unschlagbar. Mittags wird es hier sehr voll, wenn Vegetarier und auch Nichtvegetarier mit exzellenten Sandwiches, Salaten, Suppen und Desserts ihren Hunger stillen.

Ariana
ⓀⓀ
Rámová 6, Praha 1 📞 22 23 23 438   **Stadtplan** 3 C2

Ein anheimelnder Raum mit persischen Teppichen, Messingleuchten und Holztäfelung empfängt die Besucher in diesem afghanischen Restaurant. Orientalische Düfte kündigen die Lammgerichte und Suppen an. Neben Curry und Kebab gibt es Spezialitäten mit Kraut, Linsen, Auberginen, Lammhack und Yoghurt.

Chez Marcel
ⓀⓀ
Haštalská 12, Praha 1 📞 22 23 15 676   **Stadtplan** 3 C2

Chez Marcel ist ein Stückchen Frankreich mitten in Prag. Hier essen sowohl Geschäftsleute als auch Studenten die *plats du jour*, Steak *au poivre*, frische Muscheln und die wohl besten Pommes frites der Stadt. Überraschenderweise sind die Preise sehr vernünftig.

Dahab
ⓀⓀ
Dlouhá 33, Praha 1 📞 22 48 27 375   **Stadtplan** 3 C3

Das Dahab im Herzen der Altstadt ist vielleicht der einzige Ort in Prag, wo Sie nach der Mahlzeit eine Huka (Wasserpfeife) rauchen können. Die Kombination aus Teesalon, Patisserie, Café und Restaurant bietet eine gute Auswahl nahöstlicher Gerichte, darunter auch einige vegetarische Optionen.

Klub Architektů
ⓀⓀ
Betlémské náměstí 5A, Praha 1 📞 22 44 01 214   **Stadtplan** 3 B4

Dieses Juwel verbirgt sich in einem Gewirr aus Tunneln und Bogen. Durch einen versteckt liegenden Hof bei der Bethlehemskapelle gelangt man zum Restaurant. Die Küche ist herzhaft und recht ungewöhnlich für ein so preisgünstiges Lokal wie dieses. Auf der Karte stehen auch verschiedene vegetarische Gerichte.

Kogo Pizzeria & Caffeteria
ⓀⓀ
Havelská 27, Praha 1 📞 22 42 14 543   **Stadtplan** 3 C4

Mit dem Motto »Geschmack & Leidenschaft« hat sich das Kogo als Trendsetter in Fragen Stil einen Namen gemacht. Es wirkt frisch-modern. Das emsige Personal und das mediterrane Essen ziehen Gäste an, die aus einem Modemagazin entsprungen sein könnten. Salate, Suppe und Vorspeisen sind ebenso gut wie Seafood und Pasta.

Kolkovna
ⓀⓀ
V kolkovně 8, Praha 1 📞 22 48 19 701   **Stadtplan** 3 C3

Das tschechische Restaurant serviert authentische böhmische Küche und exzellentes Bier vom Fass. Die Kellner können etwas abweisend sein – vor allem wenn Gäste ohne Reservierung im völlig überfüllten Lokal auftauchen. Der Keller des Kolkovna ist rauchfrei.

Zeichenerklärung *siehe hintere Umschlagklappe*

Pizza Nuovo 🧑‍🍼📋♿ Ⓚ Ⓚ

Revoluční 1, Praha 1 ☎ *22 42 35 158* **Stadtplan** 3 C2

Die unprätentiöse Pizzeria bietet das beste »All-you-can-eat«-Antipasti-Büfett (u. a. Fisch, Wurstwaren, Käse und Salat) der Stadt. Die Pizzas mit knusprig-dünnen Böden gehören zu den besten Prags. Besonders lecker: die Pizza Diavolo mit Peperoni und Mozzarella. Im Hinterzimmer gibt es einen Spielbereich für Familien mit kleinen Kindern.

Restaurace Století 📋♿🍴 Ⓚ Ⓚ

Karoliny Světlé 21, Praha 1 ☎ *22 22 20 008* **Stadtplan** 3 A4

Gewölbedecken, Sepia-Fotos und altes Porzellan erinnern in dem ruhigen Restaurant an die einstigen vornehmen Zeiten. Die Gerichte sind nach Berühmtheiten von damals benannt: Marlene Dietrich (Avocado mit Roquefort-Marzipan-Füllung) oder Al Capone (gebratene Hähnchenschenkel mit scharfer Salsa und Papaya).

Angel 🧑‍🍼📋♿🍴🍷 Ⓚ Ⓚ Ⓚ

V kolkovně 7, Praha 1 ☎ *77 32 22 422* **Stadtplan** 3 C3

Das Angel bringt asiatische Fusionsküche nach Prag, allerdings ohne übertriebene Attitüde oder überdimensionierte Preise. Sofia Smith hat die Speiseauswahl für den modernen Speisesaal mit seinen goldenen Farbtönen zusammengestellt. Die preiswerten Mittagsmenüs mischen saisonale Produkte mit exotischen. Traumhafte Desserts.

Red, Hot and Blues 🧑‍🍼📋🎵 Ⓚ Ⓚ Ⓚ

Jakubská 12, Praha 1 ☎ *22 23 14 639* **Stadtplan** 3 C3

Das beliebte, immer volle Restaurant im Cajun-Stil war der erste Treff der Briten in Prag nach der Samtenen Revolution 1989. Die Gäste sind ein Mix aus Pragern und Ausländern. Das Dekor orientiert sich am French Quarter in New Orleans. Auf der Karte stehen Burger und Texmex. Abends gibt es manchmal Live-Musik.

Seven Angels 📋🎵 Ⓚ Ⓚ Ⓚ

Jilská 20, Praha 1 ☎ *22 42 34 381* **Stadtplan** 3 B4

An diesem Ort gibt es seit dem 13. Jahrhundert ein Restaurant. Zwar wechselten die Gastwirte, doch noch immer ist das Seven Angels eines der bezauberndsten kleinen Lokale in Osteuropa. Spezialität des Hauses ist böhmische Küche mit Schwerpunkt auf Wildgerichten. Mittwoch- bis sonntagabends gibt es Live-Musik.

Staroměstská ♿🍴 Ⓚ Ⓚ Ⓚ

Staroměstské náměstí 19, Praha 1 ☎ *22 42 32 534* **Stadtplan** 3 C3

Das Lokal in einem mittelalterlichen Haus existiert schon seit über 50 Jahren. Hier gibt es traditionelle böhmische Küche und Pilsner. Eine Auswahl an tschechischen und anderen Weinen ist ebenfalls erhältlich. Im Sommer kann man draußen auf dem Platz sitzen (die Preise sind dort höher).

Amici Miei 🧑‍🍼📋♿🍴🍷 Ⓚ Ⓚ Ⓚ Ⓚ

Vězeňská 5, Praha 1 ☎ *22 48 16 688* **Stadtplan** 3 C2

Das kleine romantische Lokal ist eine Enklave für außergewöhnliche italienische Küche. Das warmherzige Personal erweist sich als äußerst kompetent. Köstlich: Salat mit Langusten und Mango sowie das klassische mediterrane Seafood, etwa Stockfisch. Gute italienische Weine und verführerische Nachspeisen.

Bellevue 🧑‍🍼📋♿🎵🍴 Ⓚ Ⓚ Ⓚ Ⓚ

Smetanovo nábřeží 2, Praha 1 ☎ *22 22 14 43* **Stadtplan** 3 A5

Das Bellevue am Flussufer bietet eine grandiose Sicht auf die Burg. Das Interieur ist ein Art-déco-Musterbeispiel mit holzgetäfelten Wänden und Marmorböden. Auf der Karte stehen Delikatessen wie Carpaccio vom Wildbret mit Trüffelöl, die man sonst in Prag vergebens sucht.

Francouzská Restaurace 🧑‍🍼📋♿🎵🍷 Ⓚ Ⓚ Ⓚ Ⓚ

Náměstí Republiky 5, Praha 1 ☎ *22 20 02 770* **Stadtplan** 4 D3

Das fantastische Jugendstil-Lokal liegt im Prager Gemeindehaus. Das Personal ist recht formell, die Weinliste beeindruckend. Die französische Küche des Hauses ist von tschechischen Restaurantkritikern hochgelobt worden. Sonntags gibt es Jazz-Brunch mit Rosmarin-Lamm und Sorbets.

La Provence 🧑‍🍼📋🎵🍷 Ⓚ Ⓚ Ⓚ Ⓚ

Štupartská 9, Praha 1 ☎ *29 68 26 155* **Stadtplan** 3 C3

Das von der Kampa-Gruppe geführte gehobene französische Restaurant bietet eine etwas preisgünstigere Brasserie im Erdgeschoss und ein rustikales provenzalisches Lokal im Keller. Idealer Ort für ein romantisches Dinner bei Kerzenlicht. Abends unbedingt reservieren.

Mlýnec 📋♿🎵🍴🍷🍽 Ⓚ Ⓚ Ⓚ Ⓚ

Novotného lávka 9, Praha 1 ☎ *22 10 82 208* **Stadtplan** 3 A4

Das wohl wagemutigste Prager Restaurant bietet eine Speisekarte, die auch dem verwöhntesten Gaumen neue Genüsse bietet. Die ausgezeichnete Küche wird von einer ebensolchen Weinkarte ergänzt. Die Terrasse – mit fantastischem Blick auf die Karlsbrücke – ist ein Juwel.

U Modré Růže (»Zur blauen Rose«) 🧑‍🍼📋🎵 Ⓚ Ⓚ Ⓚ

Rytířská 16, Praha 1 ☎ *22 42 25 873* **Stadtplan** 3 B4

Die tschechische und internationale Karte in diesem gehobenen »Untergrund«-Restaurant bietet für jeden Geschmack etwas: Rind, Lamm, Wild, Meeresfrüchte und vegetarische Gerichte in üppigen Portionen. Das Ambiente in den schön restaurierten Katakomben aus dem 14./15. Jahrhundert ist einmalig.

Stadtplan *siehe Seiten 246 – 257*

JOSEFSTADT

U Sádlů 　　　　　　　　　　　　　　　　♦▤　　⍟⍟

Klimentská 2, Praha 1 🔲 *22 48 13 874*　　　　　　　**Stadtplan** *4 D2*

Selbstbewusst steht man in dem mittelalterlichen Themenlokal zu den eher kitschigen Aspekten des Etablissements. Jedes Gericht hat einen passenden Namen, mehrere rangieren unter der Rubrik »Fleisch von einem apokalyptischen Schweinchen«. Nette Bedienungen und eine lebhafte Gästeschar.

King Solomon 　　　　　　　　　　　　　　　▤⬚♟　　⍟⍟⍟

Široká 8, Praha 1 🔲 *22 48 18 752*　　　　　　　**Stadtplan** *3 B3*

Das helle, freundliche Interieur des King Solomon im Herzen der Josefstadt reicht bis in den Wintergarten. Das Essen wird sorgfältig zubereitet und präsentiert. Dazu gibt es koschere Weine aus der Tschechischen Republik und anderen Ländern. Das Lokal liefert auch Sabbat-Mahlzeiten an Hotels in der ganzen Stadt.

Le Café Colonial 　　　　　　　　　　　♦▤⬚♫♟　　⍟⍟⍟

Široká 6, Praha 1 🔲 *22 48 18 322*　　　　　　　**Stadtplan** *3 B3*

Das schicke, französisch beeinflusste Lokal nahe der Fußgängerzone der Altstadt ist bei den Einheimischen beliebt. Das farbenfrohe Dekor ist afrikanisch-asiatisch inspiriert. Auf einer Seite ist das Café, auf der anderen das Lokal. Die Gerichte reichen von Frühlingsrollen bis zu Currys und Seafood. Gute Cocktails und französische Weine.

Les Moules 　　　　　　　　　　　　　　　　▤⊞♟　　⍟⍟⍟

Pařížská 19, Praha 1 🔲 *22 23 15 022*　　　　　　　**Stadtplan** *3 B2*

In dem Lokal gibt es hervorragendes Bier – allerdings ist es belgisch, nicht böhmisch. Dazu bestellt man Schüsseln voller schmackhafter frischer Muscheln, die täglich aus Belgien eingeflogen werden, oder auch mal einen zarten, in Bier geschmorten Lammrücken.

Barock 　　　　　　　　　　　　　　　　　　▤⬚　　⍟⍟⍟⍟

Pařížská 24, Praha 1 🔲 *22 23 29 221*　　　　　　　**Stadtplan** *3 B2*

Das angesagte Restaurant bietet erlesene modern-europäische und japanische Genüsse, serviert von effizientem Personal. Das Lokal ist nicht allein ein trendiger Treffpunkt, sondern die Küche liegt deutlich über dem internationalen Durchschnitt. Reservieren Sie auf jeden Fall im Voraus.

La Bodeguita del Medio 　　　　　　　▤⬚♫⊞　　⍟⍟⍟⍟

Kaprova 5, Praha 1 🔲 *22 48 13 922*　　　　　　　**Stadtplan** *3 B3*

Papa Hemingway schaut in dem eleganten Lokal den Gästen zu, wie sie Seafood und kreolische Kreationen verspeisen. Nach dem Essen können Sie im oberen Stockwerk bis in den frühen Morgen hinein originelle und klassische Cocktails sowie Havanna-Zigarren genießen.

La Degustation 　　　　　　　　　　　⬚▤♟⊤　　⍟⍟⍟⍟

Haštalská 18, Praha 1 🔲 *22 23 11 234*　　　　　　　**Stadtplan** *3 C2*

Das Lokal, das frische Zutaten der Saison mit traditioneller böhmischer Küche mischt, bietet eine außergewöhnliche Esserfahrung: Es gibt drei Probiermenüs à sieben Gänge. Die Gerichte reichen von Ravioli mit Hummerfüllung in Vanillesauce bis zum Entrecôte vom argentinischen Bio-Rind mit Stopfleber-Parfait.

Pravda 　　　　　　　　　　　　　　　　　　▤⊞　　⍟⍟⍟⍟

Pařížská 17, Praha 1 🔲 *22 23 26 203*　　　　　　　**Stadtplan** *3 B2*

Ein Mix aus alt und neu: Das Pravda präsentiert weiß-goldene Speisesäle und Kellner in schicken Uniformen. Die Küche überrascht mit asiatischen und skandinavischen Einflüssen, darunter mit nicht gerade preisgünstigen Seafood-Gerichten wie Langusten nach Cajun-Art und pochiertem Kabeljau. Exzellente Desserts.

PRAGER BURG UND HRADSCHIN

Peklo (Hölle) 　　　　　　　　　　　　　　▤♟⊤　　⍟⍟⍟

Strahovské nádvoří 1, Praha 1 🔲 *22 05 16 652*　　　　　　　**Stadtplan** *1 B4*

Das Peklo liegt in der Nähe des Klosters Strahov, das dem Prämonstratenser-Orden gehört. Seit dem 14. Jahrhundert wird in den Kellern Wein gelagert. Das Restaurant bietet exzellente tschechische und internationale Küche – und natürlich eine fabelhafte Weinauswahl.

Palffy Palace Restaurant 　　　　　　　　▤⊞⊤　　⍟⍟⍟⍟

Valdštejnská 14, Praha 1 🔲 *25 75 30 522*　　　　　　　**Stadtplan** *2 E2*

Nehmen Sie den Eingang Valdštejnská 14, dann steigen Sie die Steinstufen hoch zu diesem wunderbaren Restaurant, in dem man sich wie in adligen Privatgemächern fühlt. Durch die Mauern dringen sanfte Melodien von der benachbarten Musikschule – die perfekte Begleitung zur häufig wechselnden Speisekarte.

Preiskategorien *siehe S. 202*　**Zeichenerklärung** *siehe hintere Umschlagklappe*

KLEINSEITE

Café de Paris
Maltézské náměstí 4, Praha 1 📞 *60 31 60 718*
Stadtplan 2 E4

Das hübsche Café in französischem Stil bietet eine kleine, aber feine Karte mit französischen Gerichten sowie eine gute Weinkarte. Das Entrecôte wird mit einer Sauce »Café de Paris« serviert – nach altem Geheimrezept. Gute Lage an einem ruhigen Platz auf der Kleinseite.

Café Savoy
Vítězná 12, Praha 1 📞 *25 73 11 562*
Stadtplan 2 E5

Grandiose Lage in einem liebevoll restaurierten Kaffeehaus aus dem 19. Jahrhundert, gleich an der Moldau gegenüber dem Nationaltheater. Auf der Karte findet sich eine Mischung aus klassischen böhmischen und internationalen Gerichten. Zudem gibt es – in Prag eine Seltenheit – eine gute Frühstücksauswahl. Abends sollte man reservieren.

Cantina
Újezd 38, Praha 1 📞 *25 73 17 173*
Stadtplan 2 E5

Alles ist hier überdimensional groß, von den Margaritas bis zu den Portionen guter, preisgünstiger Tex-Mex-Küche. Auf der Karte stehen die üblichen Gerichte wie hervorragende *burritos* und Tacos. Auch hier wird, wie im ganzen Land, lieber zu wenig als zu viel gewürzt – bitten Sie gegebenenfalls um mehr Schärfe. Unbedingt reservieren.

Mount Steak
Josefská 1, Praha 1 📞 *25 75 32 652*
Stadtplan 2 E3

Ein Platz für Fleischliebhaber: Hier gibt es über 60 verschiedene Steaks, darunter vom Wildschwein, Hirsch, Känguru, Hai und Strauß! Das Fleisch wird, ob gebraten oder gegrillt, nach Wunsch zubereitet und mit großen Portionen Kartoffeln und Gemüse serviert. Die Beilagensalate sind ebenfalls gut.

Nebozízek (Kleiner Bohrer)
Petřínské sady 411, Praha 1 📞 *25 73 15 329*
Stadtplan 2 D5

Im Frühling und Sommer ist die Terrasse des bekannten Restaurants an der Petřín-Standseilbahn sehr populär. Von hier hat man einen herrlichen Blick auf die Prager Alt- und Neustadt. Innen ist es gemütlich-elegant. Auf der Karte stehen neben Seafood und Steaks auch chinesische und tschechische Gerichte.

Sushi Bar
Zborovská 49, Praha 1 📞 *60 32 44 882*
Stadtplan 2 F5

Sushi-Lokale in Prag sind oft eine Enttäuschung, doch dieses stilvoll-moderne Etablissement macht eine Ausnahme. Die großteils tschechischen Betreiber haben Wert auf authentische japanische Sushi- und Sashimi-Klassiker gelegt – und der Erfolg gibt ihnen recht. Unbedingt reservieren, da der Speiseraum relativ klein ist.

U Patrona
Dražického náměstí 4, Praha 1 📞 *25 75 30 725*
Stadtplan 2 F3

Das U Patrona ist schon seit Jahren ein kulinarischer Leuchtturm am linken Ufer der Moldau. Hier herrschen Qualität und alteuropäischer Stil vor. Die Küche konzentriert sich auf traditionelle tschechische Speisen von Wildschwein, Ente, Lamm und Rind. Sehr gut sind die herzhaften Suppen. Einen Balkontisch müssen Sie reservieren.

U Tří Pštrosů (»Zu den drei Straußen«)
Dražického náměstí 12, Praha 1 📞 *25 72 88 888*
Stadtplan 2 E3

Der Speiseraum im »Zu den drei Straußen« erinnert ein bisschen an eine bayrische Jagdhütte, die Küche ist jedoch hundertprozentig tschechisch. Wagemutige probieren Straußengulasch oder Kaninchen in saurer Sahne mit Erdbeeren. Es gibt aber auch einfachere, ebenso gute Gerichte.

Cowboys
Nerudova 40, Praha 1 📞 *29 68 26 107*
Stadtplan 2 D3

Weitläufiger Komplex aus Bars und Restaurants, wo etwas überteuerte, aber immer gute Mittelmeerküche in ausgefallenem Dekor serviert wird. Die obere Terrasse bietet den Gästen eine der schönsten Aussichten über die Innenstadt. Hier wird es im Frühjahr und Sommer sehr voll. Reservierung erforderlich.

David
Tržiště 21, Praha 1 📞 *25 75 33 109*
Stadtplan 2 E3

Eine steile Kopfsteinpflasterstraße führt zum Restaurant, doch Gourmets nehmen die Anstrengung gern in Kauf. Für das Mittagsmenü verbringt man hier gut und gern zwei bis drei Stunden. Die exquisiten, leckeren Speisen werden von tschechischen, europäischen und amerikanischen Weinen begleitet.

Kampa Park
Na Kampě 8b, Praha 1 📞 *29 68 26 112*
Stadtplan 2 F4

Das berühmteste moderne Restaurant Prags bewirtet die Reichen und Berühmten schon seit Jahren. Wenn Sie also Ihre Begleitung beeindrucken wollen, kommen Sie hierher – falls Sie einen Tisch reservieren können. Die Fusionsküche mutet etwas abenteuerlich an, ist aber immer gut.

Stadtplan *siehe Seiten 246–257*

U Malířů (»Zum Maler«)

Maltézské náměstí 11, Praha 1 25 75 30 318   **Stadtplan** *2 E4*

Seit 1543 gibt es hier einen Gasthof, der im Lauf der Jahrhunderte vielen Veränderungen unterworfen war. Vor Kurzem wurde die traditionelle französische Küche aufgegeben. Nun findet man eher mitteleuropäische Speisen auf der Karte sowie mehr tschechische Weine – in Konkurrenz zu den teuren französischen Tropfen.

NEUSTADT

Himalaya

Soukenická 2, Praha 1 23 33 53 594   **Stadtplan** *4 D2*

Auf zwei Ebenen gibt es hier bengalische Küche in entspannter Atmosphäre. Currys, Vindaloos, vegetarische Köstlichkeiten und tropische Delikatessen werden von freundlichen, extrem flinken Bedienungen serviert. Die Folge: eine treue Stammkundschaft, die es sich hier stundenlang schmecken lässt.

Jáma

V jámě 7, Praha 1 22 42 22 383   **Stadtplan** *5 C1*

In dem beliebten Lokal gönnen sich Büroangestellte und Besucher mittags großartige Burger und *burritos*. Abends wird das Jáma noch lebhafter, wenn es sich zur angesagten »Trinkhalle« verwandelt. Dann wird es schwierig, ohne Reservierung einen Tisch zu bekommen. Hinten gibt es eine kleine Terrasse.

Radost FX Café

Bělehradská 120, Praha 1 22 42 54 776   **Stadtplan** *6 E2*

Das gute vegetarische Essen und die trendige Club-Atmosphäre haben dem Lokal ein eingeschworenes Stammpublikum beschert. Es gibt drei Essbereiche, zwei im hinteren Teil sowie ein kleineres Café zur Straße hin. An betriebsamen Abenden muss man manchmal etwas auf sein Essen warten. 15 Prozent Service kommen zur Rechnung hinzu.

Beograd

Vodičkova 5, Praha 1 22 49 12 084   **Stadtplan** *5 C1*

Jahrelang war hier ein serbisches Restaurant untergebracht, und obwohl das Lokal heute durch und durch tschechisch ist, hat man aus Respekt vor der Vergangenheit den alten Namen beibehalten. Die Preise sind hier etwas höher, entsprechen aber dem gebotenen Ambiente und der guten Küche mit Schwerpunkt Wild.

Buffalo Bill's

Vodičkova 9, Praha 1 22 49 48 624   **Stadtplan** *5 C1*

Als das Buffalo Bill's 1993 eröffnet wurde, war es eine Sensation. Noch immer kommen viele Einheimische, Amerikaner und Besucher in das Wildwestlokal mit seinem Angebot von Tex-Mex-Küche, Rippchen und Chicken Wings vom amerikanischen Grill. Sehr kinderfreundlich, allerbester Service.

Café Restaurant Louvre

Národní třída 22, Praha 1 22 49 30 949   **Stadtplan** *3 B5*

Das Louvre aus der Zeit um 1900 ist ein exzellentes Lokal für ein spätes, ausgedehntes Frühstück auf der Terrasse. Es gibt tschechische und europäische Gerichte sowie eine fantastische Auswahl an Kuchen, Gebäck und Kaffee. Im Haus befindet sich auch ein eleganter Billardraum.

Hotel Evropa Café

Václavské náměstí 25, Praha 1 22 42 15 387   **Stadtplan** *3 C5*

Das beliebte Café ist ein Jugendstil-Klassiker, auch wenn es inzwischen ein bisschen heruntergekommen ist. Noch immer ist es der Hang-out des literarischen Prag. Es besitzt viel Charakter. Die kleine Terrasse gehört zu den beliebtesten der Stadt. Das Essen ist durchschnittlich – doch deswegen kommt man auch nicht hierher.

Marie Teresie

Na Příkopě 23, Praha 1 22 42 29 869   **Stadtplan** *3 C4*

Von der grell erleuchteten Ladenarkade aus betritt man dieses geräumige Kellerrestaurant, das nach der österreichischen Kaiserin Maria Theresia benannt wurde, die in Prag viel Zeit verbrachte. Das traditionell tschechische Essen wird auf Silbertabletts serviert. Hier kann man sich für wenig Geld mal wie ein Aristokrat fühlen.

U Fleků

Křemencova 11, Praha 1 22 49 34 019   **Stadtplan** *5 B1*

Das laute, höhlenartige – und sehr touristische – Brauereirestaurant mit seinen vielen Räumen soll angeblich 1499 eröffnet worden sein. Es bietet verlässliche tschechische Kneipenkost. Abends fallen Legionen von Besuchern ein, trinken Bier und singen – je nach Besuchergruppe in diversen Sprachen.

U Pinkasů

Jungmannovo náměstí 16, Praha 1 22 11 11 150   **Stadtplan** *3 C5*

Seit 1843 gibt es hier eine preisgünstige tschechische Bierkneipe. Das einfache, herzhafte Essen sorgt dafür, dass das Lokal mittags recht voll wird. Es besitzt drei Ebenen: im Keller eine traditionelle Bierkneipe, im Erdgeschoss eine Bar mit leichten Mahlzeiten und Snacks und im Obergeschoss ein edleres Restaurant.

Preiskategorien *siehe S. 202* **Zeichenerklärung** *siehe hintere Umschlagklappe*

Café Imperial
Na Poříčí 15, Praha 1 📞 *24 60 11 440*   📋   Ⓚ Ⓚ Ⓚ
Stadtplan 4 D3

Das Café wurde durch eine umfassende Renovierung 2008 in seinen einstigen Jugendstil-Zustand zurückversetzt. Das Imperial ist der perfekte Ort, um lokale Spezialitäten wie Lendenbraten in saurer Sahne oder Kalbsschnitzel mit Kartoffelbrei zu genießen. Traumhaftes, nahezu theatralisches Ambiente.

U Kalicha (»Zum Kelch«)
Na bojišti 12–14, Praha 1 📞 *22 49 12 557*   📋 🎵   Ⓚ Ⓚ Ⓚ
Stadtplan 6 D2

Das Ambiente des Restaurants, samt seinen bemalten Wänden, orientiert sich am Roman *Der brave Soldat Švejk.* Der Autor Jaroslav Hašek ließ einige Schlüsselszenen in diesem Lokal spielen. Die Preise der traditionellen tschechischen Küche sind allerdings eher für Besucher aus dem Westen bezahlbar.

Zahrada v opere
Legerove 75, Praha 1 📞 *22 42 39 685*   🪑 📋 ♿ 🍷   Ⓚ Ⓚ Ⓚ
Stadtplan 6 E1

Das lichtdurchflutete moderne Lokal beim Wenzelsplatz beschäftigt einige Prager Spitzenköche, die Fusionsküche und kreative Gerichte auf den Tisch zaubern. Die Karte ist ebenso modern wie das Design: exotische Suppen, interessante Salate, delikate Carpaccios, Terrinen und Gänsestopfleber. Das Restaurant liegt etwas versteckt.

Zvonice
Jindřišská věž, Praha 1 📞 *22 42 20 009*   🪑 📋   Ⓚ Ⓚ Ⓚ
Stadtplan 4 D4

Das ungewöhnliche Lokal erstreckt sich über drei Stockwerke in einem Glockenturm (1518), der die noch intakte Marienglocke beherbergt. Traditionelle tschechische Küche mit guten Wildgerichten in herzhaften Saucen und qualitativ hochwertigem, zartem Fleisch. Gute lokale Weine. Der Service wird manchmal dem Anspruch noch nicht gerecht.

Cicala
Žitná 43, Praha 1 📞 *22 22 10 375*   🪑 📋 ♿ 🍴   Ⓚ Ⓚ Ⓚ Ⓚ
Stadtplan 5 C1

Die familiengeführte Trattoria bietet schmackhafte italienische Küche. Auf der umfangreichen Speisekarte finden sich hausgemachte Spaghetti mit Knoblauch und Chili genauso wie etwa Saltimbocca oder Parmaschinken. Freundliches, unaufgeregtes Personal.

ABSTECHER

Žlutá Pumpa
Belgická 11, Praha 2 📞 *60 81 84 360*   🏃 ♿ 🎵 🍴   Ⓚ

Die beliebte Nachbarschaftskneipe mit Tischen im Freien und freundlichen Bedienungen besticht durch ein gutes Preis-Leistungs-Verhältnis und lockt daher auch viele Einheimische an. Hier gibt es Gerichte wie Gulasch und Schnitzel. Dazu wird Pilsner gezapft. Wagemutigere probieren die tschechische Variante von Tex Mex.

Ambiente
Mánesova 59, Praha 3 📞 *22 27 27 851*   🪑 📋   Ⓚ Ⓚ
Stadtplan 6 E1

Das eklektische Restaurant mit Gerichten vom amerikanischen Südwesten bis Italien ist für seine Salate bekannt: Der Caesar-Salat gilt als der beste der Stadt. Nach dem Essen bietet sich ein Verdauungsspaziergang auf der Mánesova an, einer der hübschesten Straßen im Viertel Vinohrady.

Mozaika
Nitranská 13, Praha 3 📞 *22 42 53 011*   🪑 📋 🍴 🍷   Ⓚ Ⓚ

Das Lokal liegt ein bisschen abseits, doch die Anfahrt lohnt sich wegen des guten Angebots und des hervorragenden Service. Die Speisekarte weist spezielle Mittagsmenüs auf, etwa Ente in Orangensauce und Seeteufel mit Gemüselasagne. Kalb- und Rindfleisch sind von guter Qualität. Weitere Pluspunkte: gute Weine und Tische im Freien.

Roca
Vinohradská 32, Praha 2 📞 *22 25 20 060*   🪑 📋 🍴 🍷   Ⓚ Ⓚ

Der komfortable, einladende Italiener bietet hervorragende Pasta- und Seafood-Gerichte, gute Weine und appetitliche Vorspeisen. Eine Spezialität des Hauses sind die Meeresfrüchte. Die Bedienungen sind ausgesprochen schnell. An warmen Abenden kann man draußen sitzen, im Ambiente einer ruhigen Vinohrady-Straße.

U Marčanů
Veleslavínská 14, Praha 6 📞 *23 53 60 623*   📋 🎵 🍴   Ⓚ Ⓚ Ⓚ

Volksmusik, Tanz und Gesang machen das Lokal bei Besuchern so beliebt. Die hübsche Villa liegt eine Taxifahrt vom Zentrum entfernt in einem Wohnviertel. An langen Tischen isst man große Portionen tschechischer Gerichte, dazu trinkt man noch größere Mengen an Bier. Hier kann man Spaß haben – wenn man vorher reserviert hat.

Aromi
Mánesova 78, Praha 1 📞 *22 27 13 222*   🍴 🍷 🍴   Ⓚ Ⓚ Ⓚ Ⓚ
Stadtplan 6 E1

Das Aromi ist eines der besten italienischen Restaurants in Prag. Das cremefarben-braune Dekor wirkt dezent, die Atmosphäre ist gleichwohl ungezwungen. Spezialitäten des Hauses sind die Pasta- und Seafood-Gerichte. Auf der Weinkarte finden sich edle Tropfen aus aller Welt. Nicht billig, aber das Geld wert.

Stadtplan *siehe Seiten 246–257*

Gasthäuser, Bierkneipen und Bars

Es gibt in Prag keinen Mangel an Kneipen aller Art und für jeden Geschmack. Zum Charme der Stadt gehört es, dass man auch spätnachts noch durch die Altstadt gehen und offene Gasthäuser finden kann. Wer allein an einem Tisch sitzt, sollte sich nicht wundern, wenn sich andere Gäste zu ihm setzen. In einer traditionellen Bierkneipe bringt der Kellner von selbst das nächste Bier, wenn man das letzte fast ausgetrunken hat – außer man signalisiert, dass es für heute genug ist. In Prag sollte man immer das Unerwartete erwarten: In manchen teuren Lokalen können Kellner unprofessionell und unfreundlich sein, in einer schäbigen Kneipe kann man auf perfektes Personal stoßen.

GASTHÄUSER UND BIERKNEIPEN

Es gibt in Prag eine lange Tradition von Gasthäusern mit Essen und großen Bierkneipen, in denen in erster Linie getrunken wird. *Hostinec* und *hospoda* sind die Bezeichnungen für Gasthäuser und Lokale. Im *pivnice* dagegen wird nur Bier serviert. Im Lauf der Zeit sind die Unterschiede allerdings verblasst. Wagemutigen sei das **U Zlatého tygra** (»Zum goldenen Tiger«) empfohlen, eine laute tschechische Literatenkneipe mit überwiegend männlichen Stammgästen. Das **U Fleků** braut angeblich seit 1499 sein eigenes Bier, das Flekovské. Eine authentische Kneipe mit Budweiser ist das **U Medvídků** in der Nähe des Nationaltheaters *(siehe S. 156f)* und des Altstädter Rings. **U Vejvodů** ist eine traditionelle Bierkneipe mit langen Tischen, die mittlerweile sehr touristisch ist. Die Kellner sprechen englisch. Das Bier ist gut, das Essen eher bescheiden – doch man findet meist einen Sitzplatz. Das Flair einer traditionellen *hospoda* hat man am ehesten im **U Pinkasů**, das versteckt in einem Hof beim Wenzelsplatz liegt.

COCKTAILBARS

Heute gibt es in Prag unzählige Cocktailbars. Einige ragen aus der Masse heraus. An der Pařížská, Prags Nobelmeile, ist das **Bugsy's**. Diese Bar hat sogar ihre eigene Cocktail-Fibel herausgegeben. Zum Wochenende hin wird sie allerdings von ein wenig zu vielen stämmigen Männern in langen Mänteln belagert. Dieses Los blieb dem benachbarten **Barock**, einer Cocktailbar mit auffallend schicker Klientel, bisher erspart. Das nahe gelegene **Tretters** ist ein relativ neues Etablissement, das trotz seines eleganten Stils die Bodenhaftung nicht verlieren möchte.

IRISH PUBS UND THEMENBARS

Prag bietet die gastronomischen Visitenkarten aller möglichen Länder. Am weitesten verbreitet sind die Irish Pubs. **Caffreys**, gleich beim Altstädter Ring, gehört zu den beliebtesten, aber auch etwas teureren Kneipen. **Rocky O'Reilly's** ist das größte Irish Pub Prags mit ausgelassener Atmosphäre. Total voll wird es, wenn im Fernsehen ein wichtiges Fußballspiel übertragen wird. **Jáma** ist eine lebhafte Kneipe, die gutes Kneipenessen, darunter die besten Burger der Stadt, serviert. Einen Steinwurf von der Karlsbrücke liegt das einzige irisch-kubanische Pub, das witzige, laute **O'Che's**.

Karaoke gibt es in der **Molotow Cocktail Bar**. Das **La Casa Blu** ist eine südamerikanische Bar, in der lateinamerikanisches und tschechisches Personal eine karnevalsartige Atmosphäre schafft.

TREFFS DER BOHEME

Prag liegt nicht nur im Herzen Böhmens – auch die danach benannten Lebenskünstler (der französische Begriff »bohémien« bezeichnete die aus Böhmen stammenden Zigeuner) kommen im Stadtleben nicht zu kurz. Das **Al Capone's** ist eine der berühmtesten Lasterhöhlen der Altstadt und bei Einheimischen und Besuchern gleichermaßen beliebt. Das **Chapeau Rouge** ist eher ein Studententreff, doch Nachteulen lieben die Bar im Erdgeschoss und den Club (mit Disco) im Keller. Jenseits der Moldau auf dem Hradschin stößt man auf das **U Malého Glena**, in dem sich viele Jahre lang die in Prag lebenden Ausländer trafen. Nicht weit entfernt findet sich **Jo's Bar & Garáž**, ein ebenfalls schon seit einer Ewigkeit bestehendes Kelleretablissement mit mexikanischem Lokal und einer Disco. Hier wird es schnell voll. In Žižkov gibt es die grandiose Bar **Hapu** mit cool-lässigem Flair.

SPORTBARS

Neuerdings gibt es in Prag auch eine Reihe von Bars für Sportenthusiasten, etwa das **Legends**, eine schmale lange Kellerbar mit einer Reihe von Fernsehmonitoren. Am Wenzelsplatz liegen zwei weitere beliebte Bars dieses Typs: **The Lions** und **Zlatá Hvězda**.

CAFÉS UND KAFFEEHÄUSER

Prag hat eine riesige Bandbreite an prächtigen Kaffeehäusern und kleinen Cafés, teilweise in Buchläden, Boutiquen oder Billardhallen. Einige sind veritable Restaurants, andere servieren nur Getränke (alle Alkohol). **Lávka** bietet die beste Lage bei der Karlsbrücke. Weitere Orte zum Sehen und Gesehenwerden sind **Ebel** in der Altstadt und das **Slavia** gegenüber dem Nationaltheater. Als Treffpunkt können Sie das **Grand Café Praha** gegenüber dem Altstädter Rathaus wählen. Der Buchladen mit dem Café **Globe** ist bei Prags Ausländergemeinde schon legendär. Hier gibt es den besten Cappuccino der Stadt.

AUF EINEN BLICK

GASTHÄUSER UND BIERKNEIPEN

Bierhaus
PIVOVARSKÝ DŮM
Lípová 15. **Stadtplan**
5 C2. 29 62 16 666.
www.gastroinfo.cz/
pivodum

Kolkovna
Vítězná 7.
Stadtplan 2 E5.
25 15 11 080.
www.kolkovna.cz

Trilobit
Palackého 15.
Stadtplan 3 C5.
22 49 46 065.
www.restauracetrilobit.cz

U Fleků
Křemencova 11.
Stadtplan 5 B1.
22 49 34 019.
www.ufleku.cz

U Kalicha
Na Bojišti 12–14.
Stadtplan 6 D3.
29 61 89 600.
www.ukalicha.cz

U Medvídků
Na Perštýně 7.
Stadtplan 3 B5.
22 42 11 916.
www.umedvidku.cz

U Pinkasů
Jungmannovo náměstí
15/16. **Stadtplan** 3 C5.
22 11 11 150.
www.upinkasu.cz

U Vejvodů
Jilská 4. **Stadtplan** 3 B4.
22 42 19 999.
www.restauraceuvejvodu.
cz

»Zum Einäugigen«
U VYSTŘELENÝHO OKA
U Božích bojovníků 3.
22 62 78 714.

»Zum goldenen Tiger«
U ZLATÉHO TYGRA
Husova 17.
Stadtplan 3 B4.
22 22 21 111.
www.uzlatehotygra.cz

»Zum schwarzen Stier«
U ČERNÉHO VOLA
Loretánské nám 1.
Stadtplan 1 B3.
22 05 13 481.

COCKTAILBARS

Bar Bar
Všehrdova 17.
Stadtplan 2 E5.
25 73 12 246.
www.bar-bar.cz

Barock
Pařížská 24.
Stadtplan 3 B2.
22 23 29 221.
www.barockrestaurant.cz

Bugsy's
Pařížská 10. **Stadtplan**
3 B2. 22 48 10 287.
www.bugsybar.cz

Cheers
Belgická 42. **Stadtplan**
6 F3. 22 25 13 108.
www.cheers-restaurant.
cz

Tretters
V Kolkovně 3. **Stadtplan**
3 C5. 22 48 11 165
www.tretters.cz

Ultramarin
Ostrovní 32. **Stadtplan**
3 B5. 22 49 32 249.
www.ultramarin.cz

Zanzibar
Lázeňská 6. **Stadtplan**
2 E4. 60 27 80 076.

IRISH PUBS UND THEMENBARS

Caffreys
Staroměstské náměstí 10.
Stadtplan 3 B3.
22 48 28 031.
www.caffreys.cz

George & Dragon
Staroměstské náměstí 11.
Stadtplan 3 B3.
22 23 26 137.
www.georgeanddragon
prague.com

Jáma
V jámě 7. **Stadtplan**
5 C1. 22 42 22 383.
www.jamapub.cz

J.J. Murphy's
Tržiště 4. **Stadtplan** 2 E3.
25 75 35 575.
www.jjmurphys.cz

La Casa Blu
Kozí 15.
Stadtplan 3 C2.
22 48 18 270.
www.lacasablu.cz

Molly Malone's
U Obecního dvora 4.
Stadtplan 4 D3.
22 4 8 18 851.
www.mollymalones.cz

Molotow Cocktail Bar
Karlovo náměstí 31.
Stadtplan 5 B2.
60 32 51 275.
www.molotow.cz

O'Che's
Liliová 14. **Stadtplan**
3 C3. 22 22 21 178.
www.oches.com

Rocky O'Reilly's
Štěpánská 32. **Stadtplan**
3 A5. 22 22 31 060.
www.rockyoreillys.cz

TREFFS DER BOHEME

Al Capone's
Bartolomějská 3.
Stadtplan 3 B5
22 42 12 192.
www.alcapone.cz

Chapeau Rouge
Jakubská 2. **Stadtplan**
3 C3. 22 23 16 328.
www.chapeaurouge.cz

Duende
Karoliny Světlé 30.
Stadtplan 3 A4.
77 51 86 077.
www.barduende.cz

Hapu
Orlická 8, Praha 3.
22 27 20 158.

Jet Set
Radlická 1, Praha 5.
25 73 27 251.
www.jetset.cz

Jo's Bar & Garáž
Malostranské náměstí 7.
Stadtplan 2 E3.
25 75 30 162.
www.josbar.cz

Merlin
Bělehradská 68A.
Stadtplan 6 E2.
22 25 22 054.
www.merlin-pub.cz

Mu Kafé
Mánesova 87.
Stadtplan 6 F1.
60 89 59 883.
www.mukafe.cz

U Malého Glena
Karmelitská 23.
Stadtplan 2 E4.
25 75 31 717.
www.malyglen.cz

SPORTBARS

Legends
Týn 1. **Stadtplan** 3 C3.
22 48 95 404.
www.legends.cz

Sportbar Sparta ve Slavii
Smetanovo nábřeží
1012/2. **Stadtplan** 3 A5.
22 42 18 493.

The Lions
Krakovská 19. **Stadtplan**
6 D1. 72 02 16 204.
www.thelionsbar.cz

Zlatá Hvězda
Ve smečkách 12.
Stadtplan 6 D1.
29 62 22 292.
www.sportbar.cz

CAFÉS UND KAFFEEHÄUSER

Café Imperial
Na Poříčí 15. **Stadtplan**
4 D3. 24 60 11 440.

Ebel
Řetězova 9. **Stadtplan**
3 B4. 22 22 22 018.
www.ebelcoffee.cz

Globe
Pštrossova 6. **Stadtplan**
5 A1. 22 49 34 203.
www.globebookstore.cz

Grand Café Praha
Staroměstské náměstí 22.
Stadtplan 3 B3.
22 16 32 522.
www.grandcafe.cz

Hotel Evropa Café
Václavské náměstí 25.
Stadtplan 3 C5.
22 42 15 387.
www.evropahotel.cz

Lávka
Novotného lávka 1.
Stadtplan 3 A4.
22 22 22 156.
www.lavka.cz

Slavia
Smetanovo nábř 2.
Stadtplan 3 A5.
22 42 18 493.
www.cafeslavia.cz

Stadtplan siehe Seiten 246–257

Nachtleben

Prags Nachtleben ist heute genauso vielfältig wie dasjenige in anderen europäischen Städten. Billiger Alkohol, Avantgarde-Künstler, lockere Spiel- und Prostitutionsgesetze tragen dazu bei, dass Massen von Besuchern und Einheimischen nachts unterwegs sind. Die Stadt steht auch auf dem Tourneeplan von internationalen Pop- und Rockstars. Mindestens einmal im Monat spielen hier Top-Bands, meist in den Arenen von O$_2$ und Tesla.

Die Prager Clubs sind bewährtes Testgelände für neue Bands. Die gesamte Musikszene, die vom nahen Berlin beeinflusst ist, gilt als experimentierfreudig. Die Schwulen- und Lesbenszene gedeiht in dieser Stadt, die zu den tolerantesten in Mitteleuropa zählt. Aus ähnlichen Gründen gibt es in Prag auch so viele Etablissements für die käufliche Liebe.

DISCOS UND NACHTCLUBS

Der größte Club der Stadt ist die **Lucerna Music Bar**, die in einem ungewöhnlichen Ballsaal im Keller des schönen, aber recht heruntergekommenen Lucerna-Gebäudes Live-Auftritte lokaler Bands und DJs bietet. Seien Sie früh genug da, damit Sie auch reinkommen. **Karlovy Lázně** ist ein weiterer großer Club, in dem manchmal Bands spielen. **Zlatý Strom** in einem spektakulären mittelalterlichen Keller wird bis fünf Uhr morgens zu Techno, House sowie Musik der 1970er bis 1990er Jahre abgetanzt.

Zu den trendigeren Clubs, die die neuesten Rhythmen bringen, gehören **Celnice** und **Radost FX**, in denen sich die Reichen der Stadt bei House und Plüsch in Stelldichein geben, sowie **XT3** und **Kulturní dům Vltavská**. Beliebt bei trinkenden Männerrunden ist das **Double Trouble** – hier kann es entsprechend rau zugehen.

Wirklich experimentelle und originelle Hardcore-House- und Techno-Musik hört man im **Roxy**, in dem die Musik häufig von künstlerischen Videoprojektionen begleitet wird. Im Roxy treten regelmäßig auch international bekannte Rockbands auf.

Wenn Ihnen der Sinn nach Cabaret steht, sollten Sie ins **Tingl Tangl** gehen. Der Club ist für seine ausgelassenen Travestie-Shows bekannt.

ROCK- UND POPCLUBS

Rockmusik-Fans kommen in Prag auf ihre Kosten. Der anarchische Einfluss der Prager Rockbands in den 1980er Jahren hat, so meinen einige, zum Sturz des kommunistischen Regimes beigetragen – wenn auch nicht mit Absicht. Heute haben Pop- und Rockgruppen eine Vielzahl an Konzertorten zur Auswahl, meist kleine Clubs und Cafés. Die lokale Musikszene wächst und gedeiht. Prager Rockbands spielen sowohl Cover-Versionen internationaler Hits als auch ihre eigenen Kompositionen. Bekannte Bands aus dem Westen geben in Prag regelmäßig Konzerte, meist finden sie in der **Tesla-Arena** oder der **O$_2$-Arena** *(siehe S. 223)* statt.

Rock Café und **UZI Rock Bar**, beides sehr beliebte Etablissements, bieten häufig Konzerte. Danach legen meist DJs auf. Ein weiterer Veranstaltungsort ist die **Futurum Music Bar**, die bis frühmorgens offen hat. Das **Palác Akropolis** in Žižkov ist ein Forum für ausländische Bands. Lucerna Music Bar und Roxy bieten ebenfalls regelmäßige Auftritte von Bands.

JAZZ

Die Tradition des Prager Jazz lässt sich nicht allein auf amerikanische Wurzeln zurückführen, sondern geht auch auf hiesige Jazzgrößen aus der Zeit vor dem Zweiten Weltkrieg wie Jaroslav Ježek zurück. Sogar zur Zeit des Kommunismus war Prag in aller Welt als Zentrum des Jazz bekannt. Stars wie Dizzy Gillespie, Stan Getz, Duke Ellington und Buddy Rich traten in den 1960er und 1970er Jahren in Prag auf. Die heutigen zahlreichen Jazzclubs der Stadt spielen alle Arten von Jazz, von Dixieland bis Swing. Einer der führenden und populärsten Clubs ist der **Jazz Club Reduta**, in dem es jeden Tag ab 21 Uhr Konzerte gibt. Als der damalige US-Präsident Bill Clinton 1994 auf Staatsbesuch in Prag war, fragte er den tschechischen Präsidenten, wo er in der Stadt Jazz hören könne – Václav Havel nahm ihn mit in den Jazz Club Reduta mit. Der beliebte **Metropolitan Jazz Club** konzentriert sich auf bewährte Oldies. Im **AghaRTA Jazz Club** kann man Gruppen mit hohem Spielstandard hören. **U Malého Glena** bietet reguläre Live-Acts: Blues, Jazz und Funk. Der **Metropol Music Club** serviert jeden Abend ab 21 Uhr köstliche internationale Gerichte zu Jazz-, Swing- oder Blueskängen. Fans besuchen das International Jazz Festival *(siehe S. 52)* im Oktober, bei dem Musiker aus aller Welt auftreten. Das **Blues Sklep** ist ein Newcomer der Prager Jazzszene. Es bietet ein interessantes Programm mit Jazz und Blues live sowie weiteren Musikgattungen.

SCHWULE UND LESBEN

Sogar in Mainstream-Clubs wie dem **Radost FX** und Mecca finden regelmäßig Homo-Nächte statt – kein Wunder, dass Prag bei Schwulen und Lesben als europäischer Hotspot gilt. Sie Szene ist liberal und bunt gemischt. Die Clubs kann man in mehrere Kategorien einteilen: Das **Termix** ist eine laute, immer rappelvolle Disco. Im **Drake's Club** geht es nicht vorrangig ums Aufreißen – weshalb der Club bei Besuchern beliebt ist. Der berühmteste Prager Club ist allerdings die **Friends**, eine Cocktailbar. Er hat eine treue Stammkundschaft, die weniger am Cruising als am gemeinsamen Spaßhaben interessiert ist. Das **Temple**, ein Schwulenzentrum, betreibt eine Bar, eine Disco, einen Sexshop und auch ein Hotel.

Auf www.prague.gayguide.net gibt es Infos über Prags Schwule und Lesben, Hotelempfehlungen, Adressen von Organisationen und Tipps zu Veranstaltungen.

PRAG FÜR ERWACHSENE

Prag hat leider auch einen Ruf als Ort für Sextourismus – eine Folge des billigen Biers und der Annahme, in der Tschechischen Republik sei Prostitution legal. Tatsächlich ist die Gesetzgebung etwas undurchsichtig. Liberal gesinnte Politiker möchten hier jeden Zweifel ausräumen und die Prostitution generell legalisieren. In der Zwischenzeit wird das Gesetzt tolerant ausgelegt. Besucher können sich allem hingeben, was die sogenannten »Relax-Clubs« anbieten. Einige sind besser als andere. Viele sind aber einfach nur Touristenfallen, die man besser meiden sollte.

AUF EINEN BLICK

DISCOS UND NACHTCLUBS

Celnice
V Celnici 4.
Stadtplan 4 D3.
22 77 75 02 505.
www.clubcelnice.com

Double Trouble
Melantrichova 17.
Stadtplan 3 B4.
22 16 32 414.
www.doubletrouble.cz

Karlovy Lázně
Novotného lávka.
Stadtplan 3 A4.
22 22 20 502.
www.karlovylazne.cz

Kulturní dům Vltavská
Bubenská 1.
22 08 79 683.
www.vltavska.cz

La Fabrique
Uhelný trh 2.
Stadtplan 3 B4.
22 42 33 137.
www.lafabrique.cz

Lucerna Music Bar
Vodičkova 36.
Stadtplan 3 C5
22 42 17 108.
www.musicbar.cz

Misch Masch
Veletržní 61, Praha 7.
60 32 72 227.
www.mischmasch.cz

Radost FX
Bělehradská 120.
Stadtplan 6 E2.
22 42 54 776.
www.radostfx.cz

Roxy
Dlouhá 33.
Stadtplan 3 C3.
22 48 26 296.
www.roxy.cz

Tingl Tangl
Karolíny Světlé 12.
Stadtplan 3 A5.
22 42 38 278.
www.tingltangl.cz

Újezd
Újezd 18.
Stadtplan 2 E5.
25 73 16 537.

XT3
Rokycanova 29, Praha 3.
22 27 83 463.
www.xt3.cz

Zlatý Strom
Karlova 6.
Stadtplan 3 A4.
22 22 20 441.
www.zlatystrom.cz

ROCK- UND POPCLUBS

Futurum Music Bar
Zborovská 7,
Praha 5.
Stadtplan 2 F5.
25 73 28 571.
www.musicbar.cz

Klub Lávka
Novotného lávka 1.
Stadtplan 3 A4.
22 10 82 299.
www.lavka.cz

Palác Akropolis
Kubelíkova 27.
29 63 30 911.
www.palacakropolis.cz

O₂-Arena
Siehe S. 223.

Rock Café
Národní 20.
Stadtplan 3 B5.
22 49 33 947.
www.rockcafe.cz

Roxy
Dlouhá 33.
Stadtplan 3 C3.
22 48 26 296.
www.roxy.cz

Tesla-Arena
Siehe S. 223.

UZI Rock Bar
Legerova 44.
Stadtplan 6 D3.
77 76 37 989.
www.demon.barr.cz/uzi

JAZZCLUBS

AghaRTA Jazz Club
Železná 16.
Stadtplan 3 C4.
22 22 11 275.
www.agharta.cz

Blues Sklep
Liliová 10.
Stadtplan 3 B4.
22 14 66 138.

Jazz Club Reduta
Národni 20.
Stadtplan 3 B5
22 49 33 487.
www.redutajazzclub.cz

Metropol Music Club
Na Poříčí 12.
Stadtplan 4 D3.
22 23 14 071.
www.praha entertainment.com

Metropolitan Jazz Club
Jungmannova 14.
Stadtplan 3 C5.
22 49 47 777.

U Malého Glena
Karmelitská 23.
Stadtplan 2 E4.
25 75 31 717.
www.malyglen.cz

USP Jazz Lounge
Michalská 9.
Stadtplan 3 B4.
60 35 51 680.
www.jazzlounge.cz

SCHWULE UND LESBEN

Club Stella
Lužická 10, Praha 2.
22 42 57 869.

Drake's Club
Zborovská 50.
Stadtplan 2 F5
25 73 26 828.
www.drakes.cz

Fan Fan Club
Dittrichova 5.
Stadtplan 5 A2.
77 63 60 698.
www.fan-club.cz

Friends
Bartolmějska 11.
Stadtplan 3 B5.
22 62 11 920.
www.friends-prague.cz

Heaven
Gorazdova 11.
Stadtplan 5 A3.
22 49 21 282.

JampaDampa
Vtůních 10.
Stadtplan 6 D2.
73 95 92 099.
www.jampadampa.cz

Klub 21
Římská 21.
Stadtplan 6 E1
60 35 39 475.

Temple
Seifertova 3, Praha 3.
22 27 10 773.

Termix
Třebízského 4a, Praha 2
22 27 10 462.
www.club-termix.cz

Valentino
Vinohradská 40.
Stadtplan 6 F1.
22 25 13 491.
www.club-valentino.cz

Stadtplan siehe Seiten 246–257

SHOPPING

Mit seinen Fußgängerzonen, Einkaufszentren, Souvenirläden und Antiquitätenmärkten hat sich Prag als eine der führenden Shopping-Destinationen in Europa etabliert. Fast alle großen amerikanischen und westeuropäischen Kaufhäuser, Designer und Ladenketten haben hier Niederlassungen. Seit 1989 ist auch die Qualität einheimischer Waren beträchtlich gestiegen. Die meisten guten Adressen liegen im Stadtzentrum, wo Sie leicht einen gan-

Böhmisches Kristall

zen Tag damit verbringen können, durch kleine Fachgeschäfte und große Kaufhäuser zu bummeln. Eine andere Art von Einkaufserlebnis bieten traditionelle Märkte, auf denen alles Mögliche, von Obst und Gemüse über russischen Kaviar und Spielzeug bis hin zu Kleidung, Möbeln, Kunsthandwerk und sogar Gebrauchtwagen, angeboten wird. Außerhalb der Stadt entstehen immer mehr große Einkaufszentren, die sich wachsender Beliebtheit erfreuen.

ÖFFNUNGSZEITEN

Die meisten Prager Läden haben montags bis freitags von 8 bis 18 Uhr und samstags von 8 bis 12 Uhr geöffnet. Supermärkte bleiben länger offen. Die Zeiten variieren oft, da viele Läden sich mit ihrem Warenangebot fast ausschließlich an Besucher wenden. So öffnen viele der teureren Geschenkeläden nicht vor 10 Uhr vormittags und schließen abends entsprechend später. Einige sind auch sonntags geöffnet.

Lebensmittelgeschäfte öffnen früher, meist um 7 Uhr – unter Berücksichtigung der Einheimischen, die schon früh zur Arbeit gehen – und schließen etwa um 19 Uhr. Einige Geschäfte sind in der Mittagszeit für ein oder zwei Stunden zwischen 12 und 14 Uhr geschlossen. Auch die großen Kaufhäuser und Einkaufszentren öffnen sehr früh, schließen allerdings dennoch meist erst gegen 22 Uhr. Ein paar haben auch am Sonntag geöffnet.

Samstags ist es in allen Geschäften der Stadt sehr voll. Angenehmer ist das Einkaufen unter der Woche. Prags

Antiquitätenladen in der Kleinseitner Brückenstraße

Märkte öffnen im Allgemeinen täglich sehr früh am Morgen, schließen allerdings zu ganz unterschiedlichen Zeiten.

BEZAHLUNG

Die meisten Waren, inklusive der Lebensmittel, sind in Prag wesentlich billiger als im Westen. Je mehr westliche Warenanbieter jedoch hier auftauchen, darunter etwa Boss oder Pierre Cardin, umso mehr verteuert sich alles.

Im Gesamtpreis sind immer neun oder 19 Prozent Mehrwertsteuer enthalten – je nach Art der Ware. Lebensmittel und bestimmte Dienstleistungen unterliegen dem niedrigeren Satz. Mit

dem EU-Beitritt Tschechiens am 1. Mai 2004 ist die bis dahin mögliche Rückerstattung der tschechischen Mehrwertsteuer für Reisende aus EU-Ländern entfallen.

Barzahlungen müssen in tschechischen Kronen erfolgen, doch einige Läden nehmen inzwischen auch Euro. Tschechien wollte den Euro ursprünglich 2010 einführen. Aufgrund von starken Schwankungen der tschechischen Krone zum Euro wurde dies allerdings nicht in die Tat umgesetzt. Vermutlich wird die Tschechische Republik den Euro ab 2012 einführen.

Kleinere Läden schätzen es, wenn Sie das tschechische Geld passend haben. Manchmal werden große Scheine (1000 Kronen und höher) gar nicht angenommen.

Die meisten gängigen Kredit- und Bankkarten werden mittlerweile vielerorts akzeptiert (siehe S. 230).

Matroschka – den Satz aus Puppen kann man auf der Straße kaufen

SCHLUSSVERKÄUFE UND SONDERANGEBOTE

In Tschechien und vor allem in Prag folgt man dem Beispiel westlicher Geschäfte: Es gibt zunehmend Sonderangebote und Ausverkaufsaktionen aller Art. So ist Kleidung am Ende der Sommer- und Wintersaison wesentlich billiger. Zudem steigt die Anzahl der Läden, die alljährlich nach Weihnachten ihre Preise reduzieren – vor allem die Geschäfte um den Wenzelsplatz, den Altstädter Ring, Na Příkopě und 28. října.

Kaufen Sie frisches Obst, Gemüse und Fleisch morgens, wenn noch Qualitätsware angeboten wird. Es hat keinen Zweck, mit dem Einkaufen zu warten, in der Hoffnung, dass Frischware, ähnlich wie in westlichen Geschäften, abends billiger verkauft wird, um Platz für die Lieferung am nächsten Tag zu schaffen.

SHOPPING-MEILEN UND KAUFHÄUSER

Die meisten Läden liegen im Stadtzentrum, vor allem um den Wenzelsplatz, doch auch die Souvenirläden auf dem Weg zur Prager Burg lohnen einen Besuch. Viele Shopping-Meilen sind mittlerweile Fußgängerzonen. In Prag entstehen auch immer mehr Warenhäuser, die eine unglaubliche Vielzahl tschechischer und westlicher Artikel verkaufen. Das bekannteste Kaufhaus ist **Kotva** (Anker) im Stadtzentrum. Es wurde 1975 erbaut und bietet auf

seinen vier Etagen eine große Auswahl an Produkten aus dem Westen, vor allem Mode und Elektrogeräte. Zu Kotva gehört auch eine unterirdische Parkgarage. Im Vergleich mit Kaufhäusern in westlichen Ländern hat man jedoch ein bescheideneres Sortiment. Die Preise für Luxusprodukte wie Parfum entsprechen häufig denen in Westeuropa. Mit dem neuen glamourösen Einkaufszentrum **Palladium** (siehe S. 217) hat Kotva einen harten Konkurrenten bekommen, der gleich gegenüber liegt.

Beliebt ist auch das Kaufhaus **Tesco** mit seiner guten Auswahl an tschechischen und westlichen Produkten in einem schlichten Bau aus den 1970er Jahren mitten in der Stadt. Prags ältestes Warenhaus ist das **Bílá Labut'** (Weißer Schwan) in der Na Poříčí. Es wurde 1939 eröffnet, kurz vor dem deutschen Einmarsch in die Tschechoslowakei, und hatte als erstes Gebäude der Stadt einen Aufzug. Das angestaubte Kaufhaus tut sich angesichts der Konkurrenz schwer – es gibt Gerüchte über eine Schließung.

Debenhams, ein bekannter Name aus Westeuropa, eröffnete vor Kurzem ein gigantisches Kaufhaus am Wenzelsplatz. Die Möbelabteilung im dritten Stock ist bei den Einheimischen sehr beliebt.

Vor den Toren Prags entstehen immer mehr riesige Einkaufszentren mit großen Supermärkten. Tesco hat eine Niederlassung in Zličín (am Ende der Metro-Linie B), gleich neben **IKEA**.

AUF EINEN BLICK

KAUFHÄUSER

Bílá Labut'
Na Poříčí 23.
Stadtplan 4 E3
☎ 22 48 11 364.

Debenhams
Václavské nám. 21.
Stadtplan 4 D5
☎ 22 10 15 047.

Kotva
Nám. Republiky 8.
Stadtplan 4 D3
☎ 22 48 01 111.

Marks & Spencer
Na Příkopě 19/21.
Stadtplan 3 C4
☎ 22 42 37 503.

Tesco
Národní 26.
Stadtplan 3 B5
☎ 22 20 03 111.

MÄRKTE UND EINKAUFSZENTREN

Die Prager Innenstadt kann den größten Teil des Jahres keinen großen Markt bieten, doch der Weihnachtsmarkt am Altstädter Ring lohnt einen Besuch. **Havelská tržnice** (siehe S. 217), der größte zentrale Markt, verkauft vor allem frische Lebensmittel. Wenn Sie auf der Suche nach etwas Besonderem sind, sollten Sie nach **Holešovice** im Norden der Stadt (Metro nach Vltavská) fahren. Prags bester Flohmarkt ist der **Sammlermarkt Buštěhrad** nahe Lidice.

Einkaufszentren nach westlichem Vorbild sind in Prag mittlerweile auf dem Vormarsch. Im Zentrum liegen **Palladium** und **Slovanský dům** (siehe S. 217), etwas weiter außerhalb **Flora Palace** (siehe S. 217) und **Vinohradský-Pavillon** (siehe S. 217). Flora Palace bietet Läden auf drei Etagen und ist direkt von der Metro-Station Flora aus zu erreichen.

Auch in Zličín gibt es ein großes Einkaufszentrum: die **Metropole Mall**.

Bücher, Bilder und Stiche in einem Prager Antiquariat

Stadtplan siehe Seiten 246–257

Geschenke und Souvenirs

Das Warenangebot in den Prager Läden ist riesig. Lebensmittel, Bücher, Fotomaterial, Toilettenartikel und vieles mehr sind in Prag sehr leicht zu bekommen. Traditionelle Produkte, die es in Prag zu kaufen gibt, etwa böhmisches Kristall oder Porzellan, Holzspielzeug und Antiquitäten, sind sehr schöne Souvenirs. Manchmal kann man sie noch zu günstigen Preisen erstehen. Immer beliebter werden auch die Souvenirs, die von Straßenhändlern angeboten werden, obwohl sie wenig mit tschechischem Handwerk zu tun haben: Matroschkas (russische Puppen), Uniformen und Medaillen.

GLAS UND PORZELLAN

Böhmisches Glas und Porzellan gehören seit langer Zeit zu den besten der Welt. Riesige Vasen, zierliche Glasfiguren – die Auswahl ist geradezu unermesslich.

Kristall, Glas und Porzellan können jedoch von sehr unterschiedlicher Qualität sein, abhängig davon, wie sie produziert wurden. Bleikristall etwa hat einen Bleigehalt zwischen 14 und 24 Prozent. Mit die beste Ware stellen die **Moser**-Glaswerke in Karlsbad her. Die großen Glashütten in Nový Bor und Poděbrady fertigen mit das am schönsten verzierte Glas, das bei **Art Glass** verkauft wird. Weitere Geschäfte, die gutes Glas und Porzellan anbieten, sind **Crystal Porcelán**, **Dana-Bohemia** und zwei Factory Outlets namens **Glass (Sklo)**.

Artěl verkauft mundgeblasene Glasobjekte, entworfen von Karen Feldman. Bei **Arzenal** werden Glasartikel vom führenden Designer des Landes, Borek Šipek, angeboten. Seine Werke findet man in Museen auf der ganzen Welt: vom New Yorker MoMA bis zum Designmuseum in London. Der Laden bezeichnet sich selbst als Begegnungsstätte der Kulturen – im selben Haus ist ein Thai-Restaurant untergebracht.

Die Preise für bestimmte Waren, vor allem für klassische Vasen, Karaffen und Schüsseln, reflektieren allerdings inzwischen die wachsende Beliebtheit des böhmischen Kristalls. Die Tage, als solche Artikel in Prag nur halb so viel kosteten wie im Westen, sind vorbei. Den-

noch: Das Preis-Leistungs-Verhältnis stimmt. Man kann hier und da noch immer ein Schnäppchen machen. Viele der modernen Stücke sind genauso hübsch wie die Klassiker und billiger.

Böhmisches Porzellan ist zwar nicht ganz so renommiert wie böhmisches Kristall, ist aber ebenfalls ein schönes Mitbringsel. **Český Porcelán**, die berühmteste Fabrik des Landes, liegt in der Stadt Teplice. Sie ist eine Autostunde von Prag entfernt (Richtung deutsche Grenze). Im Fabrikladen findet man wunderbare, preisgünstige Waren. Weitere Hersteller von Porzellanartikeln sind **Royal Dux Bohemia**, **Haas & Czjzek**, **A. Ruckl & Sons** und **Toner**. Da Porzellanwaren zerbrechlich sind, werden sie in den Läden immer gut verpackt. Wenn Sie allerdings ein sehr wertvolles Stück erstehen, sollten Sie vielleicht eine Versicherung dafür abschließen, ehe Sie Prag verlassen.

ANTIQUITÄTEN

In der ehemaligen Hauptstadt des Habsburgerreichs kann man hervorragend nach Antiquitäten stöbern. An jeder Ecke könnte ein Schatz auf einen warten. Die Preise sind im Allgemeinen nach wie vor niedriger als im Westen. In den meisten Einkaufsgegenden Prags gibt es Antiquitätenläden: Die Altstadt ist voll davon, Gleiches gilt für den Königsweg zur Burg hoch. Achten Sie auf böhmische Möbel, Glas- und Porzellanartikel sowie Militär- und Sowjetandenken. Zu den Läden, die einen Besuch lohnen, gehören **Dorotheum** und

Starožitnosti. Alte Uhren findet man bei **Starožitnosti Uhlíř** und **Military Antiques**. Wenn Sie Waren im Wert von über 1000 Kronen kaufen, sollten Sie sich vorher erkundigen, ob Sie eine Ausfuhrgenehmigung brauchen. Nehmen Sie Sich in Acht vor den vielen Fälschungen, die zunehmend auftauchen.

In Prag finden sich auch sogenannte *Bazar*-Geschäfte, die Waren zu deutlich günstigeren Preisen anbieten. **Bazar B & P** ist ein kleiner, beliebter Laden, der bis unter die Decke mit Secondhand-Produkten vollgestopft ist. Bei **Bazar nábytku** kann man mit etwas Glück ein Schnäppchen bei Möbeln machen.

KUNSTHANDWERK

Das traditionelle Kunsthandwerk hat überlebt und ist allgemein von hoher Qualität. Die Vielfalt der Produkte, die Sie kaufen können – handgewebte Teppiche, Holzspielzeug, Tischtücher, Mützen, Trachtenpuppen und Töpferwaren –, geht auf die böhmische und tschechische Volkskunst zurück, die heute mit modernen Motiven variiert wird. Sie bekommen all diese Dinge bei den Straßenhändlern und in den entsprechenden Läden.

Czech Traditional Handicrafts bietet eine riesige Auswahl dekorativer handgefertigter Objekte. Ein Juweliergeschäft, das den besten tschechischen Granat verwendet und zu modernem Schmuck verarbeitet, ist **Studio Šperk**. Eine neue Ladenkette namens **Manufaktura** verkauft gute Waren ausschließlich aus der Tschechischen Republik. Einige Straßenhändler rund um den Altstädter Ring bieten ebenfalls ein großes Sortiment, z. B. Schmuck und Puppen. Auch tschechische Holzarbeiten sind erstklassige Souvenirs (*siehe Fachgeschäfte, S. 216f*).

BÜCHER

Prag hat aufgrund seiner großen literarischen Vergangenheit eine Vielzahl an

Buchhandlungen. Viele davon verkaufen auch fremdsprachige Literatur. Einer der größten Buchläden ist **Big Ben Bookshop** (tschechische, deutsche und englische Bücher). Straßenkarten und Reiseführer bekommt man bei **Knihkupectoí Academia**. Weitere Fachbuchhandlungen sind z.B. **Palác knih**, **Kanzelberger** und **Fišerovo Knihkupectví**.

Natürlich gibt es in Prag auch zahlreiche Buchantiquariate, etwa im Goldenen Gässchen und in der Karlsgasse,

die auch ausländische Titel führen und für Bibliophile wahre Paradiese darstellen. Hier kann man stundenlang schmökern. Eines der besten ist das **Antikvariát Dlážděná**. Das **Antikvariát Ztichlá Klika** bietet antiquarische Bücher und Avantgarde-Werke des 20. Jahrhunderts. Im legendären **Globe**, das zugleich Café und Buchladen ist, kann man in alten englischsprachigen Büchern blättern und dabei den besten Cappuccino Prags trinken. 1993 eröffneten fünf

Amerikaner in einem ärmeren Stadtteil Prags diese Fundgrube, die inzwischen ins Zentrum umgezogen ist und regelmäßig Lesungen und Kunstausstellungen organisiert. Lesungen und Ausstellungen gibt es auch bei **Shakespeare & Sons** in Vršovice, wo man versucht, die Erfolgsgeschichte des Globe zu wiederholen. **Anagram** im Teynhof beim Altstädter Ring ist eine weitere Buchhandlung, die u.a. fremdsprachige Literatur anbietet.

AUF EINEN BLICK

GLAS UND PORZELLAN

Art Glass
Karlova 11.
Stadtplan 3 A4.
☎ 60 22 90 469.
Eine von mehreren Filialen.

Artěl
Celetná 29.
Stadtplan 3 C3.
☎ 22 48 15 085.
www.artelshop.com

Arzenal
Valentinská 11.
Stadtplan 3 B3.
☎ 22 48 14 099.
www.arzenal.cz

Böhmisches Kristall
ČESKE SKLO
Kozí 9.
Stadtplan 3 C2.
☎ 22 48 11 671.

Český Porcelán
Perlová 1.
Stadtplan 3 B4.
☎ 22 42 10 955.
www.cesky.porcelan.cz

Crystal Porcelán
Železná 10.
Stadtplan 3 C4.
☎ 22 42 11 175.

Dana-Bohemia
Národní 43.
Stadtplan 3 A5.
☎ 22 42 14 655.
Eine von mehreren Filialen.

Dům Porcelánu
Jugoslávská 16.
Stadtplan 6 E2.
☎ 22 15 05 320.
www.dumporcelanu.cz

Glass
SKLO
Malé náměstí 6.
Stadtplan 3 B4.
☎ 22 42 28 459.
Weitere Filiale:
Staroměstské náměstí
26–27.
Stadtplan 3 C3.
☎ 22 42 29 755.

Moser
Na příkopě 12.
Stadtplan 3 C4.
☎ 22 42 11 293.
www.moser-glass.com

ANTIQUITÄTEN

Antique Kaprova
Kaprova 12.
Stadtplan 3 B3.

Bazar B & P
Nekázanka 17.
Stadtplan 4 D4.
☎ 22 42 10 550.
www.nekazanka.cz

Bazar nábytku
Libeňský ostrov.
☎ 26 63 10 726.
www.antik-bazar.cz

Dorotheum
Ovocný trh 2. **Stadtplan** 3 C4. ☎ 22 42 22 001.
www.dorotheum.cz

Military Antiques
Charvátova 11.
Stadtplan 3 C5.
☎ 29 62 40 088.
Eine von mehreren Filialen.

Starožitnosti
Náměstí Kinských 7.
☎ 25 73 11 245.
www.antique-shop.cz

Starožitnosti (A.D.)
Skořepka 8.
Stadtplan 3 B4.
☎ 22 42 38 599.

Starožitnosti Uhlíř
Mikulandská 8.
Stadtplan 3 B5.
☎ 22 49 30 572.

KUNSTHANDWERK

Czech Traditional Handicrafts
Karlova 26.
Stadtplan 3 A4.
☎ 221 632 480.

Manufaktura
Melantrichova 17.
Stadtplan 3 B4.
☎ 22 16 32 480.
www.manufaktura.biz
Eine von mehreren Filialen.

Studio Šperk
Dlouhá 19.
Stadtplan 3 C3.
☎ 22 48 15 161.

BÜCHER

Anagram
Týn 4.
Stadtplan 3 C3.
☎ 22 48 95 737.
www.anagram.cz

Antikvariát Dlážděná
Dlážděná 7.
Stadtplan 4 E4.
☎ 22 22 43 911.
www.adplus.cz

Antikvariát Ztichlá Klika
Betlémská 10–14.
Stadtplan 3 A5.
☎ 22 22 21 561.

Big Ben Bookshop
Malá Štupartská 5.
Stadtplan 3 C3.
☎ 22 48 26 565.

Fišerovo Knihkupectví
Kaprova 10.
Stadtplan 3 B3.
☎ 22 23 20 733.

Franz-Kafka-Buchhandlung
Staroměstské náměstí
11–12. **Stadtplan** 3 B3.
☎ 22 23 21 454.

Globe
Pštrossova 6.
Stadtplan 5 A1.
☎ 22 49 34 203.
www.globebookstore.cz

Kanzelberger
Václavské náměstí 4.
Stadtplan 4 D5.
☎ 22 42 19 214.
www.dumknihy.cz

Knihkupectoí Academia
Václavské náměstí 34.
Stadtplan 4 D5.
☎ 22 42 23 511.

Palác knih
Václavské náměstí 41.
Stadtplan 4 D5.
☎ 22 11 11 364.

Shakespeare & Sons
Krymska 10, Praha 2.
☎ 27 17 40 839.
www.shakes.cz

Stadtplan *siehe Seiten 246–257*

Shopping-Tipps

Besucher haben die Wahl: Ob supermodernes Einkaufszentrum oder traditioneller Markt, Prag hat beides zu bieten. Der größte Markt liegt allerdings etwas außerhalb in Holešovice. Große und kleine Einkaufszentren entstehen überall in der Stadt, daneben gibt es Fachgeschäfte mit allen Arten von Produkten: Von Fabergé-Eiern bis zu jüdischen *yarmulkas* finden Sie in Prag einfach alles.

MÄRKTE

Prager Märkte bieten eine große Bandbreite an Waren, obwohl sich das Angebot – Obst, Gemüse, günstige Kleidung und Elektro-Artikel – eher an die Einheimischen richtet. Der größte Markt der Stadt, der **Prager Markt**, liegt in einem ehemaligen Schlachthof in Holešovice. Hier gibt es in mehreren Hallen und an Ständen im Freien frisches Obst und Gemüse, alle Arten von Geflügel, Fisch, Textilien, Blumen, Elektrogeräte und sogar Gebrauchtwagen sowie Ersatzteile für Autos. Der Markt ist montags bis freitags von 6 bis 17 Uhr geöffnet.

Direkt im Zentrum, in der Havelská, befindet sich die **Havelská tržnice**, ein kleiner Markt für Obst, Gemüse und preisgünstige Souvenirs. Bekannt sind auch der **Smichov-Markt** und ein paar Stände in der V kotcích. Einige Waren, die auf diesen Märkten feilgeboten werden, z. B. Kleidung und Schuhe, sind mitunter von schlechter Qualität. Dennoch kann man gut nach Schnäppchen suchen.

Vielleicht macht es Ihnen Spaß, sich den Trödel, die Möbel und Militaria (eine Garantie für deren Echtheit gibt es allerdings nicht) im **Buštěhrad-Sammlermarkt** außerhalb der Stadt anzusehen. Er ist angeblich der drittgrößte Markt seiner Art in Europa. Man kommt mit dem Bus von der Metro-Station Dejvická dorthin. Einfacher ist es mit dem Auto. Der Markt hat am zweiten und vierten Samstag im Monat von 8 bis 12 Uhr geöffnet.

Auf dem Altstädter Ring findet von Ende November bis Neujahr ein sehr beliebter Weihnachtsmarkt statt. Neben Ständen für Geschenke und Spielzeug gibt es auch welche für Glühwein und Würstchen. Kinder toben auf dem kleinen Spielplatz. Hier steht auch der Christbaum der Stadt. Zudem finden winterliche Open-Air-Konzerte statt.

EINKAUFSZENTREN

In und um Prag werden immer mehr Shopping-Komplexe im westlichen Stil errichtet. Sie sind beliebter und oft auch besser als die alten Kaufhäuser und bieten ein größeres, hochwertiges Sortiment zu niedrigeren Preisen. Der **Vinohradský-Pavillon** wurde von Grund auf modernisiert, ebenso der Jugendstil-Bau des **Palác Koruna**. Mitten in der Stadt, auf dem Náměstí Republiky, bietet das **Palladium** Hunderte von Läden und Restaurants auf fünf Stockwerken. Nicht weit die Straße hinunter, in der Na příkopě, liegt das edle **Slovanský dům** mit vielen schicken Boutiquen, Juweliergeschäften, dem fabelhaften Restaurant Kogo und einem Multiplex-Kino. **Myslbek** gegenüber ist ein großes Shopping-Center mit einer besseren Auswahl an Läden und günstigeren Preisen. Weitere Einkaufsarkaden sind z. B. das gigantische **Palác Flora** (nehmen Sie die Metro nach Flora), in dem zahllose Läden um Kundschaft buhlen, und das etwas kleinere **Nový Smíchov** (Metro nach Anděl) mit Tesco und anderen Geschäften.

Vor den Toren Prags, an der Metro-Endstation der Linie B (Zličín) finden Sie das größte Einkaufszentrum, die **Metropole Mall**. Zu den zahlreichen Läden gehören eine C&A-Filiale und die größte Kenvelo-Filiale in Prag. Zudem hat das Metropole eine eigene Abteilung nur für Kinder und ein Kino mit zehn Sälen, das **Cinema City** (*siehe S. 221*).

STRASSENSTÄNDE

Straßenverkäufer und Straßenstände sind eigentlich illegal, doch mehrere Verkäufer dürfen bei der Karlsbrücke Souvenirs verkaufen. Stände sind auch beim Eingang zum Alten jüdischen Friedhof und bei der alten Burgtreppe von der Metro-Station Malostranská zum Osttor der Burg erlaubt.

Da die meisten der Händler gründlich geprüft werden, sind ihre Waren meist recht hochwertig – echte Schnäppchen sind aber eher unwahrscheinlich. Vieles bekommt man in den Souvenirläden für weniger Geld.

FACHGESCHÄFTE

Böhmen und Mähren waren schon früher für ihr schönes Holzspielzeug bekannt. Läden mit solchen Produkten gibt es in der ganzen Stadt, vor allem in der Altstadt. Seien Sie allerdings auf der Hut vor billigen Importen! Echte tschechische Objekte finden Sie bei **Hračky** in der Nähe der Burg, bei Beruška in der Neustadt und im **Sparky's House of Toys**, nahe der Na příkopě, eine wirkliche Fundgrube für Kinder aller Altersstufen. Größere Kinder mögen auch **Games & Puzzles** am Wenzelsplatz, wo man auch hervorragende handgearbeitete Holzlabyrinthe bekommt.

Wenn Sie nach etwas Ausgefallenem, aber original Tschechischem suchen, sollten Sie zu **Botanicus** beim Altstädter Ring gehen. Hier verkauft man natürliche Pflegeartikel aus heimischen Produkten, von der Seife bis zum Massageöl. Beliebt ist auch der Laden **Qubus**, der alles Mögliche anbietet – solange das Design nur absolut modern ist. Die meisten der schrulligen und wunderbaren Dinge im Laden haben junge tschechische Designer entworfen.

Im **Geschenkeladen der Spanischen Synagoge** bekommt man Thora-Zeigestöcke *(yarmulkas)*, Armbanduhren und andere jüdische Artikel. **Le Patio** in der Národní ist ein Laden, der originelle Leuchtkörper und Kandelaber, hochwertige restaurierte Möbel aus Indien sowie schmiedeeiserne Tische und Stühle herausragender tschechischer Schmiede verkauft. Ein weiterer Favorit von Design-Fans ist **de.fakto**, eine gehobene Version von IKEA, im Stadtzentrum. Die **Art deco Galerie** ist ein hübscher Laden mit Art-déco-Objekten, Glas, Acces-

soires, Möbeln und Secondhand-Kleidung. Die Trophäe für den bizarrsten Laden in Prag geht sicherlich an **American Heating**, wo man sich auf die Restauration historischer Öfen spezialisiert hat.

DELIKATESSEN

Prags Supermärkte bieten alle Arten von Grundnahrungsmitteln. Wer Feinkost sucht, dem seien folgende Geschäfte empfohlen: **Delicacies-lahůdky** ist ein kleiner Laden für Fleisch und Fisch. Geräucherte Wurstwaren, Käse und andere Prager Spe-

zialitäten bekommt man bei **Jan Paukert**. Frisch gebackenes Brot kauft man am besten in den Bäckereien um den Wenzelsplatz und in der Karmelitská. Die Läden der Kette **Paneria Pekařství** bieten gutes Gebäck und Sandwiches.

Die beste Auswahl lokaler wie internationaler Delikatessen führt der **Bakeshop** in der Kozí beim Altstädter Ring. Hier finden Sie ausgezeichnetes Brot und ebensolche Backwaren sowie köstliche Sandwiches und Salate – ein idealer Ort für einen Snack, ein leichtes Mittagessen oder für den Picknick-Proviant.

AUF EINEN BLICK

MÄRKTE UND EINKAUFSZENTREN

Buštěhrad-Sammlermarkt
Buštěhrad.

Havelská tržnice
Havelský trh.
Stadtplan 3 C3.

Metropole Mall
Zličín.
C 22 60 81 540.
www.metropole.cz

Myslbek
Na příkopě.
Stadtplan 3 C4
C 22 48 35 000.
www.myselbek.com

Nový Smíchov
Plzeňská 8.
C 25 15 11 151.
www.novysmichov.eu

Palác Flora
Vinohradská 151.
C 25 57 41 712.
Stadtplan 6 F1.
www.palacflora.com

Palác Koruna
Václavské náměstí 1.
Stadtplan 3 C5.
C 22 42 19 526.
www.koruna-palace.cz

Palladium
Náměstí Republiky 1.
Stadtplan 4 D3.
C 22 57 70 250.
www.palladiumpraha.cz

Prager Markt
Bubenské nábřeži 306,
Praha 7.
C 22 08 00 945.

Slovanský dům
Na příkopě 22.
Stadtplan 3 C4.
C 22 14 51 400.
www.slovanskydum.com

Smíchov-Markt
Náměstí 14. října 15.
Stadtplan 3 C4.
C 25 73 21 101.

Vinohradský-Pavillon
Vinohradská 50.
Stadtplan 6 F1.
C 22 20 97 100.
www.pavilon.cz

FACHGESCHÄFTE

American Heating
Karmelitská 21.
Stadtplan 2 E4.
C 25 75 34 203.
www.starakamna.cz

Art deco Galerie
Michalská 21.
C 22 42 23 076.
Stadtplan 3 B4.
www.artdecogalerie-mili.com

Beruška
Vodičkova 30.
Stadtplan 3 C5.
C 22 10 14 607.

Botanicus
Týnská 3.
Stadtplan 3 C3.
C 23 47 67 446.
www.botanicus.cz

de.fakto
Vejvodova 3. **Stadtplan**
3 B4. **C** 22 42 33 815.
www.defakto.cz

Games & Puzzles
Václavské náměstí 38.
Stadtplan 6 D1.
C 22 49 46 506.
www.hras.cz

Hračky
Loretánské náměstí 3.
Stadtplan 1 B3.
C 60 35 15 745.

Le Patio
Národní 22. **Stadtplan**
3 A5. **C** 22 49 34 402.
www.patium.com

Qubus
Rámová 3.
Stadtplan 3 C2.
C 22 23 13 151.
www.qubus.cz

Spanische Synagoge, Geschenkeladen
Vězeňská 1.
Stadtplan 3 B2.

Sparky's House of Toys
Havířská 2. **Stadtplan**
3 C4. **C** 22 42 39 309.
www.sparkys.cz

DELIKATESSEN

Bakeshop
Kozí 1. **Stadtplan** 3 C2.
C 22 23 16 823.

Delicacies-lahůdky
ZLATÝ KŘÍŽ
Jungmannova náměstí 19.
Stadtplan 3 C5.
C 22 25 19 451.

Jan Paukert
Národní 17.
Stadtplan 3 B5.
C 22 42 14 968.

Paneria Pekařství
Valentinská 10/20.
Stadtplan 3 B3.
C 22 48 27 912.
www.paneria.cz
28. října 10.
Stadtplan 3 C5.
Nekázanka 19.
Stadtplan 4 D4.
Vinohradská 23.
Stadtplan 6 E1.
Vodičkova 33.
Stadtplan 3 C5.

APOTHEKEN

Apotheken haben keine Eigennamen. Halten Sie deshalb Ausschau nach der Aufschrift Léky (Drogerie) oder Lékárna (Apotheke).

Belgická 37.
Stadtplan 6 E2.
C 22 25 13 396.

Národní 35.
Stadtplan 3 B5.
C 22 42 30 086.

Lékárna u Anděla
Stefanikova 6,
Praha 5.
C 25 73 20 918.
○ tägl. 24 Std.

Lékárna u Rotundy
Karoliny Světlé 11.
Stadtplan 3 A4.
C 22 42 36 623.

Stadtplan *siehe Seiten 246–257*

UNTERHALTUNG

Seit der Samtenen Revolution hat sich das Veranstaltungsangebot in Prag deutlich verbessert. Ob Oper oder Fußball – Prag hat in vielen Sparten etwas zu bieten. Hier laufen die neuesten Hollywood-Streifen, viele in Originalfassung mit Untertiteln. Auch Musik- und Theaterauf-

Straßenmusiker in Prag

führungen sind vielfältiger und mutiger geworden. Prag blickt auf eine lange und lebendige Musiktradition zurück.

Ob Symphoniekonzert, Musical, Oper, Jazz, Folk oder Rock – Aufführungen aller Art finden das ganze Jahr über statt, in Barockpalais genauso wie in den Parks der Stadt. Auch wenn Sie kein Tschechisch verstehen, können Sie viele Angebote nutzen. Manche Theaterstücke werden etwa auf Deutsch aufgeführt. Auch für viele Musik-, Tanz- oder Sportveranstaltungen sind Sprachkenntnisse nicht so wichtig.

INFORMATION

Was sich in Prag gerade tut, kann man den Veranstaltungskalendern, die bei den verschiedenen Informations- und Vorverkaufsstellen ausliegen, entnehmen: An Kartenvorverkaufsstellen wie **Ticketpro** oder **PIS** *(siehe S. 226f)* gibt es auch deutsch- und englischsprachige Veranstaltungshinweise. Das englischsprachige Heft *Přehled* liegt bei den PIS-Schaltern kostenlos aus. Was in Prag kulturell ansteht, berichten zudem die deutschsprachigen Blätter *Prager Zeitung* (www.pragerzeitung.cz) und *Prager Wochenblatt*, die einmal pro Woche erscheinen. Einen recht guten Überblick über alle interessanten Events bietet das englischsprachige *Culture in Prague*, eine monat-

Szene aus Mozarts *Così fan tutte*

lich publizierte, detaillierte Aufstellung aller Ausstellungen, Konzerte und Theateraufführungen in Prag. Achten Sie auch auf Handzettel. Prague TV ist ein Online-Stadtmagazin für Besucher (http://prague.tv).

KARTENVORVERKAUF

Karten sind an den Kassen der meisten Veranstaltungsorte im Vorverkauf erhältlich. Sie können auch vor Ihrem Urlaub schreiben oder dort anrufen – oft gibt es allerdings niemanden, der Deutsch oder Englisch spricht. Karten für Oper und für Aufführungen im Nationaltheater können dagegen online bestellt werden. Karten für besonders beliebte Veranstaltungen zu bekommen kann schwierig werden. Meist ist es aber möglich, noch etwa eine Stunde vor Beginn einer Veranstaltung Karten zu erhalten. Ist Ihnen dies zu unsicher, sollten Sie rechtzeitig zu einer der vielen Vorverkaufsstellen in der Stadt gehen. Der Nachteil hierbei ist, dass die Vorver-

---

PUPPENTHEATER

Das Puppenspiel hat in Prag eine lange Tradition. Die berühmteste Puppenbühne der Stadt ist das **Špejbl-und-Hurvínek-Theater** *(siehe S. 221)*. Die Geschichten drehen sich dabei immer um Vater Špejbl und seinen missratenen Sohn Hurvínek. Ein weiteres Puppentheater ist das **Nationale Marionettentheater** *(siehe S. 221)*, das für seine unterhaltsame Adaption von Mozarts *Don Giovanni* für Marionetten bekannt ist. Das **Theater in der Altstadt** *(siehe S. 221)* und das **Říše Loutek (Puppenreich)** *(siehe S. 221)* geben nur gelegentlich Vorführungen. Achten Sie auf Vorankündigungen *(siehe S. 226)*.

Marionetten

kaufsgebühr mitunter sehr hoch ist – manchmal verdoppelt sich dadurch der Preis. Fragen Sie auch bei der Rezeption Ihres Hotels nach, ob man Ihnen dort Karten besorgen kann.

EINTRITTSPREISE

Die Eintrittspreise sind, im Vergleich mit denen im Westen, sehr niedrig, mit Ausnahme bestimmter Veranstaltungen, vor allem während des Festivals »Prager Frühling« *(siehe S. 50)*. Die Preise reichen von 100 Kronen für kleine Theater (etwa die Puppentheater) bis zu 3000 Kronen für Konzerte eines berühmten internationalen Orchesters. Vorsicht: Ihre Eintrittskarte können Sie meist nur bei den Vorverkaufsagenturen mit Kreditkarte bezahlen.

SCHWARZHANDEL

Immer öfter werden auf dem Schwarzmarkt gefälschte Eintrittskarten angeboten. Um sicherzugehen, dass Sie eine gültige Eintrittskarte haben, sollten Sie diese nur bei einer der offiziellen Stellen kaufen.

NACHTS UNTERWEGS

Prags Metro *(siehe S. 242f)* fährt nur bis kurz nach Mitternacht. Der normale Bus- und Straßenbahnverkehr wird gegen 23.30 Uhr eingestellt. Danach fahren Nachtbusse und -trams, deren reguläres Liniennetz sehr gut ist. Mit

Blick in den Zuschauerraum des Rudolfinums *(siehe S. 223)*

Das klassizistische Ständetheater (Stavovské divadlo)

dem Taxi zu fahren ist die sicherste Art, nachts unterwegs zu sein, doch achten Sie darauf, dass man Sie nicht übervorteilt *(siehe S. 245)*. Gehen Sie zuerst ein kleines Stück zu Fuß vom Theater oder Kino weg, bevor Sie ein

Sparta-Stadion *(siehe S. 223)*

Taxi nehmen, so wird Ihre Fahrt billiger. Erkundigen Sie sich auch im Hotel, wie Sie nachts am besten wieder zurückkommen.

MUSIKFESTIVALS

Das berühmteste aller Musikfestivals ist der »Prager Frühling« *(siehe S. 50)*, der alljährlich zwischen Mai und Juni stattfindet. Hunderte von international renommierten Musikern nehmen daran teil. Darüber hinaus gibt es noch das Mozart-Festival *(siehe S. 51)*, das in Prag in den Sommermonaten stattfindet. Im Herbst folgen das Internationale Jazzfestival und das Prager Herbstmusik-Festival *(siehe S. 52)*.

KARTENVORVERKAUF

Bohemia Ticket International
Malé náměstí 13. **Stadtplan** 3 B4.
☎ 22 42 27 832.
Na Příkopě 16. **Stadtplan** 4 D4.
☎ & FAX 22 42 15 031.
www.bohemiaticket.cz
www.ticketsbti.cz

Nationaltheater (online)
☎ 22 42 01 448 (Kasse).
www.narodnis-divadlo.cz

Oper (online)
www.opera.cz

Prager Informationsdienst (PIS)
Staroměstské náměstí 1.
Stadtplan 3 B3. ☎ 12 444.

Ticket Art
Politických vězňů 9.
Stadtplan 4 D5.
☎ 22 28 97 552.
www.ticket-art.cz

Ticket Stream
Koubková 8.
Stadtplan 6 E3.
☎ 22 42 63 049.
www.ticketstream.cz

Ticketpro
Štěpánská 61.
Stadtplan 5 C1.
☎ 29 63 33 333.
FAX 23 47 04 204.
Rytířská 12.
Stadtplan 3 B4.
www.ticketpro.cz

Stadtplan *siehe Seiten 246–257*

Theater, Tanz und Kino

Prag ist bekannt für seine Theater- und Musiktradition. Das Theater hat in der Kulturgeschichte der Stadt immer eine große Rolle gespielt. In letzter Zeit hat das Angebot an Veranstaltungen wieder enorm zugenommen. Sogar in kommunistischer Zeit blieb Prag ein Zentrum des experimentellen Theaters. In den 1960er Jahren entstand hier das »Schwarze Theater«. Immer noch bilden sich neue, stark experimentelle Theatergruppen. Die Theatersaison dauert von September bis Juni. Im Sommer finden in den Gärten und Parks Open-Air-Aufführungen statt. Auch Besucher, die lieber bis frühmorgens das Tanzbein schwingen bzw. Tanzveranstaltungen sehen wollen, gern Jazz hören oder ins Kino gehen, kommen in Prag auf ihre Kosten.

BERÜHMTE THEATER

Prags erstes ständiges Theater wurde 1738 gebaut, doch die Theatertradition der Stadt reicht bis in die Zeit des Barock und der Renaissance zurück.

Das **Nationaltheater** *(siehe S. 156f)* ist sicher das herausragende Haus für Oper, Ballett und Schauspiel in Prag. Die benachbarte Neue Bühne ist ebenfalls sehr bedeutend. Hier tritt meist die Multimedia-Theatergruppe **Laterna Magika** auf, eine der bekanntesten Prager Theatergruppen, die auch international als ein Vorreiter des europäischen Improvisationstheaters gilt.

Weitere wichtige Theater der Stadt sind die »Stein-Theater«, die schon im 19. Jahrhundert Berühmtheit erlangten. Zu ihnen zählen das **Vinohrady-Theater**, das **Ständetheater** *(siehe S. 65)* – eines der renommiertesten Theater Prags – und das **Städtische Theater Prag**, eine Schauspielgruppe, deren Stücke abwechselnd im **ABC-Theater**, im **Komödien-Theater** und im **Rokoko-Theater** aufgeführt werden. Das **Kolowrat-Theater** hat seinen Sitz im Palais Kolowrat.

OFF-THEATER

Die Off-Theater entstanden in Prag im Lauf der 1960er Jahre und wurden im Kampf gegen den Status quo berühmt. Diese Gruppen arbeiten alle immer noch sehr experimentell und sind dabei äußerst innovativ. Sie spielen in kleinen Theatern. Viele der bekanntesten Schauspieler und Schauspielerinnen Prags sind aus diesen Gruppen hervorgegangen.

Zu den bekannten Off-Theatern gehören: der **Dramatische Club**, bekannt für sein engagiertes Ensemble, das **Ypsilon-Studio**, eine der herausragendsten Gruppen der Stadt, das Labyrinth-Theater, das vor allem moderne Stücke inszeniert, das **Theater Na Fidlovačce**, das auch Musicals im Programm hat, das **Theater unter Palmovka**, bekannt für seine gelungene Mischung aus Klassik und Moderne, sowie das **Theater in Celetná**. Einer der spektakulärsten Aufführungsorte für Theaterstücke und Musikevents ist der **Křižík-Brunnen**. Hier finden Klassikkonzerte mit eindrucksvollen Lightshows statt. Der berühmte Komödiant Jiří Suchý tritt regelmäßig im **Semafor-Theater** auf.

PANTOMIME, POSSE UND SCHWARZES THEATER

Sehr beliebt sind in Prag die Aufführungen des Schwarzen Theaters (schwarz gekleidete Schauspieler bewegen, ohne dass der Zuschauer es sehen kann, Gegenstände vor einem dunklen Bühnenhintergrund). Großen Zuspruch finden auch Possen und Pantomimen. Alle drei Theaterkategorien erfordern keinerlei Kenntnisse der tschechischen Sprache und sind daher häufig in Prag zu sehen. **Jiří Srnec' Schwarzes Theater** ist einer der bedeutendsten Aufführungsorte des Schwarzen

Theaters in der tschechischen Metropole. Weitere Bühnen für diese Art von Theater, etwa das **Ta Fantastika**, entnehmen Sie der Liste rechts.

TANZ

In Prag teilen sich Opern- und Ballettensembles das Nationaltheater, wo die beste Ballettgruppe der Tschechischen Republik zu Hause ist. Die **Staatsoper Prag** hat ebenfalls ein eigenes Ballettensemble, das in den letzten Jahren verstärkt versucht, der Gruppe des Nationaltheaters den Rang als bestes Ballett der Stadt zu entreißen. Die Karten für Ballett sind in beiden Häusern billiger als Opernkarten. Ballettaufführungen kann man auch im **Ständetheater** erleben. **Ponec** ist ein Aufführungsort für experimentelles Tanztheater, der sich dem modernen Tanz verschrieben hat. Er ist Gastgeber des jährlichen internationalen Festivals »Tanec Praha« im Juni, das sich dem modernen Tanztheater widmet.

KINOS

Zwar laufen in Prag nicht immer alle brandneuen Hollywood-Streifen, dennoch sind über 80 Prozent der gezeigten Filme neue US-Produktionen – die meisten auf Englisch mit tschechischen Untertiteln. Multiplex-Kinos außerhalb der Stadt werden immer beliebter. Die größten von ihnen – die beiden **Cinema City** in Flora und Zličín – haben jeweils zehn Kinosäle. Im **Světozor** können Sie tschechische Filme mit englischen Untertiteln sehen. **Bio Oko** ist ein Lichtspieltheater für Kunstfilme mit einem Café sowie einem ehrgeizigen Repertoire an klassischen und zeitgenössischen tschechischen Filmen. Auch am Wenzelsplatz gibt es größere Kinos, darunter **Lucerna** und **Slovanský Dům**.

In den Veranstaltungsmagazinen *(siehe S. 218 u. 227)* finden Sie Kinoprogramme mit der Angabe, in welcher Sprache die Filme laufen.

AUF EINEN BLICK

THEATER

Animato (Schwarzes Theater)
ČERNE DIVADLO ANIMATO
Na příkopě 10.
Stadtplan 3 C4.
☎ 28 19 32 665.
www.animato.webpark.cz

Broadway
Na příkopě 31.
Stadtplan 3 C4.
☎ 22 51 13 311.
www.divadlo-broadway.cz.

Dramatischer Club
ČINOHERNÍ KLUB
Ve Smečkách 26.
Stadtplan 6 D1.
☎ 29 62 22 123.
www.cinoherniklub.cz

Jiří Srnec' Schwarzes Theater
ČERNÉ DIVADLO JIŘÍHO SRNCE
U Lékárny 597, 15600
Praha 5.
☎ 25 79 21 835.
www.blacktheatresrnec.cz

Kolowrat-Theater
DIVADLO KOLOWRAT (IM STÄNDETHEATER)
Ovocný trh.
Stadtplan 3 C3.
☎ 22 49 01 448.
www.narodni-divadlo.cz

Křižík-Brunnen
KŘIŽÍKOVA FONTÁNA
Výstaviště, Praha 7.
☎ 22 01 03 280.
www.krizikovafontana.cz

Laterna Magika
Národní 4.
Stadtplan 3 A5.
☎ 224 931 482.
www.laterna.cz

Nationales Marionettentheater
NÁRODNÍ DIVADLO MARIONET
Žatecká 1.
Stadtplan 3 B3.
☎ 22 48 19 322.
www.mozart.cz

Nationaltheater
NÁRODNÍ DIVADLO
Národní 2.
Stadtplan 3 A5.
☎ 22 49 01 448.
www.narodni-divadlo.cz

Puppenreich
ŘÍŠE LOUTEK
Žatecká 1.
Stadtplan 3 B3.
☎ 22 23 24 568.
www.riseloutek.cz

Reduta-Theater
DIVADLO REDUTA
Národní 20.
Stadtplan 3 B5.
☎ 22 49 33 487.
www.redutajazzclub.cz

Semafor-Theater
Divadlo Semafor,
Dejvická 27.
☎ 23 39 01 383.
www.semafor.cz

Spejbl-und-Hurvínek-Theater
DIVADLO SPEJBLA A HURVÍNKA
Dejvická 38.
☎ 22 43 16 784.
www.spejbl-hurvinek.cz

Städtisches Theater Prag – ABC-Theater
MĚSTSKÁ DIVADLA PRAŽSKÁ, DIVADLO ABC
Vodičkova 28.
Stadtplan 3 C5.
☎ 22 42 15 943.
www.ecn.cz/abc

Städtisches Theater Prag – Komödientheater
MĚSTSKÁ DIVADLA PRAŽSKÁ, DIVADLO KOMEDIE
Jungmannova 1.
Stadtplan 5 B1.
☎ 22 42 22 734.
www.divadlokomedie.cz

Städtisches Theater Prag – Rokoko-Theater
MĚSTSKÁ DIVADLA PRAŽSKÁ, DIVADLO ROKOKO
Václavské náměstí 38.
Stadtplan 4 D5.
☎ 22 42 17 113.
www.rokoko.cz

Ständetheater
STAVOVSKÉ DIVADLO
Ovocný trh.
Stadtplan 3 C3.
☎ 22 42 28 503.
www.narodni-divadlo.cz

Ta Fantastika
Karlova 8.
Stadtplan 3 A4.
☎ 22 22 21 366.
www.tafantastika.cz.

Theater in Celetná
DIVADLO V CELETNE
Celetná 17.
Stadtplan 3 C3.
☎ 22 23 26 843.
www.divadlovceletne.cz

Theater in der Altstadt
DIVADLO V DLOUHÉ
Dlouhá 39.
Stadtplan 3 C3.
☎ 22 48 26 795.
www.divadlovdlouhe.cz

Theater Na Fidlovače
DIVADLO NA FIDLOVAČCE
Křesomyslova 625.
Stadtplan 6 E5.
☎ 24 14 04 040.
www.fidlovacka.cz

Theater unter Palmovka
DIVADLO POD PALMOVKOU
Zenklova 34, Praha 8.
☎ 283 011 127.
www.divadlopodpalmovkou.cz.

Vinohrady-Theater
DIVADLO NA VINOHRADECH
Náměstí Míru 7.
Stadtplan 6 F2.
☎ 22 42 57 601.
www.dnv-praha.cz

Ypsilon-Studio
STUDIO YPSILON
Spálená 16.
Stadtplan 3 B5.
☎ 22 49 47 119.
www.ypsilonka.cz

TANZ

Nationaltheater
NÁRODNÍ DIVADLO BALET
Národní 2.
Stadtplan 3 A5.
☎ 22 49 01 448.
www.narodni-divadlo.cz

Ponec
Husitská 24a/899,
Praha 3.
☎ 24 27 21 531.
www.divadloponec.cz

Staatsoper Prag
STÁTNÍ OPERA PRAHA
Wilsonova 4.
Stadtplan 6 E1.
☎ 22 42 27 266.
www.opera.cz

KINOS

Bio Oko
Františka Křižka 15,
Praha 7.
☎ 23 33 82 606.
www.biooko.cz

Cinema City Flóra
Vinohradská 149,
Praha 3.
☎ 25 57 42 021.
www.cinemacity.cz

Cinema City Zličín
Řevnická 1,
Praha 5.
☎ 25 79 51 966.
www.cinemacity.cz

Evald
Národní 28.
Stadtplan 3 B5.
☎ 22 11 05 225.
www.evald.cinemart.cz

Lucerna
Vodičkova 36.
Stadtplan 3 C5.
☎ 22 42 16 972.
www.lucerna.cz

Mat
Karlovo náměstí 19.
Stadtplan 5 B2.
☎ 22 49 15 765.
www.mat.cz

Multiplex-Kino Nový Smíchov
Plzeňská 8, Praha 5.
☎ 84 02 00 240.
www.palacecinemas.cz

Perštýn
Na Perštýně 6.
Stadtplan 3 B3.
☎ 22 16 68 432.

Slovanský Dům
Na Příkopě 22.
Stadtplan 3 C4.
☎ 84 02 00 240.
www.palacecinemas.cz

Světozor
Vodičkova 41.
Stadtplan 3 C5.
☎ 22 49 46 824.
www.kinosvetozor.cz

Village Cinemas Anděl
Radlická 1, Praha 5.
☎ 25 11 15 111.
www.villagecinemas.cz

Stadtplan siehe Seiten 246–257

Musik und Sport

Prag hat vielleicht nicht das Temperament von Wien oder Budapest, kann sich aber gegen andere europäische Kulturhauptstädte durchaus behaupten. Oper und Ballett sind gut repräsentiert. Zudem gibt es hervorragende Orchester. Die Eintrittskarten sind relativ günstig. Auch für Sportfans wird einiges geboten: Eishockey- und Fußballspiele locken von September bis Mai viele Zuschauer in die Stadien.

OPER

Seit der Eröffnung der Staatsoper am 5. Januar 1888 mit Richard Wagners *Meistersinger von Nürnberg* gilt Prag als weltberühmte Musikstadt. Heute sind die Aufführungen der beiden Opernhäuser Höhepunkte in Prags Kulturkalender. Die niedrigen Eintrittspreise der sowjetischen Ära sind zwar passé – inzwischen zahlt man für gute Plätze zwischen 1000 und 1200 Kronen –, doch liegt dies weit unter dem europäischen Durchschnitt.

Die zwei führenden Opernhäuser sind das **Nationaltheater** *(siehe S. 156f)* und die Staatsoper Prag *(siehe S. 147)*. Letztere spielt hauptsächlich italienische Klassiker, immer in Originalsprache. Die Vorstellungen sind sehr gut besucht. Eintrittskarten sollte man auf jeden Fall im Voraus bestellen. Die Nationaloper hat ein experimentelleres Repertoire in tschechischer Sprache. Wenn Sie eine Oper von tschechischen Komponisten wie Smetana oder Dvořák erleben wollen, sollten Sie sich Karten im Nationaltheater sichern. Weniger bekannt ist das Opernensemble des **Ständetheaters** *(siehe S. 220f)*, das vor allem auf italienische Opern in der Originalsprache spezialisiert ist.

KLASSISCHE MUSIK

Die Tschechische Philharmonie (CPO) gab im Januar 1896 ihr erstes Konzert im herrlichen **Rudolfinum** *(siehe S. 84)*. Dirigent war damals kein Geringerer als Antonín Dvořák, dessen Namen nun der große Saal des Rudolfinums trägt. Das Orchester konnte von Anfang an große Erfolge feiern – in

Prag und auch im Ausland (bereits 1902 gastierte es in London). Es gilt heute unter Musikkennern als eines der weltweit besten. Der Posten des Chefdirigenten des CPO ist einer der meistbegehrten in der Welt der klassischen Musik. Neuer Chefdirigent wird ab Herbst 2009 der israelische Dirigent Eliahu Inbal, der vorher beim Gran Teatro La Fenice war. Fast alle zeitgenössischen tschechischen Werke, darunter auch das berühmte *Requiem* von Milan Slavický, haben im Rudolfinum Premiere. Auf dem vielfältigen Programm des Hauses stehen daneben jedoch auch Werke ausländischer Komponisten.

Die zweite große Bühne für klassische Konzerte ist der Smetana-Saal im **Gemeindehaus** *(siehe S. 64)*. Zu den weiteren, weniger bekannten Konzertsälen gehören das **Atrium in Žižkov**, eine umgebaute Kapelle, das **Klementinum** und das eindrucksvolle **Kongresszentrum Prag**. Die Villa **Bertramka** ist ein weiterer Aufführungsort – mit der zusätzlichen Attraktion, dass Mozart hier wohnte, wenn er sich in Prag aufhielt.

MUSIK IN KIRCHEN UND PALAIS

Die Konzerte in den vielen Kirchen und Palais in und um Prag sind sehr beliebt. Oft sind diese Gebäude nicht öffentlich zugänglich. Konzerte bieten also die einzige Möglichkeit, sie einmal zu sehen. Zu den wichtigsten Kirchen, in denen Konzerte stattfinden, gehören: die **St.-Jakobs-Kirche** *(siehe S. 65)*, die Kleinseitner Nikolauskirche *(siehe S. 128f)*, die Altstädter **Nikolauskirche** *(siehe S. 70f)*, die **St.-Franziskus-Kirche**

(siehe S. 79) am Kreuzherrenplatz, der **Veitsdom** *(siehe S. 100–103)* sowie die **St.-Georgs-Basilika** *(siehe S. 98f)*.

Unter den anderen Veranstaltungsorten sind die wichtigsten: das **Nationalmuseum** *(siehe S. 147)*, das **Palais Lobkowitz** *(siehe S. 99)* und das **Palais Sternberg** *(siehe S. 112–115)*. Ausführliche Informationen über Daten und Zeiten der Veranstaltungen finden Sie in Infobroschüren und Veranstaltungskalendern *(siehe S. 218f u. S. 226)*.

ETHNOMUSIK

Nur wenige Clubs und Bars in Prag bieten Ethnomusik. Im **Palác Akropolis** finden täglich stimmungsvolle Vorstellungen in einem umgebauten Theatergebäude der 1920er Jahre statt. Das **Haus der Kultur** präsentiert eine Vielzahl von Bands. Auch in einigen der besseren Jazzclubs *(siehe S. 210f)* treten regelmäßig ausländische Musiker und Bands auf. Einen Besuch lohnt auch **La Bodequita del Medio**, ein kubanisches Restaurant, in dem am Wochenende oft kubanische Musiker Konzerte geben.

SPORT

Die Tschechen sind ein sportbegeistertes Volk – was angesichts der Tatsache, dass sie regelmäßig internationale Wettkämpfe gewinnen, nicht überrascht. Die größten Zuschauermagneten sind Eishockey und Fußball – in dieser Reihenfolge.

Die tschechische Eishockey-Liga rangiert gleich hinter der National Hockey League der USA. Auf den Listen der NHL finden sich viele tschechische Spieler. Prag hat zwei Teams in der Oberliga: Sparta und Slavia. Spartas Heimstatt ist die **Tesla-Arena**. Tickets für Spiele sind ab 100 Kronen erhältlich. Slavia spielt in der **O$_2$-Arena**, die für die Eishockey-Weltmeisterschaft 2004 erbaut wurde – überraschenderweise gewonnen nicht die Tschechen, sondern die Kanadier. Hier gibt es Eintrittskarten ab 140 Kronen. In der Saison von September bis Mai finden drei Spiele pro Woche statt – sodass man relativ leicht an Karten kommt.

Auch die tschechischen Fußballer werden überall bewundert. Die tschechische Liga ist allerdings weniger angesehen, da die allermeisten Top-Spieler des Landes in reicheren ausländischen Vereinen kicken. 2006 konnte sich Tschechien erstmals für die Teilnahme an der Weltmeisterschaft qualifizieren. Sparta Prag, die beste Mannschaft des Landes, spielt allerdings regelmäßig in der Champions League und tritt gegen hochrangige Teams an. Die Ein-

trittskarten für Champions-League-Spiele (die Vorrunden werden meist zwischen September und Dezember ausgetragen) sind recht schnell vergriffen. Heimspiele der tschechischen Nationalelf finden gleichfalls im **Sparta-Stadion** statt, das auch als Axa-Arena bekannt ist.

Wer sich selbst sportlich betätigen möchte, muss etwas aus der Stadt hinausfahren, da die Sporteinrichtungen in der Innenstadt nicht gerade üppig gesät sind. Zurzeit ist allerdings Squash sehr in Mode. Man findet auch in der Innenstadt verschiedene Squash-Zentren – darunter das **ASB** am Wenzelsplatz.

Möglichkeiten, um Golf, Minigolf oder Tennis zu spielen, gibt es im **Motol**. Der **Czech Lawn Tennis Club**, der etwas außerhalb des Zentrums auf der Insel Štvanice liegt, bietet 14 Sand- und sechs Hallenplätze. Sie können am Wochenende den ganzen Tag und unter der Woche bis 15 Uhr gemietet werden.

Schwimmbäder befinden sich ebenfalls außerhalb des Stadtzentrums, etwa in **Divoká Šárka** und **Kobylisy**. Im Sommer findet man schöne Badeseen in **Lhotka** und **Šeberák**. Alle Arten von Wassersportangeboten, aber auch Golf gibt es am **Hostivař-Stausee** und auf der Insel **Kaiserwiese**.

AUF EINEN BLICK

MUSIK

Atrium in Žižkov
ATRIUM NA ŽIŽKOVĚ
Čajkovského 12,
Praha 3.
22 27 21 838.
www.atriumzizkov.cz

Bertramka
BERTRAMKA MUZEUM
W. A. MOZARTA
Mozartova 169,
Praha 5.
25 7318 461.
www.bertramka.com

Klementinum
ZRCADLOVÁ SÍŇ
KLEMENTINA
Mariánské náměstí 10.
Stadtplan 3 B3.

Kongresszentrum Prag
KONGRESOVÉ CENTRUM PRAHA
5. května 65,
Praha 4.
26 11 71 111.
www.kcp.cz

Musikakademie
HUDEBNÍ FAKULTA AMU
Malostranské náměstí 13.
Stadtplan 2 E3.
25 75 34 206.

Musiktheater in Karlín
HUDEBNÍ DIVADLO KARLÍN
Křižíkova 10.
Stadtplan 4 F3.
22 18 68 666.
www.hdk.cz

Nationalmuseum
NÁRODNÍ MUZEUM
Václavské náměstí 68.
Stadtplan 6 D1.
22 44 97 111.

Nikolauskirche (Altstadt)
KOSTEL SV. MIKULÁŠE
Staroměstské náměstí.
Stadtplan 3 B3.

Nikolauskirche (Kleinseite)
KOSTEL SV. MIKULÁŠE
Malostranské náměstí.
Stadtplan 2 E3.

Palais Lobkowicz
LOBKOVICKÝ PALÁC
Jiřská 3, Pražský hrad.
Stadtplan 2 E2.
23 33 12 925.

Palais Sternberg
ŠTERNBERSKÝ PALAC
Hradčanské náměstí 15.
Stadtplan 1 C3.
22 0514 634.

Rudolfinum – Dvořák-Saal
RUDOLFINUM – DVOŘÁKOVA SÍŇ
Alšovo nábřeží 12.
Stadtplan 3 A3.
22 70 59 227.
www.czechphilharmonic.cz

Staatsoper Prag
STÁTNÍ OPERA PRAHA
Wilsonova 4.
Stadtplan 6 E1.
22 42 27 266.
www.opera.cz

St.-Franziskus-Kirche
KOSTEL SV. FRANTIŠKA
Křížovnické náměstí.
Stadtplan 3 A4.

St.-Georgs-Basilika
BAZILIKA SV. JIŘÍ
Jiřské náměstí, Pražský hrad. **Stadtplan** 2 E2.

St.-Jakobs-Kirche
KOSTEL SV. JAKUBA
Malá Štupartská.
Stadtplan 3 C3.

St. Simon und Judas
KOSTEL SV. ŠIMONA A JUDY
Dušní ulice.
Stadtplan 3 B2.
www.fok.cz

Veitsdom
KATEDRÁLA VÍTA
Pražský hrad.
Stadtplan 2 D2.

ETHNOMUSIK

Haus der Kultur
KULTURNÍ DŮM VLTAVSKÁ
Bubenská 1.
22 08 79 683.
www.vltavska.cz

La Bodeguita del Medio
Kaprova 5.
Stadtplan 3 B3.
22 48 13 922.
www.bodeguita.cz

Palác Akropolis
Kubelíkova 27.
29 63 30 913.
www.palacakropolis.cz

SPORT

ASB Squash
Václavské náměstí 13/15.
Stadtplan 3 C5.
22 42 32 752.

Czech Lawn Tennis Club
Štvanice 38, Praha 7.
22 23 16 317.
www.cltk.cz

Divoká Šárka
Praha 6.

Hostivař-Stausee
K Jezeru, Praha 10.

Kaiserwiese
CÍSAŘSKÁ LOUKA
Praha 5.

Kobylisy
Praha 8.

Lhotka
Praha 4.

Motol
V Úvalu 84, Praha 5.

O₂-Arena
Ocelářská 460/2, Praha 9.
26 61 21 122.
www.O2arena.cz

Šeberák
K. Šeberáku, Praha 4.

Sparta-Stadion
AXA ARENA
Milady Horákové, Praha 7.
29 61 11 400.
www.sparta.cz

Tesla-Arena
Za Elektrárnou 419,
Praha 7.

Stadtplan siehe Seiten 246–257

GRUND-INFORMATIONEN

PRAKTISCHE HINWEISE

Prag ist in den letzten 20 Jahren zu einer weltoffenen Stadt geworden und hat eine gute Infrastruktur geschaffen, um den Besucheransturm zu bewältigen. Das Angebot an Hotels, Banken, Restaurants und Informationsbüros hat sich sehr verbessert. Dennoch ist es ratsam,

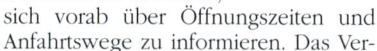

Sightseeing-Bus von Martin Tour

sich vorab über Öffnungszeiten und Anfahrtswege zu informieren. Das Ver-

kehrsnetz ist gut ausgebaut. Die meisten Sehenswürdigkeiten sind allerdings leicht zu Fuß zu erreichen. Im Allgemeinen sind die Preise günstig, nur einige der gehobenen Hotels und Lokale haben westliches Preisniveau. Die Kriminalität ist minimal. Es kommen allerdings Taschendiebstähle vor. Dennoch: Prag ist wesentlich sicherer als die meisten Städte Westeuropas.

INFORMATION

Es gibt diverse Fremdenverkehrsbüros und Informationsstellen, die sich zum Teil auf Auskünfte zu bestimmten Bereichen spezialisiert haben: Hotels, Restaurants, organisierte Stadtbesichtigungen oder Touren. In vielen dieser Büros wird auch Deutsch bzw. Englisch gesprochen. Der **Prager Informationsdienst (PIS)** ist das beste Informationsbüro. Er hat drei Niederlassungen im Zentrum und versorgt Besucher mit Stadtplänen, Tipps und Informationsbroschüren *(siehe S. 218f)* – auch auf Deutsch. Deutschsprachige Infos bieten zudem die *Prager Zeitung* und das *Prager Wochenblatt*.

Schild von Čedok

TIPPS FÜR BESUCHER

Sehr viele Prager sprechen Deutsch und auch Englisch.

Die beste Zeit für einen Besuch in Prag ist der Sommer, auch wenn es dann in der Stadt sehr voll sein kann. An Ostern ist Prag ebenso bevölkert wie an anderen bedeutenden Feiertagen *(siehe S. 53)*. Hauptsehenswürdigkeiten, beispielsweise der Altstädter Ring, sind dann voll-

kommen übervölkert, doch diese Menschenmengen geben Prag auch eine karnevaleske Atmosphäre. Straßenmusiker, fliegende Händler und kleine Verkaufsstände füllen die Straßen in der Umgebung der wichtigsten Sehenswürdigkeiten. Wenn Ihnen all dies zu viel wird, sollten Sie die ruhigeren Seitenstraßen aufsuchen. Im Sommer empfiehlt es sich, einen leichten Regenmantel mitzunehmen, im restlichen Jahr auch einige warme Kleidungsstücke.

ÖFFNUNGSZEITEN

Dieser Reiseführer gibt bei der jeweiligen Beschreibung der Sehenswürdigkeiten auch deren Öffnungszeiten an. Die meisten Sehenswürdigkeiten der Stadt können das ganze Jahr über besichtigt werden, doch viele Parks und die Schlösser außerhalb der Stadt nur zwischen dem 1. April und dem 31. Oktober.

Büro des Prager Informationsdienstes am Staroměstské náměstí

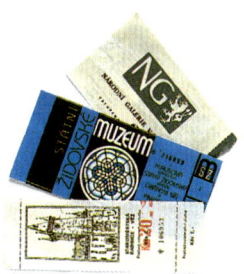

Eintrittskarten zu einigen Prager Sehenswürdigkeiten

Die Öffnungszeiten liegen meist täglich zwischen 9 und 17 Uhr, im Sommer bis 18 Uhr. Oft ist es jedoch so, dass nach 16 Uhr kein Zugang mehr gewährt wird. Die meisten Museen und einige Schlösser haben montags geschlossen. Erkundigen Sie sich also immer, bevor Sie Ihren Besuch planen. Das Nationalmuseum hat jeden ersten Dienstag im Monat geschlossen, das Jüdische Museum samstags.

Die Museumsnacht im Juni bietet Ihnen die Möglichkeit, die Sammlungen zwischen 19 und 1 Uhr kostenlos zu besuchen. Dazu gibt es einen kostenlosen Shuttle-Service zwischen den verschiedenen Einrichtungen.

Die Öffnungszeiten der Prager Läden variieren. Einige haben montags bis freitags von 7 bis 18 Uhr und samstags von 8 bis 12 Uhr geöffnet. Einige Kaufhäuser *(siehe S. 213)* sind samstags bis 19 Uhr geöffnet sowie an einigen Sonntagen vor Weihnachten. Die großen Einkaufszentren, Kaufhäuser und

◁ **Besucher und Straßenhändler auf der Karlsbrücke *(siehe S. 136–139)***

Pferdekutsche am Altstädter Ring

einige auf Besucher eingestellte Läden haben bis 22 Uhr geöffnet, einige auch sonntags. Banken öffnen montags bis freitags von 8 bis 16 Uhr bzw. bis alle anwesenden Kunden bedient sind.

VERANSTALTUNGS-HINWEISE UND KARTEN

Über die Stadt verteilt gibt es Dutzende von Sammlungen und Museen. Was wo geboten wird, erklären die Infohefte. **PIS** verteilt kostenlos monatliche Informationsbroschüren, auch in deutscher Sprache, und das englischsprachige Heft *Přehled*. Die Prager Zeitungen informieren detailliert über Veranstaltungen und Ausstellungen. Unter ihnen befindet sich auch die englischsprachige *The Prague Post*. Als Beilage der Tageszeitung *Telegraf* erscheint jeden Dienstag die deutschsprachige *Prager Zeitung*. Zudem gibt es das deutschsprachige *Prager Wochenblatt*.

Die Eintrittspreise für Museen variieren. Sie liegen zwischen 60 und 300 Kronen. Die meisten Kirchen sind frei zugänglich. Eintrittskarten für Veranstaltungen bekommen Sie an den Vorverkaufsstellen oder direkt beim Veranstalter. Einige Prager Hotels können ebenfalls Karten besorgen.

STADTRUNDFAHRTEN

Eine gute Möglichkeit, Prag zu besichtigen, ist eine Stadtrundfahrt. Viele Unternehmen bieten solche Fahrten zu den wichtigsten Sehenswürdigkeiten und den Schlössern außerhalb Prags an, etwa nach Karlstein und Konopiště

(siehe S. 169). Die Touren starten normalerweise am Náměstí Republiky oder vom oberen Teil des Wenzelsplatzes aus. Die Preise variieren stark, machen Sie sich kundig. Das **Jüdische Museum** *(siehe S. 87)* organisiert Besichtigungen in der Josefstadt und in Terezín (Theresienstadt). Günstige Stadtrundfahrten bietet PIS.

Eine Fahrt mit der Tram 91, organisiert vom Museum der Städtischen Verkehrsbetriebe, ist eine der besten und billigsten Stadtbesichtigungen. Sie beginnt am Ausstellungsgelände *(siehe S. 178f)* und fährt durch Altstadt, Neustadt und Josefstadt (zwischen Ostern und Mitte November jedes Wochenende und an Feiertagen). Fahrkarten können in der Tram gelöst werden. Die Trams 22 und 23 bringen Sie zur Burg.

Stadtrundfahrten in Pferdekutschen starten am Altstädter Ring. Im Sommer fährt ein »Vergnügungszug« von der Mostecká-Straße aus vorbei an den schönsten Teilen von Hradschin und Kleinseite.

Der Wegweiser am Altstädter Ring hilft, den richtigen Weg zu finden

Stadtplan *siehe Seiten 246–257*

Sicherheit und Notfälle

Prag ist, verglichen mit vielen westeuropäischen Städten, relativ sicher. Auch wenn kein Notfall vorliegt, können Sie sich jederzeit an die freundlichen und hilfsbereiten Polizisten wenden – hier hat man für die Anliegen von Besuchern der Stadt stets ein offenes Ohr. Sollten Sie in Prag notärztliche Versorgung benötigen, brauchen Sie dafür nicht zu bezahlen. Es gibt zudem eine Reihe von Gesundheitszentren, medizinischen Diensten und Zahnärzten. In einigen Praxen wird auch Deutsch gesprochen.

Polizeischild

PERSÖNLICHE SICHERHEIT

Prag ist sicher. Sie können unbehelligt durch die Stadt gehen. Gewalt und Diebstähle sind selten, in Bezug auf Besucher noch seltener. Manchmal gibt es Diebstähle in Hotelzimmern und Taschendiebstahl. Mit etwas gesundem Menschenverstand kann Ihnen in Prag eigentlich nichts passieren. Achten Sie einfach auf Ihre Tasche, auf Pass und Geld. Es passiert selten, dass etwas Gestohlenes wieder an seinem Besitzer zurückkommt. Lassen Sie deshalb keine Wertgegenstände im Auto. Alarmanlagen im Wagen haben sich als nicht besonders wirksam erwiesen. Stellen Sie Ihr Auto möglichst in einer Tiefgarage ab. Schließen Sie vor Ihrem Urlaub eine

Abzeichen der städtischen Polizei

Abzeichen der Staatspolizei

entsprechende Versicherung ab. Es ist schwierig, dies vor Ort zu tun. Melden Sie jeden Diebstahl umgehend der Polizei, um Ansprüche gegenüber Ihrer Versicherung geltend machen zu können.

Frauen sollten in Prag damit rechnen, dass ihnen dumme Sprüche hinterhergerufen werden – das ist aber auch das Äußerste. Als Frau sollten Sie nachts nicht ohne Begleitung auf den Wenzelsplatz gehen. Manche Männer könnten Sie für eine dort verkehrende Prostituierte halten.

Leider gibt es nur wenige seriöse Bars, die bis in die Morgenstunden geöffnet haben. Die Begriffe »non-stop« und »herna« stehen meist für zwielichtige Spelunken, in denen Besucher an den diversen Spielautomaten abgezockt

werden. Auf Seite 208f finden Sie eine ganze Reihe von Bars und Kneipen, die ein Amusement ohne Reue garantieren sollten.

Sie sollten immer Ihren Ausweis bei sich haben, auch wenn Sie kaum danach gefragt werden. Sollten Sie ihn tatsächlich einmal nicht vorweisen können, könnten Sie Probleme bekommen. Machen Sie von allen wichtigen Dokumenten vor Ihrer Reise Fotokopien. Sie bei einem Verlust zu ersetzen ist schwierig und kostet Zeit.

POLIZEI UND SICHERHEITSDIENSTE

In Prag werden Sie unterschiedlichen Polizisten und Polizistinnen sowie verschiedenen Sicherheitsleuten begegnen. Anzeigen müssen Sie auf dem Polizeirevier erstatten. Die wichtigsten Polizeiviere sind im Stadtplan *(siehe S. 246–257)* vermerkt. Die Staatspolizei trägt Waffen und kann Verdächtige festnehmen. Die städtische Polizei ist der andere Ordnungshüter. Sie hat mehr Befugnisse und ist in Sektionen unterteilt.

2010 soll eine spezielle Touristenpolizei ihren Dienst aufnehmen. Sie wird in den touristischen Zonen zwischen Wenzelsplatz, Altstadt und Prager Burg zwischen 10 und 24 Uhr patrouillieren, um so Taschendiebe und kriminelle Geldwechsler abzuschrecken. Es sollen auch mobile Stationen errichtet und mit Deutsch und Englisch sprechenden Polizisten besetzt werden. So können Besucher vor Ort schnell Hilfe erhalten.

Die Verkehrspolizei kontrolliert Verkehr und Fahrzeuge und ahndet Parkdelikte *(siehe S. 240f)*. Die Strafen für Falschparken oder Geschwin-

**Staats-
polizist**   **Städtischer
Polizist**   **Staats-
polizistin**   **»Schwarzer
Sheriff«**

Wagen der Staatspolizei

Ambulanz

digkeitsüberschreitungen sind sehr hoch. Achtung: Es gilt ein absolutes Alkoholverbot. Hin und wieder werden Alkoholkontrollen im großen Stil durchgeführt. Wer erwischt wird, muss mit drastischen Strafen rechnen. Sind Sie in einen Verkehrsunfall verwickelt, müssen Sie unverzüglich die Unfallpolizei benachrichtigen. Am Unfallort darf nichts verändert werden, bis die Polizei kommt.

Es gibt auch eine Reihe privater Sicherheitsdienste. Deren Angehörige werden oft »Schwarze Sheriffs« genannt (viele von ihnen tragen tatsächlich schwarze Uniformen). Sie bewachen meist Banken oder sind für die Sicherheit bei Sportveranstaltungen zuständig. Sie tragen keine Schwusswaffen.

Apothekenschild

MEDIZINISCHE VERSORGUNG

In Krankheitsfällen haben EU-Bürger aufgrund des europäischen Sozialversicherungsabkommens Krankenversicherungsschutz, wenn sie gesetzlich versichert sind und die Europäische Krankenversicherungskarte (EHIC) mitnehmen. Nicht eingeschlossen sind etwa der Krankenrück-

transport nach Hause oder Zahnbehandlungen. Eine zusätzliche Auslandsreise-Krankenversicherung ist deshalb empfehlenswert.

Ihr Hotel sollte Ihnen medizinische Versorgung vermitteln können. Wenn Sie jedoch dringend medizinische Hilfe brauchen, dann rufen Sie die Nummer des Notdiensts an, der rund um die Uhr im Einsatz ist. Krankenhäuser mit Ambulanz sind im Stadtplan vermerkt *(siehe S. 246–257)*.

Auch Apotheken *(lékárna)* haben einen 24-Stunden-Notdienst *(siehe S. 217)*.

In der »Fremdenabteilung« des **Fakultní nemocnice Motol** (Universitätskrankenhaus Motol) sprechen einige Ärzte Deutsch (bzw. Englisch), ebenso in der »Fremdenabteilung« des **Nemocnice Na Homolce** (Krankenhaus Na Homolce). Hier brauchen Sie Ihren Ausweis und Bargeld.

Menschen mit Atemwegsproblemen sollten bedenken, dass in Prag zwischen Oktober und März der Schwefeldioxidanteil in der Luft die Grenzwerte regelmäßig übersteigt. Da es allerdings in Prag immer mehr Autos gibt, wird sich dieses Problem in Zukunft wahrscheinlich noch verschärfen.

AUF EINEN BLICK

NOTFALLNUMMERN

Europäischer Notruf
(112.

Ambulanz
Rychlá lékařská pomoc
(112 oder 155.

Polizei
Tísňové volání policie
(112 oder 158.

Feuerwehr
Tísňové volání hasičů
(150.

MEDIZINISCHE VERSORGUNG

Krankenhaus Na Homolce – Fremdenabteilung
Nemocnice Na Homolce – Cizinecké oddelení
Roentgenova 2, Praha 5.
(25 72 71 111.
www.homolka.cz

Universitätskrankenhaus Motol – Fremdenabteilung
Fakultní nemocnice Motol – Cizinecké oddelení
V Úvalu 84, Praha 5.
(22 44 31 111 oder 22 4433 681 (direkt für Ausländer).
www.fnmotol.cz/foreigners-department/html

Zahnärztlicher Notdienst
Lékařská služba první pomoci – zubní pro dospelé
Spálená 12.
Stadtplan 3 B5.
(222 924 268.
www.praha-mesto.cz

24-Stunden-Apotheke
Palackého 5.
(22 49 46 982.
Stadtplan 3 C5.

Ludmily-Apotheke
Lékarna U Svaté Ludmily
Belgická 238/37.
(22 25 13 396.
Stadtplan 6 F3.

WEITERE HILFE

Pannenhilfe
(1230.

Fundbüro
Ztráty a nálezy
Karoliny Světlé 5.
Stadtplan 3 A5.
(22 42 35 085.

Stadtplan *siehe Seiten 246–257*

Banken und Währung

Schild einer Wechselstube

L andeswährung ist die Tschechi sche Krone (Kč). Prag besitzt inzwischen viele Banken und Wechselstuben, von denen einige die ganze Nacht offen sind. Den besten Wechselkurs bieten Banken. Gängige Kreditkarten werden zunehmend akzeptiert, was nicht heißt, dass Sie überall damit bezahlen können. Reiseschecks können Sie meist nur bei Banken einlösen.

BANKEN

S eit 1989 haben sich Hunderte von Privatbanken und Wechselstuben in Prag niedergelassen. Die großen Banken, alle im Zentrum gelegen, haben montags bis freitags von 8 bis 16 oder 17 Uhr geöffnet. Banken schließen nicht in der Mittagszeit, viele Wechselstuben schon. Da es immer lange Warteschlangen beim Wechseln gibt, sollten Sie sich rechtzeitig anstellen, bevor die Geldinstitute schließen. Hunderte kleiner Wechselstuben findet man in der gesamten Innenstadt verteilt, jedoch sind die Wechselgebühren dort enorm hoch, auch wenn sie manchmal bessere Wechselkurse anbieten. Sie betragen bis zu zwölf Prozent gegenüber ein bis fünf Prozent bei der Bank (allerdings kassiert die Bank eine Mindestkommission von 20 bis 50 Kč). Der größte Vorteil der Wechselstuben ist, dass sie zum Teil bis 24 Uhr geöffnet haben und Sie dort nicht lange warten müssen.

Die meisten großen Hotels wechseln ebenfalls Geld, doch auch hier sind die Wechselgebühren meist sehr hoch. Wenn Sie beim Verlassen von Prag noch tschechisches Geld übrig haben, können Sie es bei allen Banken gegen eine geringe Gebühr rücktauschen.

Wechseln Sie niemals auf dem Schwarzmarkt. Abgesehen davon, dass es illegal ist, verdienen Sie kaum daran – und die Banknoten können gefälscht sein.

In der Innenstadt gibt es ausreichend Geldautomaten,

Geldautomat

viele im Eingangsbereich der Banken. Sie akzeptieren die gängigen Kreditkarten, meist auch die **Maestro-/EC-Karte**. Bildschirmmenüs gibt es auch auf Deutsch.

KREDITKARTEN

B ezahlung per Kreditkarte wird auch in Prag immer üblicher. Allerdings sollten Sie vorab fragen – auch wenn ein Restaurant oder ein Laden an der Tür ein Kreditkartenschild hängen hat, heißt das noch nicht, dass man Ihre Karte akzeptiert. Fragen Sie vorher nach. Die gängigsten Kreditkarten sind **American Express**, **Visa** und **MasterCard**. Bei den meisten Banken bekommen Sie mit Kreditkarte auch Bargeld.

Fassade der Tschechischen Handelsbank

AUF EINEN BLICK

BANKEN

HVB-Bank
Revoluční 7. **Stadtplan** 4 D2.
22 11 19 761.
www.HVB.cz

Tschechische Handelsbank
ČESKOSLOVENSKÁ OBCHODNÍ BANKA
Na příkopě 18. **Stadtplan** 3 C4.
26 13 51 111.
www.csob.cz

Kommerzbank
KOMERČNÍ BANKA
Spálená 51. **Stadtplan** 3 B5.
22 24 11 111.
www.kb.cz
Eine von mehreren Filialen.

WECHSELSTUBEN

American Express
Václavské náměstí 56.
Stadtplan 3 C5.
22 28 00 222.
www.americanexpress.com

Exact Change
Na poříčí 13. **Stadtplan** 4 D3.
22 48 19 744.
Eine von mehreren Filialen.

Interchange
Železná 1. **Stadtplan** 3 C4.
22 42 21 839.
Eine von mehreren Filialen.

KREDITKARTENVERLUST

Allgemeine Notrufnummer
0049 116 116.
www.116116.eu

American Express
0049 69 97 97 1000
(24-Stunden-Dienst, deutsch).

Diners Club
0 267 197 450.

MasterCard
001 63 67 22 71 11.

Visa
800 142 121.

Maestro-/EC-Karte
0049 69 740 987.

Stadtplan *siehe Seiten 246–257*

WÄHRUNG UND REISESCHECKS

Landeswährung ist die Tschechische Krone (Kč), unterteilt in 100 Heller (seit 2008 nicht mehr im Umlauf). Die sicherste Alternative zu Bargeld sind Reiseschecks.

Gängig sind American Express und Thomas Cook. Reiseschecks werden allerdings in Läden nicht als Zahlungsmittel akzeptiert, sie müssen meist bei einer Bank eingetauscht werden. Nur einige größere Hotels akzeptieren auch Reiseschecks. Lassen Sie sich immer eine Quittung geben, damit Sie die Kronen wieder zurücktauschen können. Im Büro von American Express *(siehe S. 233)* können Sie Schecks kaufen und einlösen. Dort wird bei American-Express-Schecks keine Gebühr erhoben.

TSCHECHISCHE BANKNOTEN UND MÜNZEN

Banknoten
Tschechische Banknoten gibt es im Wert von 50, 100, 200, 500, 1000, 2000 und 5000 Kronen (Kč).

Münzen
Tschechische Münzen gibt es im Wert von 1, 2, 5, 10, 20 und 50 Kronen (Kč). Sie zeigen auf der Rückseite das tschechische Wappentier, einen aufgerichteten Löwen.

5000-Kč-Schein (Tomáš G. Masaryk, 1. Präsident der Tschechoslowakei)

2000-Kč-Schein (Ema Destinnová/Emmy Destinn, Opernsängerin)

1000-Kč-Schein (František Palacký, Historiker und Politiker)

500-Kč-Schein (Božena Němcová, Schriftstellerin)

200-Kč-Schein (Jan Amos Comenius, Philosoph und Pädagoge)

100-Kč-Schein (Karl IV, König von Böhmen und deutscher Kaiser)

50-Kč-Schein (Hl. Agnes von Böhmen)

1 Krone (1 Kč)

2 Kronen (2 Kč)

5 Kronen (5 Kč)

10 Kronen (10 Kč)

20 Kronen (20 Kč)

50 Kronen (50 Kč)

Kommunikation

Das tschechische Kommunikationswesen wurde umfassend modernisiert. Kartentelefone ersetzen zunehmend die älteren Münztelefone, das Angebot an Internet-Cafés wächst ständig. Der Postdienst funktioniert reibungslos. Die Umsetzung der Neuerungen hatte sich etwas verzögert, ist aber nun abgeschlossen. Probleme sollte es nur in Ausnahmefällen geben.

KARTENTELEFON

1 Nehmen Sie den Hörer ab, und warten Sie auf das Freizeichen.

2 *Vložte telefonní kartu* fordert Sie auf, Ihre Telefonkarte einzuschieben. Es wird dann auch das Guthaben Ihrer Karte angezeigt.

3 Erscheint *Volte číslo*, können Sie die gewünschte Nummer wählen.

4 Die Karte wird automatisch ausgeworfen.

Notfallnummern

Wenn Sie diesen Knopf drücken, erhalten Sie eine deutschsprachige Anleitung.

Die Multifunktionskarte TRICK

WICHTIGE TELEFONNUMMERN

• Vorwahl Tschechische Republik	+420
• Vorwahl Prag	
(Bei allen Telefonnummern in diesem Buch ist	
die Prager Vorwahl 2 bereits vorangestellt.)	+420-2
• Nach Deutschland	0049
• Nach Österreich	0043
• In die Schweiz	0041
• Inlandsauskunft und Vermittlung	1180
• Auslandsauskunft *(auch auf Deutsch)*	1181
• Deutschland Direkt	00800 3300 4900
• Stadtpolizei	156
• **Im Notfall (Ambulanz)**	**112** oder **155**
• **Im Notfall (Polizei)**	**112** oder **158**

TELEFONIEREN

Durch den auch in der Tschechischen Republik steigenden Gebrauch von Mobiltelefonen gibt es mittlerweile weniger öffentliche Telefone in Prag als früher. Man findet allerdings noch genügend an belebten Straßen, in Metro-Stationen oder Postämtern.

Die Kosten für Anrufe aus Telefonzellen variieren je nach Entfernung (Orts- oder Ferngespräch) und nach Tageszeit.

Münztelefone gibt es nur noch selten. Die Zahl der Kartentelefone steigt. Sie können Telefonkarten *(telefonní karta)* im Wert von 200 oder 300 Kronen u.a. an Zeitungskiosken, in Tabakläden, Post-

ämtern, Warenhäusern, Hotels und auch Reisebüros kaufen.

Zwei beliebte Karten für Kartentelefone sind die Karta X für nationale und internationale Gespräche sowie TRICK, eine Multifunktionskarte, mit der Sie auch verschiedene Internet-Dienste nutzen können.

Für alle öffentlichen Telefongeräte gilt: Das Freizeichen ist ein kurzer Ton, gefolgt von einem langen, das Rufzeichen besteht aus langen, das Besetztzeichen aus kurzen Tonfolgen.

Vom Hotel aus können Sie natürlich auch telefonieren, doch sind die Gebühren auf dem Hotelzimmer – wie in solchen Fällen üblich – meist extrem hoch.

TELEFONAUSKUNFT

Falls Sie Schwierigkeiten haben, einen Teilnehmer unter einer Nummer zu erreichen, kann es sein, dass sie sich im Zug der Modernisierung des Telefonnetzes geändert hat. Rufen Sie bei der Auskunft an. Verlangen Sie gegebenenfalls jemand der auch Deutsch bzw. Englisch spricht.

MOBILTELEFONE UND ROAMING

In der Tschechischen Republik gibt es mittlerweile mehr Handys als Einwohner. Das GSM-Netz entspricht dem europäischen Standard. Die größten Anbieter für Mobilfunk sind Telefonica O₂ (www.cz.o2.com), Vodafone (www.vodafone.cz) und T-Mobile (www.t-mobile.cz).

Die EU legte 2007 eine Begrenzung der Roaming-Gebühren in den Mitgliedsstaaten fest, mittlerweile sind sie erneut abgesenkt worden. Die neuen Obergrenzen für Handy-Gespräche liegen nun für abgehende Anrufe bei 0,43 Euro pro Minute, für eingehende Anrufe dürfen bis zu 0,19 Euro pro Minute berechnet werden, SMS kosten 0,11 Euro (jeweils zuzüglich Mehrwertsteuer). In den kommenden Jahren sollen diese Höchstwerte schrittweise weiter sinken.

INTERNET-ZUGANG UND INTERNET-CAFÉS

Die meisten Hotels in Prag bieten irgendeine Form von Internet-Zugang an – zumindest in den öffentlichen Bereichen, beispielsweise in der Lobby. Die Benutzung ist oft kostenlos.

In größeren Hotels und in Business-Hotels gibt es meist kabellosen Internet-Zugang auf den Zimmern. An der Rezeption kann man Ihnen auch die Adresse des nächsten Internet-Cafés mitteilen.

Internet-Cafés gibt es in Prag sehr viele. Eines der besten ist Káva Káva Káva in der Neustadt. Die Gebühren sind preisgünstig (1 bis 2 Kč pro Minute). Das Wort »Café« im Namen der Etablissements bedeutet allerdings nicht, dass hier auch Kaffee serviert wird (falls doch, ist er nicht unbedingt der beste).

Abgesehen von den Internet-Cafés bieten auch immer mehr Cafés, Bars und Restaurants Gästen mit Laptops kostenlosen Internet-Zugang. Halten Sie nach einem »Wi-fi-hotspot«-Schild an der Tür Ausschau. Die Verbindungen sind üblicherweise schnell. Die Bedienungen nennen Ihnen gegebenenfalls das benötigte Passwort.

Schild am Postamt

POSTÄMTER

Das Prager Hauptpostamt (Jindřišská 14) nahe dem Wenzelsplatz bietet viele Serviceleistungen. Es hat fast rund um die Uhr, von zwei Uhr morgens bis Mitternacht, geöffnet. In einem riesigen Saal des Postamts kann man von 7 bis 23 Uhr Telefongespräche ins Ausland führen. Das Gebäude wurde vollständig umgestaltet, präsentiert sich nun sehr modern und

Ein Tabakladen verkauft auch Briefmarken und Telefonkarten

benutzerfreundlich und bietet zudem Auskünfte auf Englisch an. Ziehen Sie zunächst eine Nummer am Eingang, und gehen Sie dann zu der entsprechenden Telefonkabine (die Nummer wird auf einem elektronischen Display angezeigt).

Die anderen Postämter in Prag haben dagegen kürzere Öffnungszeiten (meist montags bis freitags von 9 bis 18 Uhr, samstags bis 12 Uhr). Wichtige Postämter sind im Stadtplan *(siehe S. 246–257)* eingezeichnet.

POSTSENDUNGEN

Die öffentliche Beförderung von Postsendungen wird von der Tschechischen Post (Česká Pošta) betrieben. Der Postdienst ist zuverlässig und schnell. Für Briefe gibt es keine unterschiedlichen Beförderungsarten, die Zustellung dauert in der Regel aber nur wenige Tage. Briefe und Postkarten bis 20 Gramm ins europäische Ausland kosten 17 Kronen. Auf internationalen Postsendungen muss eine eindeutige Bezeichnung des Staates, für den sie bestimmt ist, angegeben sein.

Überall in Prag finden Sie orange-rote Briefkästen mit zwei Schlitzen (national und international), in die Sie Ihre Briefe und Postkarten einwerfen können. Briefmarken

Leerungs-zeiten   Nationale und internationale Sendungen

Briefkasten in Prag

(známky) bekommen Sie bei allen Postämtern, in Tabakläden und an Zeitungsständen. Dort kann man Ihnen auch immer sagen, wie viel Porto Sie für welches Land brauchen.

Einschreiben werden nur bei den Postämtern angenommen. Pakete gibt man besser am Hauptpostamt ab. Für Eilsendungen eignen sich Kurierdienste, etwa **DHL**.

POSTLAGERND

Postlagernde Sendungen werden auf dem Hauptpostamt aufbewahrt. An den Schaltern 1 und 2 (montags bis freitags von 7 bis 20 Uhr, samstags bis 12 Uhr) bekommen Sie die Post gegen Vorlage eines Ausweises ausgehändigt. Diesen Service bietet auch das Büro von **American Express** seinen Kunden an.

AUF EINEN BLICK

NÜTZLICHE ADRESSEN

Hauptpostamt
Jindřišská 14.
Stadtplan 4 D5.
22 11 31 111 oder 800 10 44 10 (allgemeine Infos).
tägl. 2–24 Uhr.
www.cpost.cz

American Express
Václavské náměstí 56.
Stadtplan 4 D5.
22 28 00 237.
FAX 22 22 11 131.
www.americanexpress.com

DHL
Václavské náměstí 47.
Stadtplan 4 D5.
800 103 000.
www.dhl.cz

Káva Káva Káva
Národní 37. **Stadtplan** 3 B5.
22 42 28 862.
tägl. 7–22, Sa, So 9–22 Uhr.
www.kava-coffee.cz

Zusätzliche Informationen

Besucher beim Shopping-Bummel in der Na Příkopě

BEHINDERTE REISENDE

Einrichtungen für Behinderte gibt es nur wenige in Prag. Organisationen, die sich für Behinderte einsetzen, haben oft nur geringe Mittel. Zudem das meist unebene Kopfsteinpflaster – vor allem im Zentrum – ein Hindernis für Rollstuhlfahrer. Hin und wieder findet man an Eingängen zu öffentlichen Gebäuden eine Rampe für Rollstuhlfahrer. Dies ist jedoch eher die Ausnahme als die Regel.

Langsam ändert sich allerdings das Bewusstsein. Neuere Hotels sind mittlerweile besser ausgestattet und bieten einige behindertengerechte Zimmer. Inzwischen gibt es auch Gruppen, die Informationen in Bezug auf Verkehrsmittel, Hotels oder auch bestimmte Vergünstigungen geben können. Zwei Organisationen dieser Art sind die **Föderation für Menschen mit Behinderungen** und die **Prager Vereinigung der Rollstuhlfahrer**.

Föderation für Menschen mit Behinderungen
Konviktská 6.
Stadtplan 3 A5.
22 23 17 489.

Prager Vereinigung der Rollstuhlfahrer
Benediktská 688/6. **Stadtplan** 4 D3.
22 48 27 210. **FAX** 22 48 26 079.
www.pov.cz

EINREISE UND ZOLL

Zur Einreise in die Tschechische Republik benötigen Bürger der EU und der Schweiz einen gültigen Personalausweis oder Reisepass. Kinderausweise ohne Lichtbild werden nicht anerkannt.

Die Tschechische Republik ist seit Mai 2004 Mitglied der Europäischen Union und seit Dezember 2007 Mitglied des Schengen-Raums. Bürger der EU und der Schweiz dürfen Waren für den Eigenbedarf zollfrei aus- und einführen. Für die Ausfuhr von Gegenständen mit »musealem Wert« wird von den Zollämtern eine Ausfuhrgenehmigung verlangt (weitere Infos unter: www.zoll.de).

Ausländische Währungen können Sie in unbegrenzter Höhe in die Tschechische Republik einführen.

Wenn Sie mit einem Tier einreisen wollen, benötigen Sie einen EU-Heimtierausweis. Weitere Infos gibt es bei der Tschechischen Botschaft (www.mzv.cz/berlin).

STUDENTEN

Für Studenten lohnt sich ein internationaler Studentenausweis (International Student Identity Card, ISIC). Mit Ausweis erhalten sie bei den meisten Sehenswürdigkeiten eine Ermäßigung. Darüber hinaus gibt es für Studenten Verbilli-

gungen bei Bus- und Zugfahrten. Im Zentrum von Prag gibt es mehrere Jugendherbergen (*siehe S. 186*). Auch Studentenwohnheime vermieten Zimmer in den Semesterferien. Weitere und aktuelle Informationen über das Angebot für Studenten erhalten Sie beim **Nationalen Studentenverband**.

Nationaler Studentenverband
17. listopadu. **Stadtplan** 3 B2.
24 81 04 38.

SPRACHE

Erstaunlich viele Leute in Prag sprechen Deutsch, die jüngeren Prager meist Englisch. Einige Grundkenntnisse in Tschechisch sind für Besucher jedoch immer ganz nützlich. Man begrüßt sich mit *dobrý den* (guten Tag) oder *dobré ráno* (guten Morgen). Zum Abschied heißt es *ahoj* (tschüss), *na shledanou* (auf Wiedersehen) oder *nashle* (*siehe »Sprachführer Tschechisch« S. 271f*).

BOTSCHAFTEN IN PRAG

Deutsche Botschaft
Vlašská 19.
Stadtplan 1 C4.
25 71 13 111.
25 71 13 283 (in Notfällen).
FAX 25 75 34 056.
www.prag-diplo.de

Österreichische Botschaft
Viktora Huga 10.
25 70 90 511.
FAX 25 73 16 045.
www.austria.cz

Schweizer Botschaft
Pevnostní 9.
Stadtplan 1 B1.
22 04 00 611.
FAX 22 43 11 312.
www.eda.admin.ch/prag

Die Adressen und Telefonnummern der Botschaften der Tschechischen Republik in Deutschland, Österreich und der Schweiz finden Sie in der Rubrik *Auf einen Blick auf S. 186.*

Englischsprachige Zeitung in Prag mit Veranstaltungsbeilage

ZEITUNGEN, FERNSEHEN UND RADIO

In Prag gibt es eine ganze Reihe von Zeitschriften, darunter auch deutsch- und englischsprachige Zeitungen. Sie werden von hier lebenden Deutschen, Engländern oder Amerikanern herausgegeben. Sie geben immer auch nützliche Tipps für Besucher, bieten informative Artikel über die aktuelle politische Situation und Informationen über Prag allgemein *(siehe S. 218)*. Bekannt sind *Prager Wochenblatt* und *Prager Zeitung*. Letztere hat auch eine Online-Ausgabe (www.pragerzeitung.cz).

Die meisten Zeitungsstände in Prag, die man rund um den Wenzelsplatz und in der Nähe anderer wichtiger Sehenswürdigkeiten findet, verkaufen alle großen deutschsprachigen Tageszeitungen und auch Magazine, beispielsweise *Süddeutsche Zeitung, Frankfurter*

In Prag gebräuchlicher Stecker und ein Adapter für andere

Allgemeine und die *Neue Zürcher Zeitung* bzw. *Spiegel* oder *Stern*.

Manchmal kann es allerdings vorkommen, dass die Tageszeitungen noch vom Vortag sind. Eine große Auswahl an internationalen Zeitungen und Zeitschriften ist bei den Nachrichtenagenturen in der Jungmannova 5 erhältlich.

Heute gibt es in Prag eine größere Auswahl an Fernsehprogrammen als je zuvor. Man kann nun Western genauso sehen wie Naturdokus oder alte tschechische Filme und amerikanische Soaps. Auch einige Satellitenprogramme sind zu empfangen. Ausländische Filme haben oft tschechische Untertitel.

Über den tschechischen Sender Premiéra senden zu bestimmten Zeiten Super Channel und ITN Programme in englischer Sprache (vor allem *business news*).

In Prag gibt es derzeit über 80 private und drei öffentlich-rechtliche Radiosender. Radio Prag hat auch deutschsprachige Sendungen. Außerdem kann man in Prag Bayern 3 und Österreich 1 empfangen. Einer der beliebtesten Sender ist Evropa II auf 88,2 MHz, der eine gute Mischung aktueller Popmusik spielt. Club VOX auf 95,0 und 101,5 MHz hat ein ähnliches Programm und sendet zwischendurch Nachrichten in englischer Sprache. Darüber hinaus gibt es Radio I auf 94,6 MHz und Radio Bonton auf 99,7 MHz. Radio ALFA übernimmt via Satellit die Deutsche Welle (96,6 MHz). Der Radioempfang außerhalb Prags kann allerdings sehr schlecht sein.

ELEKTRIZITÄT

In Tschechien gibt es Wechselstrom mit 230 Volt und 50 Hz. Zweipolige Euronorm-Stecker passen immer.

ZEIT

Prag hat Mitteleuropäische Zeit (MEZ). Zwischen Ende März und Ende Oktober gilt auch hier die Sommerzeit, die Uhren werden dann um eine Stunde vorgestellt.

GOTTESDIENSTE

Evangelisch
St. Martin in der Mauer
Martinska. **Stadtplan** 3 B5.
☏ 6 04 84 23 56.
✠ *So 10.30 Uhr (auf Deutsch).*
www.www.ekd.de/ausland_oekumene

Hussitisch
Nikolauskirche
Staroměstské náměstí.
Stadtplan 3 C3.
☏ 73 17 78 735.
✠ *So 10.30 Uhr.*
www.husiti.cz

Interkonfessionell
Internationale Kirche
Peroutkova 57.
☏ 29 63 92 338.
✠ *So 10.30 Uhr (auf Englisch).*
www.internationalchurchofprague.cz

Jüdisch
Altneusynagoge *(siehe S. 88f)*.
Jerusalemsynagoge
Jeruzalémská 7. **Stadtplan** 4 E4.
www.kehilaprag.cz
✠ *Fr bei Sonnenuntergang, Sa 9 Uhr (auf Hebräisch).*

Römisch-katholisch
Kirche der Siegreichen
Jungfrau Maria
Karmelitská 9. **Stadtplan** 2 E4.
☏ 25 73 93 646.
✠ *So 11 Uhr.*
St.-Josefs-Kirche
Josefská 8. **Stadtplan** 2 E3.
☏ 25 73 15 242.
✠ *So 11 Uhr.*
St. Johannes von Nepomuk
auf dem Felsen
Vyšehradská 49. **Stadtplan** 5 B3.
☏ 22 19 79 314.
✠ *So 11 Uhr (auf Deutsch).*

Katholischer Gottesdienst

Stadtplan *siehe Seiten 246–257*

ANREISE

Prag liegt im Herzen Europas und hat eine gute Verkehrsanbindung innerhalb des Kontinents. Es gibt von allen größeren Städten Europas aus fast täglich Direktflüge nach Prag. Auch die internationalen Busverbindungen nach Prag sind gut und günstig. Bei Busreisen sieht mehr von der Landschaft – allerdings sind sie, verglichen mit einem Flug, wesentlich zeitaufwendiger. Beliebt sind auch Zugreisen nach Prag. Die Züge sind im Sommer jedoch oft ausgebucht, sodass sehr früh reserviert werden muss. Prags Hauptbahnhof liegt nahe dem Wenzelsplatz, also direkt im Stadtzentrum. Auch alle anderen Ankunftsorte, mit Ausnahme des Flughafens, liegen zentral. Autofahrer benötigen für Tschechien eine Vignette.

Logo von ČSA

MIT DEM FLUGZEUG

Rund 50 internationale Fluggesellschaften fliegen Prag an, darunter **Lufthansa**, British Airways, Air France, KLM, **Austrian Airlines**, **Swiss** und natürlich die tschechische Linie **Czech Airlines (ČSA)**. Je nachdem, von welchem Flughafen in Deutschland aus Sie nach Prag fliegen, beträgt die Flugzeit eine bis eineinhalb Stunden. Von der Schweiz aus dauert es etwas länger, von Österreich aus kann es hingegen etwas kürzer sein.

GÜNSTIGE FLÜGE

Da Prag immer beliebter wird, fliegen folglich immer mehr Fluggesellschaften die Stadt an. So sind in den letzten Jahren die Flugpreise wegen der größeren Konkurrenz gefallen.

Einige Reiseagenturen bieten inzwischen Charterflüge – eine gute Alternative trotz der Unwägbarkeiten, die ein Charterflug mit sich bringen

kann. So kann es immer passieren, dass es noch in letzter Minute zu Änderungen der Abflugzeit kommt oder Flüge ganz gestrichen werden.

APEX-Tickets können sich als günstig erweisen, doch gilt auch hier: Die Bedingungen sind zu bedenken, da sie sehr rigoros sein können. Sie müssen Ihren Flug mindestens einen Monat im Voraus buchen. Sollten Sie Ihren Flug stornieren, müssen Sie mit hohen Gebühren rechnen.

Studenten, Rentner, Kinder und Geschäftsleute können verschiedene Rabatte bekommen.

Das Ticket lange vorab zu buchen lohnt sich fast immer – außer man kann sich zeitmäßig Last-Minute-Angebote leisten (wobei die Flüge nach Prag im Sommer ausgebucht sein können).

Nach Schnäppchen kann man auch immer im Internet stöbern. Billigflieger steuern Prag vermehrt an und bieten entsprechende preisgünstige Konditionen.

Gepäckträger am Flughafen

Nützliche Websites für die Suche nach möglichst billigen Flügen sind: www.fly.de und www.lastminute.com.

FLUGGESELLSCHAFTEN

Lufthansa

☎ 23 40 08 234 (Flughafen Prag-Ruzyně).
☎ 1-805 805 805 (24-Stunden-Info, Deutschland).
www.lufthansa.com

Austrian Airlines

☎ 22 72 31 231 oder 22 42 81 043 (Prag).
☎ 05 17 89 1001 (Österreich).
☎ 180 300 0520 (Deutschland).
www.aua.com

Swiss

Lazarská. **Stadtplan** 5 B1.
☎ 22 19 90 444 (Prag).
☎ 08 48 700 700 (Schweiz).
☎ 01803 000337 (Deutschland).
www.swiss.com

Czech Airlines (ČSA)

V. Celnici 5. **Stadtplan** 4 B3.
☎ 23 90 07 007 oder 800 310 310 (Flughafen Prag-Ruzyně).
www.csa.cz
www.czechairlines.de

Terminal 2 (Nord) im Flughafen Prag-Ruzyně

Flughafen Prag-Ruzyně

Der internationale Flughafen Prag-Ruzyně liegt etwa 20 Kilometer nordwestlich des Stadtzentrums bei Ruzyně im sechsten Prager Stadtbezirk. Er ist modern und sauber. Der Flughafen bietet alle Annehmlichkeiten, die man von einem internationalen Flughafen erwartet: Autovermietung, Wechselstuben, Restaurants, Postamt und Gepäckaufbewahrung.

Schild für Passkontrolle

Der Flughafen wurde zur Jahrtausendwende modernisiert. 2006 öffnete ein neues Terminal. Terminal 1 (Nord)

fertigt Flüge nach England, Amerika, Afrika, dem Nahen Osten und Asien ab. Vom neuen Terminal 2 (Nord) gehen die innereuropäischen Flüge ab. Weiterhin neu sind eine Business-Lounge und verschiedene Restaurants und Läden.

Vom Flughafen in die Stadt

Zwischen Flughafen und Zentrum gibt es eine regelmäßige Minibusverbindung, die von **CEDAZ** betrieben wird. Die Busse vom und zum Flughafen enden bzw. starten zwischen 5.30 und 21.30 Uhr in der V Celnici in der Nähe des Náměstí Republiky. Den Fahrschein gibt es für 120 Kronen beim Busfahrer. Die Minibusse bringen Sie auch zu speziellen Adressen – dann ist ein Aufschlag von 480 Kronen für eine vierköpfige Gruppe fällig. Die Busse können sogar für Touren im gesamten Land gebucht werden.

Vor dem Flughafen, wo Busse und Taxis in die Stadt abfahren

CEDAZ-Bus, der zwischen Flughafen und Stadtzentrum verkehrt

Es verkehren auch andere Busse: Zubringerbus 119 (zur Metro-Station Dejvická, Linie A, grün) oder 100 (zur Metro-Station Zličín, Linie B, gelb). Eine Fahrt kostet 26 Kronen und dauert ungefähr 20 bis 30 Minuten.

Sie können auch ein Taxi nehmen (Terminal 1, Ausgang D). Der Preis vom Flughafen in die Stadt sollte nicht mehr als 560 (Festpreis der Firma Prague Airport Transfers) bis 600 Kronen betragen.

Cedaz

C *22 01 14 296 oder 22 42 81 005.* **FAX** *22 01 14 286.*
www.cedaz.cz

FLUGVERBINDUNGEN NACH PRAG

Prag hat gute Flugverbindungen zu den meisten europäischen Großstädten. Von allen auf dieser Karte angegebenen Flughäfen ist die Stadt in weniger als zweieinhalb Stunden zu erreichen.

Helsinki · Oslo · Stockholm · St. Peterburg · Göteborg · Moskva · Glasgow · Belfast · Edinburgh · Newcastle · Riga · Dublin · Manchester · København · Vilnius · Cork · Birmingham · Cardiff · Amsterdam · Hamburg · Hannover · Berlin · London · Düsseldorf · Warszawa · Bruxelles · Köln · Karlovy Vary · PRAHA · Paris · Frankfurt · Kraków · Kyjiv · Stuttgart · Brno · Ostrava · München · Tatry · Košice · Genève · Zürich · Wien · Bratislava · Bordeaux · Lyon · Torino · Ljubljana · Budapest · Toulouse · Venezia · Zagreb · Marseille · Milano · Bologna · Bucureşti · Nice · Firenze · Dubrovnik · Sofija · Lisboa · Madrid · Barcelona · Roma · Napoli · Istanbul · Málaga · Thessaloniki · Athina

Die lichte Bahnhofshalle des Bahnhofs Masarykovo nádraží

MIT DEM ZUG

Zugverbindungen bestehen zwischen Prag und allen wichtigen Städten Europas. Internationale Züge verfügen über Speise- und Schlafwagen. Die Fahrkarten sind billiger als Flugtickets. In der Tschechischen Republik wird die Bahn vom Staat betrieben (České Dráhy – ČD). An den Informationsschaltern in den

Die Fassade von Hlavní nádraží

Bahnhöfen wird normalerweise auch Englisch gesprochen, in einigen Fällen sogar Deutsch. PIS und Čedok *(siehe S. 227)* geben Auskunft über Fahrpläne und -preise, oder informieren Sie sich unter: www.cd.cz.

Es gibt mehrere Arten von Zügen. Der *rychlík* ist ein Eilzug, der *osobní* ein Regionalzug, der an jeder Station hält und oft nicht schneller als 30 km/h fährt. Der EX ist ein nationaler, der EC ein internationaler Expresszug. Am schnellsten sind die internationalen Züge.

Fahrkarten können Sie im Voraus oder auch am Tag der Reise an den Bahnhöfen oder bei der Reiseagentur České Dráhy (ČD Travel) kaufen *(siehe S. 186)*. Allerdings empfiehlt sich eine rechtzeitige Buchung, da die Züge oft voll besetzt sind. Zudem gibt es meist lange Warteschlangen an den Schaltern.

Wenn Sie die Fahrkarte kaufen, geben Sie genau an, wohin Sie reisen, ob Sie Hin- und Rückfahrt lösen und mit welcher Klasse Sie fahren möchten. Erste-Klasse-Abteile gibt es in den meisten Zügen, sie haben immer Sitzplätze frei. Ein umrandetes »R« neben einer Zugangabe auf dem Fahrplan bedeutet, dass Sie für diesen Zug einen Platz reservieren müssen. Ist das »R« nicht umrandet, wird eine Reservierung nur empfohlen. Sitzen Sie in der falschen Klasse, müssen Sie sofort eine Strafe zahlen.

BAHNHÖFE

Hlavní nádraží *(siehe S. 148)* ist der größte Bahnhof in Prag und nur fünf Minuten vom Zentrum entfernt. In den 1970er Jahren wurde das ursprünglich im Jugendstil errichtete Gebäude durch eine moderne Halle

erweitert. Seit 2008 wird der Bahnhof nun umfassend renoviert. Die Arbeiten sollen 2011 abgeschlossen sein. Der Bahnhof ist sehr groß. Es gibt kleine Gepäckwagen, eine 24-Stunden-Gepäckaufbewahrung, Verkaufsstände für Essen, eine Wechselstube und mehrere Reservierungs- und Informationsschalter.

Weitere Bahnhöfe in der Stadt sind der Masarykovo nádraží, Prags ältester Bahnhof, der Holešovice und der kleinste Bahnhof in der Stadt: der Smíchov-Bahnhof.

MIT DEM BUS

Busverbindungen zwischen Prag und vielen europäischen Städten sind oft ausgebucht. Busreisen (meist in klimatisierten Bussen und mit Liegesitzen) sind wesentlich billiger und oft schneller als manche der langsamen Züge. Der größte Busbahnhof der Stadt ist Florenc im Osten der Neustadt. Einzelheiten erfragen Sie bitte bei den Unternehmen: Das sind z. B. die Deutsche Touring Gesellschaft (Eurobusse) und BLB.

Die ČSAD (Česká Autobusová Doprava) ist das größte Busunternehmen Tschechiens. Die Bussen fahren landesweit fast in jede Ortschaft, selbst in die entlegenste. Busreisen sind in Tschechien gewöhnlich günstiger als Zugfahrten. Sie sind auch oft schneller. Die Busbahnhöfe liegen meist in der Nähe des Stadtzentrums und oft gleich beim Bahnhof.

Uniformierter Zugschaffner

Passagiere beim Einstieg in einen Überlandbus

PRAGS WICHTIGSTE BAHNHÖFE

Die wichtigsten Zug- und Busbahnhöfe liegen relativ zentral und sind gut mit der Metro zu erreichen – die jeweils nächste Station und Reiseinformationsstelle sind in den Kästen aufgeführt.

LEGENDE

🚉 Eisenbahn

●— Bahnhof

Ⓜ Metro-Station

🚌 Bus

○ Busbahnhof

Nádraží Holešovice

🚌 Florenc-Busbahnhof
Ⓜ *Florenc*
Busbahnhof für internationale Verbindungen und Inlandsverkehr.

Prager Burg und Hradschin

Josefstadt

Autobus nádraží Florenc ○

Kleinseite

Altstadt

Masarykovo nádraží

🚉 Masarykovo-Bahnhof
Ⓜ *Náměstí Republiky*
Für Inlandsverkehr nach Chomutov und Liberec.

🚌 Smíchov-Busbahnhof
Ⓜ *Anděl*
Busse innerhalb Tschechiens.

Neustadt

Hlavní nádraží

Autobus zastávka Smíchovské nádraží ○

🚉 Hauptbahnhof
Ⓜ *Hlavní nádraží*
Vom Hauptbahnhof aus bestehen Verbindungen ins Ausland und in den Süden des Landes.

🚉 Smíchov-Bahnhof
Ⓜ *Smíchovské nádraží*
Züge innerhalb Tschechiens.

Smíchovské nádraží

VLTAVA (MOLDAU)

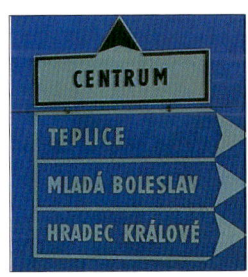

Tschechisches Autobahnschild

MIT DEM AUTO

Um in der Tschechischen Republik ein Auto zu fahren, müssen Sie mindestens 18 Jahre alt sein. Für Besucher aus der EU reicht der nationale Führerschein (allerdings wird ein neuer empfohlen). Vorweisen muss man zudem Fahrzeugpapiere und Haftpflichtversicherung («grüne Karte»).

Das Auto sollte ein Nationalitätenkennzeichen haben. Allerdings tolerieren tschechische Polizisten und Zöllner das Euro-Nummernschild. Das dreieckige Warnschild und ein Verbandskasten sind mitzuführen.

Um Autobahnen und Schnellstraßen benutzen zu dürfen, braucht man eine Vignette, die an den Grenzübergängen und an großen Tankstellen erhältlich ist und an die Windschutzscheibe geklebt werden muss (Kosten: 1000 Kronen für ein Jahr, 330 Kronen für einen Monat, 220 Kronen für sieben Tage). Bei Nichtbeachtung gibt es hohe Geldstrafen.

Kleine Kinder müssen in Kindersitzen auf dem Rücksitz angeschnallt sein. Seit Mitte 2006 muss man über Land ganzjährig mit eingeschaltetem Abblendlicht fahren. Achtung: Die Promillegrenze liegt bei 0,0 Promille. Fahren unter Alkohol- oder Drogeneinfluss zieht empfindliche Strafen nach sich.

Mittlerweile gibt es gut instand gehaltene Straßen, das Autobahnnetz wird ständig weiter ausgebaut. Auf Autobahnen beträgt die Höchstgeschwindigkeit 130 km/h, auf normalen Straßen 90 km/h und in Ortschaften 50 km/h. Die Verkehrskontrollen sind sehr streng – jeglicher Verstoß wird rigoros geahndet. Gelegentlich werden auch Alkoholkontrollen durchgeführt.

Die ADAC-Notrufstation hat die Nummer 261 10 43 51.

Der beliebte tschechische Škoda

In Prag unterwegs

Durch die überschaubare Größe der Prager Innenstadt erreichen Sie die meisten Sehenswürdigkeiten zu Fuß. Für entferntere Ziele bietet sich das gut ausgebaute und preisgünstige öffentliche Verkehrsnetz an, das die Busse, Metro-Linien und Trams des Prager Verkehrsverbunds (Dopravní podnik) knüpfen. In diesem Reiseführer ist bei den beschriebenen Sehenswürdigkeiten die je-

In Prag
zu Fuß unterwegs

weils günstigste Verbindung vermerkt. U-Bahn und Tram verkehren im Zentrum, Busse auch in den Vororten. Für alle – Metro, Tram, Bus – gibt es ein Ticket, mit dem Sie umsteigen können. Die Routen der Verkehrsmittel finden Sie auf Stadtplänen, die viele Zeitungs-, Buch- und Tabakläden führen, und auf der Übersichtskarte auf den hinteren Umschlaginnenseiten dieses Buchs.

Prag mit dem Auto

In der Innenstadt sollten Besucher wegen des Gewirrs von Einbahnstraßen, der vielen Fußgängerzonen um den historischen Kern und des großen Parkplatzmangels auf das Auto verzichten. Mit öffentlichen Verkehrsmitteln kommen Sie in Prag weitaus besser voran.

Wenn Sie trotzdem nicht auf das Auto verzichten wollen, sollten Sie Folgendes beachten: Bußgelder werden meist unverzüglich eingezogen – vor allem bei unerlaubtem Autofahren in gesperrten Zonen wie dem Wenzelsplatz. Die schwindende Disziplin motorisierter Prager macht Vorsicht zum obersten Gebot. Anschnallen ist Pflicht für

Fahrer und Beifahrer auf Vorder- wie Rücksitzen. Die Höchstgeschwindigkeit in der Stadt beträgt – sofern nicht anders angegeben – 50 km/h. Die Verkehrsschilder ähneln denen Westeuropas. Für Besichtigungen außerhalb Prags empfiehlt sich mitunter ein

Einbahnstraße und Halteverbot (außer für Lieferwagen)

Fußgängerzone

Prag zu Fuss

Am angenehmsten lässt sich Prag zu Fuß erkunden. Vollkommen gefahrlos ist dies nicht: Ampellose Überwege wurden von Autofahrern früher oft ignoriert. Mittlerweile haben Fußgänger an Zebrastreifen Vorrang. Manche Überwege sind mit Ampeln gesichert. Überqueren Sie die Straße erst, wenn das grüne Fußgängersymbol aufblinkt und Sie sich freier Bahn versichert haben. Achten Sie auch auf Straßenbahnen, die in der Straßenmitte in beiden Richtungen verkehren und oft unvermutet und gefährlich schnell auftauchen. Wegen des unebenen Pflasters, der steilen Hügel und zahlreicher Straßenbahngleise ist bequemes Schuhwerk dringend zu empfehlen.

Zebrastreifen

Straßen- oder Platzname und Stadtviertel

Haus-nummer   **Städtische Meldenummer**

Braune Straßenschilder mit Besucherinformationen

Auto – und Mietwagen sind nicht teuer. Allerdings: Das Verkehrsnetz ins Umland ist fast ebenso gut wie das in der Stadt.

Parken

Parkplätze sind in der Stadt knapp, die Strafen für unerlaubtes Parken hoch. Viele Parkzonen sind für Anwohner reserviert (blaue Markierung). Parkuhren gibt es ausgesprochen selten. Um sie zu benützen, werfen Sie die entsprechende Anzahl an Münzen ein und nehmen die Quittung in Empfang.

Leider treiben in Prag Autodiebe ihr Unwesen. Teure westliche Modelle sind ihre begehrteste Beute. Einen gewissen Schutz bietet das Parken auf ausgewiesenen Plätzen sowie in Tiefgaragen *(siehe Stadtplan, S. 246–257).* Diese erheben jedoch hohe Gebühren und sind meist schon früh am Morgen belegt. Viele Plätze sind für Angestellte und Behinderte reserviert. Zentral gelegene Hotels haben nur selten Parkplätze. Lassen Sie Ihren Wagen besser auf einem bewachten Parkplatz am Stadtrand zurück, und benutzen Sie öffentliche Verkehrsmittel.

ABSCHLEPPEN UND WEGFAHRSPERREN

Ortsansässige parken oft auf Bürgersteigen. Doch bei Verstößen gegen Parkverbote könnte Ihr Auto abgeschleppt oder mit Radkrallen versehen werden. Die mit Argusaugen patrouillierenden städtischen wie privaten Firmen kennen, vor allem gegenüber Ortsfremden, kein Erbarmen. Wenn Sie Ihren Wagen vermissen, fragen Sie bei der Polizei nach, ob er abgeschleppt wurde und wohin. Abgeschleppte Fahrzeuge bekommen Sie an dem von der Polizei genannten Parkplatz zurück – allerdings nur gegen eine deftige Geldbuße. Auch Wegfahrsper-

Prags bunte Radkrallen, auch Denver-Stiefel genannt

ren werden Sie erst los, wenn Sie bei einer Polizeistation das derzeitige Bußgeld von 1300 Kronen bezahlen. Die Adresse entnehmen Sie dem Strafzettel an der Windschutzscheibe.

Parkschild

ÖFFENTLICHES VERKEHRSSYSTEM

In der Stadt bewegen Sie sich am besten mit Metro oder Straßenbahn. Zu den Stoßzeiten – montags bis freitags von 6 bis 8 Uhr und 15 bis 17 Uhr – verkehren sie öfter. Einige Busse in die Vororte fahren nur während der Stoßzeiten. Informationen gibt es an den Metro-Stationen Muzeum und Můstek (täglich 7 bis 21 Uhr), am Flughafen Ruzyně (täglich 7 bis 22 Uhr). Das Personal ist hilfsbereit und spricht auch Englisch. Infos erhalten Sie auch im Internet (www.dp-praha.cz).

Einer der vielen Zeitungsstände am Wenzelsplatz

FAHRSCHEINE

Die Betreiber der öffentlichen Verkehrsmittel setzen auf das Motto: Vertrauen ist gut, Kontrolle ist besser. Kontrolleure in Zivil führen Stichproben durch. Wer keinen gültigen Fahrschein hat, muss sofort eine saftige Strafe zahlen. Kaufen Sie ihn vor Fahrtantritt. Gültig wird er erst durch Entwerten am Automaten. Ein Umsteigeticket erlaubt, sowohl mit Metro, Tram und Bus zu fahren (unter der Woche 75 Min, lang gültig, am Wochenende 90 Min.). Es gibt auch Einzelfahrscheine für Tram, Bus bzw. fünf Stationen mit der U-Bahn (20 Min. gültig). Tickets gibt es in Tabakläden, in Metro-Stationen, wo Sie auch Fahrscheinautomaten finden *(siehe S. 242)*, oder beim Busfahrer – allerdings nur, wenn Sie passend zahlen. Mit Tages- oder Mehrtageskarten *(síťová jízdenka)* können Sie Bus,

Metro und Tram beliebig oft nutzen, ohne immer entwerten zu müssen. Auf einigen Strecken gibt es moderne Niederflurbusse, die für Rollstühle geeignet sind.

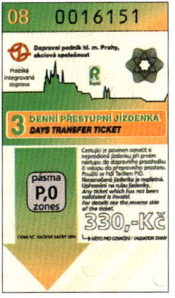

Drei-Tage-Karte

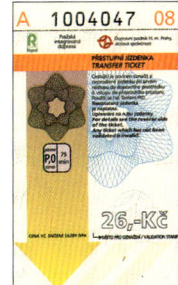

Umsteigeticket

Mit der Metro unterwegs

Die U-Bahn (*Pražské metro*), deren Bau 1967 begann, ist das bequemste, schnellste und meistgenutzte öffentliche Verkehrsmittel in Prag. Der Verkehrsverbund (*siehe S. 240*) betreibt die drei Linien A, B und C, die sich kreuzen. Dank der guten Ausschilderung kann man sich mühelos orientieren. Die Metro fährt zwischen fünf und 24 Uhr.

Schild der Metro-Station Můstek

INFORMATIONEN ZUM METRO-NETZ

Die nicht immer leicht zu findenden Eingänge sind durch Schilder gekennzeichnet, die ein »M« in einem auf die Spitze gestellten Dreieck (*siehe rechts*) zeigen. Von der Straße führt meist eine Treppe hinab. Auf manche Eingänge macht auch ein Blindensignal, ein hoher Piepton, aufmerksam.

Nachdem Sie Ihre Fahrkarte gekauft und abgestempelt haben, gelangen Sie auf Rolltreppen zu einem langen Mittelgang hinunter. An dessen Seiten laufen die Bahngleise für die in entgegengesetzten Richtungen verkehrenden Züge entlang. Auf den von der Decke hängenden Anzeigen steht die Fahrtrichtung (*siehe S. 243*). Die weiße, durchbrochene Linie am Bahnsteigrand sollte man erst

nach Halt des Zugs übertreten. Die meisten Zugtüren öffnen und schließen – nach einer Warnung vom Band – automatisch. Bei manchen Zügen muss man zum Öffnen auf einen Knopf drücken. Während der Fahrt wird die jeweils nächste Station in tschechischer Sprache angesagt. Streckennetzpläne der Prager Metro sind über jeder Tür zu finden.

Besonders nützlich für Besucher der Stadt ist die Linie A. Sie führt zu fast allen sehenswerten Vierteln des Stadtzentrums – Prager Burg und Hradschin, Kleinseite, Altstadt und Neustadt – sowie zur Shopping-Meile um den Wenzelsplatz.

Bestimmte Sitze sind durch Schilder als Behindertenplätze ausgewiesen. Für Ältere, Behinderte und Fahrgäste mit kleinen Kindern sind sie bei Bedarf frei zu machen.

Die geräumige Metro-Station Můstek

FAHRKARTENAUTOMATEN

Fahrkarten erhalten Sie an den ausgewiesenen Verkaufsstellen (*siehe S. 241*) oder an den Automaten in den Metro-Stationen (Einzelfahrscheine). In bestimmten Stationen gibt es auch Umsteigetickets zu kaufen. Die Automaten bieten Fahrkarten für Kinder und Erwachsene sowie für Fahrräder und andere sperrige Güter an. Einzelfahrscheine sind ab dem Zeitpunkt des Entwertens in der U-Bahn 30 Minuten lang, Umsteigetickets 75 Minuten lang gültig.

1 Wählen Sie die für Sie infrage kommende Preiszone, und drücken Sie die entsprechende Taste.

2 Die Anzeige bestätigt die Art des Fahrscheins.

3 Sind Sie sicher, das richtige Ticket ausgewählt zu haben, drücken Sie die Taste mit dem Aufdruck *výdej* (sind Sie unsicher, drücken Sie *storno* und beginnen von Neuem).

4 Haben Sie Ihre Wahl bestätigt, werfen Sie die Münzen in diesen Schlitz. Die meisten Maschinen geben Wechselgeld heraus.

5 Entnehmen Sie der Ausgabe Ihre Fahrkarte und eventuelles Wechselgeld.

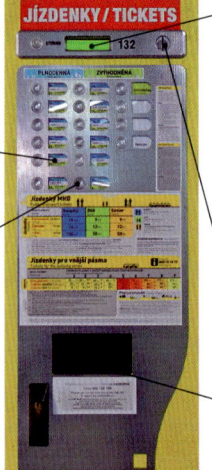

Eine Fahrt mit der Metro

1 Jeweils anders- farbige Buchstaben benennen die drei Metro-Linien. Die Zahlen darüber geben die Fahrzeit für die Gesamtstrecke der jeweiligen Linie an.

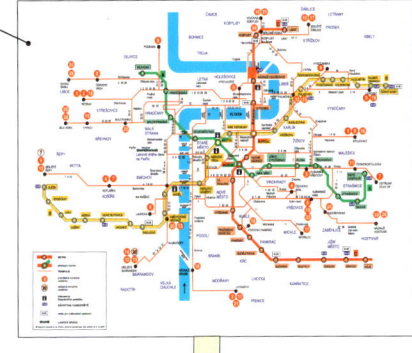

Den Metro-Plan können Sie an fast allen Metro-Stationen sowie in Tabak- und Zeitschriftenläden kaufen. Einen kleinen Metro-Plan finden Sie auch auf den hinteren Umschlaginnenseiten dieses Reiseführers.

2 Suchen Sie Ihr Ziel im Stadtplan *(siehe S. 246 – 257)*, dann die nächste Metro-Station und die geeignete Linie und anschließend Ihre Route anhand eines Metro-Plans.

3 Es gibt zwei Arten von Metro-Tickets *(siehe links)*. Die teureren erlauben das Umsteigen. Man kann auch 24-Stunden-Tickets *(siehe unten)* oder Tages- bzw. Mehrtages-karten (ein, drei, fünf Tage) kaufen.

Mittelgang mit Bahnsteigen zu beiden Seiten und Schilder, die die Zugrichtung anzeigen

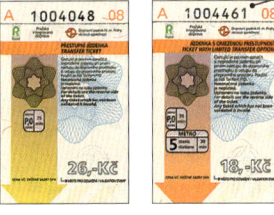

4 Ehe Sie die Rolltreppe hinab-fahren, müssen Sie Einzel-fahrkarten an einem solchen Automaten entwerten. Nicht entwertete Fahrkarten sind ungültig und schützen bei Kontrollen nicht vor Bußgeld. Bei Touristen-fahrkarten entfällt das Entwerten.

5 Von der Decke hängende Schilder zeigen Ihnen, wenn Sie mit der Rolltreppe unten angekommen sind, für jeden Bahnsteig die Fahrtrichtung an. Diesem Schild zufolge fährt der links haltende Zug bis zur Endstation *(stanice)* Háje – und somit, wie Sie aus dem Metro-Plan ersehen, in Richtung Süden.

»Stanice« heißt Haltestelle

»Směr« bedeutet Richtung

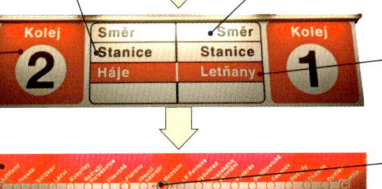

Name der Station

6 In der Bahnsteig-mitte zeigt dieses Schild, an welcher Haltestelle der Linie C Sie sind (roter Kreis) und wo Sie in die anderen Linien (A und B) um-steigen können. Für Ziele links vom roten Kreis folgen Sie dem Linkspfeil, umgekehrt bei den rechts aufge-führten Stationen.

Der rote Kreis zeigt die Haltestelle an, an der Sie gerade sind

7 Am Ziel weisen Ihnen diese Schilder den Weg zum Ausgang *(výstup)*.

Mit der Tram unterwegs

Prags ältestes öffentliches Verkehrsmittel ist die Straßenbahn. Pferde zogen 1879 die frühesten Oldtimer durch die Stadt. 1891 trat die erste elektrische Bahn den Dienst an. Die Tram ist nach der Metro Prags schnellstes und bestausgebautes Transportmittel. Manche Linien verkehren nur zu Stoßzeiten, andere dafür auch nachts, doch alle fahren über die Neustädter Lazarská.

FAHRKARTEN

Die vom Prager Verkehrsverbund (siehe S. 240) betriebene Tram verwendet die gleichen Fahrkarten wie Metro und Bus, nämlich Einzel- und Umsteigetickets.

Fahrkarten sind vor Fahrtantritt zu lösen. Beim Einsteigen finden Sie nahe der Tür zwei oder drei kleine Lochautomaten an Metallpfosten. Schieben Sie Ihre Fahrkarte ein, sie wird automatisch entwertet. Entwerten Sie Ihren Fahrschein nicht, ist er ungültig. Bei Kontrollen wird dann sofort ein Bußgeld fällig (siehe S. 241). Ein Einzelfahrschein gilt ab Entwertung 20 Minuten lang (siehe S. 241).

An jeder Haltestelle hängt ein Fahrplan. Der aktuelle Standort ist unterstrichen. Unter dieser Linie sind die weiteren Stationen aufgelistet.

Die Trams verkehren im Abstand von fünf bis 20 Minuten. Die Stationen werden auf Tschechisch angesagt. Wenn die Metro ihren Betrieb einstellt, verkehren nachts etwa alle 30 Minuten noch Straßenbahnen. Diese Linien (51 bis 58) sind an den Tramhaltestellen mit blauen Zahlen ausgewiesen. Informationen gibt es im Internet (www.dpp.cz/de).

Tramschilder
An jeder Tramhaltestelle verweisen solche Schilder auf die hier haltenden Linien und deren Fahrtrichtung.

Name der Haltestelle

Logo der Straßenbahn

JINDŘIŠSKÁ

Die Richtung der Straßenbahn

Die Zahlen zeigen, welche Trams hier halten

Gut besetzte Straßenbahn in den Straßen von Prag

NÜTZLICHE TRAMLINIEN

Die drei wichtigsten Linien im Zentrum bringen Sie zu vielen Sehenswürdigkeiten beiderseits der Moldau und garantieren günstige, angenehme Stadttouren. Bei Straßenarbeiten im Sommer können Linien umgeleitet werden.

Hanau-Pavillon

Letná-Park

Hradschin

Josefstadt

Náměstí Republiky

Rudolfinum

Pulverturm

(MOLDAU)

Karlsbrücke

Altstadt

Strahov

Nikolauskirche

Wenzelsplatz

Neustadt

Hotel Europa

Kloster Strahov

Petřín-Park

VLTAVA

National-theater

Karlsplatz

LEGENDE

— Linie 14
— Linie 17
— Linie 22

St. Peter und Paul

Vyšehrad

Mit dem Bus unterwegs

Busse werden Sie allenfalls für Fahrten in die Vororte benutzen. Sie sind wegen ihrer Abgase und der engen Straßen im Stadtzentrum verboten. Sie dürfen nur von den Vororten zu den Tramhaltestellen und Metro-Stationen außerhalb des Zentrums verkehren.

Schild einer Bushaltestelle

BUSFAHRKARTEN

Typischer Prager Bus

Wenn Sie das Geld nicht genau abgezählt zur Hand haben, müssen Sie vor Fahrtantritt Fahrkarten bei den üblichen Verkaufsstellen *(siehe S. 241)* erwerben. Sie entwerten sie im Bus am Automaten. Einzelfahrscheine gelten nur für eine Fahrt ohne Umsteigen. Sie benötigen also für das Umsteigen in einen anderen Bus ein teureres Umsteigeticket. Die Türen öffnen und schließen (nach einem hohen Warnton) automatisch. Man erwartet selbstverständlich, dass Sie Ihren Sitzplatz Älteren und Behinderten überlassen.

An jeder Station geben Fahrpläne Auskunft über die haltenden Buslinien und ihre Abfahrtzeiten. Die Busse verkehren meist pünktlich, jedoch mit stark schwankender Häufigkeit. So können zu Stoßzeiten stündlich zwölf bis 15 Busse im Einsatz sein, zu anderen Zeiten nur drei.

Nachts fahren zwölf Busse die Außenbezirke an, die weder von der Tram noch von der Metro bedient werden. Infos gibt es im Internet (www.dpp.cz/de).

Mit dem Taxi unterwegs

Besuchern bieten sich Taxis als nützliches, wenngleich oft teures Fortbewegungsmittel an. Unglücklicherweise stößt man häufig auf skrupellose Taxifahrer, die den Fahrpreis an der Schmerzgrenze ihres Opfers ausrichten. Wenn Sie ein Taxi benutzen wollen, sollten Sie sich über reelle Preise informieren, etwa am Flughafen *(siehe S. 237)*.

Erleuchtetes Taxizeichen

TAXIPREISE

Einer der vielen Taxistände im Stadtzentrum

Mit dem Einsteigen in ein Taxi fällt eine Grundgebühr (derzeit 40 Kč) an. Danach erhöht sich der Preis nach gesetzlich festgelegtem Kilometertarif (derzeit 28 Kč im Stadtgebiet). Diese Regelung wird jedoch nur selten angewandt, sodass sich Taxifahren als sehr kostspielig erweisen kann. Taxameter dürfen in der Stadt nur auf den billigsten Tarif eingestellt werden. Doch statt sich auf den – häufig manipulierten – Taxameter zu verlassen, sollten Sie vor dem Einsteigen einen angemessenen Preis aushandeln. Hartnäckiges Feilschen senkt häufig die Forderung. Allerdings sprechen nur wenige Taxifahrer Deutsch oder Englisch. Ist Ihre tschechische Aussprache mangelhaft, dann schreiben Sie Ihr Ziel auf einen Zettel. Nachts steigen die Tarife um bis zu 200 oder gar 300 Prozent. Vergewissern Sie sich, ob der ausgehandelte Preis etwaige Aufschläge enthält. Tauchen am Ziel Unstimmigkeiten auf, verlangen Sie vor dem Bezahlen eine Quittung. Dies schreckt Fahrer meist von überhöhten Forderungen ab. Winken Sie bei den Hauptsehenswürdigkeiten wartende Taxifahrer ab – sie sind oft am unverschämtesten. Bestellen Sie Taxis am besten telefonisch bei soliden Firmen (z.B. AAA radiotaxi: 14 014 oder City taxi, s.r.o.: 257 257 257).

Quittungen müssen (laut Gesetz) ausgestellt werden.

Zurückgelegte Strecke	Fälliger Betrag

Der Taxameter zeigt Preis und etwaige Extragebühren an.

Preis	Aufschläge	Tarif

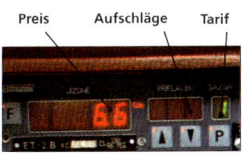

STADTPLAN

Alle Sehenswürdigkeiten, Hotels, Restaurants, Bars und Geschäfte in den vorgestellten Stadtteilen Prags sind mit Koordinaten für den *Stadtplan* versehen und zudem im Kartenregister aufgeführt. Die Koordinaten erlauben ein rasches Auffinden der Sehenswürdigkeiten im *Stadtplan*. Die Übersichtskarte (rechts) zeigt das Areal Prags, das vom *Stadtplan* abgedeckt wird. Die Karte schließt sehenswerte Viertel ebenso ein wie Areale, in denen Hotels, Restaurants, Kneipen und Unterhaltungsstätten angesiedelt sind. Wie bei tschechischen Karten üblich, verzichten auch Register und Karten dieses Buchs auf den tschechischen Begriff für Straße (genauer: Gasse), *ulice*, obwohl manche Straßenschilder ihn nennen. So verkürzen Register wie Karten die Celetná ulice zu Celetná (Zeltnergasse). Die einigen Straßennamen vorangestellten Zahlen entsprechen Daten. Im Register wurden die Zahlen nach hinten gestellt: Sie finden also 17. listopadu (17. November) unter »L« (listopadu, 17).

LEGENDE

🟪	Hauptsehenswürdigkeit
🟨	Sehenswürdigkeit
⬜	Anderes Gebäude
Ⓜ	Metro-Station
🚉	Bahnhof
🚌	Busbahnhof
🚊	Tramhaltestelle
🚡	Standseilbahn
⛴	Bootsanlegestelle
🚕	Taxi
P	Parken
ℹ	Information
✚	Krankenhaus mit Notaufnahme
👮	Polizei
✝	Kirche
✡	Synagoge
⊠	Post
═	Eisenbahn
▬	Stadtmauer
═	Fußgängerzone

MASSSTAB DER KARTEN 1–6

0 Meter	200
	1:8400

Blick vom Altstädter Brückenturm auf Kleinseite, Hradschin und Prager Burg

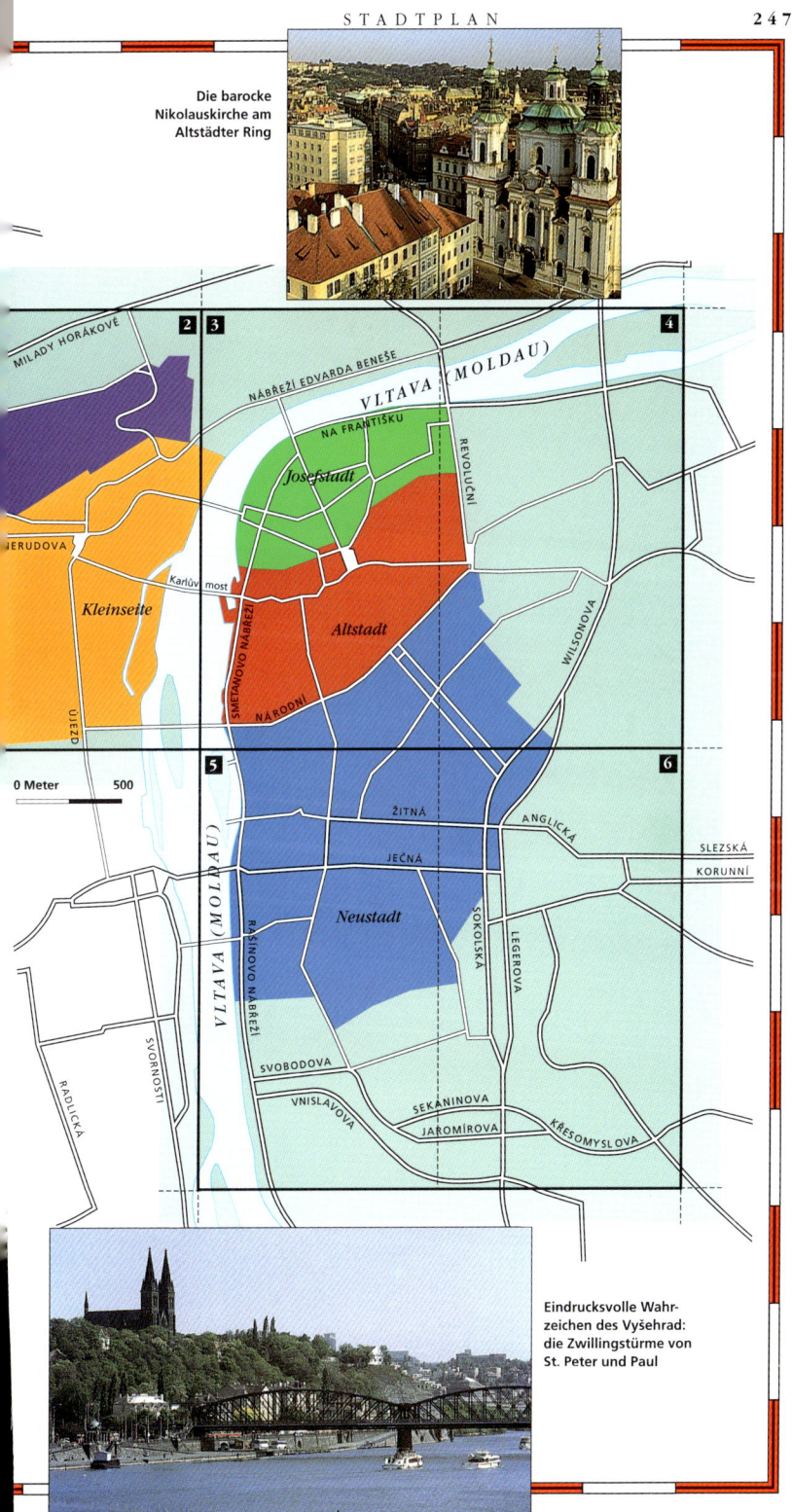

Die barocke Nikolauskirche am Altstädter Ring

2 **3** **4**

MILADY HORÁKOVÉ

NÁBŘEŽÍ EDVARDA BENEŠE

VLTAVA (MOLDAU)

NA FRANTIŠKU

Josefstadt

REVOLUČNÍ

NERUDOVA

Karlův most

SMETANOVO NÁBŘEŽÍ

Kleinseite

Altstadt

NÁRODNÍ

WILSONOVA

ÚJEZD

5 **6**

0 Meter 500

VLTAVA (MOLDAU)

ŽITNÁ

ANGLICKÁ

SLEZSKÁ

JEČNÁ

KORUNNÍ

Neustadt

RAŠÍNOVO NÁBŘEŽÍ

SOKOLSKÁ

LEGEROVA

SVOBODOVA

SVORNOSTI

RADLICKÁ

VNISLAVOVA

SEKANINOVA

JAROMÍROVA

KŘESOMYSLOVA

Eindrucksvolle Wahrzeichen des Vyšehrad: die Zwillingstürme von St. Peter und Paul

Kartenregister

Die Reihenfolge der Namen im Kartenregister berücksichtigt auch den Hatschek, den charakteristischen tschechischen Akzent (*háček* bedeutet »kleiner Haken«). Im tschechischen Alphabet werden č, ř, š und ž als eigenständige Buchstaben behandelt. Straßennamen, die etwa mit einem ř beginnen, werden nach denen aufgelistet, die mit einem r ohne Akzent beginnen.

Kirchen, Gebäude, Museen und Denkmäler sind auf den Karten in Deutsch und Tschechisch benannt, ebenso im Register. Deutsche Namen wie »Wenzelsplatz« erscheinen allerdings nicht auf den Karten. Im Register steht in solchen Fällen der tschechische Name in Klammern dahinter.

NÜTZLICHE WÖRTER	
dům	Haus
hrad	Burg
kostel	Kirche
klášter	Kloster, Abtei
most	Brücke
nábřeží	Ufer
nádraží	Bahnhof
náměstí	Platz
sady	Park
schody	Stufen
třída	Boulevard
ulice	Straße/Gasse
ulička	Gässchen
zahrada	Garten

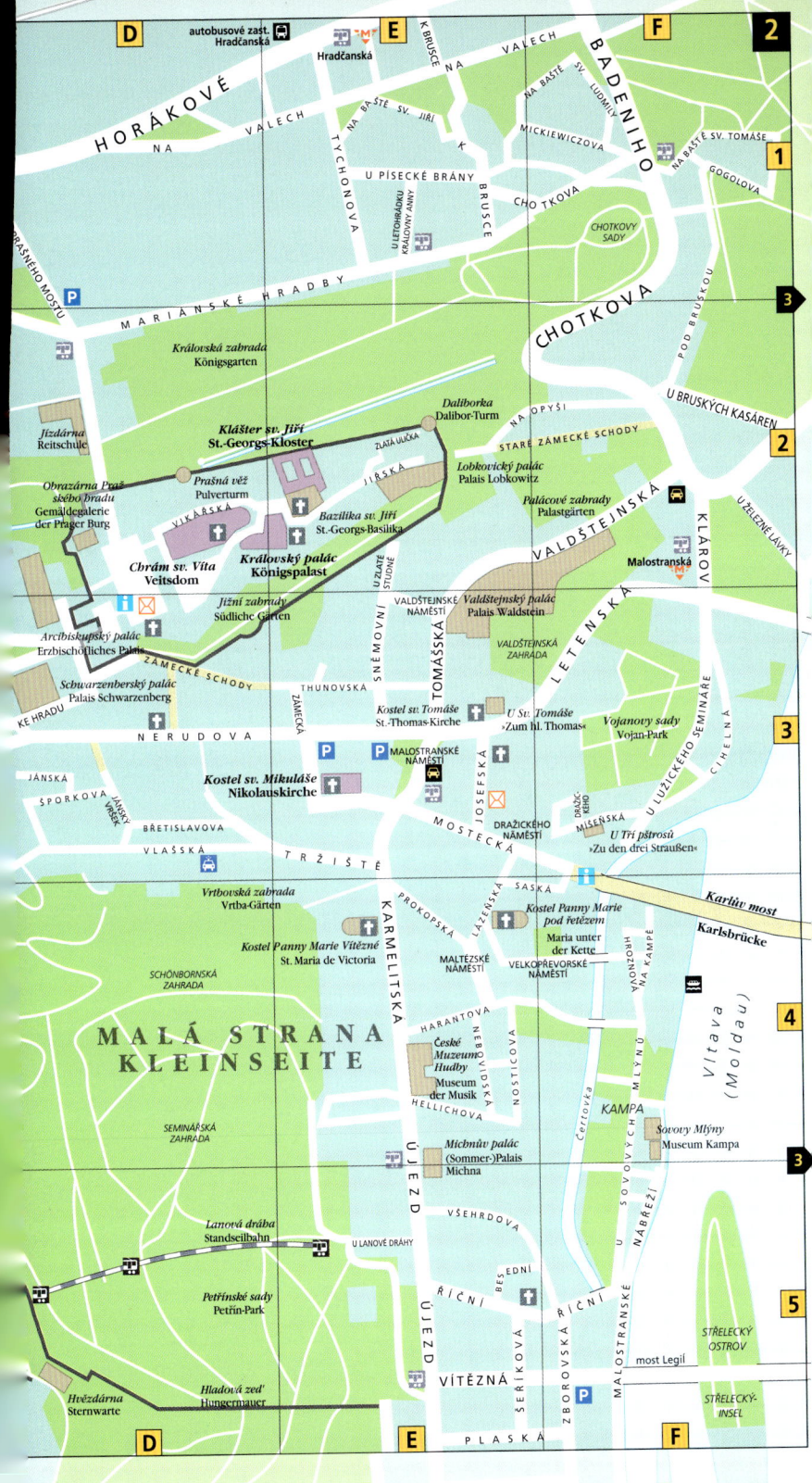

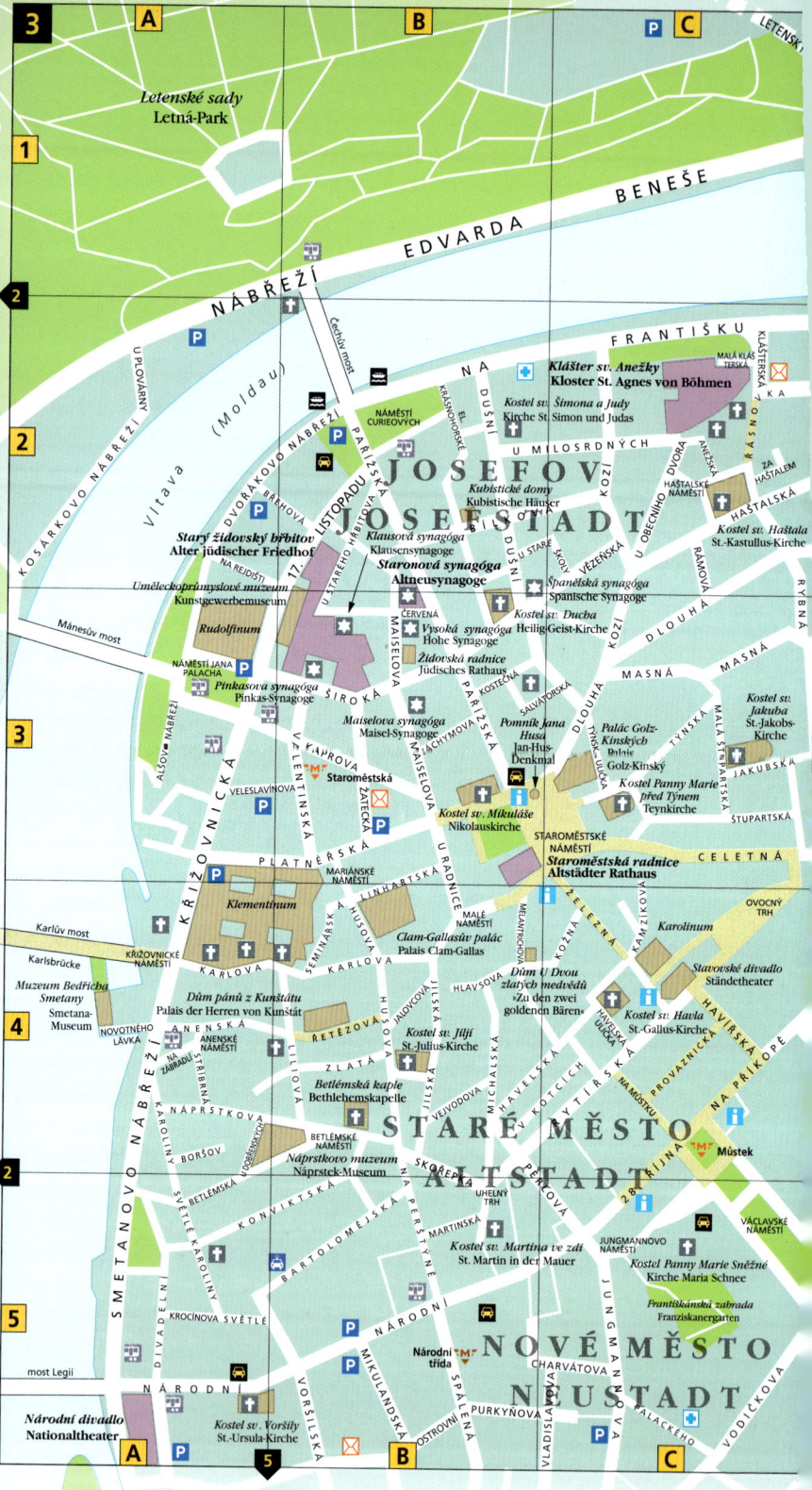

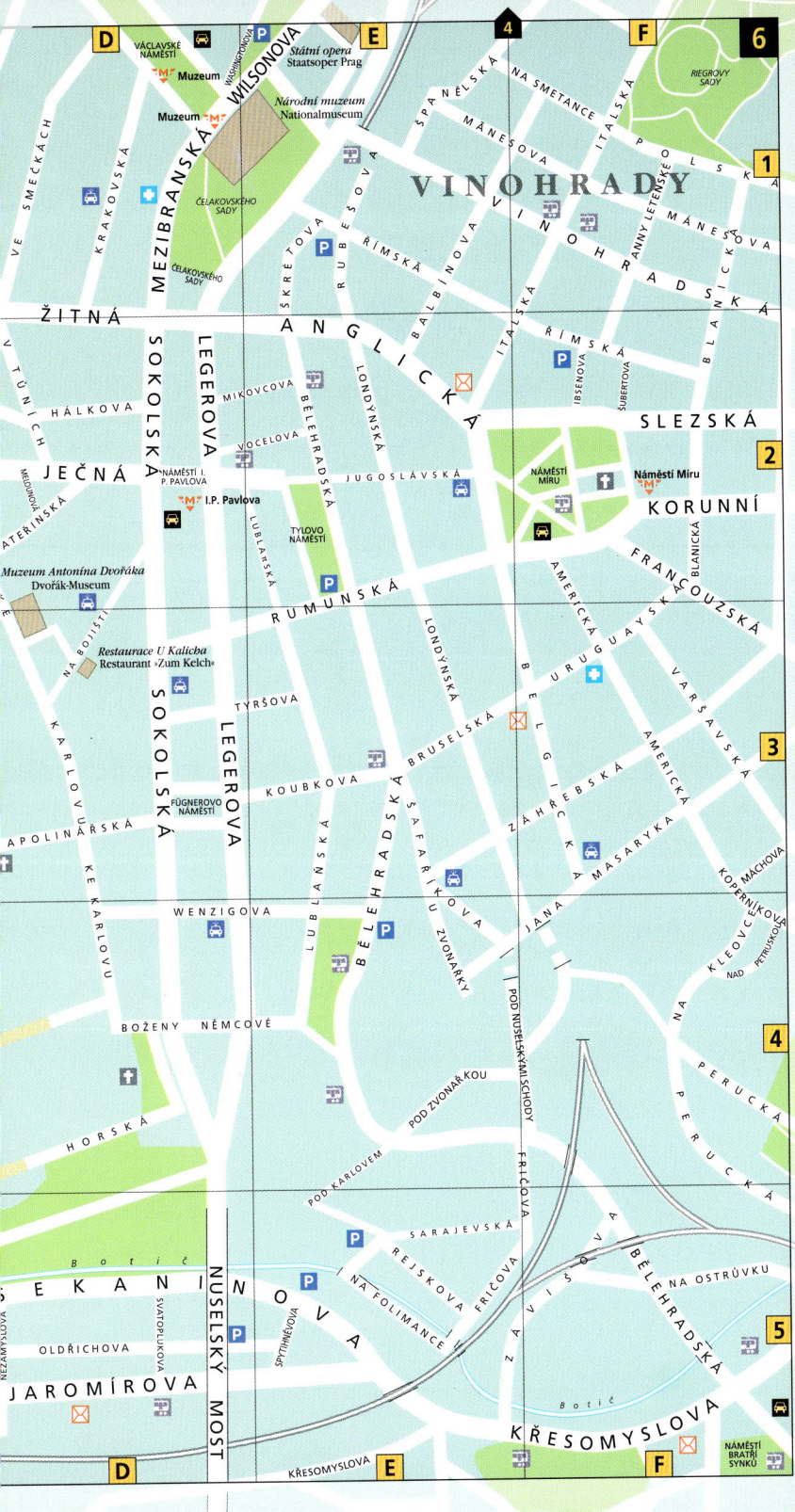

Textregister

Die Reihenfolge im Register berücksichtigt auch den Hatschek, den charakteristischen tschechischen Akzent (*háček* bedeutet »kleiner Haken«). Im tschechischen Alphabet werden **č**, **ř**, **š** und **ž** als eigenständige Buchstaben behandelt. Begriffe, die beispielsweise mit einem **ř** beginnen, werden nach denen aufgelistet, die mit einem **r** ohne Akzent beginnen.

Seitenzahlen in **Fettschrift** beziehen sich auf Haupteinträge.

Danksagung und Bildnachweis

DORLING KINDERSLEY bedankt sich bei allen, die bei der Herstellung dieses Buchs mitgewirkt haben.

Hauptautor
VLADIMÍR SOUKUP wurde 1949 in Prag geboren. Er war Redakteur, später Chefredakteur einer Prager Tageszeitung und ist Autor mehrerer Pragführer.

Weitere Autoren
Ben Sullivan, Lynn Reich.

Weitere Redakteure und Illustratoren
Emma Anacootee, Mark Baker, Claire Baranowski, Russell Davies, Stephanie Driver, Fay Franklin, Alistair Gunn, Elaine Harries, Charlie Hawkings, Jan Kaplan, Juliet Kenny, Dr. Tomáš Kleisner, Jude Ledger, Susannah Marriott, Helen Partington, Marianne Petrou, Robert Purnell, Marian Sucha, Daphne Trotter, Conrad Van Dyk, Christopher Vinz.

Ergänzende Fotografie
Mark Baker, DK Studio/Steve Gorton, Ian O'Leary, Otto Palan, M. Soskova, Clive Streeter, Alan Williams, Peter Wilson.

Bildrecherche
Ellen Root.

Beratung
Helena Svojsikova.

Bildnachweis
o = oben, ol = oben links, om = oben Mitte, or = oben rechts, mlo = Mitte links oben, mo = Mitte oben, mro = Mitte rechts oben, ml = Mitte links, m = Mitte, mr = Mitte rechts, mlu = Mitte links unten, mu = Mitte unten, mru = Mitte rechts unten, ul = unten links, u = unten, um = unten Mitte, ur = unten rechts, (d) = Detail.

Kunstwerke wurden mit freundlicher Genehmigung folgender Copyright-Inhaber reproduziert:
Aristide Maillol *Pomona* 1910 © ADAG, Paris und DACS, London 2006: 164um; Gustav Makarius Tauc (An der Aulenkaut 31, 65197 Wiesbaden), im Auftrag des Minoritenordens in Rom: 35um.

DORLING KINDERSLEY dankt zudem folgenden Personen, Institutionen und Bildarchiven für die freundliche Genehmigung zur Reproduktionen ihrer Fotografien:

ALAMY IMAGES: Frank Chmura 236ul; Chris Fredriksson 199m; PjrFoto.com/Phil Robinson 227um; Profimedia International S.R.O./Michaela Dusíková 179ul; Robert Harding Picture Library 10ul; ARCHEOLOGICKÝ ÚSTAV ČESKÉ AKADEMIE VĚD: 20o; ARCHIV FÜR KUNST UND GESCHICHTE, BERLIN: 17u, 18ol(d), 18or, 18mu(d), 18ur(d), 19ol(d), 19om(d), 19or(d), 19m(d), 19um(d), 20mr, 20ul, 23mu(d), 29mlo(d), 32o(d), 32ul, 34mo(d), 34ur(d), 43ol, 50u(d), 105mr, 118o, Erich Lessing 28mo(d), 31ul(d), 88m, 89mu; ARCHÍV HLAVNIHO MESTA. PRAHY (CLAM-GALLASŮV PALÁC): 23ml, 24ul, 28ul, 28ur, 30u, 33mlu, 33um, 72o, 136ur, 137ur(d), 138mo, 168m. BILDARCHIV PREUSSISCHER KULTURBESITZ: 4o(d), 19ul(d), 29ur, 34um, 68or, 104ul(d); BRIDGEMAN ART LIBRARY, London: Prado, Madrid 29o; Rosegarten Museum, Konstanz 26mo. Cedaz, Ltd: 237or.
ČESKÁ TISKOVÁ KANCELÁŘ: 19ur, 35mru, 203mr; COMSTOCK: George Gerster 12mlo; JEAN-LOUP CHARMET: 18ul(d), 21m, 31ur, 33o, 33ul, 33ur(d), 34mru(d), 34ul, 62m, 69om;

ZDENEK CHRAPPEK: 50m; CORBIS: Gail Mooney 199ol; JOE CORNISH: 58–59, 60, 148ur; Czech Airlines: 236mo; CZECH NATIONAL BANK: 239.
MARY EVANS PICTURE LIBRARY: 9, 59, 138mu, 183, 225.
GRAFOPRINT NEUBERT: 31mlu, 38mlu, 116m.
ROBERT HARDING PICTURE LIBRARY: Michael Jenner 128ol; Christopher Rennie 24mo, 103or; Peter Scholey 30o, 129ol; HIDDEN PLACES RESIDENCES & BOUTIQUE HOTELS: 187ul; HUTCHISON LIBRARY: Libuše Taylor 51u, 52o, 177ol, 205m.
THE IMAGE BANK: Andrea Pistolesi 14u; mit freundlicher Genehmigung von ISIC, UK: 242m.
KANCELÁŘ PREZIDENTA REPUBLIKY: 20–21, 21or, 21ul, 21ur, 22m; KAPLAN PRODUCTIONS: 117o; OLDRICH KARASEK: 11or, 56mu, 62or, 101ul, 101mru, 134o, 135u, 176o, 201m, 219o, 233ml, 240um; KARLŠTEJN: 25ol; Vladimír Hyhlík 24–25, KAREL KESTNER: 35ul; KLEMENTINUM: 23ol; Prokop Paul 22o; THE KOBAL COLLECTION: 34mro; DALIBOR KUSÁK: 164ul, 168–169 alle, 170–171 alle.
IVAN MALÝ: 218o, 218m; Leonado Mediabank: 184ur; MUZEUM HLAVNÍHO MĚSTA PRAHY 32–33; MUZEUM POŠTOVNÍ ZNÁMKY: 149ml.
NÁRODNÍ GALERIE V PRAZE: 24ur, 40u; Grafická sbírka 26o, 27ul, 31o, 67u, 69m, 100o, 102u, 121o, 125mu, 129ur, 138u, 157mu, 175u, 180u; Klášter sv. Anežky 39or, 83u, 92–93 alle, 133u; Klášter sv. Jiří 16, 37ur, 38o, 39or, 97mlu, 106–107 alle, 108–109 alle, Šternbersky palác 38mo, 112–113 alle, 114–115 alle, Veletržní Palac 164–165 alle; Zbraslav 40u; NÁRODNÍ MUZEUM, PRAHA: 147u; NÁRODNÍ MUZEUM V PRAZE: Vlasta Dvořáková 20mlu, 26–27, 26ul, 26um, 26ur, 27o, 27ml, 27mr, 27ur, 29ul, 39mu, 75u, 72u, Jarmila Kutová 20m, 22ul, Dagmar Landová 28um, 126m, Muzeum Antonína Dvořáka 39u, Muzeum Bedřicha Smetany 32mo, Prokop Paul 75u, Tyršovo Muzeum; 149ul; NÁRODNÍ TECHNICKÉ MUZEUM: Gabriel Urbánek 41o.
OBRAZÁRNA PRAŽSKÉHO HRADU: 98u; ÖSTERREICHISCHE NATIONALBIBLIOTHEK, WIEN: 25mlu, 26mu.
PHOTO-GRAPHERS DIRECT: Chris Barton 10mro, Eddie Gerald 11ul; PIVOVARSKÉ MUZEUM: 200m, 200r; PRAGER INFORMATIONSDIENST (www.prague-info.cz): 226um; BOHUMÍR PROKŮPEK: 25ul, 30o, 120m, 121m, 121ul, 163u.
REX FEATURES LTD: Alfred 35or, Richard Gardener 240o.
SCIENCE PHOTO LIBRARY: Geospace 13, 38mru; SOTHEBY'S/THAMES AND HUDSON: 104m; STÁTNÍ ÚSTREDNI ARCHIV: 23u; STÁTNÍ ÚSTAV PAMÁTKOVÉ PĚČE: 23mo; STÁTNÍ ŽIDOVSKÉ MUZEUM: 39mo, 85o, 85m, 90o; LUBOMÍR STIBUREK (www.czfoto. cz): 55u, 145mo, 163o, 176m, 243ml, 244mr, 251umo, 252mr; MARIAN SUCHA: 55o, 56mu, 94, 127u, 174o, 205ul, 205o, 233um, 245m; SVATOVÍTSKÝ POKLAD, PRAŽSKÝ HRAD: 14o, 14ol, 24o, 24mu, 28o, 40or.
MARTIN TOUR, PRAHA: 226or.
UMĚLECKOPRŮMYSLOVÉ MUZEUM V PRAZE: 39ol, 40ol, 149m, 149ur, Gabriel Urbánek 28mlu, 41u; UNIVERZITA KARLOVA: 25or. U PINKASU RESTAURANT: 198mlo.
PETER WILSON: 4u, 197ol, 224–225, 246.
ZEFA: 33mro.

Vordere Umschlaginnenseiten: Auftragsfotografien außer JOE CORNISH m; MARIAN SUCHA lul.

Umschlag:
Vorn: CORBIS: Dallas und John Heaton (Hauptbild); DK IMAGES: Jiri Kopriva ul.
Hinten: JOE CORNISH: ul, ol; DK IMAGES: Jiri Dolezal mlo; Jiri Kopriva mlu.
Buchrücken: CORBIS: Dallas und John Heaton o; DK IMAGES: Peter Wilson u.

Alle anderen Bilder © Dorling Kindersley.
Weitere Informationen unter
www.dkimages.com

Sprachführer Tschechisch

NOTFÄLLE

Hilfe!	Pomoc!
Halt!	Zastavte!
Rufen Sie einen Arzt!	Zavolejte doktora!
Rufen Sie einen Krankenwagen!	Zavolejte sanitku!
Rufen Sie die Polizei!	Zavolejte policii!
Rufen Sie die Feuerwehr!	Zavolejte hasiče!
Wo ist …	Kde je …
… das Telefon?	… telefón?
… das nächste Krankenhaus?	… nejbližší nemocnice?

GRUNDWORTSCHATZ

Ja/Nein	Ano/Ne
Bitte	Prosím
Danke	Děkuji
Entschuldigung	Promiňte
Guten Tag	Dobrý den
Auf Wiedersehen	Na shledanou
Guten Abend	Dobrý večer
Morgen (Tageszeit)	ráno
Nachmittag	odpoledne
Abend	večer
gestern	včera
heute	dnes
morgen	zítra
hier	tady
dort	tam
Was?	Co?
Wann?	Kdy?
Warum?	Proč?
Wo?	Kde?

NÜTZLICHE REDEWENDUNGEN

Wie geht es Ihnen/dir?	Jak se máte/maš?
Danke, sehr gut.	Děkuji, velmi dobře.
Sehr erfreut.	Těší mě.
Bis bald.	Uvidíme se brzy.
In Ordnung.	To je vpořádku.
Wo ist/sind …?	Kde je/jsou …?
Wie lange braucht man bis …?	Jak dlouho to trvá se dostat do …?
Wie komme ich nach …?	Jak se dostanu k …?
Sprechen Sie Deutsch?	Mluvíte německy?
Ich verstehe nicht.	Nerozumím.
Können Sie bitte etwas langsamer sprechen?	Mohl(a)* byste mluvit trochu pomaleji?
Wie bitte?	Prosím?
Ich habe mich verlaufen.	Ztratil(a)* jsem se.

NÜTZLICHE WÖRTER

groß	velký
klein	malý
heiß	horký
kalt	studený
gut (Adjektiv)	dobrý
schlecht	špatný
gut (Adverb)	dobře
offen	otevřeno
geschlossen	zavřeno
nach links	doleva
nach rechts	doprava
geradeaus	rovný
nah	blízko
weit	daleko
nach oben	nahoru
nach unten	dolů
früh	ráno
spät	pozdě
Eingang	vchod
Ausgang	východ

Toilette	toalety
frei, nicht besetzt	volný
gratis, umsonst	zdarma

TELEFONIEREN

Ich möchte ein Gespräch anmelden.	Chtěl(a)* bych volat.
Ich versuche es später wieder.	Zkusím to později.
Kann ich eine Nachricht hinterlassen?	Mohu nechat zprávu?
Bleiben Sie bitte am Apparat.	Počkejte.
Könnten Sie bitte lauter sprechen?	Mohl(a)* byste mluvit hlasitěji?
Ortsgespräch	místní hovor

SEHENSWÜRDIGKEITEN

Bahnhof	nádraží
Bibliothek	knihovna
Bushaltestelle	autobusová zastávka
Galerie	galerie
Garten	zahrada
Kirche	kostel
Museum	muzeum
Touristeninformation	turistické informace
geschlossen an Feiertagen	O svátcích zavřeno

SHOPPING

Wie viel kostet das?	Kolik to stojí?
Ich hätte gern …	Chtěl(a)* bych …
Haben Sie …?	Máte …?
Ich schaue mich nur um.	Jenom se dívám.
Nehmen Sie Kreditkarten?	Berete kreditní karty?
Wann öffnen Sie?	Kdy otevíráte/
Wann schließen Sie?	Kdy zavíráte?
dies hier	tento
das da	tamten
teuer	drahý
billig	levný
Größe	velikost
weiß	bílý
schwarz	černý
rot	červený
gelb	žlutý
grün	zelený
blau	modrý
braun	hnědý

LÄDEN

Antiquitätengeschäft	starožitnictví
Apotheke	lékárna
Bäckerei	pekárna
Bank	banka
Buchhandlung	knihkupectví
Damenfriseur	kadeřnictví
Drogerie	drogerie
Feinkostladen	lahůdky
Fotoladen	obchod s fotoaparáty
Glaswaren	sklo
Herrenfriseur	holič
Kaufhaus	obchodní dům
Lebensmittelladen	potraviny
Markt	trh
Metzgerei	řeznictví
Postamt	pošta
Reisebüro	cestovní kancelář
Supermarkt	samoobsluha
Tabakladen	tabák
Zeitungsstand	novinový stánek

IM HOTEL

Haben Sie ein freies Einzelzimmer?	Máte volný pokoj?
… Doppelzimmer	… dvoulůžkový pokoj

Die weibliche Form ist in Klammern angegeben.

Zimmer mit Doppelbett	pokoj s dvojitou postelí
Zimmer mit zwei Betten	pokoj s dvěma postelemi
Zimmer mit Bad	pokoj s koupelnou
Gepäckträger	nosič
Portier	vrátný
Schlüssel	klíč
Ich habe reserviert.	Mám rezervaci.

IM RESTAURANT

Haben Sie einen Tisch für …?	Máte stůl pro …?
Ich möchte einen Tisch reservieren.	Chtěl(a)* bych rezervovat stůl.
Frühstück	snídaně
Mittagessen	oběd
Abendessen	večeře
Die Rechnung bitte.	Prosím, účet.
Ich bin Vegetarier(in).	Jsem vegetarián(ka)*.
Kellnerin	slečno
Ober	pane vrchní
Menü	standartní menu
Tagesgericht	nabídka dne
Vorspeise	předkrm
Hauptgericht	hlavní jídlo
Gemüse	zelenina
Nachspeise	zákusek
Gedeck	menu
Weinkarte	vinný lístek
blutig (Steak)	krvavý
halb durch (Steak)	středně udělaný
durch (Steak)	dobře udělaný
Glas	sklenice
Flasche	láhev
Messer	nůž
Gabel	vidlička
Löffel	lžíce

AUF DER SPEISEKARTE

biftek	Steak
bílé víno	Weißwein
bramborové knedlíky	Kartoffelknödel (Kartoffelklöße)
brambory	Kartoffeln
chléb	Brot
cibule	Zwiebel
citrónový džus	Zitronensaft
cukr	Zucker
čaj	Tee
červené víno	Rotwein
česnek	Knoblauch
dort	Kuchen
fazole	Bohnen
grilované	gegrillt
houby	Pilze
houska	Semmel
houskové knedlíky	Semmelknödel
hovězí	Rind
hranolky	Pommes frites
husa	Gans
jablko	Apfel
jahody	Erdbeere
jehněčí	Lamm
kachna	Ente
kapr	Karpfen
káva	Kaffee
krevety	Krabben
kuře	Huhn
kyselé zelí	Sauerkraut
maso	Fleisch
máslo	Butter
minerálka perlivá/ neperlivá	Mineralwasser mit Kohlensäure/ ohne Kohlensäure
mléko	Milch
mořská jídla	Seafood
ocet	Essig
okurka	Gurke
olej	Öl
ovoce	Obst

párek	Würstchen
pečené	gebraten
pepř	Pfeffer
pivo	Bier
polévka	Suppe
pomeranč	Orange
pomerančový džus	Orangensaft
rajské	Tomate
ryba	Fisch
rýže	Reis
salát	Salat
sůl	Salz
sýr	Käse
šunka	Schinken
vařená	gekocht
uzená	geräuchert
telecí	Kalbfleisch
tuňák	Thunfisch
vajíčko	Ei
vařené	gekochtes Ei
vepřový	Schweinefleisch
voda	Wasser
vývar	Brühe, Suppe
zelí	Kohl
zelenina	Gemüse
zmrzlina	Eis(creme)

ZAHLEN

1	jedna
2	dvě
3	tři
4	čtyři
5	pět
6	šest
7	sedm
8	osm
9	devět
10	deset
11	jedenáct
12	dvanáct
13	třináct
14	čtrnáct
15	patnáct
16	šestnáct
17	sedmnáct
18	osmnáct
19	devatenáct
20	dvacet
21	dvacet jedna
22	dvacet dva
23	dvacet tři
24	dvacet čtyři
25	dvacet pět
30	třicet
40	čtyřicet
50	padesát
60	šedesát
70	sedmdesát
80	osmdesát
90	devadesát
100	sto
1 000	tisíc
2 000	dva tisíce
5 000	pět tisíc
1 000 000	milión

ZEIT

eine Minute	jedna minuta
eine Stunde	jedna hodina
halbe Stunde	půl hodiny
Tag	den
Woche	týden
Montag	pondělí
Dienstag	úterý
Mittwoch	středa
Donnerstag	čtvrtek
Freitag	pátek
Samstag	sobota
Sonntag	neděle

Die weibliche Form ist in Klammern angegeben.

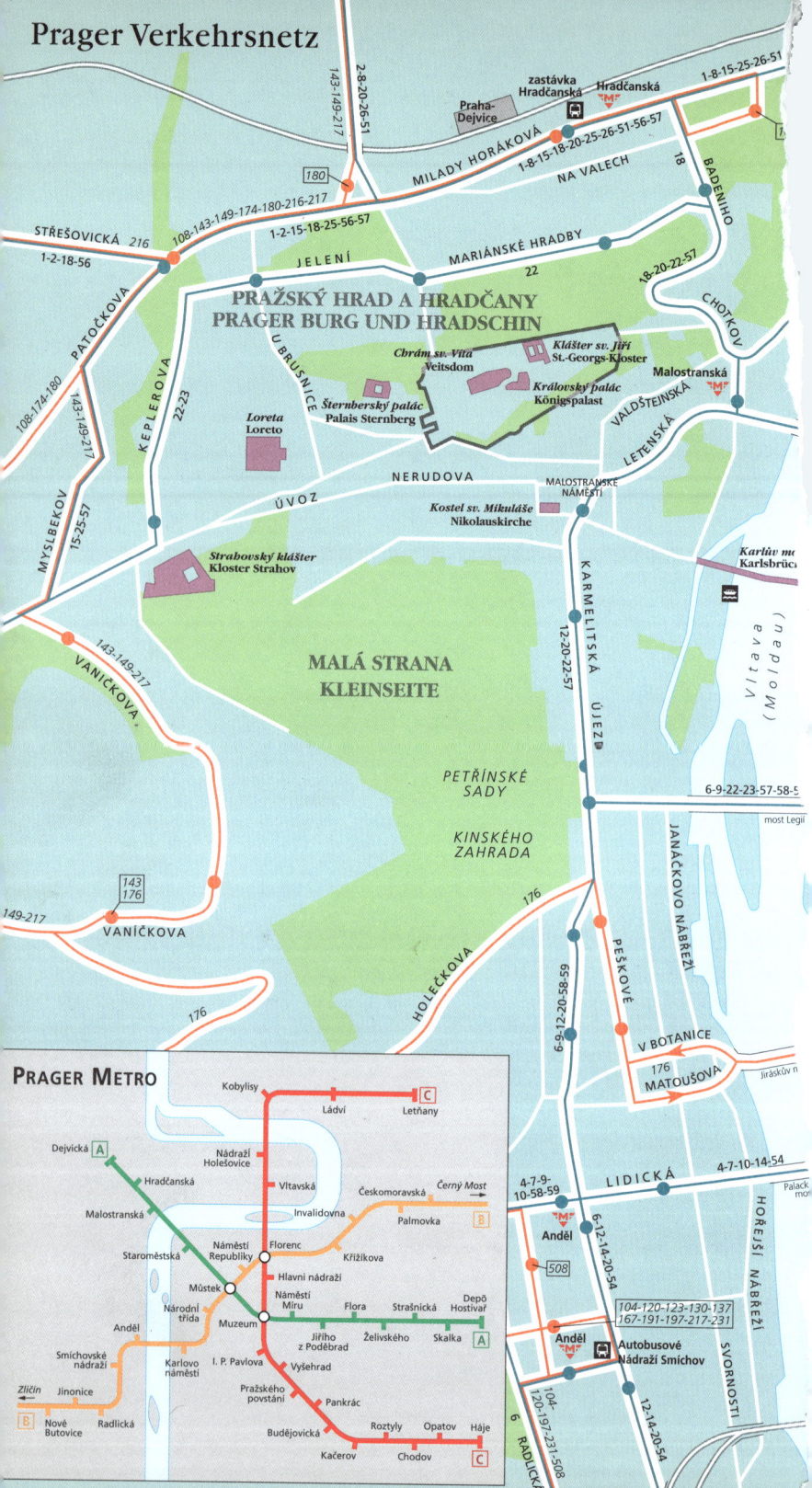